ＰＫＯの史的検証

軍事史学会編

目次

第一篇　国際政治とPKO

第二篇　日本とPKO

第三篇　理論と法

第四篇　現在から未来へ

凡例

一　本書掲載の論文は『軍事史学』投稿規定に基づいて執筆することを原則としたが、各論文の個性を尊重する方針から、地名・人名などの名称の統一は個々の論文内にとどめ、全体としての統一はあえて行わなかった。

一　本書掲載の論文の著作権は軍事史学会に属しており、転載などの事案が生じた際は本学会事務局までお問い合わせ願います。

平成十九年三月一日

軍事史学会・編集委員会

ＰＫＯの史的検証

序

ＰＫＯ―歴史研究の「新領域」

高橋久志

「平和維持活動」（ＰＫＯ）は、軍事史学会がこれまで取り組んだ特集号の中で、最も新しいテーマの一つである。ＰＫＯとは、国際連合の歴史と共に歩み、発展してきた「現在進行形」の「平和への模索活動」である。しかし、我が国では、それへの参加の是非が「政争の具」と化し、矮小化され続けてきた。そのためもあってか、我々は、ＰＫＯを歴史研究の対象とすることにともすると躊躇してきた。

ところが、一九四八年の「国連休戦監視機構」（ＵＮＴＳＯ）のパレスチナ展開から数えれば、ＰＫＯは六〇年近くの「歴史」を閲している。また、日本のＰＫＯ参加も、一九九二年の「国連カンボジア暫定統治機構」（ＵＮＴＡＣ）から既に十六年目に入った。ＰＫＯは、今や歴史研究と現代国際政治研究が交差する「新領域」となっている。

目次から一目瞭然のように、本特集は新進気鋭の研究者と、自衛隊ＰＫＯ経験者の「共同作業」の賜物である。また、防衛大学校の五百旗頭眞校長による巻頭言は、学術研究と「実践知」の双方向からＰＫＯの本質に迫ろうとする本特集に花を添えるものである。さらに、サー・マラック・グールディングと明石康氏というＰＫＯの運営に密接に関わったお二人の元国連事務次長、そして、ＵＮＴＡＣに自衛隊が参加した際の西元徹也統合幕僚会議議長という「ＰＫＯの元老」の方々が、本特集にまさに相応しい玉稿をお寄せ下さった。本特集が、ＰＫＯ研究に関心を抱く諸氏の「座右の書」となることを願ってやまない所以である。

なお、六月二日と三日の二日間にわたり、陸上自衛隊朝霞駐屯地で開催される「年次大会」は本特集を扱ったものであり、会員諸氏はもちろんのこと、非会員の方々が奮って参加されることを期待している。

『日露戦争』全二巻に続く今回の刊行は、再度、等松春夫編集委員が中心となり、編集委員会の総力と叡知を傾けた成果であり、ここに深甚の謝意を表したい。

（軍事史学会会長）

巻頭言

PKOの史的検証

五百旗頭　眞

一九九二年六月にPKO協力法が成立し、日本政府はその三カ月後に自衛隊をカンボジアへ派遣した。それは戦後日本の歴史にあって大きな転機であった。それまで長く続いた国際安全保障へ実力部隊をもって関与することへの全否定の立場を改め、国連の下での国際平和維持活動に自衛隊を用いる決断をしたのである。戦後日本がついに国際安全保障へ参画した瞬間であった。

それは、私のような世代の者にはほんの昨日のことのように想起されるが、爾来すでに十五年の歴史を刻んでいる。ゴラン高原、モザンビーク、東ティモールなど地域的な拡がりをもってPKOに参加し、災害救助活動を地球的に展開し、さらに、九・一一事件以降のテロとの戦いにおいて、自衛隊による後方支援活動をインド洋とイラクにも展開するに至った。今なお警護任務を除外するなど自らの機能を限定する若葉マークつきのPKO参加であるが、今後、限定の解除、国連多国籍軍の戦闘部隊への参加の可否など検討すべき問題は少なくない。今後の展開について難しい舵取りを迫られる事態であれば、なおのことこれまで実施してきたPKOを十分に検討しておかねばならない。検証なくして評価なく、評価なき決定は余りに危うい。

本特集の何よりの特徴は、十五年間の日本PKOを、五十年の歴史を有する国連PKOの再検討の中に位置づけた点にある。すなわち世界的なＰＫＯの拡がりの中で日本のそれが論じられた総合性が第一の特色である。

加えて、研究者だけでなくＰＫＯ実施者の現場体験談を多く含む点が注目される。当事者以外には解らない特殊にして新しい活動について、実務者の証言ほど貴重なものはない。学術と実践の遊離が戦後日本社会にしばしば認められる病弊であった。その点、新進気鋭の研究者と当事者が多く登用された点に、本企画の意欲と斬新さが示されている。

最後に、内外さまざまなＰＫＯのケース・スタディを行うだけでなく、ＰＫＯをめぐる諸問題と法理についての分析を加えており、厚みのある大冊となっている。画期的なＰＫＯ特集の誕生を喜びたい。

（防衛大学校長）

『PKOの史的検証』刊行によせて

明石　康

　平和維持活動（PKO）の史的検証が、研究者や実務を経験した有志の人々によって組織的に行われることになったことを心から喜びたい。PKOは、挫折も多かった過去六〇年の国連活動において、もっとも記憶されるべき国際紛争緩和と解決のための有益な手段であった。現在も世界各地に展開され、発展し、変貌し続けているPKO活動の実態と、それらが抱える問題点に迫ることは、時宜を得たものであり、わが国の国際協力活動を考える上で不可欠なものである。

　一九四八年につくられた中東地域における国連パレスチナ休戦監視機構（UNTSO）は規模も小さく、主な任務は国境や停戦ラインを監視するという比較的静止的なものだった。武器を携行しない軍事監視員によるこうした監視は、軍事情勢を安定させ、その悪化を防ぐ効果がある。しかし抜本的な政治解決や和平協定の締結は、政治・外交レベルにおける交渉に俟たなければならない。つまり初期のPKOは、紛争当事者相互を直接の接触から切り離し、それによって互いの頭を冷やし息つく時間を提供し、できれば相互の信頼を醸成することをめざしたものであった。

　一九五六年のスエズ危機の際、第一次国連緊急軍（UNEF）が急遽現地に展開されて、英仏やそれに続くイスラエルの軍隊が運河地域から次々に撤退する条件をつくり、それによって中東地域で高まった国際緊張を緩和するのに大きな効果があった。国連は有志の国々が提供する軍隊を、その指揮下に組織し、展開することで、紛争を緩和するクッションを提供し、外国軍隊がその置かれた難しい状況から、面子をつぶすことなく撤退するのを容易にすることができた。

このような軍人による事態の安定や停戦の監視をめざした伝統的なＰＫＯは、その行動の基本的な原則として、①当事者の合意に基づいて設立され、②国連は当事者に対して厳正に不偏性と中立を守り、③武力の行使は自衛のために必要な最小限にとどめること、とした。これがいわゆるＰＫＯ三原則である。主体となるのは軍人でなければならないが、任務はむしろ外交的な性格のものである。

一九九〇年前後に米ソの冷戦が終わり、国連ＰＫＯはさらに複雑な任務を担わされることになった。和平合意が結ばれた後の暫定的な期間において、国連が行政上の最終責任をとり、治安の維持、選挙の組織あるいは監視、難民の帰還、戦後の復旧・復興などに任務を拡大することになった。今までの伝統的なＰＫＯとの対比で、こうした複合的かつ権限を拡大したＰＫＯ活動を、第二世代のＰＫＯと呼ぶことができる。第一世代と同じくＰＫＯ三原則に立脚しているが、軍人以外にも、専門の異なる文民が多数、多面的な任務を担って参加しているのが、第二世代ＰＫＯの特徴である。参加する要員の数も増え、職種は軍人、軍事監視員、文民警察官、行政官、選挙専門家、難民担当官、人権専門家、復旧支援担当官、国連ボランティアなどを含んでいる。

紛争の激化した地域に人道的な目的をもって派遣され、厳密な意味での自衛の範囲を超えて武力を行使し武装解除などを行った例が、ソマリアに派遣された強力な国連ＰＫＯ（ＵＮＯＳＯＭⅡ）であった。これは当時のブトロス＝ガリ（Boutros Boutros-Ghali）国連事務総長が『平和への課題』（*An Agenda for Peace*, 1992）で提起した、より強力な、平和執行的な要素をもつ、いわば第三世代のＰＫＯであると考えてよいだろう。しかしソマリアにおける国連ＰＫＯによる武力行使は、情報の不十分さ、指揮系統の乱れ、ＰＫＯ参加部隊の装備や準備の不足などから、反乱勢力による思いがけない抵抗に直面することになった。国連側はかなりの犠牲者を出し、目的を達成することなくソマリアから撤退せざるをえなかった。ソマリアにおけるＵＮＯＳＯＭⅡの不幸な経験は、寄せ集めの伝統的な国連ＰＫＯが本格的な武力行使を行うのに全く適さないことを示していた。ブトロス＝ガリ事務総長は、『平和への課題―追補』（*Supplement to An Agenda for Peace*, 1995）において、国連は現状ではこうしたかたちのＰＫＯを意図すべきではないと、軌道を修正するに至った。

ポスト冷戦期において国連が直面した大きな試練と不十分な対応ぶりに対する厳しい反省が、国連によっても加盟国によっても行われた。それは「ブラヒミ報告」（*The Brahimi Report, 2000*）として結実する。事務総長特別代表として各地で活躍したブラヒミによるこの報告は、国連ＰＫＯが決して万能ではないこと、それに与えるべきでない任務が存在し、それが派遣されるべきでない地域も多いことを、率直に認めた。そしてＰＫＯが派遣される場合には、その任務が満足に果たせなくてはいけない。安保理事会は、明確で実行可能な決議を採択しなければならないし、ＰＫＯ活動の遂行に必要な予算、兵力や装備がきちんと承認されなければならない。国連側が単なる権威や名声に立脚しているだけでなく、相当の実力をもっていると紛争当事者が認識するようでなければならないというのである。

アフリカのコンゴ民主共和国に展開しているＰＫＯは、残存外国軍隊、部族の兵士、犯罪分子などに対する軍事行動を想定して、武装ヘリコプターを使用している。二〇〇六年にイスラエル軍の南部レバノン侵攻後に展開された拡大国連レバノン暫定軍（ＵＮＩＦＩＬ）では新型の戦車なども使用されている。このような最近のＰＫＯは、基本的には第一、第二世代のＰＫＯに属するものといえよう。しかし、許される武力行使の範囲について、従来のＰＫＯよりも広範な弾力性を認められている。ソマリアのＵＮＯＳＯＭⅡほどではないにしろ、かなり強力な装備と交戦規定をもつＰＫＯであり、それを「第四世代のＰＫＯ」と呼ぶことができるかも知れない。二〇〇七年二月現在、世界各地で一六のＰＫＯ活動が展開しており、そのうち半分がアフリカにおいて活動している。そのうちのいくつかは、ＰＫＯ三原則の制約の中で行動しつつも、より強力な第四世代型に分類されるものと考えてもよいだろう。

以上見てきたように、よって立つ基本原則においては類似性を持ちながらも、具体的な事態に即応して生成発展し続けて現在に至っているＰＫＯの一貫性と多様性、その可能性と限界の双方に思いを致すとともに、国際的に立ち遅れたわが国の果たしうる積極的な役割について緊急かつ真剣に考えてみることが、きわめて重要であることは、疑いのないところである。

（元国連事務次長・元国連カンボジア及び旧ユーゴスラビア事務総長特別代表・スリランカ平和構築担当日本政府代表）

ＰＫＯ十五年に思う

――今後の国際平和協力活動のために克服すべき課題について――

西元徹也

今年は、「国連平和維持活動（ＰＫＯ）には自衛隊とは別組織をつくって派遣すべき」といった論議や社会党の一万人反対集会及び延々たる牛歩戦術を乗り越えて『国際平和協力法（ＰＫＯ法）』が成立し、我が国最初のカンボジアＰＫＯへの参加から十五年の節目の年に当たる。我が国のＰＫＯは、その後モザンビーク、ルワンダ難民救援、ゴラン高原及び東ティモールにおけるＰＫＯ参加へとつながりゴラン高原においては現在も継続中である。

二〇〇一年には、『ＰＫＯ協力法』の一部改正によって「武器の使用による防護対象の拡大」や「ＰＫＦ本体業務の凍結の解除」などが行われ、九・一一を契機として『テロ対策特別措置法』、『イラク人道復興支援特別措置法』が制定され、我が国の国際平和協力活動の範囲や内容も大きく変貌してきた。さらに、二〇〇六年年末には以上のような諸活動を中心とした自衛隊の国際平和協力活動が「本来任務」として位置付けられた。このような推移は、資源小国・通商貿易立国という我が国の立場を考えれば当然の選択であったといえよう。

しかしＰＫＯへの参加をはじめとする国際平和協力に我が国が主体的かつ積極的に取り組んでいくためには、解決を要するいくつかの重要な課題がある。以下、実行組織の立場からその概要を申し述べてみたいと思う。

第一の課題は、「武器使用権限」、「国際平和協力業務」、「ＰＫＯ参加五原則」などの見直しである。

自衛隊は、今日までＰＫＯをはじめ様々な国際平和協力活動において一発の弾丸も発射することなく、一人の犠牲者も出すことなく、与えられた任務を完遂してきたが、他国の軍隊とは異なる制限された権限行使の下で、我が国独自の安全確保の要求を満たすという極めて大きな心理的重圧下に置かれていたことは否定できないと思う。このような現状を打開するため、部隊行動を生命とする自衛隊でありながら、現行の基準では武器を使用する主体は隊員であるので、これに部隊を加え、さらに「自己保存のための自然的権利というべきもの」という厳しい制約を取り除き、国連で可能とされている「力をもって国連のPKOを妨害する勢力の排除、阻止などのための自衛の範囲における武器の使用」を可能とする必要があると考える。なお、これはあくまで「武器の使用」であって、「武力の行使」とは本質的に異なるものであり可能だと考える。

そうすることによって、自信を持って自らの任務を完遂できるし、国際協調の観点から看過できない国連や他国の軍隊・要員などから救援を求められた場合においても軍事組織としての国際常識に叶う的確な対応、すなわち救援ができるようになる。特に、PKF本体業務を遂行する部隊を派遣する場合には、このことが不可欠の条件になる。それと同時に「担当地域内における法と秩序の維持の援助」、「車列の警護」、「国連の保護管理下にある国連の財産、施設、及び要員の防護」などを国際平和協力業務に付加することも当然必要になると考える。このような見直しは、必然的に「PKO参加五原則」、特に第四原則（停戦合意、受入合意、中立の維持などの原則が満たされない場合の部隊の撤収）、第五原則（前述の武器の使用）の見直しにつながる。

第二の課題は、第一の課題に大きな影響を及ぼしている「集団的自衛権の行使」や「海外における武力の行使」に関する憲法解釈の是正である。

PKOを主体とする国際平和協力活動は、国際社会の合意に基づいて行われる共同行動であり、我が国の恣意に基づく行動ではない。したがってPKO法制定当時、「蟻の一穴」となるおそれがあるといわれたような事態（侵略行為）に発展することなど到底考えられない。

一方、第一の課題の解決を大きく阻害しているものに「集団的自衛権の行使」に係る憲法解釈が根底にあることは疑う余地がない。したがって、できるだけ早期にこの解釈を是正するための具体的な行動を起こす必要があると考える。

第三の課題は、国際平和協力活動を適切かつ迅速に実施するための『国際平和協力に関する一般法（仮称）』

の制定である。

『一般法』の制定にあたっては、従来の関連法令を整理統合するだけに止まることなく、我が国の国際平和協力の理念や新たな国際平和協力活動参加原則の確立、国際平和協力業務の範囲、参加の手続、参加する組織の役割分担と協力態勢の確立などを明確にするとともに、前述した第一、第二の課題を可能な限り解決してそれを反映することが必要である。

この狭い島国に約一億二八〇〇万人余の人口を抱え、天然資源に恵まれていない我が国にとって、国際社会の平和と安定がそのまま国の平和と安全、発展と繁栄につながっていることを考えれば、我が国は、単なる「国際貢献」という第三者的立場に立つことなく、また安易に「憲法上の制約」に逃避することなく、国際平和協力活動を我が国の安全保障上の基本的活動と位置づけ、その在り方を明確にし、現在の我が国の諸制度がこれに合致しているかどうかを原点にかえって本格的に論議し解決の道を探るべきだと考える。


（元統合幕僚会議議長・特定非営利活動法人「日本地雷処理を支援する会」）

特別寄稿

冷戦終結前後の国連平和維持活動の展開

——私的な回想——

サー・マラック・グールディング
等松春夫訳

一九八五年の後半、二六年間にわたる英国外務省勤務を終えた筆者は、国際連合事務局に二つある特別政治問題担当・事務次長のポストの一つに任命されるという幸運に浴した。この事務局は「特別政治問題担当局」(Office of Special Political Affairs. 以下、ＯＳＰＡと略記) と名付けられたが、ふたりの事務次長はそれぞれ別個の活動を行っていた。ひとりは主として「平和維持」(peacekeeping) を担当し、もうひとりは主として「平和形成」(peacemaking) を担当した。ここで言う「平和形成」とは、紛争の予防をはかり、もし予防に失敗した場合には紛争を解決するための国連による諸々の活動を指す。

「特別政治問題」とは「平和形成と平和維持」の婉曲表現である。「平和形成」も「平和維持」も共にソビエト連邦が不当とみなしていた国連の活動である。これは二つの活動とも国連憲章の中に明確な規定がないからであった。国連事務局にはまた「特別政治案件」(Special Political Questions) を担当する部署もあった。この語は「非植民地化」の婉曲表現である。この婉曲語を用いなければ、この部署は国連安全保障理事会 (以下、安保理と略記) の他の二つの常任理事国——英国とフランス——に受け入れられなかったであろう。冷戦はこのような複雑な問題を国連内にもたらしていたのであった。

筆者の同僚となったもうひとりの特別政治問題担当の国連事務次長はディエゴ・コルドベス (Diego Cordovez) であっ

た。彼は後にエクアドルの外務大臣になった。コルドベスと彼の事務局は平和形成が主任務で、平和維持には何も関与しなかった。

筆者は、いまや伝説となったブライアン・アークハート(Brian Urquhart)の後を襲ったのであった。アークハートは一九四五年にロンドンで国連に奉職した二人目の国連職員である。同じく伝説的なラルフ・バンチ(Ralph Bunche)と行動を共にして、アークハートは平和維持活動の形成に指導的役割を果たした。バンチは一九七一年に亡くなり、一九七四年に彼を継いでアークハートは特別政治問題担当の国連事務次長となり、平和維持活動に責任を負うこととなった。

国連は創設後最初の四〇年に一一の国連平和維持活動(PKO)を展開した。これらの活動は泥縄的なものであり、効果的ではないこともあった。しかしながら一九八六年までには、安保理や総会に正式に承認されたのではないが、PKOの五つの基本原則がはっきりと確立されていた。これらの原則は、一つを除いて、現在でも変わらない。すなわち次の五点である。

(一) PKOは軍事要員、場合によっては警察官で構成される。これらの要員は国連加盟国の各国政府が国連に提供する。またPKOには文民も参加する。これら文民は国連事務総長が提供する。

(二) PKOは安保理によって設立され、事務総長の指揮下に置かれる。事務総長は定期的に総会に報告する。

(三) PKOは紛争当事国の同意に基づいて展開され、紛争当事国間にあって中立公平であることが要求される。

(四) PKOは武装しているが、自衛の場合のみ武器の使用が認められる。

(五) PKOの経費はすべての国連加盟国の間で分担される。

現在では(四)に関して例外が存在する。一九九〇年代半ばに国連PKOを窮地に追いこんだ失敗(ソマリア、ルワンダ、ボスニア)と、それによるPKOの概念への疑念から、安保理の常任理事国である米国、英国、フランスはPKOにおける武力行使のドクトリンを改訂した(訳者註:PKOと各国の軍事ドクトリンの関係については本書第三篇所収の青井論文を参照)。改訂されたドクトリンによって、PKOは当事者が同意した特定の目的を達成するためには自衛以外の場合でも武力を行使することが認められた。これは一見するとＰＫＯの成功に不可欠な中立公平原則に反している。しかし当事者が、「合意された原則を破るいかなる（傍線筆者）個人または集団に対しても武力が公平に行使される」ということに同意していれば、このような問題は生じない。すなわち、人は自分の為したことのために撃たれるのであり、自分の所属する集団のゆえに撃たれるのではないのである。

二〇〇〇年のシエラレオネにおけるＰＫＯはこの改訂されたドクトリンが適用された最適の例である。このとき、当事者は国連平和維持軍の任務に人道的活動の擁護が含まれることに同意した。具体的には以下の事項である。①深刻な人権侵害の防止、②重要施設の防衛、③連絡路・通信網の維持。これらの目的を達成するために必要な場合、国連ＰＫＯは武力行使を認められた。

さて、ここで筆者が国連の平和維持活動の担当となった一九八六年に戻ってみよう。この時点で、それまでに派遣された一一のＰＫＯのうちで展開中のものは五つに過ぎず、任務に従事する人員は二五の国連加盟国から提供された一万人弱の軍事および警察要員のみであった。

展開中のそれら五つのＰＫＯの最初のものは国連休戦監視機構（UN Truce Supervision Organization, 以下、ＵＮＴＳＯと略記）で、一九四八年に中東に派遣されたものである。その本来の任務は、安保理が命令した、イスラエルおよび隣接する四つのアラブ諸国の間の休戦を監視することであった。しかしながらパレスチナの惨事が続くにしたがってＵＮＴＳＯにはいくつかの新たな任務が与えられ、二〇〇七年現在も活動中である。

五つのＰＫＯの中の第二のものは駐インド・パキスタン国連軍事監視団（UN Military Observer Group in India and Pakistan, 以下、ＵＮＭＯＧＩＰと略記）である。これは英国によるインドとパキスタンの分離によって引き起こされたカシミールにおける戦争を終わらせるために一九四九年に派遣された。この悲劇もいまだ解決していないため、ＵＮＭＯＧＩＰは現在も活動中である。

これら二つの活動は非武装の軍人によって行われていた。しかし、一九五六年に変化が始まった。スエズ危機に際し、国連緊急軍（United Nations Emergency Force, 以下、ＵＮＥＦと略記）と呼ばれる初めての武装した国連ＰＫＯが、英、仏、イスラエルがエジプトに侵入した後の停戦を「保障し監視するために」エジプトに展開したのであった。ＵＮＥＦは一九六七年まで現地に駐留した。この年、イスラエルは再びエジプト攻撃のため軍隊を集結させ、エジプトのナセル（Gamal Abdul Nasser）大統領は国連にＵＮＥＦを撤収させるよう要求した。ＵＮＥＦを構成する主要な国々の中の二つの政府がナセルの要求を受け入れて部隊を撤収した。

五つのPKO中の第三のものを筆者は継承した。それは駐キプロス国連平和維持軍（UN Force in Cyprus, 以下、UNFICYPと略記）である。これもまた武装した部隊で現在も活動中である。UNFICYPは複雑な紛争の政治的な解決を凍結してきたが、この紛争は最近キプロスのヨーロッパ連合（EU）加盟で再燃しつつある。

第四と第五の歴史的PKOもまた武装したPKOであり、イスラエルが近隣のアラブ諸国への攻撃をやめないため、長く存続している。国連兵力引き離し監視隊（UN Disengagement Observer Force, 以下、UNDOFと略記）は一九七四年以来ゴラン高原においてシリア軍とイスラエル占領軍の間の緩衝地帯を監視し続けている（訳者註：UNDOFについては本書第二篇所収の小嶋論文、および第四篇所収の佐藤論文を参照）。そして国連レバノン暫定軍（UN Interim Force in Lebanon, 以下、UNIFILと略記）は一九七八年以来レバノン南部に展開している。

筆者が一九八六年にニューヨークの国連本部に赴任したとき、当時の国連PKOの状態をみて落胆した。UNDOF、エジプトに派遣されたUNEF Ⅱ（一九七三～一九七九年）とUNIFILを除いては、一九六〇年代半ばから平和維持活動では何ら動きが見られず、また新しい具体的な計画もなかった。そこで筆者は不満をまぎらわすため、存続する五つのPKO中の四つを頻繁に訪問した（五つめのPKOであるインド・パキスタン間のカシミール地方に展開するUNMOGIPへの筆者の訪問をインド政府は許可しなかった）。もちろん、これはたんなる物見遊山ではなく、筆者はこれらの訪問を二つの大きな目的を果たすために用いた。

第一の目的は、どのようにPKOが形成されたかを知ることであった。第二の目的は、PKOが現場においていかに運営されているかを学ぶことであった。

第一の驚きは筆者や他のさまざまな演者たちが乗っているPKOという舞台の複雑な台本であった。筆者は自分の新しい使命を明確に理解するために、それぞれの台本は四幕から構成されていると考えることにした。第一幕は、二つの国家の間に、または一つの国家の内部に現実のあるいは急迫した紛争が発生することである。国連憲章の第六章と第七章は、紛争を予防または解決するために国連と加盟各国が使うべき種々の手段を規定している。しかしながら一九八〇年代半ばの紛争の大半は冷戦下の代理戦争であった。米国とその同盟国は代理戦争を戦う一方の側を支持し、ソ連は他方を支援した。冷戦の現実は、国連事務総長の平和形成および平和維持の動議が安保理の場で、米国またはソ連という超大国の拒否権発動で葬られる危険を示していた。

この想像上の芝居の第二幕は、国連事務総長が紛争当事者やその同盟者と秘密裏に会談し、紛争が武力衝突に至っているか否かにかかわりなく、両者に交渉による解決を図るよう説得することである。したがってアークハートのように、筆者は自分が仕えた二人の事務総長（ハビエル・ペレ＝デ＝クエヤル Javier Pérez de Cuéllar, 在任一九八二〜一九九一年とブトロス・ブトロス＝ガリ Boutros Boutros-Ghali, 在任一九九二〜一九九七年）から、現地訪問ではたんにＰＫＯの視察をするのみではなく、敵対する陣営の指導者たちが、シャトル外交によって、またごくまれには直接交渉で、平和的手段による紛争の解決をする可能性を探るように、と指示された。

第三幕は、紛争当事国が加盟している地域機構あるいは「事務総長の友人たち」'Friends of the Secretary-General' から隠密な協力を得ることである。「事務総長の友人たち」とは、自国と密接な関係にある国に平和をもたらすことに共通の利益を持つ国連加盟国のことである。この第二の手段は、とりわけ一九九〇年代の中米における紛争の平和的解決に役立った。このときの「友人たち」にはラテン・アメリカ諸国に加えて米国とヨーロッパ諸国が含まれていた。この措置は米州機構（ＯＡＳ）の当時の事務総長にとっては面白くないことであった。

最終幕である第四幕は、国連事務総長が安保理に、新しいＰＫＯを発足させ派遣することを正式に勧告することである（安保理のメンバー国にはあらかじめ非公式に打診しておく）。ＰＫＯの種類は純粋な軍事的活動から複雑な多機能型の活動までさまざまである。純粋な軍事活動の一例は、シリアのゴラン高原に展開するＵＮＤＯＦのように停戦の監視と緩衝地帯の管理である。多機能型活動の一例は、紛争当事者が結んだ平和協定が遵守されるよう監視することである。この活動には軍事部門と数種類の文民要員が必要になる。まもなくこの種の活動はナミビア、エルサルバドル、カンボジア、モザンビーク、そしてその他の多くの国々において現実のものとなった。

一九八六、一九八七年に筆者が行った現場への訪問の第二の目的は、現場においてＰＫＯがどのように機能しているかを理解することであった。筆者はまた、新たなＰＫＯがいかに設立され展開されるのかを学びたかった。しかしながら一九七八年以来、新たなＰＫＯは設立されていなかったので、この件について筆者に詳しく説明してくれる人を見つけるのは難しかった。しかしながら、現場に行くことにより筆者はいくつかの有益な教訓を得た。

第一の教訓は、ＰＫＯの構成にかかわることである。国連には有事の際、即座に現場に派遣できる待機軍がなかった。国連は常に、新設するＰＫＯに軍隊と警察を提供する意志のある加盟国に依存していた。しかしこの方式は時間がかかる。この方式で新しいＰＫＯの国連部隊が編成されて現場へ派遣されるまでの期間、紛争発生地において誰が国連の存在を示すのか。そこで、国連事務総長の指揮下に置かれ、安保理の同意のみで即座に派遣できるような軍を設立するようアークハートは長い間、加盟国に呼びかけてきた。しかしその要請は決して加盟国に受け入れられなかった。新たな経費負担の心配もあったが、それよりもこのような軍を設立すると本来、主権国家に属する権限を国際公務員に引き渡すことになることを加盟各国は懸念したのである。

かつても、また現在もニューヨークの国連本部にいる軍事要員は二種類しかない。第一の種類は、加盟各国から国連に出向させられ、事務総長の軍事顧問の指揮下に置かれる将校たちである。これの将校にはきわめて重要な役割が与えられている。新しいＰＫＯの兵站上の要請と、この要請を充足させることの緊要性を、上は事務総長から下は種々の部局の実務担当者たちにまで周知させること、あるいは周知させせようとすることが、これらの将校の任務である（訳者註：この点については本書第一篇所収の須田論文を参照）。第二の種類は国連の保安将校たちである。彼らが国連のＰＫＯ任務に充当されることはめったにない。しかし、現場における保安上の問題に特別な配慮が必要な場合にかぎり、そのような措置がとられることもある。

結論として筆者は次のように実感した。すなわち、ＰＫＯに必要なすべての軍事要員は加盟国から提供してもらう必要がある。事務総長は各国に対して部隊を待機させ、国連の要請があったときに必要な任務にそなえて訓練させることを、努めて説得せねばならない。

現場訪問で筆者が学んだ第二の教訓は、以下の諸アクターの間の関係の複雑さである。（Ａ）事務総長とニューヨークの国連本部、（Ｂ）ＰＫＯの最高責任者〔当時は現地指揮官（Force Commander）であったが、後には現地指揮官を指揮下に置く文民である事務総長特別代表〈Special Representative of the Secretary-General, 以下、ＳＲＳＧと略記〉〕、（Ｃ）現地指揮官の指揮下に置かれるＰＫＯ部隊と警察に要員を提供する加盟国の政府、（Ｄ）他の国連加盟国からの圧力により、ＰＫＯの展開を受け入れる紛争当事者。

指揮系統は理論上は以下のようになっている。まずニューヨークの国連安保理が（Ａ）ＰＫＯ設立を承認し、一定期間の任務を規定し、（Ｂ）事務総長が推薦する要員提供国を承認し、(C) 事務総長が推挙する現地指揮官を任命し、(D) PKOを運営する権限を事務総長に委ね、そして (E) 事務総長が定期的（通常は六カ月ごと）に安保理に報告することを命じる。

ニューヨークから見ると、この理論は妥当で実効性があるように見えた。しかし、筆者がPKOの現場を視察し始めてみると、この理論の現実への適用は完璧とはほど遠く、PKOの構造はより複雑で、そしてPKOに関与する人々は筆者が予想していたほど協調的ではなかった。頻発する問題の一つは、PKOを構成するさまざまな部隊への車輌の配分をめぐって軍事部門と文民部門が対立することである。この対立は時には軍事要員と文民要員の間に敵意を生じさせ、PKOの円滑な任務遂行に支障が起きることさえあった。

また別の問題は、それぞれの国家の部隊が本国政府と直接連絡する能力を有していることであった。このことは本国政府を満足させた。派遣した部隊の活動と、部隊が直面しうる問題について十分な情報を得られるからである。そして現地の部隊には、部隊のPKO任務遂行について本国で反対がないことを保障できた。しかし、PKOへの参加部隊と本国政府の間の連絡が過度に円滑なことは、ニューヨークの国連事務局にとっては歓迎すべきものではなかった。というのは、PKOに部隊を提供している国々の政府が現地の部隊の日常の活動に干渉し、時にはPKOの指揮系統にしたがって現地部隊に与えられた命令と矛盾するような指示を与えることさえあったからである。

本国政府と現地部隊の間の連絡が円滑なことはさらなる問題を生んだ。大半の部隊には一名かそれ以上の数の広報担当者がいた（訳者註：PKO部隊の広報担当者の活動については本書第二篇所収の太田論文を参照）。現地指揮官がニューヨークの国連本部に代わって広報担当者へ与えた命令では、何らかの事件が発生した場合、広報担当者は現地指揮官がその事件について十分な情報を提供されて、その事件を公表すべきかどうか判断するまで事件に関する情報を発表したり、本国政府に発表を依頼したりすべきではないことになっていた。後に筆者がPKOの現地視察をした際、この命令が徹底されなかったばかりに、ある通信社からほんの一、二時間ではあったが、「グールディングがシーア派の過激分子によって暗殺された」というニュースが世界中に流されてしまった。

これらが一九八六年と一九八七年に筆者が学んだことであった。しかし何も有意義なことは達成されなかった。レヴァント、カシミール、キプロスの紛争は解決されないままで、平和維持活動の分野では何ら顕著な発展はなかった。

筆者は現実に倦み始めていた。しかし、ディエゴ・コルドベスが率いるＯＳＰＡの他の部門の筆者の同僚たちは、ソ連軍のアフガニスタン占領と一九八〇年にサダム・フセインによって始められイラン・イラク戦争を終結させる交渉で成果をあげつつあった。おそらく、遠からずいくつかの新たなＰＫＯが必要になるかもしれない。とすれば、その要請はＯＳＰＡの筆者の部門に来るのか、それともコルドベスへ行くのか。

最初の突破口はアフガニスタンであった。コルドベスによる六年にもおよぶ懸命の努力の末、ソ連は撤兵を決定し一九八八年四月に撤退協定が結ばれた。事務総長はソ連軍の撤退とアフガニスタンとパキスタンが相互に干渉しないように監視する国連の高級職員の任命を要請された。この高級職員はこの任務を達成するために軍事監視団を指揮することとなっていた。この高級職員はコルドベスか、筆者か。軍事要員が含まれるからにはこれは平和維持活動であり、したがってこの高級職員は筆者であると、主張した。コルドベスはそれは自分がなるべきであると主張した。今回の任務は「遣アフガニスタン・パキスタン国連周旋使節」(UN Good Offices Mission in Afghanistan and Pakistan, 以下、ＵＮＧＯＭＡＰと略記）と命名されたのでＰＫＯではない、というのがコルドベスの根拠であった。結局、筆者はこの地位を得られなかった。

しかし数カ月後には埋めあわせがあった。七年の血腥い戦いの末、ペレ＝デ＝クエヤル国連事務総長の外交手腕はイランとイラクに停戦を合意させることに成功し、この停戦は国連の軍事監視団によって監視されることとなった。コルドベスも筆者もペレ＝デ＝クエヤルのイラン、イラクとの交渉にまったく関与しなかった。問題は、これらの交渉に関与した国連職員たちが事を慎重に運ぶあまり、交渉の結果を自分たちだけの間の情報にとどめて他に知らせなかったことであった。これは一九八〇年代全体を通じて新たなＰＫＯを設立してこなかったＯＳＰＡの筆者の担当部門にとって深刻な脅威であった。このままではＯＳＰＡの存在意義そのものが問われてしまう。筆者はペレ＝デ＝クエヤル事務総長に訴え、彼はイラン・イラク停戦監視のＰＫＯを筆者の部門に任せることに同意してくれた。

かくして一九八九年に冷戦が終結するまでに平和維持活動の急増が可能になった。四三年の冷戦期間中、一三のＰＫＯが設立された。平均して四〇カ月に一つである。続く一三のＰＫＯはたった四年のうちに設立された。平均すると四カ月に一つである。冷戦が終結して一八年たった二〇〇七年現在、国連ＰＫＯの累計は六一にのぼる。この急増には三つの大きな理由がある。

第一に、東西冷戦が終り、当時のブッシュ（George W. Bush）米国大統領が「新世界秩序」'The New World Order' と呼んだものが登場して、平和を推進し紛争を解決するために主要大国が安保理の活用を望んで一致する政治環境が作りだされた。この結果、安保理はこれまでになく効果的に機能することができた。

第二に、一九八〇年代末に存在していた戦争の大半は冷戦下の代理戦争であった。一方の側はソ連陣営によって支援され武装されており、もう一方の側は西側陣営により支持され武装されていた。ソ連陣営の解体によって、東西両陣営はもはや第三世界諸国を味方に引き入れる競争をしなくなった。代理戦争はかくして存在意義を失い、第三世界の交戦者は、かつての後援者たちから経済的、軍事的、政治的支援を得られなくなった。

第三に、ＰＫＯを増加させた要因は国際社会における紛争の増大であった。平和維持者や平和形成者が、とりわけアフリカとユーラシア大陸の旧共産圏諸国で行わねばならない仕事は山積していた。アフリカにおける紛争の増大は、昔も今もまず脆弱で腐敗した統治に起因するもので、紛争は民族的、宗教的緊張でさらに悪化した。ユーラシアにおける紛争のほとんどは内紛によるもので、それらはソビエト帝国とユーゴスラヴィア連邦の分裂によって引き起こされた。

冷戦の終結は、このように国連ＰＫＯにとっては新しい夜明けであった。冷戦終結に至る直前の一〇年間、ＰＫＯは行き詰まっており、一つも新しいＰＫＯは設立されなかった。ところがＰＫＯは突然、急速に膨張し始めた。一九八八年に二つ、一九八九年に三つ、一九九一年に五つ、一九九二年に六つ、さらに一九九三年に六つ。一九八八年初めには国連は一万人をやや超える程度の軍事要員と警察要員を五つのＰＫＯに派遣しているに過ぎなかった。しかし、一九九四年末には一五のＰＫＯに七万八〇〇〇名の要員が従事していた。

冷戦による四〇年間の制約の後で、この国連ＰＫＯの拡大は国連事務局と一部の加盟国に高揚した気分をもたらした。しかし、この高揚感が全世界でひとしく受け入れられたわけではなかった。第三世界諸国は、ＰＫＯの急増は先進諸国が国連を乗っ取って利己的な国益追求に乗り出す策略ではないのか、との懸念を表明し始めた。第三世界諸国はまた、国連の有する資源と政治的エネルギーが経済・社会の開発から平和と秩序の維持に転用されてしまうことも恐れた。そして第三世界諸国は、安保理が紛争当事国の内戦に介入する熱意を示すことで、当事国の主権が侵害されることを危険視した。

国連本部の中の一部の良識ある人々――筆者はその一員ではなかったが――は、かくも膨張したPKO業務をとりしきる能力が果たして事務局にあるのかどうか疑い始めた。実際、われわれ事務局の多くの者は成功に酔っていた。たしかにナミビアを独立させ、イランとイラクの間の戦争を終結させ、カンボジア、中央アメリカ、モザンビークに平和をもたらし、イラクの侵攻からクウェートを解放する手助けをしたのだ。

この高揚感のため、われわれは困難なPKOの活動を取り仕切らねばならない国連の構造の脆弱さに、十分な注意を払わなかった。また、先進諸国がいつまでPKOに兵力と資金を提供し続けるかを十分に検討しなかった。先進諸国はPKO経費の九〇％を負担しており、そのPKO経費は一九九四年までに毎年二七億ドルにも達していた。われわれは、今後PKOを派遣すべき紛争について研究と分析を始めたが、十分な時間をあてたとは言い難かった。端的に言って、われわれは過重な負担に喘いでいたが、筆者は事務総長に職員の増加を願うことの難しさを感じていた。

一九九一年の夏、自分はペレ＝デ＝クエヤル事務総長に最終通告を突きつける必要を感じた。筆者だけでは膨大な仕事量と、それにともなう多くの旅行をこなすことができないので、自分を補佐してくれる事務次長補（Assistant-Secretary-General, 事務次長のひとつ下の職位）レヴェルの人間が欲しいと事務総長に頼んだ。事務総長は筆者の要請を受け入れ、意中の人は誰かとたずねた。筆者はコフィ・アナン（Kofi Annan）に白羽の矢を立てた。アナンはすでにPKO（UNEFI）に参加したことがあり、続いて国連本部で予算の担当、そしてその後は国連の人的資源管理にたずさわった。ペレ＝デ＝クエヤル事務総長は、これは良い人選であると答えてくれたが、彼の任期の最終段階でアナンを任命することはできなかった。筆者はブトロス＝ガリが事務総長に就任するまで待たねばならなかった。

まもなくブトロス＝ガリが一九九二年二月にアナンを任命してくれた。OSPAの二つの部局は再編成され、平和維持活動局（Department of Peacekeeping Operations, 以下、DPKOと略記）と政治局（Department of Political Affairs, 以下、DPAと略記）となった。一九九二年にはさらにPKOが増大し、これにはカンボジアとユーゴスラヴィアにおける新しい大規模な活動が含まれていた。アナンと筆者は役割分担を行った。彼がアフリカと中東を担当し、筆者はアジア、ヨーロッパとラテン・アメリカを担当した。しかしながら、筆者は以前よりもさらに強く、現在の仕事量をこなすことは難しくなると感じていた。アナンとの関係も常に円滑であったわけではない。彼は精力的にアフリカと中東における任務に邁進したが、常に筆者を十分に関与させてくれるとは限らなかった。筆者はアナンを信頼しており、それだけならば心配はなかったのであるが、ブトロス＝ガリ事務総長が、アナンの担当に関するものも含めて、自分にすべての情報の提供を求めるときには困ることもあった。

一九九二年の末、ブトロス＝ガリは事務局を再編成した。事務総長は、筆者をＤＰＫＯから外し、二人の事務次長の一人としてＤＰＡに転出させることにした。筆者はその理由を問い質した。事務総長は、筆者が彼に「いいえ、事務総長、それはできません。ここではＰＫＯはそのようには行いません」と言い続けるのにうんざりした、と言った。しかしすぐに彼は微笑みながら、本当の理由は、筆者の行政能力を新しいＤＰＡで活用してほしいからだと語った。新しいＤＰＡの職員たちは事務局の以前の六つの部局出身で、新ＤＰＡはいまだ一体となって活動できる組織にはなっていなかったのである。

続く四年間、筆者は傍観者的な立場で国連ＰＫＯが一五の活動で七万八〇〇〇名の要員を擁するまでに成長する様子を観察していた。筆者は、以前にもまして国連は崖っぷちに立っていると確信するようになった。ここで言う「国連」とは加盟国、特に部隊提供国、安保理の構成国、そして事務総長と事務局を指す。ＰＫＯの恐るべき重圧は、われわれが支えきれるものではなく、遠からず崖から転げ落ちずにはいられないであろう。

事実、われわれは崖から転げ落ちた。すでに少なからぬ兆候はあったのだが、われわれはそれらに十分気付かなかった。典型的な事例は、ボスニアにおけるいわゆる「安全地域」'safe areas' で生じた。安保理の三つの常任理事国（米、英、仏）および二つのヨーロッパの非常任理事国は、ムスリム人が多数派を占めるボスニアの六つの都市を「安全地域」に指定するよう事務総長に強く要請していた。これらの都市には、旧ユーゴスラヴィアにおける国連平和維持軍である国連保護軍（UN Protection Force, 以下、ＵＮＰＲＯＦＯＲと略記）が駐留することになっていた。ブトロス＝ガリ事務総長は、この構想の実現可能性に疑問を持ち、軍事顧問たちに意見を求めた。軍事顧問たちは、この構想の実現にはさらに三万四五〇〇名の増援が必要であると答えた。安保理の先進諸国は経費がかかりすぎると難色を示し、わずか七五〇〇名の増援だけでこの構想が可能であると認めるよう事務総長に圧力をかけた。まもなく、この程度の規模の増援では、セルビア軍による安全地域への攻撃を抑制することも、ボスニアに展開する国連部隊への適切な補給を維持することも不可能であることが判明した。安保理の構成国は何らの措置もとらず、一九九五年七月にボスニアのセルビア軍は「安全地域」であったはずのスレブレニツァを攻撃し、数千名のムスリム人男子を虐殺したのであった。

ソマリアにおける国連と米国の失敗（訳者註：ソマリアの失敗がその後のＰＫＯに与えた影響については本書第四篇所収の井上論文を参照）、ルワンダにおけるジェノサイド阻止の兵力供出を国連加盟国が拒んだあとに生じただけに、スレブレニツァの惨劇は国連ＰＫＯの信頼性のみならず正統性をも著しく傷つけてしまった。その結果、国連ＰＫＯに従事する要員の数は一九九四年の七万八〇〇〇名から、一九九七年には二万名にまで激減した。この事実は、冷戦終結後にＰＫＯに過度の期待を寄せた人々にとって深刻な打撃となった。一九九七年に筆者が国連事務局を辞したとき、冷戦後の夜明けは偽りの夜明けのように思えた。

しかしながら、本書所収の諸論文がいみじくも明らかにしたように、冷戦終結後の激動の日々から学ばれたことは多く、ＰＫＯは理論においても実践においても刷新されてきた。二〇〇七年一月現在、国連ＰＫＯはかつてない規模に拡大し、世界各地で一六の活動を展開し、八万一〇〇〇名の要員が現場で奮闘している。

付記

グールディング氏は自らの体験も含めて『国連の平和外交』（幡新大実訳、東信堂、二〇〇五年）という大著をものしている。本書とあわせてごらんになることをお勧めする。また、グールディング氏が国連ＰＫＯ改革に関連して執筆した報告書については、本書第四篇所収の井上論文に詳しい。（編集担当）

（元国連事務次長　元オックスフォード大学セント・アントニーズ・カレッジ学長）
（編集担当・玉川大学）

第一篇　国際政治とＰＫＯ

ＰＫＯの起源：國際聯盟レティシア委員会（一九三三〜三四年）

臼杵英一

序　國際聯盟の平和活動（ＰＯ）の意義

実際上、國際聯盟とは何であったかと問われれば、（大国間の協調を前提として）当時の大国が、中小国間の紛争や衝突を「調停（conciliation）」する枠組みであったというのが筆者の基本的な見方である。[1] 満州事変以前までの聯盟規約の実際の運用は、必ずしも法律主義的な考え方に固執して違反国に対する制裁を勧告・決定するばかりではなかった。

国際連合の設立にあたって、積極的に侵略国を決定し憲章上の国連軍（実際は多国籍軍）を用いて鎮圧するという侵略戦争の再来に対処する発想の陰で、本稿で触れる聯盟史の前半における平和活動の成果が忘れ去られ、国連構想や憲章の中には聯盟の平和活動が取り入れられなかった。國際聯盟の活動について、当初、均衡のある評価が欠如していたことは残念に思われる。むしろ今日の国際機構の方が、機能的統合説の理想の下に、中立姿勢の維持の努力を放棄して、実際上合法性の認定の機関となり、中小国間の紛争においてさえ、議論の場を提供することはあっても、積極的調停の機関としての機能は低下してしまっているように思われる。実は、國際聯盟のこの調停機能の有力な一要素として、軍事部門を含む平和活動がすでに存在していたのである。

國際聯盟時代の広義の平和活動（peace operations）の主なものとしては、少なくとも四つあると思われる。（一）設立後間もない一九二〇年、ポーランド＝リトアニア紛争における住民投票にともなう治安維持のための聯盟軍事委員会派遣計画（多国籍の治安維持軍）、（二）一九二五年、ギリシア＝ブルガリア国境事件勃発直後に派遣された撤兵監視団（いわゆる military observer group）、（三）一九三三年、コロンビア＝ペルー間の〝レティシア〟紛争において派遣された聯盟レティシア委員会（撤兵監視・治安維持部隊、暫定統治）、㈣一九三五年、ザール地域における住民投票にともなう治安維持のため派遣されたザール国際軍（治安維持の多国籍軍）である。

これらのうち、いわゆる本格的な国際機構軍の派遣をともなう平和維持活動（peace-keeping operation）が実現したのは、㈢の聯盟レティシア委員会が最初のものである。しかし、これまでの国際法・国際機構論の研究や教育の中では、なぜかこの聯盟レティシア委員会には触れられていないか、正当な評価を与えられていない[2]。それゆえ、本稿では、主に英国外務省文書及び聯盟記録を通して、聯盟レティシア委員会の活動を中心に検討したい。しかし、まず上記のその他の聯盟の平和活動を概観する。その上で、レティシア紛争の事実関係、聯盟内外の若干の大国の対応、派遣に至る聯盟自身の対応を詳しく検証する。その後、レティシア委員会と、現在の国連ＰＫＯとの機能、性格、経費、法的根拠の異同を論じたいと思う。聯盟レティシア委員会が、直接の法的な淵源という意味におけるＰＫＯの起源ということではなく、「存在形式」としての起源と言えるのではないかというのがここでの仮説である。

一　國際聯盟時代の主な平和活動

㈠　一九二〇年、ポーランド＝リトアニア紛争における聯盟軍事委員会派遣計画

計画のみで、実現しなかった例である。一九一八年、ドイツ占領下で独立した聯盟の非加盟国であったリトアニアと加盟国ポーランドとの間では、第一次世界大戦後、ヴィルニュス（Vilnius）及びその周辺地域の領有をめぐって紛争と軍事衝突が続いていた。國際聯盟は、すでにポーランドの提議により、リトアニアも聯盟国の義務の受諾を条件に招請して、リトアニア軍とポーランド正規軍の間、及びリトアニア軍とヴィルニュスを独断占拠していたゼリゴウスキ（Zeligowski）将軍下のポーランド軍の間に、それぞれ幅一〇キロメートル、長さ一〇〇キロメートル、及び幅一五キロメートル、長さ二五〇キロメートルの長大な中立地帯を設定して、一九二〇年九月三十日、監督委員会も派遣した。しかし、同年十月八日、ゼリゴウスキ将軍の師団は一方的にヴィルニュスを占領した。他方、ヴィルニュス及びその周辺地域の領有について住民投票を実施することにいったんは両国政府から同意を取りつけ、住民投票実施にともなう治安維持のための国際軍の編成が計画された。

計画では、聯盟軍事委員会の指揮の下で、英国、フランス、イタリア、スペイン、ベルギー、ギリシア、デンマーク、ノルウェー、スウェーデンの九カ国から成る計一、五〇〇名から一七〇〇名の多国籍部隊を八カ月程度派遣する予定であった。(3)

しかしながら、ポーランド側が受入れに積極的になる一方、リトアニア側がポーランド占領下のヴィルニュスにおける投票結果に悲観的になり、住民投票そのものの無期限延期を主張し始めた。さらに非加盟のソビエト連邦政府からは(その国境からは当該中立地帯は遠く離れていたけれども)その国際軍の派遣はソ連の安全に対する脅威であり、非友好的行為とみなすとの圧力がかかった。結局、一九二一年三月、聯盟は、万一の危険回避を理由として、住民投票も国際軍の派遣計画も放棄した。(4) 以後は、二国間交渉の周旋及び調停のみが聯盟ベルギー代表のイマンス (Hymans) 委員会の下で継続され、その調停案が聯盟総会で勧告されるにとどまった。ポーランドは一九二二年三月、ヴィルニュス併合を宣言し、ヴェルサイユ条約第八七条による連合国大使会議も事実上これを追認したため、ポーランドによる事実上のヴィルニュス支配は継続された。(5)

(二) 一九二五年、ギリシア=ブルガリア国境事件における撤兵監視団

事件発生を受けて聯盟理事会議長代行ブリアンの判断により聯盟がもっとも迅速に対応して収拾に成功した聯盟規約一一条及び一二条による予防外交の事例である。言い換えれば、両紛争当事国への勧告、小規模の軍事監視団 (Military Attachés) の派遣と報告、理事会による審議、事実調査委員会の派遣と報告、理事会または総会による審議と勧告という、ヨーロッパ協調型の聯盟による調停の典型であった。調停の一要素としての、小規模な軍事監視団の先例でもある。

事件は、一九二五年十月十九日、ギリシア=ブルガリア国境地帯のデミール=カプー (Demir-Kapu) において国境歩哨部隊の撃ち合いが発生する中(どちらが先に発砲したかは不明)、ギリシア側領内でギリシア側の現場指揮をとっていたヴァシリアディス (Vassiliadis) 大佐が交渉のため白旗を掲げてブルガリア側の軍または民兵と思しき勢力に近づいたところで射殺されたことに端を発する。ギリシア軍は、「正当な自衛」(6) 及びギリシア領内の掃討を理由として、国境三〇キロメートルにわたりブルガリア領内約八キロメートル奥まで侵攻してブルガリア側歩哨所等を占拠、さらに

ブルガリア側の町ペトリッチを重砲及び野砲で砲撃したため、大量の避難民が発生した[7]。

　ブルガリア政府は、同十月二十二日ドラモンド事務総長宛の電報で事件を聯盟に提議。急遽、ブリアンは臨時理事会をパリのフランス外務省内にて二十六日に開催することを決定した。また、同時に、両紛争当事国宛に電報を送付し、両国に対して聯盟規約上の義務を想起するよう促すとともに、さらに、事件を理事会が検討する間、現在以上の軍の展開を行なわないことにとどまらず、直ちに両軍ともに自国領内に撤退するよう各軍に命令を下すように両政府に対して勧奨した[8]。二十六日、非公式協議を含むこの臨時理事会において、両紛争当事国の主張が聴取され、A・チェンバレン自らが率いてパリに赴いた英国代表団は、報告者（rapporteur）の役を務め、今後の聯盟の対応に関する報告書を理事会へ提出した。理事会はそれを採択し、両当事国に対して、二四時間以内に、自国軍隊への無条件の自国領内への撤退命令の発令を、また、六〇時間以内に、全軍の自国領内への撤退及び戦闘停止の完了、及び発砲の再開は厳罰に処する命令の発令を、理事会へ報告するように要請した。また、現場に直ちに赴くことができるフランス、英国、イタリアの士官から成る軍事監視団（Military Attachés）を派遣するように各政府に要請した[9]。それにより、紛争当事国に対する理事会の要請が実施されたか確認して理事会へ直接報告する任務を帯びて、デルテル（Deltel）、ジャイルズ（Giles）、ヴィスコンティ（Visconti）の三名の大佐が、ユーゴスラヴィア経由でギリシア国内を通って特別列車で現地に到着した。さっそく十月二十八日には、ギリシア側及びブルガリア側司令官からの命令実施の確約を得たことについて、翌二十九日には現地に到着時すでに撤退が開始されている旨の報告電報が理事会に届いた。十月三十一日頃には殺害事件のあったデミール＝カプーに入る。十一月三日の現地からの報告では、理事会の定めた期限の八時間前の二十八日深夜にギリシア軍の撤退が完了したことが告げられた[10]。さらに、同監視団は、駐スペイン英国大使ランボルド（Sir Horace Rumbold）を委員長とする調査委員会が到着するまで、そのまま、事件の軍事的側面についての情報収集に当たることになった[11]。事件勃発から九日、理事会への提議から六日という迅速な派遣であった。

　その後、本格的な現地調査がランボルド委員会により実施され、同委員会は、最終的に「……ギリシア側がブルガリア領の一部を占領したことにより、ギリシアは、国際聯盟規約に違反したと記録せざるを得ない」と認定して、ギリシア軍の「侵入（invasion）」によりブルガリア人民と政府が被った物質的・精神的損害及び略奪の賠償金として、一千万レヴァ(ブルガリア・レフ)を、ギリシアはブルガリアに支払うように定めた。[12] もちろん、この額は、ヴァシリアディス大佐の殺害についてのブルガリア側の賠償責任額を差し引いたものである。さらに、ランボルド委員会の報告書は、国境紛争の防止措置として、事件決着後も二年間、両国は、各司令部に、同一国籍の中立国士官を一名ずつ選任して配置することも提案している。[13] また、これとは別個に、スウェーデン人の委員長の下でギリシア＝ブルガリア常設調停委員会が設けられた。この調停委員会は、一九二八年七月に発生した両国国境地帯の別の地点での事件を調査し調停することに成功した。[14]

(三) 一九三三年、コロンビア＝ペルー間の〝レティシア〟紛争における聯盟レティシア委員会

コロンビア＝ペルー間のレティシア地区の領有をめぐって発生した衝突・占領事件に対して、聯盟理事会により、一年間の暫定統治を任された聯盟レティシア委員会の一部として、同地区での撤退監視と治安維持のため、「國際聯盟」の腕章をつけた一五〇名の部隊(単一国籍部隊)が派遣された。**四**以下で詳しく議論する。

(四) 一九三五年、ザール地域住民投票における ザール国際軍

旧ファルツ侯国のザールラントは、一八一五年十一月のパリ平和条約締結以来ドイツ領であった。しかし、第一次世界大戦でフランスの占領下に入り、大戦後はヴェルサイユ条約により、ドイツはザールの施政権を國際聯盟施政委員会(Governing Commission)に移管した。住民投票実施時、英国人ノックス(Geoffrey Knox)が施政委員会委員長を務めていた。ヴェルサイユ条約第三篇第四款附属書によれば、同条約発効後一五年後の住民投票(Plebiscite)により、その将来の地位を、ドイツへの統合、フランスとの連合、聯盟の施政による現状維持の中から選択するとされていた。[15]

聯盟による施政とはいえ、必ずしも民主的であったとは言えなかった。施政委員会の諮問議会的な地方議会(Landesrat)が一九二二年六月に設けられたものの、選挙による代表制は採られていなかった。しかし、その不満も、約七五万人の成人人口のうち圧倒的にドイツ系住民が多かったため、ワイマール体制が継続していればドイツ復帰は確実視されていたので、隠れたものにとどまっていた。ところが、一九三三年十月十四日、ドイツが聯盟脱退を通告すると、同年ヒトラー政権が誕生し、情勢は複

雑化した。ヒトラーは、後のミュンヘン会議においてチェコ・ズデーテン地方に関して使用したのと同じ論理で、ザール返還が実現されれば、独仏間の最後の領土的解決であり領土紛争はなくなるとして、投票によらず独仏二国間での解決を主張した。ザールでもナチによる反フランス、反施政委員会、反ノックスの宣伝活動が活発化し、治安を担当していたフランス系軍事警察と衝突を起こしていた。もっとも住民投票が近づくと、投票結果にかかわらず選挙後の住民の権利は尊重するとのヒトラー側の確約が繰り返されたが、信じられるものではなかった。こうした情勢の中で、平穏な秩序を回復して自由かつ公正な住民投票（一九三五年一月十三日実施）を成功させるために派遣されたのが、住民投票の実施を担当する聯盟イタリア代表アロイジ男爵 (Baron Aloisi) 率いる住民投票委員会（及び任期一年の最高住民投票裁判所）と治安維持に当たるザール国際軍である。

当初、聯盟担当相イーデン (Robert Anthony Eden) 及び英国外務省は、ドイツ問題に直接巻き込まれることを憂慮して、このザール国際軍に参加することに消極的であったけれども、フランス外相ラヴァル (Pierre Laval) の努力で、一九三四年十二月五日の理事会において、英国は、多国籍の国際軍の構成をとり、かつドイツ側の同意があることを条件に、参加を表明した。中立諸国のオランダ、アイルランド及びスウェーデンからも派遣の申し出があったが、結局、英国軍一五〇〇名、イタリア軍一三〇〇名、スウェーデン軍二五〇名、オランダ軍二五〇名の計三三〇〇名から成るザール国際軍が編成され派遣された。英国のブリンド少将 (Major-General Brind) を指揮官とする多国籍軍であった。聯盟軍の名称はない。任務は、住民・各勢力の間に介在して、投票前後の一般的な治安を維持し、投票所及び投票箱のザールブリュッケンへの輸送を警護することであった。ドイツ側の同意もあり、平穏に一九三四年十二月から一九三五年二月末まで活動した。

ちなみに、住民投票は、五四万人の選挙人のうち五二万九千人が投票、棄権が一万一千人。結果は、四七万七千票がドイツへの統合賛成（投票の九〇パーセント以上。九〇・七三パーセントとも言われる）[16]、二千票がフランスとの連合賛成、四万六千票が聯盟の施政による現状維持賛成であった。この圧倒的なドイツ復帰賛成の結果は、—のちのオーストリア併合 (Anschluß) 時の住民投票（一九三八年四月十日）の結果を想起させるが—親ドイツの立場を表明していたザールのカトリック教会指導部の民衆への影響力、ナチ支配下のドイツに復帰した場合、通常の住民はこれまでの生活や財産を維持するためには、ドイツ復帰に投票しておかなければ、あとでどんな復讐が待っているか分からない不安等々、複雑な背景が推測できる。選挙中ドイツから見て「非愛国的な活動」をした住民やユダヤ系住民を中心に約八千人の住民が、選挙後、ザールから去って行った。成功したとはいえ、聯盟の命運にとっても手放しで喜べるものではなかった。復帰後のザールでは、関税ラインの撤廃や鉱山のドイツによる買収が行なわれ、経済のドイツ化が実施される。かろうじて、ザールの非軍事化だけは当面継続された。[17]

（一）の一九二〇年、ポーランド＝リトアニア紛争における聯盟軍事委員会は、実施されていれば最初の「多国籍・聯盟の治安維持軍」となったであろう。（二）の一九二五年、ギリシア＝ブルガリア国境事件における撤兵監視団は、聯盟時代の初期の監視団の先例である。（三）の一九三三年、コロンビア＝ペルー間の〝レティシア〟紛争において暫定統治のために派遣された聯盟レティシア委員会の一部を構成していた撤兵監視・治安維持部隊は、小規模かつ単一国籍の部隊とはいえ「聯盟軍」と言えるものである。（四）の一九三五年、ザール国際軍は、聯盟時代の「多国籍軍」である。次に、レティシア紛争を詳しく検討する。

二　レティシア紛争（一九三二〜三四年）：事件の勃発

コロンビア及びペルー間の国境は、南アメリカにおけるスペイン植民地の独立以来、両国の軋轢の原因となってきた。一八三〇年にグラン・コロンビアが、コロンビア、エクアドル及びヴェネズエラの三カ国に分離され、エクアドルは、レティシア、及びその他の隣接地域における権利を請求する第三の当事国となった。しかしながら、アマゾン流域の係争地域は、コロンビア＝エクアドル間の境界を定める一九一六年七月十五日の条約（Muñoz Vernaza-Suárez Treaty）が締結されるまでは、事実上「無主地」のままであった（ただし、先住民は在住していたと思われる）。この条約により、コロンビアとエクアドル間の国境は、アマゾン川の支流であるプトマヨ川とナポ川の間の東西に伸びる分水嶺に沿って引かれた（図参照）。これは、エクアドルが、当該分水嶺の北側の市域をコロンビアに割譲したことを意味する。もう一つの明確な国境は、ブラジル＝ペルー間の境界である。いわゆるウティ・ポシデティス・ユリス（*uti possidetis iuris*）原則に基づいて、レティシア地区の東側境界に南北に引かれた線により画定されたものであった（一八五一年、ブラジル＝ペルー間の通商・河川通航に関する条約、第七条）。これらの部分的な境界線をのぞいて、とく

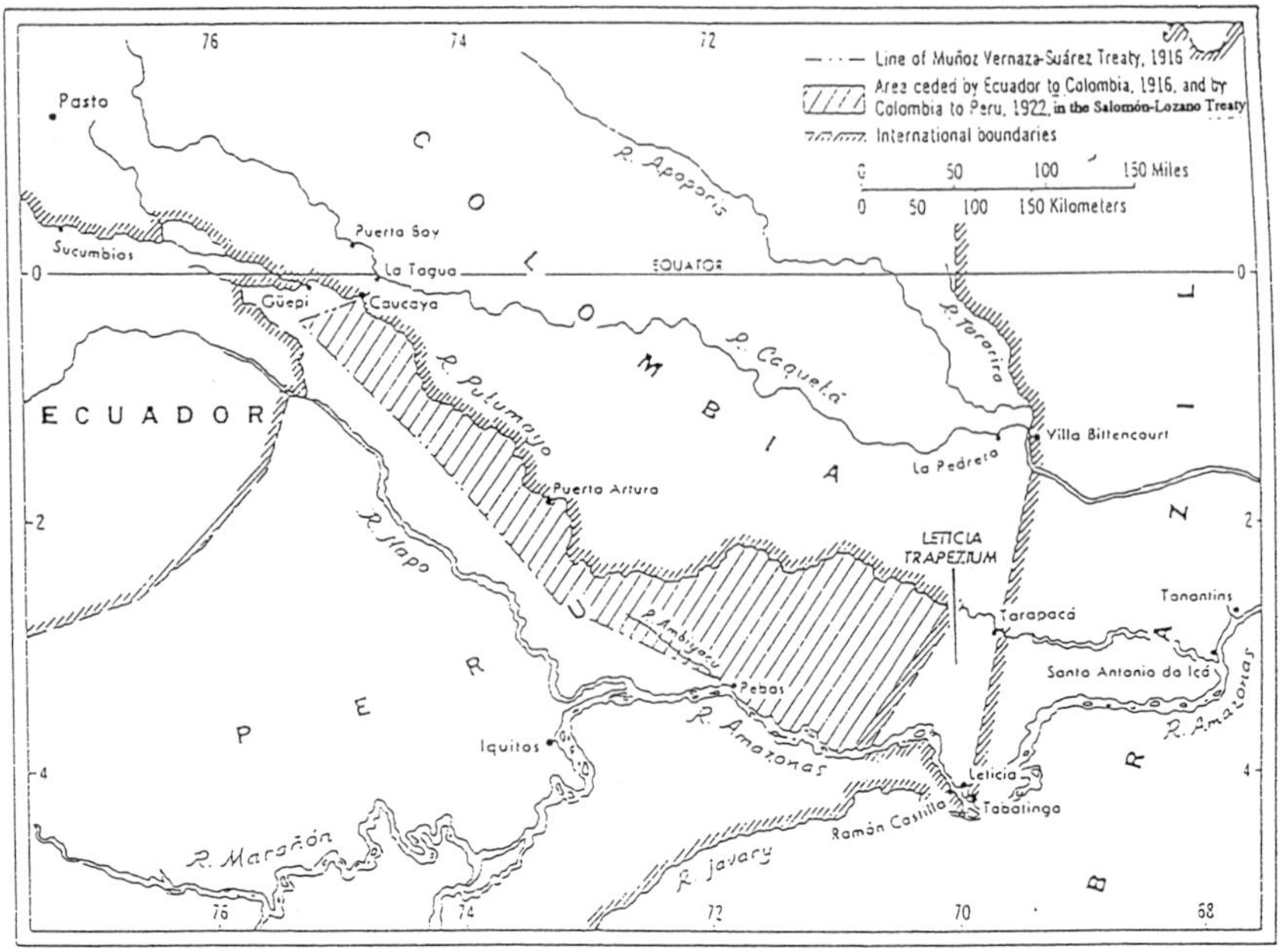

THE LETICIA DISPUTE: BOUNDARY AND TREATY LINES, 1916–1934

図　レティシア地区国境線

Source: B. Wood, *The United States and Latin American Wars 1932-1942* (New York : Columbia University Press, 1966).

にコロンビアとペルーとの間には、明確な国境線と言えるものは全く存在しなかったのである。

一九二二年三月二十四日、サロモン＝ロザーノ条約（Salomón-Lozano Treaty）がコロンビア＝ペルー間で結ばれて、長期にわたった両国の国境線問題は解決したかに思われた。この条約は、レティシア紛争において、もっとも重要な法的文書となる。この条約の批准書は、一九二八年に交換された。同条約は、両国の境界線をプトマヨ川に沿って引いた（エクアドルから割譲された分水嶺の北側地域をコロンビアがペルーに再割譲）。ただし、その東部地域においては、問題となるレティシア・トラピージアム（台形地域）は、コロンビア領に入るものとして画定した（図参照）。これにより、コロンビアは、一九一六年にエクアドルから割譲されたプトマヨ川の南側の地域をペルーに割譲する代償として、コロンビアにとって唯一のアマゾン川本流への出口であり、内陸交易の拠点の一つであるレティシア港市を獲得した。

一九二二年、サロモン＝ロザーノ条約は、コロンビアとペルーとの間のすべての国境紛争を明確かつ最終的に終了させるものとされた。同条約第八条は、さらに次のように規定している。

> コロンビア、及びペルーは、法律、及び財政、河川、警察に関する規則に従い、陸上交通の完全な自由、及び共有する河川、支流、及びそれらの合流点における通航権を、相互に対して、永続的に付与しなくてはならない。ただし、他の拡張された関税上の特権、及び両国の利益を増進するために有益なその他の特権を付与する両国の権利を妨げるものではない。財政及び警察に関する規則は、可能なかぎり、その規定上一律なものでなくてはならず、また交易と通航にとり有利なものでなくてはならない。[18]

　事件は、一九三二年九月一日夜に発生した。レティシア港市が、隣接するペルー領のロレト地区からコロンビア領に侵入したペルー人武装民兵の一団により占拠された。レティシアでは、コロンビア当局の官吏は監禁され、ペルー国旗が掲揚された。ペルー領の内陸港市イキトスの市当局は、レティシア奪取を支持して、サロモン＝ロザーノ条約の改正を要求した。[19]

　ペルー政府は、直ちにこの行動を非難したけれども、反乱兵のレティシアからの撤退を実現する試みは何もしなかった。コロンビア政府は、レティシアにおける「反乱」を鎮圧するために、アマゾン川をブラジル側からさかのぼって討伐軍を派遣する意思を表明した。しかし、実際には、軍隊をレティシアまで送ることができなかった。理由の一つは、効率的な交通手段を欠いていたからであり、もう一つは、米国、ブラジル及びその他若干の国々の政府が、派遣を遅らせるよう働きかけたためであった。[20]

　ペルー政府は、一九二九年、米州連合条約によりワシントンに設立された常設調停委員会に、紛争を付託することを提案した。しかしながら、コロンビア政府は、これを拒否した。なぜなら、同政府は、当初より、問題は純粋にコロンビア領における国内紛争であり、いかなる国際的な問題も含まれないからであると主張していた。コロンビアの基本的な態度は、次のようなものであった。すなわち、コロンビアに、ペルーによる衡平性を求める請願を受け入れさせるための梃子《てこ》として、この事件をペルーに利用させることは許すことができない。もしこの事件につき責任を否認したければ、ペルー政府は、第一に、その市民に対して、一九二二年条約を尊重するように義務づけるべきである。さらに、もしペルーがこれを受け入れるならば、コロンビアは、公平な解決を期待して交渉に入る用意があるというものであった。[21] コロンビアは、友好的解決のための交渉を開始する以前に、まず、レティシアからの撤退をつよく要求した。レティシア・トラピージアムがコロンビアに帰属することは、一九二二年サロモン＝ロザーノ条約により、ペルーも承認していた。それまで、ペルーは、繰り返し、この条約が有効であり、レティシアがコロンビア領であるとの見解を確認してきた。[22] ペルー側としては、紛争における、道徳的権利を求めて、次のように主張した。すなわち、一九二二年条約は、当時の独裁的な大統領が交渉したものであって、「条約は、条約であるという資格において、遠い昔からいつまでも神聖不可侵であるというわけではない。変化する事情と時代に適合するように変更を加えることができるように、法的手段による改正に道は開かれていなければならない。[23]」また、レティシアにおいて徴課される関税のために、ペルーへの密輸が横行していること、及び、同地区は、ペルー人の居住する領域であると主張された。もっとも、実際は、人口の大多数は、土着の先住民から構成されていた。レティシアにおける総人口約一六〇〇人のうち、インディオが約千人で、ペルー人は三〇〇人程度であった。[24]

この間に、両国は、積極的に軍事的準備を行なった。一九三三年の一月から四月までの期間に、プトマヨ流域及びアマゾン上流域では散発的な交戦が発生した。[25] ペルー軍機がレティシアに接近するコロンビア船舶を空爆した。他方、レティシア地区の北部のごく一部タラパカをコロンビアは攻撃により取り戻したが、レティシアは占領されたままであった。プトマヨ川上流のギュエピ（Güepi）でも戦闘が発生した[26]一九三三年二月初旬、リマ駐在英国公使によれば、ペルー人民兵とは別に、ペルーの正規軍がレティシアに派遣され、コロンビアとペルー間の外交関係が断絶されたと報告されている。[27] 当時の戦時国際法によれば、このような正規の外交断絶状態において、正規軍同士の戦闘が実際に開始されれば、国際法上の「戦争状態」が発生する。[28] 両国は、このまま戦争状態に入る一歩手前まで来ていた。ちなみに、コロンビアもペルーも、一九二八年不戦条約の当事国である。英国及びブラジルによる調停提案、ならびに國際聯盟理事会からのいく度かの両国に対する要請にもかかわらず、一九三三年に入っても、完全な行き詰まり状態が続いた。

三　英国政府及び米国政府の対応

（一）　英国政府の対応

英国政府は、事件の勃発当初より、この事態の重大化を阻止するため、できるだけの努力を払った。紛争の是非について明確な発言は注意深く避けた。もっとも、コロンビア側の主張に法的な正当性があることは、充分承知していた。たとえば、英国政府は、聯盟理事会が、コロンビア政府に対するその要請の中に、レティシアへ向かう部隊輸送船の派遣を延期するよう求めることを入れるように勧告することはしないと決定した。これは、コロンビア側の主張の正当性を反映したものと思われる。[29] しかしながら、英国政府は、ペルー側の主張は、レティシアを占拠し続け、かつブラジル政府による仲介の申し出を拒否するかぎり、弱点があると看做していた。

英国外務省は、二つの可能性を議論していた。一つは英国政府による直接の仲介（居中調停 mediation）、すなわち、紛争当事国間の接近を図り外交交渉を周旋（good offices）するにとどまらず、英国が自ら解決案を作成して、両国にこの基礎の上に紛争を解決するように勧告すること、もう一つは聯盟規約第一一条二項（国際の平和、または各国間の良好な了解を攪乱する虞のあるものについて、加盟国の有する聯盟に対する注意喚起の権利）により、問題を國際聯盟に提起することであった。[30] ペルーは、過度に体面を喪失することなく、維持不可能な立場から撤退する出口を求めているとの理解から、英国政府は、前者の可能性を選択した。[31] 以下のような非公式外務省提案が、ロンドン駐在ペルー公使ベネアヴィデス将軍に伝達された。

（i）レティシアが、四カ月を超えない期間、ブラジルにより直ちに接収されることにペルーは同意すること。［仮措置の命令］

（ii）ペルーとコロンビアは、紛争の友誼的な解決に達するために、即時に直接交渉を開始すること。［交渉の周旋］

（iii）もし二カ月の期間の経過後、当事国間においていかなる直接的解決にも達しない場合は、当該紛争は、無条件で、ブラジル、アメリカ合衆国、英国の代表から成る中立委員会に付託されること。［審査ないし調停委員会の設置］また、ペルー及びコロンビアは、この委員会の決定を受諾することを事前に合意すること。［決定の拘束力：例外的］

（iv）もしペルー＝コロンビア間においてその他いかなる中立委員会への付託条件も合意することができない場合は、当該委員会の権限は、レティシアをコロンビアに引き渡すか、またはペルーに引き渡すかの決定のみに限定されること。ただし、すべてこの提案は、アメリカ合衆国が異議を唱えないことを条件とする。

［米国及び米州機構との協調］[32]

國際聯盟外における大戦間の調停の企図として法的には興味深い。しかし、のちに触れるように、この提案は、アメリカ合衆国の同意を得ることができなかった。ペルーは、これらの提案を歓迎したが、ペルーの立場は、むしろ硬化して、国境の一般的な見直しと是正をつよく要求するに至り、レティシアの命運のみに止まらなかった。コロンビア側からすれば、これでは、純粋に法律的な観点からは、何らかの譲歩をせざるを得ないことになろう。英国政府は、結局、この提案を撤回した。以後、この問題に関して動くことはなかった。しかしながら、英国の立場は、提案の「主たる目標は、……［全面］衝突を防止することにあった。そして、ペルーがいわば退却のための橋渡しを必要としていると信じて、そのような脱出路を提供することが、両国間の武力衝突に巻き込まれるよりも、条約の不可侵性にとって危険が少ないと看做していた」というものであった。[33]英国提案は、ある種の調停により、実際的に紛争解決を促そうとするものであり、米国の法律主義的な考え方とは一線を画すものであった。

しかしながら、英国政府は、同時に、両紛争当事国に対する國際聯盟の最初の要請（理事会議長声明、一九三三年一月二十六日）を支持し、ブラジルによる仲介の努力を歓迎した。コロンビアの代理公使が、一九二八年不戦条約の義務に対してペルー政府の注意を喚起するように英国側からの動きを求めた後、[34]明らかにペルー正規軍がレティシアを占領していることが判明したとき、実際、英国政府は、不戦条約上の義務にペルー政府の注意を喚起する（口頭による）申し入れを行なっている。[35]しかしながら、英国政府は、「不戦条約に従った申し入れは、これ［差し迫った交戦状態の危険］を回避するのにほとんど役に立たず、またコロンビア側の態度をいっそう強硬なものにさせるだけである」と言うように、実際には懐疑的であった。[36]ペルー政府は、その返答の中で、わが国は、パリ条約の義務を尊重するあらゆる意図を有するが、もしコロンビア軍が、レティシアに居るペルー市民に対して発砲するならば、わが国は彼らを防衛することになろうと述べた。[37]ペルーは、自国民保護の権利を留保したのである。また、英国政府は、コロンビア政府に対しても、その小艦隊のレティシアへの進撃を阻止するための申し入れも行なっている。[38]

(二) 米国政府の対応

米国政府は、ブラジルによる仲介（居中調停 mediation）の申し出をつよく支持した。すなわち、その申し出は、ブラジルが、コロンビアへのレティシアの返還のための仲介国として行動し、その後、外交交渉をリオデジャネイロで行なうこと。また、「両紛争当事国が合意するならば」、ブラジルは、その間、レティシアを保持する用意があるというものであった。しかし、その最後の点について、コロンビアは、決して同意しなかった。[39] また、米国政府は、ボゴタ駐在の米代表部に対して、コロンビア政府が小艦隊のレティシア進撃を遅らせるように促す指示を与えた。[40]

コロンビア政府の要請に応じる形で、米国政府は、ペルー政府に対して、不戦条約上のペルーの義務、とくに、非平和的手段に訴えることを禁止する義務（第二条、前文）を想起する公文を発出した。この公文は、多分にペルーを非難する性質のものであった。[41]

国務省の見解によれば、ペルー政府は、一九二二年条約が有効であり、レティシアがコロンビアに帰属することを認めているけれども、レティシアを獲得することが、ペルーの実際的利益であると考えているという。上記の英国提案を米国が支持できない理由は、四つあるとされる。第一に、それは、条約の不可侵性の尊重を毀損する。第二に、紛争の一方当事者の重大かつ合法的な利益を見落としているように思われる。第三に、万一、仲裁により明確にレティシアの命運をコロンビア領と決することができなければ、国内の政治状況のために、コロンビア政府は、引き続きその地位に留まることができないであろう。[42] 第四に、米国政府は、目下、ブラジル政府が解決に達するため採りつつある措置と矛盾・衝突することはないと、事前に、分からないかぎり、いかなる提案も支持することを欲しないであろうという理由であった。[43] ことに、米国政府の見解では、この種の紛争に、二つまたはそれ以上の提案がなされた場合、各紛争当事国は、自国の利益にもっとも有利と思われる提案を受け入れようとするであろう。その結果、各当事国は、異なる提案を受け入れることになり、それらの間にはいかなる合意もできなくなる恐れがあると看做された。[44] 米国政府は、最善の方法は、問題の混乱と複雑化をさけるために、ブラジル政府のみに提案を伝達することであろうと示唆した。

他方で、米国政府は、國際聯盟によるペルーへの要請とは別個に、日本を含むその他の諸国に対して、不戦条約の条項に従い、ペルーの紛争に介入するように要請した。この紛争において、スティムソン国務長官は、「滿洲國」事件の事例と同一のこと、すなわち、自らの不承認政策に一致して、他の国の政府とともに、不戦条約による申し入れ(*démarche*)を試みたと思われる。ある国務省の覚書には、次のように記されている。

実際ペルーが行なったように、領土を奪うための武力行使、または、条約の改定を強制する手段として領土を保有するための武力行使を助長するようないかなる行動も、全力で食い止めなければならない。(45)

英国政府は、不戦条約の義務に対してペルーの注意を喚起するペルー政府に対する自国の申し入れを、國際聯盟の行動ばかりでなく、米国政府のそのような動きとも調和するものと看做していた。フランスは、むしろ集合的行動の方に重きを置いた。たとえば、両紛争当事国に電報を送付して、聯盟理事会議長による行動を支持することを表明した。國際聯盟の行動は、原則論としては、ペルーに対する米国の申し入れと同一路線をとるものであった。多くの國際聯盟加盟国は、不戦条約による介入を任意的なものと看做していた。なぜなら、不戦条約は当事国間の協議のための規定を欠いており、したがって、(事後的な法的不承認の義務の問題とは別に)(46)少なくとも、条約当事国が個別に不戦条約による要請を行なうかどうかは、純粋に政策の問題であったからである。(47)ペルーは、法的視点からは、絶対的かつ完全に不当である。それゆえに、そのような問題を仲裁に付すことなぞ、米国政府の立場からしてみれば、武力による領土の奪取を奨励し、条約の不可侵性という重大な原則からの逸脱に等しい。到底許せないものであった。当時、一般的な世界情勢が混沌としていた中では、条約に対する尊重が傷つけられることなく維持されるべきであることは当然と考えられた。条約と国際的義務に対する尊重が一般的な崩壊をきたすならば、無秩序と混乱を招くことをつよく恐れたのである。

四　國際聯盟の対応：調停、レティシア委員会派遣、撤退監視・暫定統治、事件の終息

(一)　調　停

ラテン・アメリカにおいては、モンロー主義の存在に鑑み、國際聯盟は、当該紛争の当事国に対して要請を出す以上のことはできないことは明らかと思われた。ペルーもコロンビアも國際聯盟の加盟国であった。しかし、初期の段階では、非加盟国であったエクアドルから、聯盟に対して問題を提起する訴えがなされたにとどまる。事件勃発から四カ月以上の間、一九三三年一月十四日まで、聯盟ではい

かなる行動もとられなかった。当時、聯盟理事会議長代行であったレスター（Seán Lester）は、コロンビア政府からの声明文を受領後、ペルー政府に対して、聯盟規約と厳格に一致しないいかなる行動も慎むように要請し、他方、コロンビア政府に対しても、同様の自制を求める要請をこの日に行なった。[48]

一九三三年一月二十五日、紛争は聯盟理事会の場で議論された。ペルー代表ガルシア・カルデロン（Francisco García Calderón）は、ペルーは侵略国ではなく、事件は、サロモン＝ロザーノ条約（一九二二年）に反対するペルー国内の広範な感情を表明する形で、私的集団による自発的行動であると主張した。また、逆に、コロンビア政府に対して「今一度、わが国政府は、貴国政府に対して、パリ［不戦］条約により負っている義務を遵守するようにつよく求めるものである」と述べた。[49] コロンビア代表エドゥアルド・サントス（Eduardo Santos）は、もっぱらその反論を条約の不可侵性に基礎づけた。この立場をフランス代表は支持して、コロンビアの差し迫った小艦隊派遣の行動を国内的治安措置であると述べたとされる。[50]

一九三三年一月二十六日、聯盟理事会は、両紛争当事国へ電報を送付することを了承した。これにより、理事会は、ペルーに対しては、コロンビア領に対する武力による干渉を慎むことを、他方で、コロンビアに対しては、ペルー領域の侵犯を回避し、その行動を厳格に自国領域における秩序保持に限定するように、要請した。[51] この行動は、事実上、聯盟によるペルーの非難に等しかった。聯盟の態度は、明らかにコロンビア側に好意的なものであって、[52] この時点では調停の立場にあったとは言えない。ペルー政府は、その返答において、レティシアの住民はペルー国籍を有しており、その国民を保護するのがペルーの義務であると述べている。[53]

一九三三年二月十七日、コロンビア政府は、聯盟規約第一五条による聯盟の手続きを正式に要請した。ちなみに、聯盟総会では、この頃、リットン報告書を採択し、加盟国の正式な義務（聯盟としての有権的解釈）としての満洲國に対する法律上及び事実上の不承認を求める決議（一九三三年二月二十四日）が出されていた。同年三月十八日、聯盟理事会は、規約第一五条四項に従い、全会一致（ペルー政府の反対票は含めない）でコロンビア＝ペルー間のこの紛争に関する報告書を採択した。この場合、聯盟規約第一五条四項及び六項の法的効果は、加盟国が「該報告書ノ勧告ニ応スル紛争当事国ニ対シ戦争ニ訴ヘサルヘキコト」を義務づけられるという限度において、加盟国を拘束するものであるとされる。[54] ペルーは、加盟国であるかぎりは、宣戦布告はもちろんのこと、すでに外交関係断絶の中、さらに正規軍同士の交戦により、コロンビアと国際法上の戦争状態に入ることが禁じられたことになる。さらに、前年の満洲に関する最初の不承認勧告決議（一九三二年三月十一日）後にとられた措置と同様に、本事件でも、採択された報告書の実施のための「諮問委員会 Advisory Committee」が、レスターを議長として設置された。とくに、その一般的任務は、事態を監視し、規約第四条四項（聯盟の行動範囲に属し又は世界の平和に影響する一切の事項を処理できる理事会の一般的権能）[55]に従い理事会がその義務を果たすことを援助し、聯盟加盟国が、相互に、かつ非加盟国とも、その行動と態度を調和させるため、同一の目的のために加盟国を援助することにあった。

コロンビア＝ペルー間の紛争に関する上記報告書では、一般原則として、一九三二年三月十一日の満洲の事態や条約に対する不承認勧告決議ばかりでなく、一九三二年八月三日の一九カ国宣言[56]にも、注意を喚起していた。[57]加えて、レスターは、諮問委員会委員長に就任時に、決議草案を提出した。その中には、まだ、上記一九三二年総会での不承認勧告決議に言及した前文の一節が見える。[58]ともかくも、この諮問委員会の下で、調停作業が、その後も継続された。そして、ついにペルー、コロンビア、聯盟理事会の間で、「レティシア委員会」をレティシア地区に設置することが合意されたのである。[59]

このように、一連の聯盟の手続きは、最後まで紛争当事国の主張の調整や合意が得られず、一九三三年三月十八日に、いったん聯盟規約第一五条四項に従い「紛争解決ニ至ラサルトキハ、……公正且適当ト認ムル勧告ヲ載セタル報告書」が採択、公表された。しかし、実際は、その後も上記の諮問委員会が設置されて調停の努力が継続され、その諮問委員会の勧告を、両国が、上記の通り、五月二十五日に受け入れる形で進められたものである。[60]この間、四月三十日には、強硬な態度をとっていたペルー大統領サンチェス・セロ（Sanchez Cerro）が暗殺されていることにも留意したい。[61]

（二）レティシア委員会派遣（一九三三〜三四年）、撤退監視・暫定統治

一九三三年五月二十五日、ジュネーヴ駐在ペルー代表ガルシア・カルデロン及びコロンビア代表エドゥアルド・サントス、ならびに國際聯盟理事会議長カスティーリョ・ナジェラ（Castillo Najera）の三者間において、一九三三年五月十日にすでに聯盟諮問委員会（議長：レスター）が採択していた勧告の解決方式に基づいた合意文書が署名された。その勧告の方式とは、（1）聯盟が、「レティシア委員会」を任命して、コロンビア政府の名の下で、レティシア地区

を引き受け、（2）アマゾン流域に関連したいかなる問題も議論するため、両国政府間で交渉を行なう、というものであった。[62] 五月二十五日の三者合意は、名目上コロンビア政府の名の下に、しかし実際はそれに代わって、レティシア地区を引き継ぎ、統治し（take over, in the name of the Government of Colombia, and administer the territory)、かつペルー軍のレティシア地域からの撤退を監督する（supervise the evacuation of the Peruvian forces form the Leticia region）ために、國際聯盟により指名された聯盟レティシア委員会（委員：米国、ブラジル、スペイン）が三〇日以内に派遣され、その指揮命令権に従う平和活動のための国際軍（國際聯盟旗、聯盟レティシア委員会の肩章、使用）をレティシアに駐留させることを定めていた。経費は、コロンビアが負担する。[63] これにペルー、コロンビア両国とも「同意」したのである。また、同合意は、このレティシア委員会が、統治を任された領域の秩序を維持するために、それ自身が選択する軍隊に要請ができ（実際にはコロンビア軍が採用された）、かつ必要とみなすいかなるその他の要素も自身に付加できると規定する。さらに、同委員会は、付託された任務の遂行に関するすべての問題を決定できる権利を有し、一カ年を超えない期間、当該領域を「暫定統治する」こと、及び、その間に、ブラジル政府の仲介により、紛争の最終的解決のため、両当事国間で直接交渉を行なうことが定められた。この直接交渉は、前ブラジル外相デ・メロ・フランコ博士が主宰することになった。[64]

國際聯盟レティシア委員会（任期一年）[65]は、上記合意に基づき、一九三三年六月十九日に正式に発足した。委員会の旗として、四角の白地に紺色（dark blue オックスフォード・カラー）で、"League of Nations Leticia Commission" と記された旗を採用した。委員会は、その活動を援助する一五〇名の歩兵の提供をコロンビアに要請することを自ら決定した。この部隊は、國際聯盟の仏語の略称 S.D.N. (Société des Nations) とやはり紺色で記された白い腕章を着用した。これにより、委員会は、うまくペルーからレティシアを引き継ぎ、ペルー軍の撤退を監視することに成功した。プトマヨ川西部のペルー領ギュエピ（Güepi）その他の地点からは、逆にコロンビア軍が撤退し、ペルー側に引き渡された。

その後、レティシアの治安は、三分の一に減員されたコロンビア軍出身の五〇名の兵士から構成される「國際聯盟軍 L.N. Forces」により、維持された（旧コロンビア当局の警察官も同時に活動したかは不明）。同委員会によれば、先住民のインディオのほかに、全部で七六〇名ものペルー人が居住していることが確認された。[66] レティシア委員会、及び五〇名の聯盟部隊の活動は、一九三四年五月二十四日紛争解決のためのリオ条約が締結されるまで、暫定統治、及び治安維持の任務を継続した。

（三）　事件の終息

レティシア紛争そのものは、翌一九三四年五月二十四日、紛争を終結させるコロンビア＝ペルー間の友好協力条約[67]、及び河川通航、交通、交易、関税等に関する追加議定書[68]がリオデジャネイロで署名されて、一応の解決を見た。この条約の第一条には、「ペルーは、これまでの宣言においてすでに表明した通り、一九三二年九月一日及びそれ以降に発生し、かつコロンビアとの関係を妨げた出来事について、衷心から遺憾の意を表す」（Peru sincerely deplores, as she has already done in previous declarations, the events which occurred on and after September 1st, 1932, and disturbed her relations with Colombia.）とある。これにより、両国は、外交関係の正式復活（同条）、この地域からの両軍の撤退、ただし、現行のサロモン＝ロザーノ条約は両国の法的紐帯であり、二国間の合意かまたは常設国際司法裁判所（ＰＣＩＪ）の判決によってのみ変更できる旨の声明（第二条）、二国間での領土交渉の継続（第三条）、関税・交通・自由航行に関する条約の締結、及びそのための両国及びブラジルからなる三者委員会の設置（第四条、第六条）、アマゾンとプトマヨ流域地域の非武装化（第五条）、現在及び将来の紛争の解決のために武力行使の放棄（第七条）を約束した。こうして、法的には、レティシア紛争は消滅した。もし仮に期日までにこのような合意ができなくても、レティシアから國際聯盟軍は撤退し、やはりコロンビアに引き渡されることになったであろう[69]。しかし、その場合、紛争と衝突は継続することになるであろう。

結論　ＰＫＯの起源：国連ＰＫＯとの異同（機能・性格・経費・法的根拠）

レティシア委員会の機能、あるいは授権された任務は、一年間の暫定統治、及びその軍事部門による撤退監視と治安維持からなる。現在の国連ＰＫＯと何ら違いはない。ただ、違いは、行動原則の一つにある。同意原則・武器の原則不使用・中立公平原則という国連ＰＫＯの行動三原則のうち、中立公平原則について、レティシア委員会の「聯盟軍」については問題となるであろう。同委員会の指揮下にある「聯盟軍」とはいえ、紛争当事国の一方のコロンビア国籍の兵士のみから構成された。活動地域には、ペルー人も多く定住していることを考慮すれば、ブラジルなど第三国の軍人から採用すべきであったかも知れない。ただ、言語の問題や他国の軍事要員の現地への輸送の困難さの問題があった。また、調停の常として、聯盟の決議ではけっして明記されなかったが、明らかに一九二二年条約によりレティシアはコロンビア領であるという暗黙の前提があった。このため、ペルー軍からの採用は考えられなかった。

レティシア委員会の指揮の下にあった「聯盟軍」の性格については、ウォルターズ（F.P. Walters）は、その古典的著書の中のザール国際軍（英国指揮下の多国籍軍）に関する叙述において、「オランダ及びスウェーデンの派遣受諾により、聯盟のために任務を果たす最初で最後の国際軍（the first and last International Force）の編成への道が開かれたのであった」［傍点、筆者］という言い方をしている。また、その脚註において、「レティシア委員会は、その指揮命令の下に、小規模の部隊を有していた。同部隊は、国際的なものと看做され、かつ『國際聯盟（S.D.N.）』の文字を記した腕章を着用していた。しかし、それは、コロンビア兵のみから編成されていた。したがって、完全な意味における国際軍（international force）ではなかった」と述べている。[70]

ただし、この一節は注意して読まなくてはならない。「国際軍」という意味には、（「ザール国際軍」のように）ある特定の国が統一指揮権を任される「多国籍軍」、（計画だけで実現しなかったがポーランド＝リトアニア紛争における住民投票の治安維持のための聯盟軍事委員会のように）国際機構自身が指揮を執る「多国籍部隊」、それに、（レティシアの場合のように）やはり国際機構自身が指揮を執る「単一国籍部隊」がある。後者の「単一国籍部隊」は、受入国の同意を得て、かつ国際機構の承認を得て、他の国に派遣されることがある。最近では、一九九四年ルワンダ内戦の再発にあたって、国連安保理の決議に従い、[71]国連軍が充分な規模に編成されるまで、安全地帯に約五〇〇名のフランス軍が「人道的目的の達成のため、あらゆる必要な手段（all necessary means）を用いる」ことができる単一国籍の部隊として二カ月間派遣されたことがある。

たしかにレティシア委員会の部隊は、多国籍軍という意味での国際軍ではない。しかしながら、すでに見たように、撤退確認及び治安維持の役割・機能、指揮命令系統が聯盟理事会の下に設立されたレティシア委員会の支配下に置かれていること、その名称、さらに、設立の経緯を見ると、レスター勧告委員会が提案した勧告第三項にある通り、[72]委員会自身に、どの国の兵士を何名採用するかを自由に決定する権限を委員会が有していたこと、[73]そして委員会の判断でコロンビア一国の兵士から編成することが望ましいとして単一国籍部隊が選択された。これらのことを考慮すれば、レティシアの場合、聯盟の調停の一環としてのＰＯ（平和活動）の中で、撤退確認及び治安維持を目的とする軍事部門を用いたいわゆるＰＫＯ（平和維持活動）のための単一国籍部隊であって、国際機構の軍隊という意味における「国際軍」であることに変わりはない。やはり最初の「國際聯盟軍」であることは明らかであろう。

違いの第二は、派遣・駐留経費の負担である。派遣の経費負担は、今日の国連軍のように聯盟の各加盟国または理事国により分担されておらず、紛争当事国の一方（事実上の受入国）のみが負担した。

レティシア委員会の経費は、軍事部門の経費も含め、当初の勧告委員会の提案第七項でも、コロンビア一国がいっさいを負担することと解されていた。実施手続第七項では、「コロンビア共和国政府は、委員会に授権された任務に関係した同委員会の作業、及び当該領域の統治にともなう経費を自ら引き受けるものとする」と規定されていた[74]。さらに、理事会で採択された追加決議（ｂ）は、暫定統治の費用について次のように規定する。

> 理事会は、事務総長に対して、國際聯盟により提供される委員会及びその事務局の構成員の任命、給与及び経費に関連して、コロンビア政府が負う義務の履行のための、財政上またはその他のすべての必要な取極めを行なうように指示する。その授権された任務に関連するその他のすべての出費については、委員会が、直接、コロンビア政府と、その財政上の取極めをなすものとする[75]。

これは、やはりレティシア地区が、一九二二年条約上、明らかにコロンビア領であることから来る考慮が大きい。また、実際には、一年後ペルー側からの陳謝のみで賠償に代えることになったが、コロンビア側の当初の思惑として、将来の紛争解決交渉及びその最終合意により、事件でコロンビア側が被った損害賠償にこの経費を含めて、ペルー側に請求できる可能性はあったことが作用しているかも知れない。いずれにしても、この点が、現在の国連軍と聯盟軍との違いである。

けれども、機構による経費負担の有無が国際機構の部隊である「要件」であるかは疑問である。国連軍の場合も、当初、朝鮮国連軍のように、名称以外は実質的には多国籍軍であって、経費も、国連戦闘員に対する勲章授与の経費以外[76]、各参戦国が負担したと思われる事例がある。アフリカ地域、中米地域など、地域性が強いＰＫＯでは、関係国が経費の相当額を負担することもある。また、国連平和維持軍の場合、一九六二年までは、その経費が、国連の「機構の経費」であるかどうか不確定であった。経費を加盟国が負担すべきかどうかは、むしろ憲章上明文規定のない活動の法的根拠の問題に従属すると考えられた。国際司法裁判所は、同年、機構の目的との関連性において支出を承認した決議を検討して、それが「強制行動」ではなく、むしろ憲章第一四条（平和的調整の措置）により勧告された「措置」であるとして、総会の一般的な権限の中に法的根拠を認めた。(77) その帰結として、特別分担率にしたがった経費分担について総会による決定権限を肯定したのである。

國際聯盟では、レティシア委員会の場合にかぎらず、一般的に、聯盟の要請を受けて部隊を参加させることに同意することが、原則的に、その国が経費を負担することの同意を含んでいたと思われる。聯盟の場合、おそらく、活動の次のような法的根拠に基づいて、活動への参加国、または活動からの受益国に、経費の分担を決定していたことになるであろう。

活動の根拠に関しては、序論でも触れたように、國際聯盟時代の（軍事部門をともなう）ＰＫＯは、聯盟規約第一五条による調停機能の枠組みの重要な一要素であり、聯盟の広義の平和活動の一部であったと考える。各活動についての聯盟文書や報告書などには、その法的根拠に関する記述は見出せない。聯盟理事会の一般的な権限の中に、それを見出すほかはないであろう。聯盟規約第四条四項は、「聯盟理事会ハ、聯盟ノ行動範囲ニ属シ又ハ世界ノ平和ニ影響スル一切ノ事項ヲソノ会議ニ於テ処理ス」と規定する。この規定は、調停機能の重要性を示唆している。さらに、第一一条一項では、戦争または戦争の脅威は聯盟全体の関心事項であり、聯盟の理事会及び総会は、諸国の平和を擁護するため適切かつ効果的（wise and effectual）であると看做すどのような行動（action）も執らねばならないという義務に言及している。ここでの「行動」は、公定訳では「措置」となっている。この聯盟による「措置」は、国連安保理事会による「行動」とは違って、強制行動（制裁・除名・不承認）も非強制行動（周旋・仲介・調停）も、ともに含まれる。調停活動の一環として派遣された聯盟軍による軍事部門による活動（ＰＫＯ）は、規約第一一条一項の「措置」のうち、まさに非強制的な性質の「措置」の方に該当すると解され、聯盟時代のＰＫＯの法的根拠は、同条項に置くほかはないであろう。

聯盟レティシア委員会派遣は、これまで、アマゾンの密林の奥の小事件への対応として、ほとんど無視されてきたと言っても過言ではない。しかし、こうして見てくると、中立公平原則と活動経費に関して議論の余地を残しているとは言え、聯盟レティシア委員会指揮下の「國際聯盟軍」（一九三三〜三四年）こそ、ＰＫＯの「存在形式」における起源として、正当な評価がもっと与えられて然るべきであると思われる。

註

（1）田岡良一『國際法學大綱』（巌松堂書店、一九三九年）八五―八六頁、参照。

（2）たとえば、最上敏樹『国際機構論』初版（東京大学出版会、一九九六年）一二八頁においても、（a）ポーランド＝リトアニア紛争、（b）ギリシア＝ブルガリア国境事件、（c）ザール国際軍の三つに触れられているにとどまっていた。『同書第2版』（東京大学出版会、二〇〇六年）五一頁でも、レティシア地域紛争が聯盟の紛争解決の成功例として言及されているにすぎない。F.S. Northedge, *The League of Nations: its life and times 1920-1946* (London : Leicester University Press, 1986 [1988]) においては、レティシア紛争や委員会への言及はない。

（3）F.P. Walters, *A History of the League of Nations* (Oxford : Oxford University Press, 1952, reprinted in 1960), pp.105-9; pp.140-43.

（4）F.S. Northedge, *The League of Nations*, pp.78-79.

（5）古垣鐵郎（國際聯盟事務局情報部）『國際聯盟と世界の平和』（國際聯盟協會出版、一九二五年）一二〇―一二二頁。

（6）いわゆる「妨害排除（abatement）理論」による自衛の主張である。ギリシア士官殺害事件を受けて、その背景となっているブルガリア領内から行なわれるマケドニア系民兵の反ギリシア革命活動と現地ブルガリア軍による支援による国境を越えた耐え難い妨害を排除するため、やむをえない範囲での武力行使は合法的干渉であるという主張。このような主張は、のちの満州問題においても見られた。しかし、本事件において、ランボルド（Rumbold）聯盟調査委員会の結論は、「……事件発生時のギリシア外務大臣の空席、及び中立旗を掲げたギリシア士官の一方的殺害によるギリシア側の感情的反発という事実を考慮しても、やはり、委員会は、ギリシア側がブルガリア領の一部を占領したことにより、ギリシアは、國際聯盟規約に違反したと記録せざるを得ない」と認定した。「妨害排除理論」のやむをえない範囲の要件を満たしていないから違法なのか、あるいはこの「理論」と聯盟規約との両立性そのものを否定しているのかについては言及されなかった。Commission of Enquiry into the Incidents on the Frontier between Bulgaria and Greece. Report, Belgrade, November 28th, 1925. C.727.1925.VII at p.8 (Responsibilities and Indemnities Arising Therefrom), in League of Nations (Communicated), 4th Dec. 1925, The National Archives (former Public Record Office, Kew, London) [C15558/13309/7], F.O. 371/10673/87751.

（7）Report by Austen Chamberlain, Secretary of State for Foreign Affairs to Parliament of the L.N. 36th Session of the Council, 1925 (Command Paper 2543), pp.2-5, in F.O. 12th Nov. 1925, The National Archives (former Public Record Office, Kew, London) [C16673/13309/7], F.O. 371/10673/87751. 軍事監視団に要員を派遣していた英国政府による議会に提出された事件の詳細報告書。

（8） Ibid., p.2;and see John Eppstein（ed.）, *Ten Years' Life of the League of Nations: A History of the Origins of the League and of its Development from A.D. 1919 to 1929*（London:The May Fair Press, 1929）,pp.86-87.

（9） Report by Austen Chamberlain, Secretary of State for Foreign Affairs to Parliament of the L.N. 36th Session of the Council, 1925（Command Paper 2543）, p.4, in F.O. 12th Nov. 1925［C16673/13309/7］, F.O. 371/10673/87751.

（10） 軍事監視団からの理事会議長デミール・ヒサール（Demir Hissar）宛電報、一九二五年十月二十八日、二十九日。League of Nations.C.671.1925, 30th Oct. 1925［C13801/13309/7］, F.O.371/10673/87751; British Delegation, L.N., 30th Oct. 1925［C13844/13309/7］, F.O.371/10673/87751; The Monthly Summary of the League of Nations, October 1925, vol.V, No.10, The Græco-Bulgarian Affair, at.p.258.

（11） 軍事監視団からの理事会議長デミール・ヒサール宛電報、一九二五年十一月三日。L.N., 4th Nov. 1925［C14325/13309/7］, F.O. 371/10673/87751.

（12） Commission of Enquiry into the Incidents on the Frontier between Bulgaria and Greece. Report, Belgrade, November 28th, 1925. C.727.1925.VII. at p.9.（なお、Walters, *A History of the League of Nation,* p.313の賠償額30 million levaの記述は誤り。）ブルガリア国内のマケドニア系左翼革命運動の事件への影響も、両国の責任の評価にあたって考慮すべき事情であると英国政府は考えていた。Sir M. Cheetham（Athens）. 173. Urgent., 26th, 30th Oct. 1925［C13823/13309/7］, F.O. 371/10673/87751. 及び上記ランボルド調査委員会報告書、一一―一二頁、参照。

（13） Ibid., at p.12.

（14） John Eppstein（ed.）, *Ten Years' Life of the League of Nations,* p.89.

（15） 松田幹夫「PKOに対するアイルランドの貢献」（『獨協法学』第五〇号、二〇〇〇年一月）一五―一八頁。Walters, *A History of the League of Nations,* pp.587-98, at p.587.

（16） 宮崎繁樹『ザールラントの法的地位』（未来社、一九六四年）第八章。

（17） Walters, *A History of the League of Nations,* pp.595-96.

（18） *L.N. Official Journal,* 14th Year, No.4（Part I）April 1933, ANNEXES, Appendix 1, Final Treaty between Colombia and Peru regarding Frontiers and Free Inland Navigation, signed at Lima on March 24th, 1922, pp.547-49, at p.548; F.O. Memo, 7 Oct. 1932［A5746/5746/35］, F.O. 371/15856, pp.43-44.

（19） His Majesty's Consul（Iquitos）, 7 Sept. 1932［A6507/5746/35］, F.O. 371/15856.

（20） Sir R. Lindsay（Washington）, 26 Jan. 1933［A612/2/35］, F.O.371/16587; F.O. Memo.（Mr Broad）, 30 Jan. 1933［A1078/2/35］, F.O. 371/16588.

（21） Jan. 1933［A1078/2/35］, F.O. 371/16588.

（22） Personal Copy for Sir John Simon, F.O. 2 Feb. 1933, p.3.

（23） Arguments by the Peruvian Expert in International Law（Dr Alberto Ulloa, in favour of the revision of the Salomon-Lozano Treaty［A7281/5746/35］, F.O.371/158556. この見解は、元閣僚一〇名による大統領宛の条約改正の請願が依拠していたものである。

(24) F.O. Memo. (Mr Broad), 30 Jan. 1933 [A1078/2/35], F.O. 371/16588, p.175.

(25) Broad's minute, 16 Feb. 1933 [A1188/2/35], F.O.371/16588; Mr Anderson (Bogota), 31 Jan. 1933 [A726/2/35], F.O. 371/16587. 交戦は、一九三三年二月十六日に始まり、どちらが先制攻撃に出たかは特定困難であった。

(26) Walters, *A History of the League of Nations,* at p.538, p.539.

(27) F.O. Memo. To American Ambassador, 7 Feb. 1933 [A801/2/35], F.O. 371/16587; Parliamentary Question (Mr Mander), 29 May 1934 [A4386/155/35], F.O. 371/17550.

(28) 田岡『國際法學大綱』一六六—一六七頁、参照。

(29) Mr Bentinck (Lima), 26 Jan. 1933 [A614/2/35], F.O. 371/16587.

(30) F.O. Memo. (Mr Young), 9 Dec. 1932 [A8569/5746/35], F.O. 371/15857.

(31) Broad's minute, 4 Feb. 1933 [A688/2/35], F.O.371/16587.

(32) F.O. to Sir R. Lindsay (Washington), 30 Jan. 1933 [A626/2/35], F.O.371/16587; Mr Bentinck (Lima), 26 Jan. 1933 [A615/2/35], F.O. 371/16587.

(33) F.O. to Mr Osborne (Washington), 1 Feb. 1933 [A741/2/35], F.O. 371/16587.

(34) Lord Tyrrell (Paris), 24 Jan. 1933 [A598/2/35], F.O. 371/16587.

(35) U.S. Embassy (communicated), 2 Feb. 1933 [A801/2/35], F.O. 371/16587; F.O. to HM Consul (Geneva), 4 Feb. 1933 [A819/2/35], F.O. 371/16587; Broad's minute, 4 Feb. 1933 [A819/2/35], F.O. 371/16587.

(36) Broad's minute, 4 Feb. 1933 [A801/2/35], F.O.371/16587.

(37) F.O. Memo. To American Ambassador, 7 Feb. 1933 [A801/2/35], F.O. 371/16587.

(38) F.O. Memo. (Mr Boad), 30 Jan. 1933 [A1078/2/35], F.O. 371/16588.

(39) Mr Osborne (Washington), 31 Jan. 1933 [A741/2/35], F.O. 371/16587; Mr Bentinck (Lima), 4 Feb. 1933 [A867/2/35], F.O. 371/16587.

(40) Sir R. Lindsay (Washington), 26 Jan. 1933 [A612/2/35], F.O. 371/16587.

(41) F.O. Memo.(Mr Broad), 30 Jan. 1933 [A1078/2/35], F.O. 371/16588.

(42) Broad's Minute (4 Feb. 1933) [A801/2/35], F.O. 371/16587.

(43) Mr Osborne (Washington), 31 Jan. 1933 [A741/2/35], F.O. 371/16587.

(44) Personal copy for Sir John Simon, 2 Feb. 1933, F.O. [A801/2/35], F.O. 371/16587, p.5.

(45) Ibid., p.3.

(46) 拙稿「国際法上の不承認と共通利益」(大谷良雄編『共通利益概念と国際法』国際書院、一九九三年)参照。

(47) French Ambassador, 7 Feb. 1933 [A1021/2/35], F.O. 371/16588; HM's Consul (Geneva), 2 Feb. 1933 [A819/2/35], F.O. 371/16587.

(48) F.O. Memo.(Mr Broad), 30 Jan. 1933 [A1078/2/35], F.O. 371/16588, p.178.

(49) U.K. Delegation (Geneva), 27 Jan. 1933 [A688/2/35], F.O. 371/16587. (Text)

（50） His Majesty's Consul (Geneva), 26 Jan. 1933 [A647/2/35], F.O. 371/16587.

（51） Ibid.

（52） F.O. to Lima, 28 Jan. 1933 [A620/2/35], F.O. 371/16587.

（53） L.N., C51.M.19.1933.VII, 21st Jan. 1933 [A625/2/35], F.O. 371/16587.

（54） Beckett, 24 April 1934 [A3433/155/35], F.O. 371/17550.

（55） Article 4 (4) of the League Covenant reads: "The Council *may* deal at its meetings with any matter within the sphere of action of the League or affecting the peace of the world."

（56） Note of the Representatives of the American Countries, dated August 3rd, 1932. ボリヴィア＝パラグアイ間のチャコ紛争（一九三二～三八年）に関連して、両国を除くアメリカ諸国により出された宣言。その末尾に、アルゼンチン外相サーヴェドラ・ラマスの働きかけで付加された一節、すなわち、「アメリカ諸国は、さらに、平和的手段で獲得されたものでないこの紛争のいかなる領域的取極めも、武力による占領または征服により獲得したいかなる領域取得も、承認しないであろうと宣言する」という部分をとくに指している。Sir R. Macleay (Buenos Aires), 9 August 1932 [A5681/423/51], F.O.371/15789. (Text)

（57） L.H. Woolsey, "The Leticia Dispute between Colombia and Peru," *American Journal International Law* 27 (1933), p.526.

（58） *L.N. Official Journal*, 1933 April, p.526.

（59） Craigie's minute, 24 April 1933 [A3230/155/35], F.O. 371/17549, p.344.

（60） Mr Lester (Chairman of the Advisory Committee), May 25th, 1933, *L.N. Official Journal*, 14th Year No.7 (Part II), pp.944-45, Document C. 336 M.161. 1933. VII.

（61） Walters, *A History of the League of Nations*, p.540.

（62） Mr Dickinson (Bogota), 2 April 1934 [A2563/155/35], F.O. 371/17549.

（63） *L.N. Official Journal*, July 1933 (Part II), pp.952-53, Documents C. 339. M. 164. 1933. VII, and C. 340. M. 165. 1933.VII.

（64） F.O. Memo.(Mr Broad), 9 March 1934 [A2717/155/35], F.O. 371/17549. さらに、本論文、付録I、一九三三年三月十八日の國際聯盟理事会で採択された報告書に含まれた勧告の実施手続き、参照。

（65） レティシア委員会の任期と引き上げについて、英国外務省の法律顧問ベケット（Beckett）は、次のように述べている。「理事会は、確実に、コロンビアの同意なくレティシア委員会の任期の延長を行なうことができないことは……明らかである。その領域がコロンビアに帰属し、ペルーがそこからすでに撤退することに同意している以上、もし聯盟がたんにその委員会を撤退させ、コロンビアにその領域の統治を任せても、ペルーが抱くであろういかなる法的性質の不満も見出すことができない。」聯盟法務部（L.N. Legal Section）のマキノン・ウッド（Mr McKinnon Wood）も同様の見解をとっていた。F.O. Minute, Mr Strang, 12 April 1934 [A3433/155/35], F.O. 371/17550.

（66） L.N. (communicated), 4 Dec. 1933, First Report of 3 Sept. 1933 by the Leticia Commission [A8959/2/35], F.O. 371/16595.

（67） The Protocol of Peace, Friendship and Co-operation, signed at rio de Janeiro on May 24th 1934［Text］, *L.N. Official Journal*, 15th Year, No.7 (Part II), July 1934, pp.933-35.

(68)　Additional Act ［Text］, ibid., pp.935-38.

(69)　註（65）参照。

(70)　Walters, *A History of the League of Nations*, at p.592 and footnote.

(71)　UNSC Res. (22 June 1994), paras.1-4 ［S/Res/929 (1994)］. 則武輝幸「国連ルワンダ支援団ＵＮＡＭＩＲ」（横田洋三編『国連による平和と安全の維持』国際書院、二〇〇〇年）二九四—九五頁、三一九—二〇頁。Gerhard von Glahn, *Law Among Nations*, 7th ed. (Boston: Allyn and Bacon, 1996), p.573 参照。

(72)　付録Ｉ、３、参照。「第３項　委員会が統治する領域における秩序を維持するために、委員会は、それ自身の選択による軍隊を召請できる。また、委員会が必要と看做すその他のいかなる要素をも自らに付加することができる。」

(73)　実施手続の解釈に関する両国政府宛のレスター委員長書簡（一九三三年五月二十五日）。同書簡には、「委員会自身が、この目的のために必要な部隊の員数を判断できるものとする。しかし、委員会の判断において、秩序維持に必要とされる以上の部隊を要請することはない」と勧告委員会は理解するとある。Document C.336. M.161. 1933. VII, *L.N. Official Journal*, 14th Year No.7 (Part II), July 1933, p.945.

(74)　*Ibid.*, pp.944-45. 付録Ｉ、７、参照。

(75)　Draft resolutions (a), (b), Documents C.339.M.164.1933.VII and C.340.M.165.1933.VII., *L.N. Official Journal*, July 1933 (Part II), pp.952-53.

(76)　*The Certain Expenses of the United Nations case*, 20 July 1962, ICJ Report ［1962］, p.151, at p.161. ［皆川洸『国際法判例集』（有信堂、一九七五年）一七二頁、上段、参照。］

(77)　*Ibid.*, p.164, p.172. ［同右『国際法判例集』一七四頁、下段。一八〇頁、上段、参照。］さらに、香西茂「国連の平和維持活動と経費の分担義務」（『法学論叢』第七六巻一＋二号）参照。

付録Ｉ　一九三三年三月十八日の國際聯盟理事会で採択された報告書に含まれた勧告の実施手続き

The Procedure for Putting into Effect the Recommendations Embodied in the Report Adopted by the Council of the League of Nations on March 18th in Order to Avoid any Incident that might Aggravate the Relations between the Two Countries［Document C.336. M.161. 1933. VII, *L.N. Official Journal*, 14th Year No.7 (Part II), July 1933, pp.944-45.］:

［Text］

"1. The Government of the Republic of Colombia and the Republic of Peru accept the recommendations approved by the Council of the League of Nations at its meeting on March 18th, 1933, under the terms of Article 15, Paragraph 4, of the Covenant, and declare their intention to comply with those recommendations.

"2. The Council shall appoint a Commission which is to be at Leticia within a period not exceeding thirty days. The Peruvian forces in that territory shall withdraw immediately upon the Commission's arrival, and the Commission, in the name of the Government of Colombia, shall take charge of the administration of the territory evacuated by those forces.

"3. For the purpose of *maintaining order* in the territory which it is *to administer*, the Commission shall call upon military forces *of its own selection*, and may attach to itself any other elements it may deem necessary. [emphases added]

"4. The Commission shall have the *right to decide all questions relating to the performance of its mandate*. The Commission's term of office shall not exceed one year. [emphasis added]

"5. The parties shall inform the Advisory Committee of the Council of the League of Nations of the method whereby they propose to proceed to the negotiations contemplated in No.2 of the recommendations of March 18th, 1933, and the Committee shall report to the Council accordingly.

"6. The Council of the League of Nations reminds the parties that it has declared itself ready to lend its good offices, at the request of either party, in case of disagreement as to any point wether of procedure or of substance which may arise. The Council considers that it cannot withhold its attention from developments in the dispute.

"7. The Government of the Republic of *Colombia will take upon itself the expenses involved by the working of the Commission and the administration of the territory* to which the mandate conferred on the Commission relates. [emphasis added]

"8. In consequence of the acceptance of the foregoing proposals, the Governments of Colombia and Peru shall give the necessary *orders for all acts of hostility to cease on either side* and for the military forces of each country to remain strictly within its frontiers." [emphasis added]

付録Ⅱ　追加決議案

Additional draft resolutions [Documents C. 339.M.164.1933.VII and C.340.M.165.1933. VII., *L.N. Official Journal*, July 1933 (Part II)]：

" (a) The Council, having agreed to appoint a Commission which is to be at Leticia within a period not exceeding thirty days;

"Invites the Advisory Committee, in collaboration with the Secretary-General, to appoint the members of this Commission and to arrange for their taking up their duties within the time-limit agreed upon;

"Directs the Secretary-General to provide the Commission with the necessary staff;

" (b) The Council takes note that the Government of the Republic of Colombia has taken upon itself the expenses involved by the working of the Commission and the administration of the territory to which the mandate conferred upon the Commission relates.

"The Council directs the Secretary-General to make all necessary arrangements, financial and other, for the carrying out of the *obligations assumed by the Colombian Government* in connection with the *appointment, pay and expenses of the members of the Commission and the secretariat* to be provided by the League of Nations. [emphases added]

"As regards *all other expenditure* connected with its mandate, the *Commission will make its financial arrangements direct with the Colombian Government*." [emphases added]

付録Ⅲ　一九三四年リオ条約

The Protocol of Peace, Friendship and Co-operation, signed at Rio de Janeiro on May 24th 1934

[Text translated from the Spanish]

Whereas the Republic of Colombia and the Republic of Peru are desirous of executing the agreement which they reach at Geneva on May 25th, 1933;

And whereas, in harmony with the moral conscience of humanity, the two Republics affirm it to be the fundamental duty of States to proscribe war, to settle their differences by political or juridical means, and to prevent the possibility of conflicts between them;

And whereas that duty is a particularly pleasant one for the States which form the American community, between which there are historical and social links and ties of affection that cannot be weakened by differences of opinion or incidents, which must always be regarded in a spirit of mutual understanding and goodwill;

And whereas this duty of peace and friendship can be best performed by applying the rules created by contemporary international law for the legal settlement of differences between States, and to safeguard and develop the rights of man;

And whereas the attitude that they now adopt should serve as a fraternal stimulus to the settlement of other American international conflicts;

Now, therefore, the two Republics have appointed as their respective plenipotentiaries, that is to say:

His Excellency the President of the Republic of Colombia, Their Excellencies M. Roberto Urdaneta Arbeláez, M. Guillermo Valencia and M. Luis Cano;

His Excellency the President of the Republic of Peru, Their Excellencies M. Victor M. Maúrtua, M. Victor Andrés Belaunde and M. Alberto Ulba, who, being assembled in the city of Rio de Janeiro, the capital of the Republic of Brazil, under the chairmanship of His Excellency M. Afranio de Mello Franco, and having exchanged their full powers, found in good and due form, have agreed to subscribe, on behalf of their respective Governments, to a protocol of friendship and co-operation and an additional act, as follows:

Protocol of Peace, Friendship and Co-operation Between the Republic of Colombia and the Republic of Peru.

Article 1.

Peru sincerely deplores, as she has already done in previous declarations, the events which occurred on and after September 1st, 1932, and disturbed her relations with Colombia. The two Republics having resolved to re-establish their relations, Peru expresses the desire that they may be restored in their former atmosphere of close friendship and profound cordiality between the two sister nations. Colombia shares those sentiments and declares that she holds identical aims. Peru and Colombia accordingly agree to accredit simultaneously their respective legations at Bogotá and

Lima.

Article 2.

The Boundary Treaty of March 24th, 1922, ratified on January 23rd, 1928, constitutes one of the legal bonds that unite Colombia and Peru, and may not be modified or affected except by mutual consent of the parties or by a decision of an international tribunal in the terms laid down in Article 7 below.

Article 3.

The negotiations between the two countries shall continue, through normal diplomatic channels, in order to provide a just, lasting and satisfactory solution for all the problems outstanding; and, in the development of those negotiations, the principles laid down in this Protocol shall be observed.

Article 4.

In view of the common needs of the two States in the basins of the Amazon and the Putumayo, Peru and Colombia shall conclude special agreements on Customs, trade, free river navigation, the protection of settlers, transit and the policing of frontiers, and shall adopt such other agreements as may be necessary to obviate any difficulties that arise or may arise in that frontier region between the two countries.

Article 5.

The two States shall prepare an agreement for the demilitarisation of the frontier, in conformity with the normal requirements of their security. For this purpose, the two Governments shall appoint a technical commission composed of two members for each of the High Contracting Parties, the chairman being, in alternate months, the senior officer (by rank) of either country. The first chairman shall be chosen by lot. The seat of the commission shall be fixed by agreement between the Governments.

Article 6.

In order to ensure that the agreements referred to in Article 4 shall be concluded, and to stimulate their execusion, there shall be created a commission of three members appointed by the Governments of Peru, Colombia and Brazil, the chairman being the member appointed by the last-named country. The seat of the commission shall be in the territory of one or other of the High Contracting Parties, within the limits of the region to which the aforementioned agreements apply. The commission shall have power to travel from place to place within those limits, in order to co-operate more effectually with the local authorities of both States in maintaining a state of permanent peace and good-neighbourliness on the common frontier. The term of office of this commission shall be four years, but may be extended if the two Governments so decided.

Sub-section 1. — The joint commission in question shall have no police powers, administrative functions or judicial competence in the territories subject to the jurisdiction of the High Contracting Parties, whose authority shall be exercised therein to the full.

Sub-section 2. — Nevertheless, if, in the execution of the aforesaid agreements, which are integral parts of the present Protocol, conflicts should arise on account of acts or decisions involving a violation of any of those agreements, or relating to the interpretation thereof, or to the nature or extent of the reparation due for the breach of any such agreement, and should such conflicts be brought to the commission's notice by the parties concerned therein, the commission shall refer them, with its report, to the two Governments, in order that the latter may, by common consent, take the necessary action.

Sub-section 3. — In default of such an understanding, and after ninety days have elapsed since the date of the communication to the two Governments, the conflict shall be settled by the commission. Either of the two Governments may appeal from this decision to the Permanent Court of International Justice at the Hague within thirty days.

Sub-section 4. — The two Governments shall request the Government of Brazil to co-operate in forming the commission.

Article 7.

Colombia and Peru solemnly bind themselves not to make war on each other nor to employ force, directly or indirectly, as a means of solving their present problems or any others that may arise hereafter. If, in any eventuality, they fail to solve such problems by direct diplomatic negotiations, either of the High Contracting Parties may have recourse to the procedure established by Article 36 of the Statute of the Permanent Court of International Justice, nor may the jurisdiction of the Court be excluded or limited by any reservations that either party may have made when subscribing to the Optional Clause.

Sole Sub-section. — In this case, when judgment has been delivered, the High Contracting Parties undertake to concert means of putting it into effect. Should they fail to reach an agreement, the necessary powers shall be conferred upon the Permanent Court, in addition to its ordinary competence, to make effective the judgment in which it has declared one of the High Contracting Parties to be in the right.

Article 8.

The present Protocol and the agreements referred to in Article 4 shall be submitted as early as possible to the legislature of each of the High Contracting Parties for ratification, without prejudice to the immediate application of all measures which, under the constitutional law of the Parties, do not require the previous sanction of the said legislature.

Article 9.

The exchange of the instruments of ratification of the present Protocol, and of the additional act accompanying it, shall be effected as early as possible, and before December 31st of the current year.

In Faith whereof the above-named plenipotentiaries have signed and sealed the present Protocol in duplicate, in the city of Rio de Janeiro, on May 24th, 1934.

[For the text of Additional Act, constituting an Integral Part of the Protocol signed on the Same Date by the Delegations of Plenipotentiaries of Colombia and Peru, and mentioned in Article 4 and 6 of the Said Protocol, see *L.N. Official Journal*, 15th Year, No.7, July 1934 (Part II), pp.935-38.]

（大東文化大学）

イギリス・コモンウェルス関係とＰＫＯの成立と変容

――パレスティナ・カシミールからコソボ・東ティモールまで――

小川浩之

はじめに

第二次世界大戦後、国際連合（以下、国連）は、集団安全保障、特に憲章第七章に定められた国連軍の創設を通して世界の平和と安全を支えることを期待されて発足したが、その後、国連の創設者たちが十分に想定していなかった事態が生じたことで、新たな対応を迫られることになった。そうした事態とは、まず、アメリカ、ソ連の両超大国を中心とする東西間の冷戦の深まりにより安全保障理事会（以下、安保理）が麻痺状態に陥り、集団安全保障と国連軍が実際にはほとんど機能しないことが明らかになったことであり、さらに、世界各地で脱植民地化が急速に進展したことで帝国の解体をめぐる紛争や、帝国解体後に残された地域紛争や内戦が深刻な問題として立ち現れたことであった。そうした中で、国連憲章に規定のなかった平和維持活動（ＰＫＯ）が実施され、世界各地の地域紛争の再発防止や紛争後の人道・復興支援に大きく貢献したことはよく知られている。しかし、ＰＫＯという制度がさまざまな構想と具体的活動の集積の結果として漸進的に成立し、発展、さらには変容していく過程で、イギリス帝国の脱植民地化のあり方やイギリスとコモンウェルス諸国の関係が重要な影響を及ぼしたことは、これまで十分には論じられてこなかった。[1]

もちろん、そうした先行研究の状況にはそれなりの理由があると考えられる。まず、ＰＫＯという制度の成立と発展について考える際、冷戦期のすべての国連ＰＫＯに参加した唯一の国であるカナダや、「多国間国際協力に熱心な欧州の小さな民主主義国のオーストリア、アイルランド、北欧諸国」[2]のような国々、ハマーショルド（Dag Hammarskjöld）やガリ（Boutros Boutros-Ghali）などの歴代国連事務総長、そしてピアソン（Lester B. Pearson）元カナダ外相・首相などの政治家が注目を浴びてきたのはごく自然なことであろう[3]。それに対して、イギリスは、安保理の常任理事国として冷戦期にはほとんどのPKOから排除される立場にあり、また、同じく常任理事国としての立場から、慣例上、PKOの指揮権を統括する立場にある国連事務総長を輩出することもなかった〔ただし、一九七四～八六年のアークハート（Sir Brian Urquhart）、一九八六～九三年のグールディング（Sir Marrack Goulding）という特別政治問題担当国連事務次長（平和維持活動担当）を続けて輩出したことは注目に値する〕[4]。しかし、PKOという制度の成立と発展の過程でイギリス帝国の脱植民地化やイギリス・コモンウェルス関係が重要な影響を及ぼしたことに加えて、近年のイギリス政府はセルビア共和国（旧ユーゴスラビア連邦共和国）コソボ自治州をはじめとする地域に積極的にPKOを派遣する立場に回っていることから、それらについて、歴史的、包括的な視点から検討を加えることが必要になっていると考えられるのである。

一　イギリス帝国の解体とPKOの成立

PKOという制度は、一九四〇年代後半から一九六〇年代頃にかけて、世界各地における帝国の解体と並行して形成されたが、なかでもイギリス帝国（ここでは公式帝国、非公式帝国の双方を含む）の解体が国連PKOの形成に与えた影響は非常に大きなものであった[5]。例えば、二〇〇六年十二月現在で世界各地に展開している一六のPKOの中で、一一までは一九九〇年代以降設置されたいわゆる冷戦後型であるのに対して、残りの五つは一九四〇～七〇年代に設置されたもので、それらはすべて直接、間接にイギリス帝国の解体後に残された地域的な対立・紛争に対処する必要から生まれたものであった[6]。それらの地域では、帝国の解体によって新たに主権国家が誕生したとはいえ、それぞれの国内または近隣諸国との間に深刻な不安定要因を抱えており、それらを自らの力だけで安定化させることは困難であった。このため独立後も国際的な支援や介入に依存せざるをえない状況が続いたといえる。

一九四〇年代後半には、イギリス政府が国際連盟期から委任統治を続けてきたパレスティナとイギリス領インドで帝国の解体が見られたが、その後には、イスラエルとパレスティナおよび周辺アラブ諸国、インドとパキスタンの間にそれぞれ深刻な対立・紛争の構図が残された。パレスティナでは、一九四八年五月十四日のイスラエル建国宣言直後に周辺アラブ諸国（エジプト、イラク、ヨルダン、シリア、レバノン）軍が各方面からパレスティナに攻め込み、第一次中東戦争が勃発した[7]。その後、パレスティナには、スウェーデンのベルナドッテ（Count F. Bernadotte）が国連調停官として派遣され、五月二十九日の安保理決議第五〇号でイスラエルと周辺アラブ諸国・組織間の停戦と軍事監視団の派遣が勧告された。これを受けて、第一次中東戦争後の停戦監視を目的として史上初の国連PKOとなった国連停戦監視機構（UNTSO）が結成された。[8] UNTSOは、「イギリスが解決を望みつつ、自分自身では手がつけられなくなった状況を制御するために役立てようとするイギリスのイニシアティブの結果誕生した」と評されるように、自らの帝国の解体後に残された地域的な対立・紛争を国連の枠組みで封じ込めるというイギリス政府――当時は労働党のアトリー（Clement R. Attlee）政権――の意図を反映する形で設立されたものであった。さらに、UNTSOがベルギー、フランス、アメリカ、スウェーデンの要員で構成され、ソ連をはじめとする東側諸国の要員の関与が排除されていたことも、イギリス政府の利益に合致するものであった。[9] コモンウェルス加盟国であり、伝統的にイギリスと緊密な関係にあったカナダからも（一九四〇年代後半にはPKOへの参加に慎重な姿勢が目立ったとはいえ）一九五四年以降UNTSOに要員が派遣され、UNTSO参謀長もカナダ軍のバーンズ（E.L.M. Burns）が務めるなど積極的な関与が見られるようになった。[10] これもまたイギリス政府にとって有利な状況を整えるものとなった。

南アジアでは、ヒンドゥー教徒とイスラム教徒の激しい対立を背景として一九四七年八月にインドとパキスタンの分離独立が成立したが、それ以降も現地での混乱は続いた。特に東部のベンガルと西部のパンジャーブ両地域での国境を確定する国境委員会――イギリスのラドクリフ（Sir Cyril Radcliff）が委員長を務めた――の決定は大きな不満を持って受けとめられ、パンジャーブでは深刻な暴動・騒乱が発生した。[11] さらに、同年十月以降、カシミールの領有をめぐって第一次インド・パキスタン戦争が勃発し、南アジアでも帝国の解体は大規模な武力紛争につながった。そして、ここでも、一九四八年四月二十一日の安保理決議第四七号で、インド、パキスタン双方に対して停戦が勧告され、停戦の成立後に停戦ラインを監視するために国連インド・パキスタン軍事監視団（UNMOGIP）が結成された（実際にUNMOGIP――UNTSOと同じく比較的小規模の軍事監視団となった――が活動を開始するのは、両国間で最終的な停戦合意が成立した後の一九四九年一月のことになる）。その際、イギリス政府は、旧宗主国としての現地での豊富な知識と経験を根拠に自国の要員のUNMOGIPへの参加を求めたが、旧宗主国の関与を嫌うインド政府の反対を受けて断念せざるをえなくなり、その点ではイギリス側に不満が残った。しかし他方で、当初のUNMOGIPに要員を派遣したのは西側諸国とコモンウェルス諸国（ベルギー、カナダ、メキシコ、ノルウェー、アメリカ）のみにとどまり、それらはイギリス政府としても基本的に安心感を抱くことができる陣容であった。ＵＮＭＯＧＩＰの派遣によってインド、パキスタンという二つの重要なコモンウェルス諸国間の対立が抑制されたことも、イギリス政府の利益に合致するものであった[12]。

ただし、ＵＮＴＳＯとＵＮＭＯＧＩＰの存在は、ともに大規模な武力衝突の再発を防ぐことにある程度役立った反面、現地の不安定要因を固定化することにつながった面もあり、その後数十年間にわたりＰＫＯが展開を続けるという必ずしも好ましくない事態を招いたことも無視できない。例えば、一九四八～四九年には国連でカシミールの将来の地位を住民投票で決定することが合意されたにもかかわらず、その後も双方の対立によって住民投票は実現せず、さらにＵＮＭＯＧＩＰの存在もあいまって、カシミールをめぐるインド、パキスタン両国間の対立は固定化されていった。そうした結果、インドとパキスタンの関係が長年にわたり改善されないという事態が生じ、イギリス政府も、例えば中印国境紛争（一九六二～六三年）の際、インド政府の要請に応えて兵器を供給すれば、パキスタンとの間の軍事バランスを損なうという副作用を生じかねないため、「カシミール紛争が続く限り」控え目な支援にとどめざるをえないというジレンマに直面することにもなった[13]。

二　スエズ危機とＰＫＯの発展

一九五六年七月二十六日、エジプトのナセル（Gamal Abdul Nasser）大統領がスエズ運河会社――それまで英仏両国政府が株式の大半を保有していた――の国有化を宣言し、いわゆるスエズ危機（第二次中東戦争）が勃発した。これに対して、イギリスのイーデン（Sir Anthony Eden）保守党政権は、数カ月間の躊躇の後、フランス、イスラエル両国政府との共謀に基づく軍事作戦を行うことを選択した。それは、まずイスラエル軍がゲリラの越境攻撃に対する自衛と称してエジプト領内に攻め込み、その後に英仏両国軍が交戦状態の終結とスエズ運河の安全航行の維持を名目に軍事介入を行うというものであった。

一九五六年十月末、イスラエル軍の作戦が実施された後、イギリス軍は、計画通りにフランス軍と共同でエジプトに対する軍事行動を開始した。ところが、イギリス政府は、軍事行動を開始した直後から、ソ連政府の反発と軍事的威嚇や国連での孤立に加えて、インド政府やセイロン政府からの激しい非難を招くなど、コモンウェルス諸国間の結束も大きく揺らぐという深刻な事態に直面した。さらにイーデン政権は、従来から緊密な関係にあったアメリカ政府の支持を得ることにも失敗した結果、エジプトへの軍事介入からわずか一週間で停戦に追いこまれた。[14] スエズ危機を経て、エジプトでは、スエズ運河会社を含むイギリスの政府・民間の資産が失われ、さらにはエジプト政府に雇用されていた者を含むイギリス国民が次々と追放され、[15] 十九世紀後半以来営々と築かれてきたイギリスの非公式帝国は脆くも崩れ去った。

そこで、英仏両国軍に代わりスエズ運河地帯の停戦監視や運河の掃海作業を担当したのが第一次国連緊急軍（UNEFI）であったが、それは、英仏軍の早期の撤退を促進するとともに、現地でのイギリスの非公式帝国の解体後に残された対立構造（エジプト、イスラエル間）に対処することを目的に派遣されたものであった。[16] そこに至る過程では、英仏両国政府の拒否権行使で安保理が機能不全に陥ったため、一九五〇年の朝鮮戦争の際に国連総会で採択された「平和のための結集」決議[17]に基づき緊急特別総会が開かれ、そこでスエズ戦争の即時停戦とUNEFIの設立を求める決議が採択されるという手続きがとられた。イギリス政府は、米ソ両超大国をはじめとする世界各国からの厳しい非難に加えて、そもそもエジプト、イスラエル間の交戦状態の終結とスエズ運河の安全回復という「厳密に限定された目的」を軍事介入の建前としており、それらの目的をPKOが引き継ぐ形であれば何とか面子を保つことができるとも考えられたため、十一月六日の閣議で、①フランス政府の同意、②エジプト、イスラエル両国政府の無条件の停戦受け入れ、③実効性のある「国際軍」の設置を条件に、同日中にすべての軍事行動を停止することを決定した。[18] ただし、その時点でイギリス政府内では、英仏軍がUNEFIの一部を構成する形で現地に残ることを主張する声が強く、そのことが繰り返し訴えられた。しかし、アメリカ政府（特に国務省）の強い反発と経済的圧力を受けて断念せざるをえなくなり、一九五六年十二月末までには英仏軍ともに最終的な撤退に追いこまれた。[19] 最後まで撤退を渋っていたイスラエル政府も翌一九五七年三月までには撤退に同意し、[20] 四月にはスエズ運河も再開された。

そうした中で、UNEFIは現地で順次展開を進めたが、それはUNTSO、UNMOGIPと比べてはるかに大規模で本格的な軍事能力を備えたものであり、史上初の国連平和維持軍となった。UNEFIは、受け入れ国政府（この場合はエジプト政府）の同意、中立、自衛に限定された武器使用など、その後のPKOを特徴づける諸原則を示した点でPKOという制度の発展と定着において非常に重要な意義を持つものであったが、[21] さらに安保理常任理事国（五大国）の排除や国連事務総長の指揮権といった原則は、ソ連軍の介入を防ぐとともに、引き続き運河地帯への居座りを目論む英仏両国軍をＰＫＯから排除する要請から生まれたものであった。それらの諸原則は、ハマーショルド事務総長やバンチ（Ralph Bunche）事務次長が国連本部の「地図室」にこもってほぼ一夜で作成したものであったが[22]、それゆえに、その後のＰＫＯに継承されていくことになるさまざまな特徴は、周到な準備の結果というよりも、当時の緊迫した国際情勢を背景とした極めて政治的な考慮の産物として生まれたのであった。

そうした過程で、カナダのサンローラン（Louis St. Laurent）政権、特にピアソン外相は、アメリカのダレス（John Foster Dulles）国務長官とは異なり[23]、英仏両国政府の行動を国連憲章違反として公然と非難することは控えながらも、イギリス、フランス、イスラエル三カ国軍による対エジプト武力行使に批判的な立場をとり、国連を中心とした調停外交に力を注いだ。さらにピアソンは、アメリカ政府との調整にも細心の注意を払いつつ、ハマーショルドとともにＵＮＥＦＩの設立に大きなイニシアティブを発揮し、ＵＮＥＦＩの初代司令官にも、それまでＵＮＴＳＯ参謀長を務めていたカナダ軍のバーンズが就任した。カナダからは、ＵＮＥＦＩに要員を派遣した一〇カ国（ブラジル、カナダ、コロンビア、デンマーク、フィンランド、インド、インドネシア、ノルウェー、スウェーデン、ユーゴスラビア）の中でも最大規模の要員（最大時で約一〇〇〇名）が提供された[24]。

カナダ政府は、ピアソンが「私たちの二つの母国」と表現した英仏両国政府の面子を保ちつつ、彼らとアメリカ政府との深刻な分裂を修復すること――そのことは、ソ連軍のハンガリーへの軍事介入に対して西側諸国間の結束を示すためにも欠かせないと考えられた――とともに、イギリスと他のコモンウェルス諸国の溝を埋めることを大きな目的としていた[25]。こうして、ＵＮＥＦＩが設立された際にも、イギリス帝国の脱植民地化のあり方に加えて、イギリス・コモンウェルス関係が重要な影響を及ぼしたのである。ピアソンは、スエズ危機を平和的な解決に導いた貢献が高く評価されて一九五七年のノーベル平和賞を受賞したが、そのことは、カナダ国民の間でＰＫＯに対する意識を大いに高め、カナダ政府がさらに国連とＰＫＯを重視した外交政策を展開していく基盤を形成することになった。そうした国連やＰＫＯでの活躍はまた、巨大な隣国アメリカからの「自立」を象徴的に示すものとして、カナダ政府・国民にとって重要なアイデンティティの柱を提供することにもなったのである[26]。また、カシミール問題に関してはＵＮＭＯＧＩＰを受け入れる立場にあったインド政府も、スエズ危機の際には、第三世界の非同盟諸国としてのつながりを梃子にエジプト政府にＰＫＯを受け入れるよう説得に努め、自らもＵＮＥＦＩ――そして、それ以降のさまざまなＰＫＯ――に積極的な貢献を行うなど、ＰＫＯにおけるコモンウェルス諸国の存在感はさらに増すことになった[27]。

しかし他方で、イギリス国内では、国連ＰＫＯの派遣を通したスエズ危機の解決は、必ずしも好意的な受けとめられ方をされていたわけではなかった。確かに、英仏両国軍に代わりＵＮＥＦＩが現地に展開し、その中でカナダ、インドという二つのコモンウェルス諸国の部隊が重要な役割を果たしたことは、ある程度イギリス政府の面子を保つとともに、東側諸国の部隊が中東に派遣されることを防ぐことにも役立った（実際、ピアソンは、ポーランドをはじめとする「ソ連の衛星諸国」からの部隊提供の申し出があったことを受けて、それらを封じるためにも、ＵＮＥＦＩへのカナダ部隊の派遣の形態や規模に関する検討を急ぐ必要があると述べていた[28]）。ＵＮＥＦＩや他の冷戦期のＰＫＯに見られたように、第三世界の地域紛争への対処を米ソを含む五大国の部隊を排除したＰＫＯに委ねたことは、東西間の対立のエスカレーションを防ぐ効果を持った点で冷戦の制度化の一側面として捉えることができるが、そうした制度化は、ほとんどの場合、東側諸国の部隊が排除されていた点で明らかに西側陣営に有利な形でなされたものであった。

ところが、その一方で、スエズ危機を経て、イギリス政府内では、国連（中でも総会と事務総長）が過度に力を持つようになったことに対して不満が高まっていた。一九五七年三月に英領バミューダで開かれた英米首脳会談の際には、新たに首相に就任したマクミラン（Harold Macmillan）が、スエズ危機の際のアメリカ政府の対応に苦言を呈するとともに、国連総会でのアジア・アフリカ諸国の影響力を削減すべきという主張を展開した[29]。もちろん、イギリス国内にも、同じ年の世界連邦主義者世界協会第一〇回会議――国連の強化と「国連政策軍」の形成を訴える決議が採択された――で議長を務めたウィンゲート（Monica Wingate）のように、引き続き理想主義的な立場から国連とその紛争解決機能の強化を主張する人々が存在したことも無視すべきではない[30]。しかし、スエズ危機を経てより顕著に見られるようになったのは、国連に対する反発や幻滅であった。スエズ危機からＵＮＥＦＩの派遣に至る過程は、国連（特にＰＫＯ）を自らの都合に合わせて利用する反面で、反植民地主義の傾向を強める国連への反発を強めるという、国連とＰＫＯをめぐるイギリス政府の態度の二面性を端的に示すものであったと考えられるのである。

さらに、スエズ危機の際のイギリス、カナダ両国間の関係にもまた二面性が見られ、単純な評価を下すことを困難なものにしている。もちろん、カナダ政府がＵＮＥＦＩの形成・派遣に主導的な役割を果たし、ある程度イギリス政府の面子を保つ形でのスエズ危機の収拾とコモンウェルス諸国間の結束の回復に貢献したのは確かであった。[31] しかし他方で、マクミラン（当時大蔵相）が一九五六年八月二十日の日記に「カナダ人たちは非常に弱気（very wet）である」と記したように、軍事力行使に否定的で、国連を通した解決とコモンウェルス諸国間の結束に固執するカナダ政府の態度には、少なからぬ反発が見られたのも事実であった。[32] スエズ危機に際してイギリス政府の行動をほぼ一貫して強く支持したオーストラリア政府や、それよりはやや控え目であったものの国連総会の投票では常にイギリス政府を支え、スエズ危機での失敗と健康状態の悪化の中で失意のまま首相を辞任したイーデンを療養のためとして暖かく迎え入れたニュージーランド政府と比べて、カナダ政府の対応は、イギリス政府の政策決定者たちの目には（実際には相当助けになるものであったとしても）必ずしも友好的なものには映らなかったといえる。[33] さらに、カナダでも、サンローラン自由党政権は、野党の進歩保守党や国民の一部から、スエズ危機の際に「二つの母国」を見捨てたとして厳しい非難――それは多分に一面的なものではあったが――を受け、そのことが一九五七年六月の総選挙で自由党が二二年ぶりに敗北し、親英的な立場を強く打ち出すディーフェンベイカー（John Diefenbaker）進歩保守党政権が誕生する一因にもなった。[34]

その後、一九六〇年代に入ると、ベルギー領コンゴの独立（一九六〇年六月）後のベルギー軍の再介入や国内での紛争、イギリス領キプロスの独立（一九六〇年八月）後のギリシャ系住民とトルコ系住民の武力衝突（一九六三年十二月）に対処するために、それぞれ国連コンゴ活動（ＯＮＵＣ）、国連キプロス平和維持軍（ＵＮＦＩＣＹＰ）が派遣された。[35] それらはともに、国家内部の対立・紛争に対処することを目的としたもので、特にＯＮＵＣ（約二万人規模の冷戦期最大のＰＫＯ）では、広範な武器使用が認められるとともに、人道・復興支援に携わる文民専門家が派遣され、ＵＮＦＩＣＹＰでも文民警察部門が設けられるなど、冷戦後のＰＫＯを先取りしたような性質を持つものであった。[36] ＯＮＵＣには、二個大隊約一四〇〇名の部隊を派遣したアイルランドをはじめ、カナダ、インド、パキスタン、スウェーデン、アラブ連合共和国（ＵＡＲ）[37] からも数百名規模の要員が派遣されたが、さらに重要な役割を果たしたのはアフリカ諸国の部隊であり、コモンウェルス加盟国であるガーナ――ただし、そこでは、コモンウェルス諸国の一員としての立場というよりも、パン・アフリカ主義のリーダーを目指す姿勢の方が目立った――からも、エチオピア、モロッコ、チュニジアと並び二〇〇〇名を超える要員が派遣された。[38]

他方、イギリスについて見れば、イギリス軍がコンゴに派遣されたガーナ、ナイジェリア、マラヤの各部隊に輸送手段を提供し、またそれらの部隊にはガーナ軍の参謀長を務めていたアレクサンダー（Henry Alexander）に代表されるように複数のイギリス人将校が含まれていたとはいえ、五大国排除の原則はここでも貫かれ、イギリス部隊がＯＮＵＣに直接参加することはなかった。[39] それに対して、ＵＮＦＩＣＹＰの場合、先に派遣されたＯＮＵＣの膨大な経費と人的被害――それらは、ＰＫＯが刻々と情勢が変化し、ときに熾烈を極める国内紛争に対処することの困難さを強く印象づけるものであった――を受けて各国政府がキプロスへの関与に尻込みを見せる中で、キプロス独立後も同島に基地・兵員を維持しており現地の知識・経験も豊富であったイギリス軍が、冷戦期のＰＫＯとしては唯一参加し、中心的役割を果たした（他には、カナダ、デンマーク、フィンランド、アイルランド、スウェーデンから兵員が提供され、オーストラリア、オーストリア、デンマーク、ニュージーランド、スウェーデンから文民警察が派遣された）。ただし、その際、イギリス政府は、旧宗主国が過度に前面に出ると現地での反発を招きかねないという考慮から、ＵＮＦＩＣＹＰの初期の司令官をインド軍の将校たち――サンドハースト英国陸軍士官学校で教育・訓練を受けており、イギリスでの信頼も厚かった――に委ねるなど、慎重かつ巧妙な対応を見せた。ＵＮＦＩＣＹＰに参加したイギリス軍将兵は、彼らがそれまで従事してきた帝国内の治安維持活動と国連の平和維持活動の違いにとまどいつつも困難な任務を遂行したが、やはり現地住民（特にギリシャ系）の強い反発を受けることは免れなかった。こうして、ＵＮＦＩＣＹＰは、（特に独立直後に）旧宗主国の部隊がＰＫＯに加わることにともなう困難を浮き彫りにしつつも、旧イギリス領かつコモンウェルス加盟国であり、戦略的にも重要な位置にあったキプロスにおける民族間の対立を国連の枠組みを通して抑制することで、イギリス政府の利益を守るのに役立ったのであった。[40]

三　冷戦後のＰＫＯとイギリス・コモンウェルス関係

こうして冷戦期には、イギリス政府は、一方では帝国の解体後に残された地域的な対立や紛争への対処を委ねることでＰＫＯの便益を享受する立場にあったが、他方では五大国のひとつとしてほとんどのＰＫＯから排除され、また脱植民地化をめぐり繰り返し非難を浴びたことから、国連（特に第三世界の国々が多数を占めるようになった国連総会）に強い不満を抱く立場にあった。

ところが近年では、イギリス政府が、国連とＰＫＯに対してより積極的に関与しようとする状況が現れてきている。特に一九九七年に発足したブレア（Tony Blair）労働党政権は、これまでバルカン半島などでのＰＫＯに対して重要な貢献を行ってきた。例えば、ブレア政権は、一九九九年三〜六月のコソボ紛争をめぐるユーゴスラビア（当時）への空爆が終結して以降、安保理決議[41]に基づきコソボで治安維持や武装解除を担当する北大西洋条約機構（ＮＡＴＯ）主体のコソボ平和維持部隊（ＫＦＯＲ）、文民行政や人道・復興支援、警察活動などを担当する国連コソボ暫定行政ミッション（ＵＮＭＩＫ）の双方に積極的に関わってきた。

そもそもブレア政権は、コソボにおけるアルバニア系住民に対する「民族浄化」——実際には、アルバニア系の武装組織、特にコソボ解放軍（ＫＬＡ）によるセルビア系住民への迫害も見られたが——を阻止することを目的としたＮＡＴＯ軍の空爆作戦に積極的に加わっていた。この空爆作戦は、ロシア、中国両国政府の拒否権発動を避ける考慮から安保理決議を経ずに行われたものであり、反戦的な活動家のみならず国際法や国際政治学の専門家からもその合法性について少なからぬ疑義が挟まれたものであった。しかしブレアは、事態は切迫しており、外交的な手段も尽くしたとして、ＮＡＴＯ軍による「人道的介入」を正当化した。ＮＡＴＯ軍の空爆が続く中、ブレアは大勢の報道陣とテレビカメラを引き連れて隣国マケドニアのコソボ難民キャンプを訪れ、多数の難民を前にして、「これはＮＡＴＯのための戦いではありません。これは領土のための戦いでもありません。これは人類のための戦いなのです。それは正義の理由に基づくものであり、正しい理由に基づくものなのです」と力説した[42]。さらに、ブレアは、アメリカ大統領クリントン（Bill Clinton）、ドイツ首相シュレーダー（Gerhard Schröder）、イタリア首相ダレーマ（Massimo D'Alema）などの消極的態度とは対照的に、コソボに地上軍を派遣する必要も強く訴えた。それを報じたＢＢＣ（英国公共放送）の外交特派員ウィッチェル（Nicholas Witchell）は、「（コソボ）紛争は、ますますトニー・ブレアにとって個人的なものになってきました。彼はコソボについて最も情熱的に語るＮＡＴＯの指導者です」（括弧内は筆者の補足）と述べた[43]。

そして、ＮＡＴＯ軍の空爆とブレアを中心とする地上軍投入の動きに加えて、ベオグラードに派遣されたロシア元首相でエリツィン（Boris N. Yeltsin）大統領特使のチェルノムイルジン（Viktor Chernomyrdin）とフィンランド大統領でヨーロッパ連合（ＥＵ）特使のアハティサーリ（Martti Ahtisaari）による説得の努力もあり、六月十日にはコソボ紛争の停戦が実現された。[44]その後、KFORとUNMIKが、国連難民高等弁務官事務所（UNHCR）などと並びコソボでの活動を始めたが、そうした平和維持活動では（NATO軍の空爆作戦の約三分の二をアメリカ軍が担当したのに対して）EU諸国からアメリカの約五倍にあたる要員が提供されるなど、イギリスを含めた域内諸国の顕著な貢献が見られた。[45]

さらに、ブレア政権は、コソボでの「民族浄化」が深刻化していた一九九八年秋から翌年春にかけて、フランスのシラク（Jacques Chirac）政権と並び、ヨーロッパ域内で起こった地域紛争に対処する作戦（PKOを含む）にアメリカ軍が関与しない場合、EUが独自に――実際には、NATOの軍事機能（部隊、施設、作戦立案部門など）を利用して――紛争解決に乗り出すことを提案した。このイニシアティブは、一九九九年十二月にヘルシンキで開かれたヨーロッパ理事会でのヨーロッパ緊急対応部隊（紛争地域に六〇日以内に展開し、一年間の作戦継続が可能なもの）を二〇〇三年までに設立するという合意につながり、ブレア政権は、同部隊に仏独両国と並ぶ最大規模の兵力を提供することを明言した。[46]ブレア政権は、コソボでのKFORとUNMIKの連携に見られたように、安保理決議に基づき、治安維持はNATO、文民行政や人道援助は国連PKOが中心となって担当するという「コソボ・オプション」を強く支持してきたが、近年のEU防衛統合への積極性も相まって、紛争終結後の平和維持活動を国連、NATOやEUなどの地域機構、さらには文民警察官やNGOなどが分担して実施するというPKOの多層化ともいえる方向性を志向していると考えられるのである。

このようにイギリス政府の国連とPKOに対する態度がより積極的なものに変化してきた背景には、主に以下の三つの要因があると考えられる。第一に、イギリス政府の政策決定者たちが抱く自国についての認識の変化を指摘することができる。彼らの自己認識（あるいはアイデンティティ）は、第二次世界大戦後、当初の米ソと肩を並べる世界的な地位と役割を持つ大国から、スエズ危機後の漂流を経て、[47]近年では国際共同体（international community）――その中で国連は枢要な位置を占めるとされる――の中の「中軸国家」（pivotal power）へと変化してきた。[48]そして、そのことが、国連とPKOを重視するブレア政権の外交姿勢にも現れていると考えられるのである。

第二に、イギリス政府の地域紛争に関する態度が、第二次世界大戦後初期に見られたような、世界各地に広がる帝国を保有する立場から脱植民地化をめぐる対立・紛争に深い利害関係を持ち、国連・PKOに関しても状況に応じてときに利用し、ときに反発するというものから変化してきたことがある。一九九七年に発足したブレア政権は、国際的相互依存が深まった今日の世界では、地域紛争や破綻国家の存在を放置すれば、難民の流出源やテロリストの温床となることで自国と国際共同体の安全が深刻に脅かされるという懸念から、それらの問題に積極的に対処する必要を強く訴える立場をとっている。ブレア政権は、こうした脅威認識と責務感――それらを独善的または偽善的として非難することは珍しいことでも、さほど困難なことでもないが――から、「ブレア・ドクトリン」と呼ばれる国際主義的、介入主義的な外交政策を展開してきた。[49]一九九七年五月の総選挙の際、労働党はマニフェストの中で、「新しい労働党政府は…世界における主導的な正義のための力（force for good）としてのイギリスの誇りと影響力を回復させる」として、国連が平和維持、紛争予防、人権保護、地球環境保護などにおいてより効果的な役割を果たせるように安保理常任理事国としての立場を活用することを打ち出した。ブレア政権のＰＫＯに関する政策も、そうした大きな理念・目標の中で捉えられるべきと考えられるのである。[50]

第三に、近年のＰＫＯの地域化ともいえる変化を指摘することができる。つまり、冷戦期の多くのＰＫＯでは、カナダや北欧諸国の部隊が中心となり、世界各地の地域紛争に対して地域を問わず――または意図的に地域的な大国の関与を排除して――対応することが目立ったが、近年では、地域的な大国の部隊が、自国周辺の国際環境の安定化や自国の影響力の確保を目指して、自らの周辺地域でのＰＫＯを主導する傾向が見られるようになっている。その典型例は、一九九九年八月に行われた住民投票で独立派が勝利した後の深刻な治安悪化に対処するために派遣された多国籍部隊（ＩＮＴＥＲＦＥＴ）から、国連東ティモール暫定行政機構（ＵＮＴＡＥＴ）、国連東ティモール支援団（ＵＮＭＩＳＥＴ）に至るまでのオーストラリア部隊の東ティモールへの積極的な関与であろう。[51]さらに、コソボに展開したＫＦＯＲでも、アメリカと並んで、イギリス、フランス、ドイツ、イタリアという地域大国の部隊が、それぞれ「セクター」と呼ばれる担当地域を受け持つなど中心的役割を果たした。[52]また、シエラレオネ内戦の和平合意（一九九九年のロメ協定）後に派遣された国連シエラレオネ派遣団（ＵＮＡＭＳＩＬ）には、ＰＫＯの地域化の流れの中でアフリカ諸国から多数の部隊が派遣されたが、二〇〇〇年五月にＰＫＯ要員が反政府勢力の人質にとられる事件が生じると、シエラレオネの旧宗主国であるイギリス政府は、首都フリータウンでの自国民保護、国連部隊の補強、人質救出を目的とした軍事介入をほぼ単独で実行した。[53]こうした例や東ティモールでオーストラリア部隊と並んで重要な役割を果たしたポルトガル部隊の例からうかがえるように、近年のＰＫＯの地域化の傾向は、ヨーロッパ諸国の要員が旧帝国地域のＰＫＯに参加（またはシエラレオネでのイギリス軍のようにＰＫＯを側面から支援）する動きと重なり合いながら進展している。

他方、こうした地域化の傾向にもかかわらず、カナダ政府は、冷戦終結後もアフリカやバルカン半島など世界各地のＰＫＯに積極的に関与する姿勢を見せていた。しかし、一九九〇年代半ば以降、カナダ政府は、旧ユーゴスラビアやソマリアでのＰＫＯと現地勢力の衝突に加えて、第二次国連ソマリア活動（ＵＮＯＳＯＭⅡ）のカナダ兵が無抵抗の民間人を虐殺した事件（しかもその事実が隠蔽され、後に暴露されたことで激しい非難を浴びた）などを通して度重なる苦悩や挫折を味わうことになった。カナダ政府にとって、ルワンダとザイールのルワンダ難民キャンプへのＰＫＯ増派を訴えたものの、国際的な支持を得られず、その後の大量虐殺を見過ごす結果となったことも苦い経験となった。カナダ人で国連ルワンダ支援団（ＵＮＡＭＩＲ）司令官を務めたダレール（Roméo A. Dallaire）によれば、ルワンダに派遣された各国視察団は「ルワンダには何の戦略的な価値も資源もない」として、平和維持部隊の派遣に消極的な態度をとったのである。カナダ国民の間でも、以前のようなＰＫＯへの熱心な支持が低下する状況が見られた。[54] そうした結果、近年では、イギリス部隊やオーストラリア部隊の自国周辺でのＰＫＯへの関与が目立つようになった反面、冷戦期のＰＫＯを牽引してきたカナダ部隊のグローバルな関与にはかげりが見られるという状況が現れてきた。カナダからのＰＫＯへの派遣規模は、一九九二～九三年には五、〇〇〇名近くに達し、全世界のＰＫＯ要員の約一〇分の一を占めていたが、二〇〇六年十一月時点での軍事・警察要員派遣数はわずか一四二名（全派遣国中六一位）にまで縮小している。[55]

他方、コモンウェルス全体に目を移せば、特に一九九一年のコモンウェルス首脳会議で採択されたハラレ宣言以降、一九九五年のミルブルック・コモンウェルス行動計画を経て、コモンウェルスの枠組みを通して民主化や人権擁護を進めようとする動きが強まっている。[56] そうした中で、コモンウェルス諸国間での選挙監視団の派遣が積極的に行われるなど、近年のＰＫＯの多機能化や多層化の一翼を担う形で、コモンウェルスを通してＰＫＯ（またはそれに準ずるような活動）が進められる状況を見てとることができる。近年のＰＫＯの多機能化、多層化、地域化といった趨勢の中で、ＰＫＯをめぐるイギリス・コモンウェルス関係は、冷戦期とはまた異なる様相を呈しつつも、引き続き注目すべき展開を見せているといえる。

おわりに

第二次世界大戦後、パレスティナ、カシミールでの帝国の解体後に残された地域紛争から、一九五六年のスエズ危機を経て、一九九九年のコソボと東ティモールでの紛争に至るまで、ＰＫＯのあり方とそれをめぐるイギリス・コモンウェルス諸国政府の態度や政策は少なからぬ変容を見せてきた。まず冷戦期には、ＰＫＯは、カナダや北欧諸国、さらにはインドなど第三世界諸国の部隊が中心となり、イギリス帝国をはじめとする帝国の解体後の地域紛争に対処することを主な目的として世界各地で活動を行った。当時のイギリス政府は、帝国の解体にともなう地域紛争に深い利害を有しており、友好的なコモンウェルス諸国や西ヨーロッパの小国の部隊が中心を占めたＰＫＯについて、それらをしばしば都合よく利用しつつ、ときに帝国からの撤退をめぐる利害の不一致から反発するという立場にあった。他方、冷戦終結以降、ＰＫＯをめぐる多機能化、多層化、地域化などの趨勢の中で、イギリス部隊がバルカン半島で積極的に活動し、オーストラリア部隊も東ティモールにおいて主導的役割を果たすようになった反面、カナダ部隊のＰＫＯへの関与には顕著な退潮傾向が見られるといった変化が生じている。

その後、世界では、二〇〇一年九月十一日の同時多発テロ事件から二〇〇三年のイラク戦争、そしてイラン、北朝鮮の核開発問題など、深刻な緊張が続いている。そうした中で、コソボ自治州内の各地でも、二〇〇四年三月にアルバニア系住民とセルビア系住民の間で国連暫定統治の開始以来最大規模の衝突が起こり、多くの死傷者が出た。二〇〇六年二月には国連の仲裁下でコソボの最終地位をめぐる交渉が開始されたものの、コソボ暫定自治政府とセルビア共和国政府の間の溝は深く、依然として解決への道のりは平坦とはいえない[57]。二〇〇六年五月の住民投票の結果、モンテネグロ共和国のセルビア・モンテネグロ（旧ユーゴスラビア）からの独立が決定したことも、ＮＡＴＯ空爆終結から七年以上が経過してもなお国連暫定統治下にあるコソボにおいて、あらためて独立の気運を高める効果を持ったことが指摘されている[58]。二〇〇六年五月には、東ティモールでも、政府軍と除隊兵士の抗争が住民間の衝突にまで発展し、首都ディリを中心に治安が極めて悪化するという事態が生じた。それらの事態を受けて、二〇〇四年三月のコソボでの民族間衝突の際には、ちょうど二〇〇四年前半にＫＦＯＲの作戦準備部隊（Operational Readiness Force）を担当していた本国駐留のイギリス部隊がわずか二四時間ほどで現地に緊急派遣され、州都プリシュティナでの警備にあたった。[59] 二〇〇六年五月には、東ティモールの治安が急速に悪化する中で、オーストラリア部隊が旧宗主国のポルトガルを含む他の三カ国の部隊とともに治安維持のための国際部隊として現地に緊急展開した。[60]

こうして、テロリズムや大量破壊兵器の拡散の問題に加えて、コソボ、東ティモールでも紛争後の問題解決・安定化が容易に進まず、スーダン西部のダルフール地方やレバノン南部に見られるように地域紛争や内戦の悲劇も繰り返される中で、世界各地へのPKO派遣の要請は引き続き治まる様子を見せていない。[61] そうした中で、イギリス政府は、世界各地の地域紛争への対応を行う際に極めて重要となる即応能力、遠方展開能力を高めるべく、既存のインビンシブル型空母三隻に代わり、同国史上最大となる排水量六万トン級の新型空母(CVF)二隻の建造計画を進めている(CVFの建造計画は、一九九八年の『戦略国防見直し』(SDR)で初めて打ち出され、二〇一二～一五年の就航が目指されている)。[62] そうした動きは、国連PKO自体においても活動の立ち上げの迅速性が大きな課題とされ、調達制度の見直しも急がれる中で、[63] 近年のNATO即応部隊、ヨーロッパ緊急対応部隊の創設や、オーストラリア政府の戦略見直し(『二〇〇〇年国防白書』[64] など)やアフガニスタン・イラクへの派兵の動きなどとも相まって、テロリズム、大量破壊兵器の拡散、地域紛争など「新しい脅威」に対応する形でPKOをめぐるイギリス・コモンウェルス関係がさらに変容していくひとつの方向性を示していると考えられるのである。

註

(1) 第二次世界大戦後初期のPKOをめぐるイギリス政府の政策については、以下の研究書で詳細に論じられているが、同書もまた、必ずしも脱植民地化やコモンウェルスとの関連を中心に据えたものではなく、その点では不十分さが残る。Neil Briscoe, *Britain and UN Peacekeeping 1948-67* (Basingstoke: Palgrave Macmillan, 2003).

(2) マラック・グールディング『国連の平和外交』幡新大実訳(東信堂、二〇〇五年)四五頁。

(3) 日本の研究者によるものには、例えば、吉田健正『国連平和維持活動――ミドルパワー・カナダの国際貢献――』(彩流社、一九九四年)。Katsumi Ishizuka, *Ireland and International Peacekeeping Operations 1960-2000: A Study of Irish Motivation* (London: Frank Cass, 2004). 石塚は、カナダ、アイルランド、スウェーデンの三カ国を「冷戦期における最も一貫した国連PKOへの貢献国」と評価している。*Ibid.*, p.42. 松田幹夫「PKOに対するアイルランドの貢献」(『獨協法学』第五〇号、二〇〇〇年)一―二八頁も参照。

(4) ブライアン・アークハート『炎と砂の中で――PKO「国連平和維持活動」に生きたわが人生――』中村恭一訳(毎日新聞社、一九九一年)一九七―九八頁、三七二頁。グールディング『国連の平和外交』五一一八頁。国連PKOの前史の文脈では、国際連盟によって編成され、ザールラントの治安維持や住民投票監視を担当した国際軍、上海の共同租界の治安維持を担当した工部局警察などでイギリス部隊が中心的役割を果たしたことも注目される。等松春夫「一九三二年未発の『満洲PKF』？——リットン報告書にみられる特別憲兵隊構想——」（軍事史学会編『再考・満州事変』錦正社、二〇〇一年）一二二—一二七頁、一三〇頁。松田「PKOに対するアイルランドの貢献」一六—一八頁。また、本書第一篇所収の臼杵英一「PKOの起源　國際聯盟レティシア委員会一九三三—一九三四」も参照。

（5）　植民地、保護領、信託統治領など法的にイギリス政府の管轄下にあった地域を公式帝国、法的にはイギリス政府の管轄下になかったが、政治的、経済的にその強い影響下に置かれた地域を非公式帝国と分類する。

（6）　以下でとりあげるUNTSO、UNMOGIP、UNFICYPと、一九七四年からゴラン高原に展開している国連兵力引き離し監視軍（UNDOF）、一九七八年からレバノン南部に展開している国連レバノン暫定軍（UNIFIL）。

（7）　*The Times* (15 May 1948) ; *The Times* (17 May 1948).

（8）　Public Record Office, Kew [hereafter cited as PRO], F.O.371/68556, E6911/4/31, Foreign Office to Amman, telegram No.464, 28 May 1948; S/801, 50(1948), Resolution of 29 May 1948; 香西茂『国連の平和維持活動』（有斐閣、一九九一年）五五—五六頁。

（9）　Briscoe, *Britain and UN Peacekeeping*, pp.27-30, p.37.

（10）　吉田『国連平和維持活動』一六頁、一〇〇—一三頁。

（11）　*The Times* (16 August 1947); *The Times* (18 August 1947).

（12）　S/726, 47(1948), Resolution of 21 April 1948; Briscoe, *Britain and UN Peacekeeping*, pp.30-33, p.37.

（13）　PRO, CAB128/31, CC(57)1, 15 January 1957; PRO, CAB128/37, CC(63)30, 14 May 1963; PRO, CAB128/37, CC(63)31, 15 May 1963. カシミール問題と中印紛争の交錯については以下も参照。PRO, DEFE11/857, "India: Relations with China," Sir Paul Gore-Booth (United Kingdom High Commissioner in India) to Duncan Sandys (Secretary of State for Commonwealth Relations), 7 March 1962; PRO, CAB130/189, GEN779/1st Meeting, 20 November 1962.

（14）　スエズ危機の代表的研究は、W. Scott Lucas, *Divided We Stand: Britain, the US and the Suez Crisis* (London: Hodder and Stoughton, 1991); 佐々木雄太『イギリス帝国とスエズ戦争——植民地主義・ナショナリズム・冷戦——』（名古屋大学出版会、一九九七年）。Keith Kyle, *Suez: Britain's End of Empire in the Middle East* (London: I.B. Tauris, 2003). コモンウェルス各国政府の反応を簡潔にまとめたものは、Ronald Hyam, "Winds of Change: The Empire and Commonwealth," in Wolfram Kaiser and Gillian Staerck, eds., *British Foreign Policy, 1955-64: Contracting Options* (Basingstoke: Macmillan, 2000), p.203.

（15）　PRO, CAB128/31, CC(57)2, 21 January 1957.

（16）　当時、エジプト政府が破損船舶を沈没させてスエズ運河を航行不可能にしたため、運河の再開に向けた掃海作業が緊急の課題となっていた。National Archives of Canada,

Ottawa [hereafter cited as NAC], DEA/50372-40, Norman A. Robertson (Canadian High Commissioner in the United Kingdom) to Pearson (Secretary of State for External Affairs), telegram No.1785, December 14, 1956, in Greg Donaghy, ed., *Documents on Canadian External Relations* [hereafter cited as *DCER*], vol.22, 1956-1957, Part I (Ottawa: Department of Foreign Affairs and International Trade, 2001), pp.311-13.

(17) A/RES/377(V), "Uniting for Peace," 3 November 1950.

(18) *Parliamentary Debates (Hansard), House of Commons, Official Report* [hereafter cited as *HCD (UK)*], vol.558, No.216, 1 November 1956, col.1649, col.1653; PRO, F.O.371/121748, VR1074/514, United Kingdom Delegation to the United Nations (New York) to Foreign Office, telegram No.1063, 5 November 1956; PRO, CAB128/30, CM(56)80, 6 November 1956.

(19) PRO, F.O.371/121754, VR1074/699D, Letter dated 21 November 1956 from the Secretary of State for Foreign Affairs of the United Kingdom of Great Britain and Northern Ireland, addressed to the Secretary-General (A/3384); PRO, CAB128/30, CM(56)96, 3 December 1956; Lucas, *Divided We Stand*, pp.298-319; 佐々木『イギリス帝国とスエズ戦争』二〇八―二一七頁。Briscoe, *Britain and UN Peacekeeping*, pp.47-54.

(20) "Letter to Prime Minister Ben-Gurion of Israel on Decision to Withdraw behind Armistice Lines, March 2, 1957," in *Public Papers of the Presidents of the United States: Dwight D. Eisenhower, 1957* (Washington, D.C.: USGPO, 1958), pp.165-66.

(21) 最上敏樹『国際機構論』（東京大学出版会、一九九六年）一二六―一二七頁。

(22) 吉田『国連平和維持活動』一二六―一二七頁、一四六―一四七頁。グールディング『国連の平和外交』一一二頁。

(23) ダレスの態度は、例えば、"News Conference Statement by the Secretary of State (Dulles) on Consultation with Our Allies, December 18, 1956," in Paul E. Zinner, ed., *Documents on American Foreign Relations, 1956* (New York: Harper & Brothers, 1957), pp.139-40.

(24) 「ピアソン外相の国連演説（一九五六年十一月二日）」「国連軍創設に関するカナダ決議案」（日本カナダ学会編『史料が語るカナダ――ジャック・カルチエから冷戦後の外交まで――』有斐閣、一九九七年）一四六―一四八頁。Michael G. Fry, "Canada, the North Atlantic Triangle, and the United Nations," in Wm. Roger Louis and Roger Owen, eds., *Suez 1956: The Crisis and its Consequences* (Oxford: Clarendon Press, 1989), pp.306-16; 吉田『国連平和維持活動』一六―三三頁。櫻田大造『カナダ外交政策論の研究――トルドー期を中心に――』（彩流社、一九九九年）五九―六二頁。

(25) NAC, PCO, Series A-5-a, vol.5775, Cabinet Conclusions, November 3, 1956, http://www. archives.ca/02/020150_e.html（二〇〇三年十二月五日）; NAC, PCO/1-60-2(a), St. Laurent to Eden, November 5, 1956, in *DCER*, vol.22, 1956-1957, Part I, p.221. ピアソンの下院演説も参照。*House of Commons Debates (Canada), Official Report*, vol.99, No.2, 27 November 1956, pp.53-55.

(26) 「ノーベル賞授賞式でのピアソン講演」(日本カナダ学会編『史料が語るカナダ』)一四八頁。吉田『国連平和維持活動』二頁、一六頁、三三—三五頁、五八—五九頁。櫻田『カナダ外交政策論の研究』六二頁。

(27) 櫻田『カナダ外交政策論の研究』六一頁。二〇〇六年十一月時点で、インドからは九、二五六名の軍事・警察要員が国連PKOに派遣されているが、これは、同じくコモンウェルス加盟国のパキスタン(九、七九五名)、バングラデシュ(九、六九二名)に次ぐ世界三位の規模である。http://www.un.org/Depts/dpko/dpko/contributors/2006/nov06_2.pdf(二〇〇六年十二月二十三日)。

(28) NAC, DEA/50366-40, George Ignatieff (Under-Secretary of State for External Affairs) to Paul Martin (Acting Secretary of State for External Affairs), November 6, 1956, in *DCER*, vol.22, 1956-1957, Part I, pp.229-31.

(29) Harold Macmillan, *Riding the Storm 1956-1959* (London: Macmillan, 1971), pp.253-54; Michael Dockrill, "Restoring the 'Special Relationship': The Bermuda and Washington Conferences, 1957," in Dick Richardson and Glyn Stone, eds., *Decisions and Diplomacy: Essays in Twentieth-Century International History* (London: Routledge, 1995), pp.209-10, p.215; 半澤朝彦「イギリス帝国の終焉と国際連合——一九六〇年の南アフリカ連邦・シャープヴィル事件の衝撃——」(『現代史研究』第四五号、一九九九年)一八—一九頁。Briscoe, *Britain and UN Peacekeeping*, p.38, pp.66-72.

(30) *The Times* (2 September 1957).

(31) そうした側面を強調するものには、半澤「イギリス帝国の終焉と国際連合」一九頁。

(32) Harold Macmillan Diaries, 20 August 1956, in Peter Catterall, ed., *The Macmillan Diaries: The Cabinet Years, 1950-1957* (Basingstoke: Macmillan, 2003), p.588.

(33) Trevor Lloyd, *Canada in World Affairs*, vol.10: 1957-1959 (Toronto: Oxford University Press, 1968), p.65; Fry, "Canada, the North Atlantic Triangle, and the United Nations," pp.312-14. オーストラリア、ニュージーランド両国政府の対応は、*HCD (UK)*, vol.558, No.216, 1 November 1956, cols.1653-1654; J.D.B. Miller, "Australia and the Crisis," in Louis and Owen, eds., *Suez 1956*, pp.275-83; Rolf Pfeiffer, "New Zealand and the Suez Crisis of 1956," *The Journal of Imperial and Commonwealth History*, vol.21, No.1 (1993), pp.126-52; 細谷雄一『外交による平和——アンソニー・イーデンと二十世紀の国際政治——』(有斐閣、二〇〇五年)二九〇—九一頁。

(34) PRO, DO35/5269, Sir Saville Garner (United Kingdom High Commissioner in Canada) to Commonwealth Relations Office, 19 June 1957, Canada fortnightly summary, 2nd-15th June, Part 1; H. Basil Robinson, *Diefenbaker's World: A Populist in Foreign Affairs* (Toronto: University of Toronto Press, 1988), p.4.

(35) S/4387, 143(1960), Resolution of 14 July 1960; S/5575, 186(1964), Resolution of 4 March 1964.

(36) 吉田『国連平和維持活動』一一三頁、一五六—六〇頁。岩間陽子「国際安全保障における多国間主義」(『国際政治』第一三三号、二〇〇三年)四三頁。Briscoe, *Britain and*

UN Peacekeeping, p.10, p.94, pp.115-25.

（37）　一九五八～六一年の間、エジプトとシリアの間で形成されていた連合国家。

（38）　他方、ＯＮＵＣ司令部では、特にカナダ、インド、スウェーデンの要員が多数活動していた。Rosalyn Higgins, ed., *United Nations Peacekeeping 1946-1967, Documents and Commentary,* vol.III: Africa (Oxford: Oxford University Press, 1980), pp.84-96.　一九五五年の国連加盟を経てＯＮＵＣでＰＫＯに軍事要員を初めて派遣したアイルランド部隊の貢献や人的被害については、Ishizuka, *Ireland and International Peacekeeping Operations,* pp.23-60.

（39）　*The Straits Times,* 27 August 1960; "Speech by the Prime Minister at the Departure of Malayan Special Force to Congo at Port Swettenham Wharf on 4 October, 1960," in Arkib Negara Malaysia, ed., *Ucapan-Ucapan Y.T.M. Tunku Abdul Rahman Putra Al-Haj Tahun 1959 dan 1960* (Kuala Lumpur: Utusan Printcorp, 1985), pp.145-46; Briscoe, *Britain and UN Peacekeeping,* pp.102-04, pp.108-12, pp.117-19.

（40）　Briscoe, *Britain and UN Peacekeeping,* p.10, p.153, pp.165-72, pp.179-93, p.238; Ishizuka, *Ireland and International Peacekeeping Operations,* pp.62-82.

（41）　S/RES/1244 (1999), 10 June 1999.

（42）　"Six O'Clock News," BBC 1 (3 May 1999).

（43）　"Six O'Clock News," BBC 1 (18 May 1999).　ブレアがクリントンに対して地上軍の派遣の必要を繰り返し説いたことは、以下も参照。John Kampfner, *Blair's Wars* (London: Free Press, 2004), pp.47-50, pp.56-57.

（44）　Kampfner, *Blair's Wars,* pp.57-58; "20 Heures Le Journal," France 2 (1 juin 1999).

（45）　Joseph S. Nye Jr., "The US and Europe: Continental Drift?," *International Affairs,* vol.76, No.1 (2000), p.58; Lawrence Freedman, "Defence," in Anthony Seldon, ed., *The Blair Effect: The Blair Government 1997-2001* (London: Little Brown, 2001), p.299.

（46）　『朝日新聞』朝刊（一九九九年三月十二日）。『朝日新聞』朝刊（一九九九年三月十七日）。Freedman, "Defence," pp.300-01; 岩間「国際安全保障における多国間主義」四九頁。若松邦弘「イギリスにおけるヨーロッパ政策の国内化――適応へのジレンマと政治構造の変容――」（坂井一成編『ヨーロッパ統合の国際関係論』芦書房、二〇〇三年）一〇八―九頁。

（47）　アメリカのアチソン（Dean Acheson）元国務長官は、一九六二年の演説で、そうした様子を、「イギリスは帝国を失ったが、いまだに役割を見つけてない」と端的に――それゆえに随分と手厳しく――表現した。"Dean Acheson, Extract from a Speech at West Point, 5 December 1962," in John Baylis, ed., *Anglo-American Relations since 1939: The Enduring Alliance* (Manchester: Manchester University Press, 1997), p.129.

（48）　"Prime Minister's Speech: Doctrine of the International Community at the Economic Club, Chicago, 24 April 1999," http://www.number-10.gov.uk/output/Page1297.asp（二〇〇四年四月二十四日）; Tony Blair, "The Power of World Community," in Mark Leonard, ed., *Re-Ordering the World*

(London: Foreign Policy Centre, 2002), pp.119-24.

（49） 例えば、Jack Straw, "Order out of Chaos: The Challenge of Failed States," in Leonard, ed., *Re-Ordering the World,* pp.98-103.

（50） "New Labour: Because Britain Deserves Better" (Labour Party General Election Manifesto 1997), in Iain Dale, ed., *Labour Party General Election Manifestos, 1900-1997* (London: Routledge, 2000), pp.343-82.

（51） Peter Chalk, *Australian Foreign and Defense Policy in the Wake of the 1999/2000 East Timor Intervention* (Santa Monica: RAND, 2001), pp.35-36, pp.40-45. 山田哲也「人道的介入論と東ティモール」（『国際問題』第四九三号、二〇〇一年）六三—七五頁。他方、ブレア政権は、オーストラリア政府に主導的役割を委ねることで、東ティモール問題に直接的に関与することを控えたが、そのことで人道問題への対処を求める世論から少なからぬ反発を受けた。Christopher Hill, "Foreign Policy," in Seldon, ed., *The Blair Effect,* p.335.

（52） *The Guardian* (10 June 1999); *The Guardian* (6 July 1999).

（53） Freedman, "Defence," p.300; Hill, "Foreign Policy," p.343; Kampfner, *Blair's Wars,* pp.69-71; 木畑洋一「混迷のなかの出発——二一世紀のイギリス外交——」（佐々木雄太、木畑洋一編『イギリス外交史』有斐閣、二〇〇五年）二七二頁。

（54） 吉田『国連平和維持活動』二三二—三九頁、二四七—五〇頁。ダレールのインタビューは、「NHKスペシャル・ジェノサイドを止めるのは誰か〜スーダン・ダルフール紛争〜」（NHK総合テレビ、二〇〇五年七月九日）。

（55） 吉田『国連平和維持活動』一二九—三一頁、二三七頁。http://www.un.org/Depts/dpko/dpko/contributors/2006/nov06_2.pdf（二〇〇七年一月三日）。

（56） Harare Commonwealth Declaration, 1991, Issued by Heads of Government in Harare, Zimbabwe, on 20 October 1991; Millbrook Commonwealth Action Programme on the Harare Declaration, 1995, Issued by Heads of Government at Millbrook, New Zealand, on 12 November 1995; 旦祐介「自治領化とコモンウェルス——帝国・意識・主権——」（木畑洋一編著『大英帝国と帝国意識——支配の深層を探る——』ミネルヴァ書房、一九九八年）二七八—八三頁。

（57） 『毎日新聞』朝刊（二〇〇六年二月二十一日）。

（58） 『AERA』（二〇〇六年六月十九日）七〇—七一頁。

（59） "British Troops from the Spearhead Land Element Deployed to Kosovo as the Operational Readiness Force in March 2004 (Updated 0720 on 29 March)," http://www.operations.mod.uk/orf/ index.htm（二〇〇四年五月十日）

（60） 『朝日新聞』朝刊（二〇〇六年五月二十八日）。*International Herald Tribune,* June 3-4, 2006.

（61） 例えば、"Top Peacekeeping Official Says Internally Displaced in Sudan Want UN Force in Darfur, 23 June 2006," http://www.un.org/apps/news/ticker/tickerstory.asp?NewsID=18987（二〇〇六年六月二十五日）。

（62） Freedman, "Defence," pp.291-96; The International Institute for Strategic Studies, *The Military Balance, 2003-2004* (Oxford: Oxford University Press, 2003), pp.32-34.

（63）坂根徹「国連システムにおける調達行政の一分析」（『国家学会雑誌』第一一八巻第七・八号、二〇〇五年）一一六―一二三頁。

（64）内容に曖昧さは残るものの、ＰＫＯも含めた海外への迅速な展開を可能にするために、オーストラリア軍の機動性を高める方針を打ち出したもの。Chalk, *Australian Foreign and Defense Policy*, pp.62-64, p.75.

（愛知県立大学）

研究ノート

コンゴ国連軍の影

――ハマーショルドの死因についての一仮説――

三須拓也

はじめに

第二代国連事務総長ダグ・ハマーショルド（Dag Hammarskjöld）。数々の国際紛争処理を手がけ、国際的名声を獲得したこのスウェーデン人は、コンゴ危機の紛争処理過程において謎の死を遂げた。一九六一年九月十七日、彼はコンゴからの分離独立を宣言していたカタンガ州の政治勢力との交渉のため、北ローデシアのエンドーラへ向かったが、彼を乗せた航空機は、その途中で墜落、彼は同乗の一五人とともに死亡した。

この航空機の墜落の背景については数多くの憶測が流れた。ソ連関与説、アメリカ中央情報局（ＣＩＡ）関与説、イギリス関与説、「カタンガ政府」の傭兵による殺害説など、さまざまな陰謀がささやかれた。その一方で一九六一年から一九六二年にかけて行われた北ローデシア政府の調査は、彼の死因をパイロットの操縦ミスによる事故死であるとした。[1]

現在もその死因をめぐる論争は絶えない。そしてこのような中、コンゴ危機当時にコンゴ国連軍カタンガ代表を務めていたコナー・クルーズ・オブライアン（Conor Cruise O'Brien）は、一九九八年に回顧録を出版し、新説を展開した。カタンガ分離を軍事的に支えた元傭兵の証言に基づくこの新説は、ハマーショルドが、死の直前、傭兵による彼の拉致計画に巻き込まれ、その過程で死亡したと論じた。[2] この説は、彼の死が意図せざる結果の出来事とする点で事故説のカテゴリーに分類しうるものであるが、殺害説が依拠するハマーショルドへの敵意の存在を重視する説を踏襲している。

論点を整理するためには、おそらくハマーショルドをめぐる敵意の内実を検証する必要がある。しかしオブライアンの著作は、傭兵の「雇い主」が抱いた敵意の背景について十分に明らかにしていない。そこで本稿は、当時の状況を振り返り、ハマーショルドの死の背景を考察したい。

結論をあらかじめ提示するならば、国際的な干渉を伴った激しい内戦状況下に投入されたコンゴ国連軍の活動はしばしば利敵行為として、カタンガ分離を推進する勢力から解釈されがちであった。そしてハマーショルドが死の直前に行った国連軍の武力行使も、このような試みとして解釈され、彼の死を結果として引き起こしたのではないか、という仮説を提示したい。

一　カタンガ分離と傭兵

まず議論の前提として確認せねばならないことがある。それはベルギーにとってコンゴの経済権益はきわめて魅力的なものであり、このことからベルギーがコンゴの独立を可能な限り名目的なものにとどめたいと願っていた点である。

ベルギーにとってコンゴは経済的に最も価値ある植民地の一つであった。一九六〇年当時、コンゴは世界生産の二〇パーセントをしめる銅をはじめとして、ダイヤモンド、金、ウラニウムなどの希少資源や天然ゴムの世界的な供給源であった。ベルギーやイギリスから多額の投資が行われ、ベルギーの金融資本は、コンゴから高い収益を得ていた。ある統計によると、対コンゴ投資の収益は、対ヨーロッパの同種投資の二倍あるいは三倍にのぼったという。そしてこの高い収益性こそが一九五〇年代のベルギー・フランの強さを支えたのである。(3)

投資はコンゴの東南部に位置するカタンガ州に集中していた。同州の開発は、ベルギーとイギリスの資本提供を受けた企業ユニオン・ミニエール・デュ・オ・カタンガ（The Union Minière du Haut-Katanga、以下ユニオン・ミニエールと略記）が担った。ユニオン・ミニエールの支配は、製粉所、セメント工場、鉄道、家畜農場、保険を含む他のカタンガ州のありとあらゆる企業に及んでいた。そして一九五〇年から一九五九年の間だけでも、ユニオン・ミニエールは、三一〇〇万ベルギー・フランの利益をカタンガから得ていたのである。(4)

独立直前のコンゴでは、ヨーロッパ資産の国有化を仄めかす民族主義勢力が台頭していた。これに対し、民族主義勢力の拡大を恐れたベルギー政府とユニオン・ミニエールは、カタンガへの投資を守るべく、民族主義勢力を弱体化させるためにコンゴを分裂状況に陥らせた。カタンガ州の分離はその中心的政策であった。一九六〇年七月、カタンガ州のモイゼ・チョンベ（Moïse Tshombe）が同州の分離独立を宣言した際、ベルギー政府とユニオン・ミニエールは、一体となりこの動きを支援した。(5)

これらの措置は功を奏し、分離を通じてベルギーは、「カタンガ政府」の諸制度から莫大な利益を享受した。一九五九年には二八万トンであったカタンガの銅生産量は、コンゴの他の地方が混乱に陥る中でも一九六〇年には三〇万トンで維持されていた。そしてカタンガ産鉱物資源の生産はその後も分離前の水準で推移し、この状態は一九六三年の分離終結まで続いた。(6)

ベルギーがカタンガの支配を継続できたのは、政治・軍事両面での支配のレバーを持ち得たからであった。ユニオン・ミニエールは、コンゴがベルギーから独立した際、コンゴ政府に支払われるべき税金一〇億二五〇〇万ベルギー・フランをチョンベに直接支払った。(7) そしてこの財政支援を背景にして、コンゴの現地で活動していた国連事務次長ラルフ・バンチ（Ralph J. Bunche）の観察するところによると、ベルギーとユニオン・ミニエールはその「傀儡」にほかならなかったチョンベを通じて、カタンガの間接支配を行ったのである。(8)

また軍事面ではベルギー政府は、「カタンガ政府」からの要請という体裁のもとで、ベルギー軍の部隊を駐留させ、分離を軍事的に支えた。ただしベルギー政府によるこのような試みは、「新植民地主義」との国際的な非難を惹起したため、また翌年四月にベルギー本国で総選挙が行われ、社会党主導の新政権が誕生したため、その継続が難しい状況に陥っていた。そこで一九六一年春頃には「私企業」であるユニオン・ミニエールが、撤退したベルギー軍の穴埋めとして、北ローデシアのロイ・ウェレンスキー（Sir Roy Welensky）の支援を受けつつ、約五〇〇人の傭兵を世界中から集めたのである。(9)

傭兵はベルギー軍将校に代わり、「カタンガ政府」軍であるカタンガ憲兵隊（The Katanga Gendarmerie）の指導的立場を担った。傭兵は南アフリカや南ローデシアの人種差別主義者や、アルジェリアやベトナムでの戦闘を経験したフランス人将校、あるいはイタリアのファシストやナチス・ドイツの親衛隊の残党などから構成されていた。そしてその中にはインドシナ戦争で活躍したロジャー・トランキエール（Roger Trinquier）といった世界的に有名な人物も含まれていた。[10] 傭兵にはイデオロギー的な理由からカタンガに流れ着いたものもいたが、そのほとんどは金銭的な理由から来たのであった。「二〇のケースのうち、二五のケースにおいて、その動機が金銭的理由であった」という。[11]

傭兵は政治的に脆弱なチョンベの体制を軍事的に支えた。分離開始以来チョンベは、コンゴ中央政府からの攻撃やカタンガ州内で最大の部族バルバカ族のゲリラ活動に直面していたが、チョンベは傭兵を用いることでこれらの攻撃を撃退し、カタンガの分離を維持した。そしてユニオン・ミニエールの利益も守られたのである。

二　国連による傭兵排除の動きとアメリカの動向

このようにカタンガの分離と傭兵の存在は不可分の関係にあったが、危機が始まった当初国連は、この傭兵の問題を取り上げることを意図的に避けていた。もちろん国連事務総長ハマーショルドは、現地コンゴの国連職員からカタンガに駐留する外国人顧問や傭兵の活動実態についての報告を受けていた。しかし彼は、同問題を国連が関与できない国内問題として定義づけさせたいベルギー、イギリス、フランスの意向に配慮して、この問題への関与を差し控えていた。[12] しかし国連総会で勢力を増しつつあったアジア・アフリカ諸国が、分離問題における外部からの支援の問題を取り上げるように主張し、また一九六一年二月二十一日、アジア・アフリカ諸国が、主導するかたちで、国連安保理が以下のような新決議を採択したこともあり、国連は傭兵問題の解決に乗り出すことになった。

「一　国際連合が、停戦の取り決め、あらゆる軍事活動の停止、衝突の防止、および必要な場合には、最後の手段としての武力行使を含む、コンゴにおける内戦の発生を防止するためのあらゆる適切な措置をただちに執ることを促す。

二　国際連合軍司令部の指揮に服さないすべてのベルギーおよびその他の外国の軍事要員、準軍事要員および政治顧問、ならびに傭兵の即時撤退と撤兵のための措置をとることを促す。[13]」

八月下旬から九月上旬にかけて、国連はこの決議の内容を履行し始めた。国連軍が武力行使を伴いつつ、傭兵の排除へ動き出したのである。八月二十八日、国連軍はランパンチ作戦と呼ばれた傭兵の逮捕計画を実行した。この作戦の指揮にあたったコンゴ国連軍カタンガ代表コナー・クルーズ・オブライアンは、カタンガの通信施設を押さえ、傭兵団の司令部を襲撃し、五〇六人の傭兵のうち三〇〇人を逮捕し、一八五人を国外に退去させることに成功した[14]。また九月十三日、オブライアンは、傭兵排除の第二弾としてヒンズー語で「破壊」を意味するモンソール作戦を実施した。国連はチョンベが中央政府の権限を受け入れ、カタンガの分離独立を終わらせることに同意するまで、この作戦を継続することを企図した。そして国連はこの作戦を通じて、依然として残っていた傭兵の逮捕だけでなく、カタンガの大臣の逮捕をはかり、最終的にチョンベとユニオン・ミニエールの権力基盤にメスを入れようとしたのである。これは国連によるクーデターであった、と評価する者もある[15]。

ところで国連の動向を大きく左右する存在であったアメリカ合衆国政府には、傭兵の排除に比較的好意的な姿勢を示す者が数多くいた[16]。一九六一年一月に発足したジョン・F・ケネディ（John F. Kennedy）政権では、国務次官チェスター・ボールズ（Chester Bowles）、アフリカ問題担当メンネン・ウィリアムズ（Mennen G. Williams）、国連大使アドライ・スティーブンソン（Adlai Stevenson）など、ヨーロッパの植民地主義を時代遅れのものと考える、いわゆるアフリカニストが対外政策決定の重要ポストについた。そして彼らはカタンガ問題に関して、分離状態こそがコンゴの混乱の元凶であるとの認識を示し、分離の終結を強く求めたのである。また同年八月にアメリカが中央情報局（Central Intelligence Agency：ＣＩＡ）を介して、シリル・アドーラ（Cyrille Adoula）を首班とする親米政権を作り上げたことは、アフリカニストの発言力を政権内部で高めた。このような事情からアメリカは、西側同盟国との関係に悪影響が出ない限りにおいてではあるが、傭兵排除を基本的に好ましいものと捉えていたのである[17]。

三　コンゴ国連軍の人的繋がり

このように国連が傭兵排除の活動を開始し、またアメリカがその活動を好意的に捉えていたことに、ユニオン・ミニエールの危機感は高まった。彼らはこの一連の活動の行き着く先が、まずコンゴ中央政府によるカタンガ資産国有化であり[18]、そして最終的にそれが（アメリカとスウェーデンが）「カタンガのビジネス利権」を引き継ぐための「全てのベルギー人」の退去に帰結すると恐れた[19]。

そもそもヨーロッパの財界には、「国連の活動は（スウェーデンの利権のための）アメリカの作戦である」との疑惑が存在していた[20]。例えばベルギーの『自由ベルギー紙』（*La Libre Belgique*）は「コンゴにおける非鉄金属に対する支配を獲得する目的を確立する……スウェーデンとアメリカの関心」の報告を報じており、またイギリスの『メタル・ブルテン誌』（*Metal Bulletin*）は「アメリカ人は、ベルギー人をカタンガから追放し、そしてそこに彼ら自身の足場を得るための道具として国連を使っている」と論じた。(21)

この疑念はハマーショルドの母国スウェーデンの一企業、リベリアン・アメリカン・スウィーディッシュ・ミネラル（The Liberian-American Swedish Minerals Company、以下ＬＡＭＣＯと略記）の存在に由来した。なぜなら、カタンガの経済権益を独占してきたユニオン・ミニエールと世界の銅市場においてライバル関係にあったこの企業は、国連事務局とケネディ政権内部に強い人脈を築いていたからである。

例えばＬＡＭＣＯの系列会社グレンゲスベルグ・オクセレスンド（Grängesberg Oxelösund）の支配人はほかならぬハマーショルドの弟、ヴー・グスタフ・ハマーショルド（Bo Gustav Hammmarskjöld）であった。またコンゴ国連活動の民生部門最高責任者ステューレ・リナー（Sture Linner）はＬＡＭＣＯの常務取締役であり、さらに国連がコンゴ問題の顧問とした二人のスウェーデン人の一人は、ＬＡＭＣＯの重役代理であり、またもう一人もまたＬＡＭＣＯの関係会社の重役であった。(22)

さらにこのＬＡＭＣＯの人的繋がりは、コンゴ国連軍を積極的に支援したケネディ政権の政策決定者にも及んでいた。ＣＩＡ長官アレン・ダレス（Alen Dulles）は、ＬＡＭＣＯの法律顧問であった法律事務所サリバン・アンド・クロムウェル（Sullivan and Cromwell）の共同出資者であった。またケネディ政権で国務次官を務め一九六一年九月より対コンゴ政策の陣頭指揮をとったジョージ・ボール（George Ball）は、同じくＬＡＭＣＯの顧問であった法律事務所クリアリー・ゴットリーブ・スティーン・アンド・ハミルトン（Cleary, Gottlieb, Steen, and Hamilton）の共同出資者であった。さらに同法律事務所の設立者でもあるフォウラー・ハミルトン（Fowler Hamilton）とメルヴィン・スティーン（Melvin Steen）の二人は、それぞれＬＡＭＣＯと直接の繋がりを持っていた。ハミルトンはケネディ政権において、対外援助計画を作成した人物であるが、彼も一九六〇年当時、同法律事務所の重役であり、さらにスティーンは、ＬＡＭＣＯ本社及びＬＡＭＣＯの在アメリカ系列会社インターナショナル・アフリカン・アメリカン・コーポレーション（The International African American Corporation）と、インターナショナル・アフリカン・アメリカン・コーポレーション社の双方に兼任重役を送っていたカナダのリベリアン・アイアン・オア・カンパニー（The Liberian Iron Ore Company）の理事であった。(23)

国連やケネディ政権におけるこのようなＬＡＭＣＯの人的繋がりが、どの程度コンゴ国連軍の動向に影響を与えたのかは不明である。また管見の限りでは、ハマーショルドがこのような私的利益の点から国連軍を指揮した証拠はない。しかしユニオン・ミニエールはコンゴ国連軍の傭兵排除の活動をカタンガの彼らの利権を脅かすものとして捉え、しかもそれがアメリカの支援で現実化する可能性を恐れたのである。例えばこの点は、一九六二年九月十二日に、ユニオン・ミニエールの利益をアメリカ国内で代弁していたインディアナ州選出の共和党議員ドナルド・ブルース (Donald Bruce) が「カタンガはオークションの掛け物か」と題する演説の中で、LAMCOのアメリカ政府高官との人的繋がりを指摘しつつ、国連軍によるカタンガ攻撃とは、カタンガの天然資源の採掘権を支配することで巨額な利益を得ようとする「アメリカとスウェーデンの企業連合」による国際的な陰謀である、と訴えたことからもよく分かる。(24)

四　対国連ヘイト・キャンペーン

さて新決議の履行へと動き出す国連に対して、カタンガ分離の支援勢力は、国連に対する敵意を露わにした。(25)そして彼らの言葉を借りれば、「国連に対する『解放戦争』」に着手していったのである。(26)

なかでもユニオン・ミニエールは、持ちうる人的・財政的ネットワークを駆使して、対国連ヘイト・キャンペーンをコンゴの国内外で展開し、コンゴ国連軍の活動の妨害を試みた。八月下旬のランパンチ作戦の後、同社はアメリカ国内で親カタンガのロビイスト、マイケル・ストルーレン (Michel Strelens) をさまざまな議員に接触させ、親カタンガの世論の形成に努めた。(27)その甲斐もあって九月八日には、チョンベから直接資金を提供されていたコネティカット州選出の上院議員トマス・ドッド (Thomas Dodd) が、(28)もしコンゴが共産主義陣営に走るようなことがあれば、それはソ連の介入のせいではなく「アメリカの政策によって創設され、アメリカの金によってまかなわれている国連軍の介入のせいである」との演説を行った。(29)またユニオン・ミニエールは、国連軍がモンソール作戦を実施することを想定して、コンゴの国内でも反国連ヘイト・キャンペーンを展開した。そしてここでも同社は、財政的に支援したメディアを使って、ハマーショルドの弟とLAMCOのコネクションが存在すると宣伝してまわった。(30)

これらの活動は独自の広報活動チャンネルを持ち得なかった国連にダメージを与えた。ヨーロッパやアメリカの新聞には、国連軍の攻撃によって比較的安定していたカタンガの治安が逆に悪化した、との言説が掲載された。しかもそのダメージは、モンソール作戦の際に軍事的には制空権を握れなかった国連軍が、アイルランド分隊の全滅など、少なからざる人的損害を出したことで、まことしやかなものに見えた。[31] そして最終的に、国連による武力行使をめぐる国際的非難がわき起こり、ハマーショルドはチョンベとの休戦交渉を行わざるを得ないところまで追い込まれていったのである。

五　ハマーショルド拉致計画とその死

ハマーショルドの休戦表明にもかかわらず、ユニオン・ミニエールは国連軍による再攻撃への警戒を解いていなかった。というのは、この休戦が一時的なものにすぎないと判断せざるを得ない条件が揃っていたからである。

第一に、アメリカのカタンガ攻撃支持の可能性は依然として残っていた。そもそもハマーショルドが休戦へと至ったのは、イギリスやフランス政府が厳しい国連批判を行う流れの中で、ケネディ政権までもヨーロッパ諸国との同盟関係悪化を懸念して、攻撃に批判的になったからであった。[32] ただしケネディ政権の中では傭兵排除の計画そのものに反対というよりは、実施の「タイミング」が問題であるとの認識が残っていた。[33] 従って理論の上では、イギリスやフランスが黙認する状況が生まれれば、アメリカが国連軍の対カタンガ攻撃を承認し、国連軍がカタンガ攻撃を再開する可能性が残った。

第二にカタンガ憲兵隊の軍事的優位はきわめて流動的であった。確かにカタンガ憲兵隊は、航空機の配備がない国連軍に対して軍事的優位を築き、勝利を収めることができた。しかしこの優位はカタンガ憲兵隊がたった一機の航空機を保持したことから生じただけであり、国連軍が何らかの形で航空機の提供を受けることができれば、容易に形勢が変化する可能性があった。[34]

第三に国連軍の委託任務を法的に終わらせる可能性は皆無であった。五常任理事国の一致を条件として成立する国連安保理決議は、いったん成立してしまうと、修正にも今一度五常任理事会の一致を必要とする。そのためそもそも再度それに修正を加えることがきわめて困難という性質を持つのであった。しかもカタンガ問題のように決議の履行過程において、常任理事国間の対立が顕在化してしまった場合、その一致を期待できないのであり、法的には国連軍は委託任務を完了するまで活動を余儀なくされたのである。

従ってユニオン・ミニエールは、休戦下においても、国連軍の再攻撃を前提として、分離の継続を続けるべく活動し続けざるを得なかった。それは武器密輸の強化、傭兵のさらなるリクルート、アメリカでのロビー活動の強化、中央政府への税金の未払いの継続、などであった。そして一九九二年のイギリス『ガーディアン』紙の記事と一九九八年のオブライアンの回顧録の議論を総合すると、ユニオン・ミニエールは、その流れの中でハマーショルドの拉致を計画したようである。

議論の骨子はこうである。九月十七日、ハマーショルドは、チョンベとの会談を行うため、北ローデシアのエンドーラに向かった。その途中、ハマーショルドの乗った航空機アルバーチナ号は、「カタンガを支配しているヨーロッパの産業資本家」（この場合ユニオン・ミニエールを指す）によって雇われた傭兵が操縦する戦闘機と遭遇した。「産業資本家」達はハマーショルドと会談したチョンベが、国連に降伏してしまう可能性を恐れていたことから、彼の拉致を計画した。そして傭兵の操縦する航空機によって、アルバーチナ号の行き先を変更させ、会談そのものを流産させようとした。傭兵はそのために威嚇弾をアルバーチナ号に向けて発射した。その威嚇弾はアルバーチナ号そのものを狙ったものではなかったが、傭兵の狙撃ミスもあって、アルバーチナ号のパイロットは操縦ミスを犯し、同機は墜落した。そして最終的にハマーショルドを含む搭乗者全員が死亡した。[35]

ここから分かるのは、ハマーショルドの死が拉致計画の意図せざる結果であったことである。残念なことに、傭兵がハマーショルドの拉致を計画していたことを裏付ける資料は、オブライアンが依拠する元傭兵の回顧録『我らがカタンガ戦記 (*Notre Guerre au Katanga*)』だけである。[36] しかしこの説の説明能力は高いのではなかろうか。まずハマーショルドとチョンベとの会談において、アメリカがチョンベに何かしらの圧力をかけることは確実であり、[37] 他方ユニオン・ミニエールが懸念したチョンベの降伏の可能性は十分あり得たからである。従ってこのことを理由として、同社がハマーショルドを拉致し、交渉を長期化させようとしても不自然ではない。また傭兵達がハマーショルドを殺害するつもりはなかったという点についても同様である。というのはハマーショルドを殺害することで、カタンガの国際的孤立やユニオン・ミニエールへの非難が高まる可能性があり、このことからユニオン・ミニエールがハマーショルドの殺害までも企図したとは考えにくいからである。[38]

おわりに

本稿は、第二代国連事務総長ダグ・ハマーショルドの死の背景を考察するものであった。本稿で考察されたのは、①カタンガ分離はベルギー、特にユニオン・ミニエールの経済権益の維持の観点から重要であり、傭兵はそのために用いられたこと、②国連は一九六一年夏以降、傭兵の排除に乗り出し、アメリカもこの活動に条件付きながらも好意的であったこと、③国連の傭兵排除の動きは、ユニオン・ミニエールの経済権益への脅威を構成し、特にＬＡＭＣＯをめぐる国連とアメリカの政策決定者の私的な繋がりによって、それが根拠付けられていたこと、④そして国連軍の武力行使とユニオン・ミニエールによる分離継続の対立の中でハマーショルドの拉致事件が実施され、その計画の帰結としてハマーショルドの死が引き起こされた可能性があること、の諸点であった。そしてこのうち④のハマーショルド拉致計画については十分な論証ができなかったが、北ローデシア及びイギリスの公文書の今後の公開状況によっては、論証の可能性が高まるのではないか、ということを指摘しておきたい。

　最後に、本稿で検討したカタンガの経済権益をめぐる企業対立は、従来の国連平和維持活動の研究で軽視され続けてきた問題である。しかしその一方でこの点は重要な問題を提起している。なぜなら、①国連の名のもとで、特定の国家あるいは集団の個別的・党派的な利益が追求されてきた可能性、②その実態はともかくとして、国連の活動がそのような活動として紛争関係者から解釈されてきた可能性、③これらの結果、国連が本来期待されていた目的を逸脱していったことを、我々に突きつけるからである。特に②のようなケースが現地においてどのように国連に対する「憎しみ」を形成していったのか、そしてそれが国連の国際的な正統性を動揺させていったのかという点は、国連の紛争介入の可能性と限界を考えるうえで、重要である。国連の過去の活動の実態を歴史的に検討することは、今後も必要であろう。

註

（1）ソ連関与説については Arkady Shevchenko, *Breaking with Moscow* (New York: Alfred A. Knopf, 1985), pp.102-3 を参照。ＣＩＡ及びイギリス関与説は http://www.globalpolicy.org/secgen/pastsg/murder.htm を参照。操縦士による事故説については、*The New York Times*（一九六二年二月十日）を参照。

（2）Conor Cruise O'Brien, *Memoir; My life and Themes* (Dublin: Poolbeg, 1998), pp.230-34.

（3）"The Congo is in Business," *Fortune* (November, 1952).

（4）Coner Cruise O'Brien, *To Katanga and Back, A UN Case History* (New York: Simon and Schuster, 1962), p. 173.

（5）Ludo De Witte, *The Assassination of Lumumba* (London: Verso, 2001), pp.4-14.

（6）*Ibid.*, p.32.

（7）*Ibid.*

（8）国連事務次長から国連事務総長宛電報（一九六〇年八月六日）。*Ibid.*, p.13 より引用。

（9）北ローデシアのカタンガ分離支援については、Matthew Hughes, *The Central African Federation, Katanga and the*

Congo Crisis 1958-65 (Salford: European Studies Research Institute, 2003) を参照。

(10) 傭兵には一九六一年四月下旬のアルジェリアでのクーデターに失敗し、カタンガに流れ着いたものが少なくなかった。Catherine Hoskyns, *The Congo Since Independence: January 1960- December 1961* (London: Oxford University Press, 1965), p.394.

(11) O'Brien, *To Katanga and Back*, p. 197.

(12) ハマーショルドがカタンガ問題を国内問題として定義する過程については、三須拓也『コンゴ国連軍と反ルムンバ秘密工作一九六〇年七月～九月――クーデターを支えた国連平和維持活動――』(『名古屋大学法政論集』一九二号、二〇〇二年)を参照。

(13) 安保理決議一六一号(一九六〇年二月二十一日)。http://www.un.org/documents/scres.htm

(14) 国連代表部から国務省宛電報(一九六一年九月六日)。U.S. Department of State, *Foreign Relations of the United States, 1961-1963*, vol.XX: Congo (Washington, D.C.: U.S. Government Printing Office, 1994), pp.202-4 (hereafter cited as *FRUS*).

(15) Sean Kelly, *America's Tyrant: The CIA and Mobutu of Zaire* (Washington, D.C.: The American University Press, 1993), p.81.

(16) ちなみに特に二月決議の成立以後アメリカは、国連に対する財政的・技術的支援を通じて、その意思を国連に押しつけうる立場にあった。フランス、ベルギー、南アフリカ、ソ連などの国が分担金の支払いを拒否する中で、約四年の活動でアメリカがコンゴ国連軍に拠出した資金は総支出の四八パーセントにのぼった。またアメリカからの技術支援も決定的に重要で、後の国連事務次長ブライアン・アークハート(Brian Urquhart)の回顧録には、アメリカ空軍からの技術支援がなければ国連軍の活動は不可能であったことが記されている。William Durch, "The UN Operation in the Congo: 1960-1964," William J. Durch ed., *The Evolution of UN Peacekeeping* (New York: St. Martin's Press, 1993), p.329, Brian Urquhart, *A Life in Peace and War* (New York: W.W.Norton and Company, 1991), p.148.

(17) 例えばスティーブンソンは、ハマーショルドの措置は「我々と同じ路線」であると国務省宛に打電している〔国連代表部から国務省宛電報(一九六一年九月六日)。*FRUS*, 1961-1963, vol.XX, pp.202-4〕。ただし新政権内部にはヨーロッパとの同盟関係を重視する勢力、いわゆるヨーロピアニストも存在し、アフリカニストと対立していた。しかし一九六一年秋頃まではアフリカニストの主張が支配的であったようである。例えばこのことは、この時期にコンゴ駐在アメリカ大使がヨーロピアニストのクレア・ティンバーレイク(Clare Timberlake)からアフリカニストのエドムンド・ガリオン(Edmund Gullion)へと代わったことからも分かる。なおアドーラ内閣成立におけるアメリカの秘密工作と国連軍の協同についてはTakuya Misu, "The United States and the United Nations Operation in the Congo (ONUC)" (龍谷大学『アフラシア平和開発研究センター・ワーキングペーパー』第一二号、二〇〇六年)を参照。

(18) David N. Gibbs, *The Political Economy of Third World*

Intervention (Chicago: Chicago University Press, 1991), p.106.

（19） ラルフバンチ国連事務次長からハマーショルド国連事務総長宛電報（一九六〇年八月六日）。DAG-13/1.6.1.1, Box 1, U.N. Archives, cited in David N. Gibbs, Dag Hammarskjöld, the United Nations, and the Congo Crisis of 1960-1: A Reinterpretation, *The Journal of Modern African Studies*, vol. 31 (London: Cambridge University Press, 1993).

（20） 国務省からベルギー大使館宛電報（一九六一年九月十五日）。*FRUS*, 1961-1963, vol.XX, p.218.

（21） U.S. House of Representatives, Congress Record（一九六二年九月十二日）。Metal Bulletin（一九六一年十二月十二日）。

（22） Gibbs, *The Political Economy of Third World Intervention*, p.105.

（23） *Ibid.*, pp.104-14. ちなみにこのような財界と政界の人的な繋がりは猟官制を採用するアメリカでは一般的であり、当時アフリカ問題に関わる人事で特に顕著であった。なぜならアフリカは長らくヨーロッパの植民地であったため、アメリカには財界をのぞくとアフリカについての知識を有する人材がいなかったからである。そしてコンゴの場合、アメリカ国内でコンゴの現地情勢の知識を持つ人材は、ユニオン・ミニエールに繋がりのある人材、あるいはＬＡＭＣＯのようなユニオン・ミニエールの利権に割って入ろうとする企業に繋がりのある人材しかいなかったのである。国連の上級職員の人事についても同様の事情があったものと推測される。国家安全保障会議記録（一九六〇年八月十八日）。Dwight D. Eisenhower Library, AWF, NSC series, Box.13.

（24） U.S.House of Representatives, Congress Record（一九六二年九月十二日）。

（25） 例えばカタンガ分離を支援していた北ローデシアは、八月三十日、カタンガの州都エリザベトビルはいまや軍事占領都市であり、カタンガの友邦を支持するために必要な措置をとるとの声明を発した。Hoskyns, *The Congo Since Independence : January 1960-December 1961*, n.8, p.409.

（26） エリザベトビル大使館から国務省宛電報（一九六一年九月十四日）。*FRUS*, 1961-1963, vol.XX, pp.212-13.

（27） Stephen R. Weissman, *American Foreign Policy in the Congo 1960-1964* (Ithaca: Cornell University Press, 1974), p. 159.

（28） Urquhart, *A Life in Peace and War*, p.179.

（29） U.S.House of Representatives, Congress Record（一九六一年九月八日）。

（30） Arthur Gavshon, *The Last Days of Dag Hammarskjöld* (London: Barrie & Rockliff with Pall Mall Press, 1963), p.126.

（31） Urquhart, *A Life in Peace and War*, p.196. 当時国連軍が広報のチャンネルとして期待できたのは、アメリカ情報局（ＵＳＩＡ）だけであった。そしてこの時の苦い経験を教訓にして、国連はこの後広報能力を強化していくことになる。

（32） 国務省からベルギー大使館宛電報（一九六一年九月十五日）。*FRUS*, 1961-1963, vol.XX, p.218.

（33） 国務省からコンゴ大使館宛電報（一九六一年九月十五日）。*FRUS*, 1961-1963, vol.XX, p.220.

（34） この時、アフリカ問題担当国務次官補代理ウェイン・

フェドリックス（Wayne Federicks）は、第二次世界大戦時、戦略空軍司令官カーチス・ルメイ（Curtis E. LeMay）将軍の部下であった時代を思い出しながら、「私はいつも空軍には信頼をおいていたのだが、しかしたった一機の飛行機がアメリカと国連全体を抑える日が来るとは思わなかった」と嘆息した。なお後に国連軍は、インド政府からの航空機提供を受けて、この問題を解決することになる。Roger Hilsman, *To Move a Nation*（New York: Delta Books, 1964）, p.251.

（35） *The Guardian*（一九九二年九月十一日）。O'Brien, *Memoir; My life and Themes*, pp.230-34.

（36） O'Brien, *Memoir; My life and Themes*, p.231.

（37） コンゴ大使館から国務省宛電報（一九六一年九月十七日）。*FRUS*, 1961-1963, vol.XX, pp.224-26.

（38） 一九六一年十二月、国連軍は二度目の武力行使を行うが、これはハマーショルドの死によって、反カタンガ感情がアジア・アフリカ諸国で結晶化したことが背景にある。

（札幌大学）

〈ＰＫＯ経験者の証言①〉

現代国連ＰＫＯ[1]の設立・運営をめぐる政治力学

——ハイチＰＫＯ（ＭＩＮＵＳＴＡＨ）を一例に——

須田道夫

はじめに

二〇〇二年十二月より二〇〇五年六月までの間、筆者は国連本部事務局・平和維持活動局（以下「国連本部ＰＫＯ局」）で勤務した。同局では、軍事部・軍事計画課に所属し、ハイチＰＫＯ（ＭＩＮＵＳＴＡＨ）、キプロスＰＫＯ（ＵＮＦＩＣＹＰ）等の軍事計画策定などに従事した。

本稿では、国連ＰＫＯの軍事計画の立案・実行をめぐる国連事務局と加盟国との間の政治力学や、国連事務局内での政務と軍事の摩擦を分析するとともに、国連ＰＫＯが、過去の教訓を反映した現代国連ＰＫＯという姿になって、さまざまな政治的課題を克服しつつ、現在も変化を続けていることを論証したい。

まず、国連ＰＫＯの最近の傾向を述べ、次に、国連本部ＰＫＯ局全般に触れ、そして、国連ＰＫＯの計画立案をめぐる政務と軍事の摩擦についてハイチＰＫＯを一例にして分析する。続いて、現代国連ＰＫＯにおけるマンデート強化の動きと、これを反映したより実効性あるＰＫＦ本体業務の実態を述べ、最後に、現代国連ＰＫＯによる平和強制措置をめぐる課題と、これに適応あるいは克服しようとしているＰＫＯの姿を示す。

一　国連ＰＫＯの最近の傾向

国連ＰＫＯは、実務的な慣行を通じて行われてきたものであり、国連憲章上、明文の規定はない。すなわち、国連ＰＫＯは、制度として固定化されることはなく、紛争の現場の必要性に応じて、常に変化を続けているということである。

現在、定着しつつある理論としては、「平和維持」「平和創造」「平和構築」および「平和強制」の四つの概念区分がある。『平和維持』とは、敵対する当事者間の破壊的な行為を制御する軍事部門を中心にした活動を指し、『平和創造』とは、当事者間に合意を醸成する外交努力のことであり、『平和構築』とは、紛争によって破壊された社会の復興を促し、対立する当事者関係の再構築を目指した、人道的な活動や文民を中心としたその他の活動を意味している。『平和強制』とは平和的な方法が功を奏さなかったときに必要とされる軍事部門による措置であり、武力行使を含む国連憲章第七章に基づく行動のことを指す[2]」。

ＰＫＯの研究者と実務者の考え方には、微妙な違いが生じることがある。例えば、研究者らは、「平和維持」と「平和強制」の境界が曖昧化し、国連部隊が平和強制措置をとるようになることを「ミッション・クリープ（Mission-Creep)」と呼び、国連ＰＫＯの不偏不党性を瓦解させるものとして警鐘を鳴らす[3]。一方、ハイチＰＫＯのような平和強制型ＰＫＯの実務に携わった筆者は、「不偏不党性」の問題を承知しつつも、国連の「信頼性」確保のために、国連ＰＫＯにおける平和強制的な側面は重要であると考える。

二〇〇〇年の「ブラヒミ報告[4]」は、冷戦後、ソマリアＰＫＯ（ＵＮＯＳＯＭⅡ）で平和強制措置をとり失敗した経験に鑑み、国連は、「平和維持」と「平和強制」を峻別し、「平和強制」は、国連憲章第七章に基づく安保理の授権の下、多国籍軍が行うべきであると提言した。一方で、同報告は、いったん新しいＰＫＯを設立すると決めたならば、マンデート遂行のための十分な資源をあたえ、強力な武装、強力な交戦規定（ＲＯＥ）が必要であるとも勧告した[5]。そして、同報告を反映して同報告以降に設立されたＰＫＯは、平和強制措置を意味する国連憲章七章下に置かれることとなった。これは、憲章第七章が本来意図するところの「一国に対し加盟国が集団で平和強制行動をとる」というものではなく、破綻国家における和平協定等の重大な違反者等に対し、相手が誰であれ公平性（Impartiality）の観点から国連ＰＫＯが平和強制措置をとるという意味合いである[6]。

二　国連本部ＰＫＯ局

ここではまず、国連本部ＰＫＯ局の構成について概説する。図の職員約六〇〇名の国連本部ＰＫＯ局を率いるのは、二〇〇〇年十月に就任したジャン・マリ・ゲエノ事務次長ＰＫＯ担当（Jean-Marie Guéhenno, Under-Secretary-General for Peacekeeping Operations）である[7]。就任以来、国連

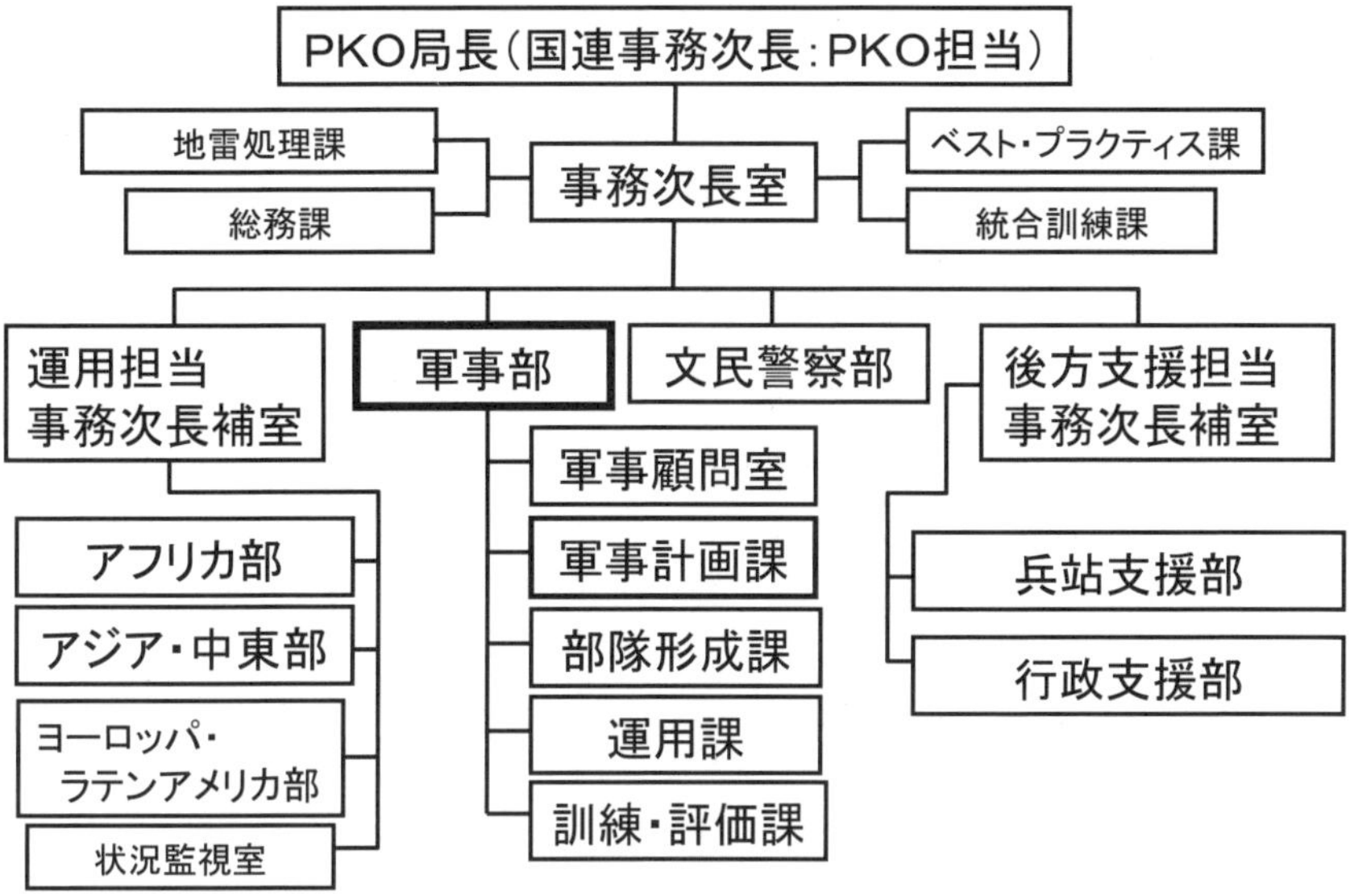

図　国連本部ＰＫＯ局編成表（2007年2月現在）

本部と紛争地の間を奔走し、一九九〇年代以降、二度目となる国連ＰＫＯ数の急増に対応している。米国はイラク戦争以降、反国連傾向を強めているが、フランス人である局長の仕事ぶりについての米国メディアの評価は好意的である。

　次に、運用担当事務次長補室についてであるが、国連本部ＰＫＯ局の中枢となる政務官（Political Affairs Officer）オフィスであり、主要業務のひとつは、安保理に対する事務総長報告の作成である。加盟国や紛争当事者間の利益の調整に生き甲斐を感じる政務官が勤務する。軍事部が主張する軍事的合理性と、加盟国からの政治的圧力への間に立つことも多い。ＰＫＯをめぐる国連事務局内、安保理および部隊派遣国の間の政治力学の調整は国連本部ＰＫＯ局内ではこの部署が主に担当する。

　後方支援担当事務次長補室は、国連ＰＫＯの後方支援等（補給、輸送、整備、建設・不動産、医療、現地司令部の文民人事等）を統括する国連本部ＰＫＯ局最大の部署である。部隊派遣国への国連償還金を担当する部署もある。ここを率いるのは米国のジェーン・ホール・ルーテ後方支援担当事務次長補（Jane Holl Lute, Assistant Secretary-General for Office of Mission Support）であるが、米国がＰＫＯ分担金の最大拠出国であり、増大を続けるＰＫＯ予算の効率的な使用を監督するための人事とも言われている。

国連本部ＰＫＯ局軍事部を率いる軍事顧問はインド陸軍のランディア・クマ・メタ中将（Lieutenant-General Randhir Kumar Mehta）である。国連本部ＰＫＯ局軍事顧問は欧米系であることが政治的な慣例であったが、非欧米系からの初の選出（二〇〇五年二月に就任）である。これは、ＰＫＯの軍事部門において英語を公用語とする南アジア系諸国の派兵が増大していることに政治的な背景がある。一方、軍事部内の課長等については、米・英等、ＰＫＯへの派兵は低調であるが、安保理常任理事国との円滑な連携を狙いとした人事も見られる。

筆者が勤務した国連本部ＰＫＯ局軍事部・軍事計画課は、新たなＰＫＯの作戦計画立案、現行のＰＫＯの作戦計画の変更等を主要業務とする。また、ＰＫＯ設立等に係る事務総長報告の軍事部門の部分は、ここで起案する。課内の同僚は一五名程であり、地域バランスを政治的に考慮してＰＫＯに参加している世界各国から採用された軍人たちであった。

以上国連本部ＰＫＯ局について概観したが、その内部人事は国際政治の縮図である。

三　国連ＰＫＯの軍事計画立案をめぐる政治力学
――ハイチＰＫＯを一例として――

（一）国連本部ＰＫＯ局現地調査団における政務と軍事の摩擦

次に、国連ＰＫＯの軍事計画立案について、筆者が携わったハイチを例に、政務と軍事の摩擦について分析する。

ハイチ情勢の概観であるが、ハイチは米国フロリダ半島の南に位置するイスパニョール島の西三分の一を占め、人口は約八〇〇万である。同じ島の東部三分の二を占めるドミニカ共和国が観光業で発展するのと対照的に、西のハイチは約二〇〇年前の独立以来、内紛を繰り返し、中南米の最貧国である。約一〇年前に米クリントン政権の支援で政権に復帰したポピュリスト政治家であるジャン・バートランド・アリスティード大統領（President Jean-Bertrand Aristide）が近年独裁化し、これに業を煮やしたビジネス・エリート層勢力が、アリスティードと対立関係にある旧軍勢力等を支援し、これらの勢力が二〇〇四年二月にハイチ北部を中心に武装蜂起した。反乱勢力が北部から首都に迫った段階で、二月末にアリスティード大統領が亡命した。全面的な内戦を憂慮した米国は、多国籍軍（Multinational

Interim Force Haiti）を編成し、フランス、カナダ、チリとともに首都に乗り込んだ。米国にとって、ハイチでの内戦は、フロリダへの大量の難民漂着やハイチが南米からの麻薬輸送中継地として益々利用されやすくなることを意味する。また、反乱勢力が、武力で勝利すれば非民主的な政権交代となることも憂慮していた。米軍主導の多国籍軍に牽制された各武装勢力は首都での全面対決を放棄し、アリスティードを支持する武装勢力は首都のスラム地区へ、反乱軍の中核である旧軍勢力はハイチ北部に、それぞれ退いた。

安保理は、二月末の多国籍軍派遣決定の決議(8)で、国連事務総長に対し、多国籍軍を引き継ぐ国連ＰＫＯの任務・編成等を三〇日以内に報告するよう要請した。

三月はじめ、国連本部ＰＫＯ局は約二〇名からなる現地調査団をハイチに派遣した。軍事スタッフは筆者を含め僅か二名であり、これはＰＫＯの多機能化とＰＫＯ軍事部門の後方支援は文民が行うことを反映している。

反乱勢力蜂起の直後から、筆者は戦略見積りの作成にとりかかっていた。戦略見積りとは、治安情勢のシナリオを立て、シナリオごとに最適な国連の軍事的役割を提言するものである。

現地入りしてからは、この戦略見積りを土台に、治安情勢の今後の推移を具体的に正確に見極めるため、現地で長く活動する人道支援組織等のスタッフから情報を収集した。スタッフ一名当たり数時間インタビューするという手法である。最近の国連ＰＫＯは、民兵、ギャング等の武装勢力を相手にするため、このような手法が最適である。調査団高官による高位レベルの会談にも同席したが、高位会談からは実務に必要な情報は得にくい。設立直後の多国籍軍司令部においても、国連ＰＫＯへの移行計画の大綱調整と併せて治安情報も収集したが、米軍は対テロ戦に情報収集資源を集中しているため、有益な情報を保持していなかった。一方、仏軍幕僚の方からは、仏がハイチの旧宗主国であり、また、仏語圏ということもあって貴重な情報提供を受けた。併せて、空中偵察により主要都市・道路等の状況を確認し、治安維持活動（Security Operations）のための作戦見積りに反映させた。調査団はヘリコプターを保有しないため、多国籍軍司令部幕僚の偵察時に余席を確保して実施した。

これらの活動を通じて、軍事スタッフ二名で治安情勢見積り・作戦見積りを作成した。そしてＰＫＯ軍事部門の任務と、任務遂行のための歩兵部隊の所要数を概定した。歩兵数の算定にあたっては、各主要都市に各々独立した武装勢力が潜伏・跋扈する状況がＰＫＯ設立時にも継続するとの見積りに基づき、首都を重視し、かつ地方の主要都市と幹線道路網の治安を維持できる量と質の部隊を配置する方針を立て、国連部隊総司令官（以下「フォースコマンダー」）から指揮階梯上、数段階下位部隊にあたる歩兵中隊の所要数を積み上げた。国連ＰＫＯの戦術単位は歩兵大隊であるが、歩兵大隊数の大雑把な積み上げでは算定の精密さに欠ける。中隊まで視点を落として、この地域は四個中隊編制の大隊、その地域は二個中隊編制の大隊、のように確定してゆく。

一方、歩兵部隊を支える支援部隊の所要数については、国連本部ＰＫＯ局の兵站担当文民スタッフ（Logistics Officer）が、部外力活用の可能性を探りつつ概定した。これについては調査団派遣時の評価とＰＫＯ設立時の状況に差異が生じることがある。例えば、期待できる部外輸送力が当初の評価よりも少ないことがＰＫＯ設立初期に判明し、部隊装備品の陸揚げ港から各キャンプへの展開の遅延を引き起こし、空路で到着した兵員が首都の仮宿営地に長く留め置かれるという事態に発展した。

国連本部ＰＫＯ局兵站担当文民スタッフは、軍事輸送部隊等、支援部隊の編成の要否は自分の専管事項であったにもかかわらず、軍事計画将校である筆者に責任を押し付ける心外な発言を会議で行った。国連文民職員は、定年までの国連勤務を目指すが、国連本部ＰＫＯ局軍事幕僚は、数年で本国の軍務に戻るため軽視されやすい。ＰＫＯ設立決定の安保理決議以降になって、歩兵と支援部隊のバランスを変更することは、決められた定員枠の中で、歩兵部隊を減らし支援部隊を増やすことであり、治安維持能力を犠牲にすることを意味するので軍事専門家の見地からは容易に賛同できない。

少し横道にそれたが、現地調査団の話に戻す。調査団の政務官は、政治的な観点から、一〇年前のハイチＰＫＯ（ＵＮＭＩＨ）における軍事部門の定員六〇〇〇名を超えないことに固執し、定員六七〇〇名の軍事計画将校案に難色を示したため、調査団内部で政務官と軍事計画将校の間に摩擦が生じた。国連ＰＫＯに先行する多国籍軍が約三七〇〇名であったことも、政務官が我々の案に異論を唱える論拠になった。緊急展開した多国籍軍は、首都における治安の安定を主任務にし、地方への展開は限定的に過ぎなかった。これを引き継ぐ国連部隊はハイチ全土における治安の安定に加え、ＰＫＯ後半期に予想される選挙、武装・動員解除及び社会復帰（以下「ＤＤＲ」）関連の任務、たとえば、投票所や動員解除施設の警護等に備えた戦力の縦深性を保持する必要があるため、国連部隊の定員の方が多国籍軍よりも多くなるのは軍事的に合理的である。

結局、調査団内部における定員をめぐる対立は国連本部に持ち帰ることになった。政務官は政治的に大局的な判断をもって全般を考えるので、軍人の定石どおりの進め方に不満を抱くのである。

（二）　ＰＫＯ設立をめぐる政治力学――国連本部ＰＫＯ局内部及び国連本部ＰＫＯ局と安保理との関係――

三週間の現地偵察後、調査団は国連本部に戻り、事務総長報告[9]の取りまとめに入った。軍事部門の定員をめぐる内部調整は難航していたが、国連本部ＰＫＯ局長の裁定により、軍事部の勧告をそのまま事務総長報告に盛り込むことになった。国連本部ＰＫＯ局運用担当事務次長補である政務官は国連本部ＰＫＯ局の政治司令塔ではあるが、国連本部ＰＫＯ局の編制表（図）を見れば明らかなように、国連本部ＰＫＯ局長からの指揮系統上、運用担当事務次長補と軍事顧問は同格であり、ゲエノ国連本部ＰＫＯ局長は、ハイチＰＫＯに関しては軍事的合理性に基づく軍事顧問の意見を採用した。

国連本部ＰＫＯ局長の裁定後も、政務官らは、軍事部の定員案に難色を示しつつ、並行してハイチ問題に大きな利害を有し、国連分担金の最大拠出国である米国に対し、国連本部ＰＫＯ局軍事部の定員案を非公式に打診していた。安保理としては、ＰＫＯ定員は国連分担金の大きさを意味するため、国連事務局案に反対することが多いが、ハイチに展開中の米軍のイラクへの転用が切迫していたためか、事務総長報告の内容に米国は異議を唱えず、定員案の再考を迫られることなく収まった。そして四月末の安保理決議[10]で、軍事部門の定員六七〇〇名と治安維持任務を国連憲章第七章下に置くこと等が決定された。これはハイチＰＫＯにおける一例であるが、ＰＫＯ設立等にあたって、国連本部ＰＫＯ局政務官らが、政治的な配慮を行う優先順位の第一は、米国である。

このような政治的な動きに並行して、筆者は計画将校として、多国籍軍からの移行に係る共同作戦構想、国連ＲＯＥの作成等に携わった。これらの軍事的な実務にも政治的な側面がある。

まず、移行に係る共同作戦構想立案にあたっては、時間的制約との厳しい戦いとなった。安保理は、四月末の決議で、六月一日のハイチＰＫＯの設立を要請するとともに、多国籍軍からの一カ月間の移行期間が認められた。すなわち、国連部隊の展開完了までに与えられた時間は僅か六〇日となった。定員六七〇〇名を展開させるのには実務上、無理がある。ＰＫＯ設立決定の安保理決議をもって、ようやく各国が派兵準備を政治的に加速化するからである。ＰＫＯ設立決定の決議を受け、覚書（ＭＯＵ）交渉、兵員・

装備品の輸送手続き等が走り出し、国連本部ＰＫＯ局による派遣国準備状況の点検等が行われるが、これらの実務には最低二カ月が必要で、加えて、派兵意思のある国々の政権が安保理決議を経て議会承認等を得るのに予測困難な時間がかかる。また、現地における制約、例えば港湾能力が低いと、一個歩兵大隊当たり一〇〇個弱のコンテナを揚陸・通関・移動するのに最速でも一週間は必要、そして、国連歩兵部隊の総兵力が例えば一〇個大隊と仮定すると一〇週間が必要となる。白紙的に最速期間を算定してみても、「ブラヒミ報告」で勧告された九〇日以内の国連部隊の展開完了はかなり厳しいことがわかる。

移行に係る共同作戦構想立案にあたっては、六〇日間で展開できる国連部隊を見積ることが焦点となった。多国籍軍主力の米仏軍が国連部隊に転換せずに撤退するため、軍事的には「その場交代」(Relief in Place) となり、多国籍軍がそのまま国連部隊に転換するケースよりも複雑になった。

例えば、国連部隊の現地到着時期・順序について公算の高いケースを数個挙げ、ケース別の計画を立案した。地方に展開予定の部隊の到着が遅れるケースでは、これに対応した計画をある時点で発動し、国連部隊に転換予定で首都に展開中のチリ軍等を移動させ、地方に展開中の仏軍の撤収による力の空白の極限を図ることとした。移行間の各国軍相互の指揮統制関係も複雑になった。指揮転移後のハイチ離脱にあたって、米仏軍が国連の作戦・戦術統制下に入ることを拒否したため、新たな統制用語を考案し指揮の統一を図らねばならなかったこと、国連部隊へ転換した多国籍軍の一部が、各々の国の政治的理由等によって転換の時期が異なったこと等、政治的な配慮を必要とした。六月下旬の指揮転移までに展開できた国連部隊は定員六七〇〇名中、約二七〇〇名にすぎず、多国籍軍（約三七〇〇名）撤退後の力の空白発生を極限できる兵力に止まった[11]。

国連ＲＯＥの作成に関しては、ＰＫＯのマンデートから軍事部門の戦術レベルでの業務を分析し、国連本部ＰＫＯ局のＲＯＥガイドラインを参照しつつ作業を行った。調整案が完成した時点で、国連本部の法務官への意見照会、並行して部隊派遣予定国と調整会議を実施した。国連側の基本的立場は、国連ＲＯＥはＰＫＯマンデートを反映したものであり交渉の余地がないこと、しかしながら、各国の国内法に反することを強要できないということである。

法的に問題があると申し出た派遣国は無かったが、デモ統制・暴動制圧のような非戦闘員を対象とした任務と、これを遂行するための自衛を超える武器の使用[12]等について難色を示す国が見られた。武装勢力との交戦は辞さないが、非戦闘員を死傷させる事態になった場合、派遣国の国内政治に悪影響があるとの懸念である。ハイチＰＫＯに多く参加したラテンアメリカ諸国にこの懸念が多かった。かつての軍事政権が軍を使用して国民を抑圧してきたことを、現在の民主政権が強く記憶していることが背景にある。これは派遣国の政治的制約の一例であり、ＲＯＥ調整会議等を通じて、このような制約を知ることができる。そして、これはハイチにおける部隊展開計画を考える際に検討すべきひとつの要素である。すなわち、いかなる国の部隊も軍事的合理性のみで活動できる訳ではないので、国連側としては、派遣国の政治的・法的制約に応じて、展開地域や付与する任務を振り分けることが理想となる。これは国連ＰＫＯにとどまらず世界の多国籍軍に共通の性質である。

（三）　部隊派遣国選定にあたっての政治力学

国連本部ＰＫＯ局が部隊派遣国を選定する過程も、政治的である。派遣国の選定は、国連本部ＰＫＯ局軍事部・部隊形成課が、軍事計画課による部隊編成所要を掌握し、加盟国に対し部隊・幕僚派遣を打診することを実務上の出発点とする。その手順としては、通常、国連待機制度[13]のデータベース等を活用し、派遣が可能と思われる国すべてに打診する。その後、派遣を希望する国が対象となる部隊に対し複数となった場合、国連本部ＰＫＯ局政務官や軍事部軍事顧問の指針、あるいは、部隊形成課内の裁量により、国連本部ＰＫＯ局側が独自に優先順位を決めて交渉に入る。交渉・調整が加速化するのは、ＰＫＯ設立の安保理決議が採択されてからになるが、それ以前からも、新設間近なＰＫＯへの派兵を希望する加盟国が多い場合、国連本部ＰＫＯ局政務官による政治的なバランス調整は忙しくなる。事務総長特別代表はＡ国、フォースコマンダーはＢ国等の配慮がなされる。何らかの政治的目的、例えば安保理での発言力の増大を狙いとして、部隊派遣を熱望する国は、国連代表部の大使から参事官までのあらゆる接点を活用して国連本部ＰＫＯ局側に圧力をかけてくる。

国連本部ＰＫＯ局軍事部は、部隊派遣国の過去の評価や現在の能力等から、総合判断して、国連本部ＰＫＯ局政務官に助言を行う。国連本部ＰＫＯ局軍事部が計画立案時に各国部隊の担任区域を指定するにあたっての考慮要素は、能力の高い国に重要区域を指定することを基本とする。ハイチの場合は、多国籍軍との部隊交代の時期が切迫していたため、現地に最も早く到着した部隊に最も重要な地域を割り当てた。これは、治安維持の能力の低い部隊が、治安の悪い地域を受け持つという危険性を孕んでいた。

また、過去に敵対し武力紛争を行った国々が参加する場合は、現在の両国関係を考慮する。ハイチＰＫＯでは、部隊の現地到着時期の関係上、一九六六年に国境紛争を起こしたアルゼンチン軍とチリ軍を隣接する担任区域に配置することとしたが、これを懸念する意見が出た。しかし、現在両国は、キプロスＰＫＯにおいて混成部隊を編成して活動中である。隣接区域で相互に調整しつつ活動したり、混成部隊を編成することを、派兵国らはＰＫＯの場を活用した政治的な信頼醸成措置と考えている。

四　現代国連ＰＫＯのＰＫＦ本体業務の広がりと実態

（一）より強力なマンデートの模索

次に、現代国連ＰＫＯがより強力なマンデートを模索している動きについて指摘する。

「ブラヒミ報告」以降に設立された現代国連ＰＫＯは、和平協定の重大な違反者等に対し、国連部隊等が平和強制措置をとるという目的で、すべて国連憲章第七章の下に置かれるようになったことを先に指摘した。

現代国連ＰＫＯの任務は、破綻国家の和平プロセス・復興支援である。停戦・和平合意等を経て、国連ＰＫＯが介入するという伝統的パターンは続いているものの、内戦であるがゆえに停戦・和平合意の当事者が非常にわかりにくいという問題がある。特にアフリカにおいては、停戦合意後も、内戦当事者が離合集散を繰り返し、目先の利益獲得をめぐり対立抗争が生じ、これに近隣の外国勢力が介入するという混乱した状況が続いている。また、現代国連ＰＫＯは、軍事的に見ても明確な停戦ライン等が存在しない混沌とした状況下で、和平プロセスを推し進めなければならず、このため、より強力なマンデートを模索している。

以上のことから、国連憲章第七章下のマンデートには、「安全かつ安定した治安環境の保証（To ensure a secure and stable environment）[14]」という包括的なものから、「包囲・捜索作戦、Weapon Free Zone の設置、武器禁輸措置に伴う武器の没収等を通じた積極的かつ強力なＤＤＲＲ支援（To take a more active and robust role in disarmament, demobilization, repatriation, resettlement and reintegration, including through measures such as cordon and search operations, declaration of weapon-free zones and operations to ensure respect for the arms embargo）[15]」、「紛争当事者間の敵対行為を停止させるためのあらゆる措置をとる（To use all necessary means to prevent any hostile action）[16]」という強力かつ具体的なものがある。また「国連要員・国連施設等の警護（To protect United Nations personnel, facilities, installations）」、「国連要員等の移動の自由の確保（To ensure the security and freedom of movement of United

Nations personnel)[17]」及び「脅威下の市民の防護（To protect civilians under imminent threat of physical violence)[18]」という現代国連ＰＫＯに共通な三点セットがある。

（二）　強力なマンデートを遂行するための実効性あるＰＫＦ本体業務の広がり

次に、強力なマンデートを遂行するために現地で行われている実効性ある治安維持活動すなわちＰＫＦ本体業務の広がりについて戦術的な描写を交えつつ説明する。

現在の我が国のＰＫＯ法で認められている国連ＰＫＦ本体業務は、停戦監視関連とＤＤＲ関連のごく一部に過ぎない。このため、ここでは日本の現行法のＰＫＦ本体業務以外の治安維持活動を中心に説明する。まず、「重要施設の奪回」についてであるが、これは不法占拠されている重要施設を国連部隊が奪回するというものであり施設警護任務ではない。ハイチにおける国連部隊による警察施設奪回作戦は、数カ国の歩兵部隊による共同作戦となり、作戦図は二個大隊並列の攻撃の作戦図に類似するものとなった。作戦地域は、武装勢力の聖域となっていた約二キロメートル四方のスラム街で、武装勢力が群雄割拠している状況にあった。国連の作戦目的は、武装勢力に一撃を加えることであったが、特定の武装勢力を計画的に攻撃することは許されないため、スラム街における警察プレゼンスの回復を名目にした。

次に「ホスト国警察等の活動支援」についてであるが、これは治安維持活動を現地警察と共同で行うというものである。ホスト国の軍・警察等との共同行動は、国連部隊の力の行使を正当化することからハイチ、コンゴ等では頻繁に実施されている。ハイチＰＫＯでは、現地警察の活動への支援自体がマンデートである。一方、現地警察等は通常能力が低く、また人権擁護の意識も薄く、加えて武装勢力と内通するなど信頼性に欠けるため、国連側は、共同作戦遂行にあたっては配慮を必要とする。

次に「デモ統制・暴動制圧」については、国連部隊が単独でデモを統制することもある。「共同によるデモ統制・暴動制圧」の場合は、国連と現地の共同警察部隊が前面に立ち、国連部隊は必要により予備を務める。

その他の治安維持活動には、検問、巡察等、標準的な業務がある。このような業務に関しても、ハイチ、コンゴ等においては、歩兵部隊が担任地域で検問・巡察中に狙撃されることが多々あり、狙撃された場合、応射するのみならず、状況が我に有利な場合は即刻その場所を封鎖・捜索した上で、拘束・強制武装解除まで実施する。狙撃されて、そのまま何もせずに現場を離脱したのであれば、その国連部隊の抑止力は低下し、また、国連部隊の信頼性が揺らいでしまう。

「包囲・捜索作戦（Cordon & Search Operations）」については、巡察等を実施中に伏撃された際の対応行動としてのほか、事前に準備した大規模作戦として、特定の地域に潜伏する武装勢力を強制武装解除するためにコンゴ、ハイチ等では頻繁に行われている。事前準備による包囲・捜索作戦は、自ら時期・場所を選定するため我が主導権を握ることができる積極的・機動的な治安維持活動である。

「強制検査、強制武装解除、逮捕・拘束」については、右で述べてきた治安維持任務遂行後の業務として、国連ＲＯＥで権限が付与されており、国連部隊が現地警察に代わり現地の法を執行するのではない。

一方、国連ＰＫＯ司令部には、国際人道法の専門家らが配置され、国連部隊による逮捕・拘束業務を常に監視している。日本のＰＫＯ法等では、武器使用権限のみに議論が集中し、これら強制逮捕・拘束等の権限の問題にまでいまだ踏み込めていない[19]。

我が国では国際活動に係る一般法の議論が活発になりつつあるが、ＰＫＦ本体業務において任務（治安維持活動）と権限（武器使用、逮捕・拘束等）をどこまで拡大するかが注目点である。仮に、任務と権限が拡大した一般法が整い、我が国が治安維持活動に乗り出した場合、消極的な任務遂行は武装勢力の増長を招き、我が国への評価は急落する。一方、積極的に実施すれば死傷者が発生するというジレンマに直面する。

五　国連部隊による平和強制措置のインプリケーション

（一）　国連部隊と平和構築部門間の問題

次に、国連ＰＫＯが平和強制措置をとることによる課題と解決策を分析する。

この課題とは「国連ＰＫＯが和平協定違反の抑止やマンデート遂行に際して、仲裁や交渉といった憲章第六章に基づく平和創造活動に過度に依存するとき、紛争当事者は国連ＰＫＯを弱腰であると見なし、和平プロセスの瓦解を試みるであろう。これでは、国連ＰＫＯの正当性や信頼性は損なわれてしまう。かといって、国連ＰＫＯが協定違反者に対して実力をもって対応し、任務遂行のために憲章第七章に基づく強制的な措置を発動した場合、抵抗勢力は国連ＰＫＯの中立性を疑うだろうし、最悪の場合、国連ＰＫＯは紛争一派と見なされ攻撃の対象となる。これでは、国連

ＰＫＯの不偏不党性や存在意義が致命的な打撃を受けてしまう。つまり、国連ＰＫＯは、その不偏不党性と信頼性に対する挑戦に絶えず直面している」[20]ということである。

これは平和強制型ＰＫＯが直面する大きな課題である。国連ハイチ、コンゴＰＫＯでの平和強制措置において、国連の信頼性が維持できている理由は軍事バランスにある。ハイチ、コンゴＰＫＯの場合、武装勢力は小銃、手榴弾等のみの軽武装であり、簡易爆発物の使用、自爆テロ等、激烈な非対称戦を遂行する能力はない。国連部隊も軽武装ではあるものの、攻撃・輸送ヘリ、装甲車等に支援された作戦的・兵站的な縦深を保持する部隊であり、軍事バランスは、国連部隊側に圧倒的に有利となっている。対照的にボスニア・ヘルツェゴヴィナの場合は、戦車、火砲等に支援され、民族浄化の意思が固い準正規軍を、軽武装の国連部隊では阻止しきれず、結果として住民の大虐殺につながる要因となった。

武装勢力の企図を比較しても、ハイチ、コンゴの場合は、自己の目先の利益もしくは縄張り確保のため和平プロセスを妨害するケースであり、これは正統政権獲得や民族浄化等を追求する場合に比して、武装勢力の抵抗意思の弱化が容易である。

次に、平和強制措置により不偏不党性が瓦解する課題については、報復の矛先がソフトターゲットである平和構築部門等に向けられる問題がある。ソフトターゲットへの報復については、ハイチでは、現地文民スタッフの誘拐事件がまれに起きるが、報復というよりも金品目当ての犯罪である。ハイチＰＫＯの人道支援部門は、国連部隊に対し積極的な人道輸送警護を申し出ている。国連部隊と一体化しても、人道部門への組織的な報復の可能性が低いためであろう。一方、コンゴでは、軍事監視員の誘拐・殺害等、ソフトターゲットに報復があった。ボスニア・ヘルツェゴヴィナでも、ＮＡＴＯによる空爆等への報復として、軍事監視員の大量拘束等、深刻な事態に発展するとともに、国連ＰＫＯと人道支援機関の関係も微妙なものとなった。

平和強制措置により報復の矛先がソフトターゲットである平和構築部門に向けられることをいかに防ぐかという課題については、平和維持と平和構築の調和された推進において、国連ＰＫＯ内部に不協和音を生じさせない配慮が必要である。国連ＰＫＯ司令部に平和維持・平和構築の各部門を統合した情報・計画組織を設置する動きがあり、これはこの課題に対するひとつの解決策となるであろう。例えば、国連部隊が攻撃的な治安維持作戦を決行するにあたっては、統合情報組織を活用してあらゆる部門からの情報収集と分析を一元化し、報復の規模・時期・場所等を見積り、そして、作戦実行段階においては、平和構築部門に対し適切な防護措置を講じることになる。

このような課題を抱えたまま、あるいは、課題に対処しつつ、憲章第七章下にある各ＰＫＯは、和平合意等の違反者に対し、慎重かつ大胆に平和強制措置をとるようになってきている。

（二）　部隊派遣国の政治的な制約の問題

最後に、平和強制措置をめぐる部隊派遣国の政治的制約に係る問題について考察する。ハイチＰＫＯでは、治安の最も悪い首都のスラム街を担当しＰＫＯを主導する某国歩兵部隊が、治安維持活動に消極的であることがＰＫＯ設立後数カ月たって判明した。国家防衛のためではなく、国連ＰＫＯの場で武装勢力と戦闘し死傷者を出せないという政治的制約である。某国の治安維持活動が消極的になる前兆はあった。ハイチＰＫＯ設立に係る安保理決議案を議論していた当時から、某国は軍事部門のマンデートが平和強制を意味する第七章下に置かれることに懸念を表明していた。

二〇〇四年六月下旬の米仏軍の撤退から二カ月後の八月頃から、スラム街で鳴りを潜めていた各種武装勢力が、国連部隊の力を試すがごとく、活動を活発化した。しかし、某国はこれに消極的に対応したため、武装勢力の増長を招き、また、ホスト国政府や国民の国連に対する信頼が失墜する危機に直面した。例えば、武装勢力による武装デモを押さえつけず、武装勢力に占拠された重要施設の奪回作戦を実行しない等の消極的な活動である。ハイチ暫定政府首相が国連事務総長に直接抗議したこともあって、某国部隊の悪評は国連本部ＰＫＯ局内に周知となり、その信用は地に墜ちた。これに対し、現地司令部は、重要施設の奪回に際しては、他国の歩兵部隊を転用して処置するとともに、某国部隊の責任区域と付与する任務の見直しを行った。

その後、某国軍の活動はやや積極性を見せるようになったが、二〇〇五年五月頃、現地司令部は更に某国軍の負担軽減のため一個大隊の定員増を要求した。定員増は安保理決議が必要となる。国連本部ＰＫＯ局は、表向きは二〇〇五年十一月の総選挙を控え、首都における治安維持能力の強化として定員増を安保理に要求した。その裏には、国連本部ＰＫＯ局の某国に対する政治的なメッセージ、すなわち「これ以上消極的な活動を継続した場合、ハイチＰＫＯで主導的役割を務めさせることを再考せざるをえない」という一種の最後通告でもあった。幸い、安保理は、六月にハイチＰＫＯの定員増に係る決議[21]を採択した。

国連本部ＰＫＯ局や現地の国連政務官らは、平素は国連部隊による「力の行使」に慎重であるが、本事例のように、

ＰＫＯホスト国からクレームがつくと、能動的な「力の行使」を躊躇する部隊派遣国を直ちに批判する側に回る等、政治的に極めて敏感である。国連政務官らによる急激な態度変更は、部隊派遣国にとっては「国連に梯子を外された」との困惑を与えるものであろう。これは「ブラヒミ報告」以降の現代国連ＰＫＯによる「力の行使」をめぐる国連政務官と軍事部隊派遣国との間の新たな「政軍関係」を象徴するものである。

さて、二〇〇五年十一月から二〇〇六年一月に既に延期された総選挙を控え、ハイチＰＫＯ事務総長特別代表は、依然として治安の安定しない首都のスラム街の完全制圧を主張したが、フォースコマンダー（二代目）は消極的であった。フォースコマンダーは、ハイチＰＫＯを主導する某国陸軍中将である。このフォースコマンダーが難色を示した理由は、スラム街で本格的な市街戦を行えば市民に死傷者が出ること、スラム街の武装勢力の実体はギャング集団の寄せ集めであり、文民警察部隊が対処すべきであると主張してきたこと等であった。これまで、国連部隊は、文民警察部隊と協力して、スラム街で包囲・捜索作戦を実施、また検問所を設け、ギャングの強制武装解除を行うなど、一定の平和強制措置を実施してきた。しかしながら、スラム街のギャング集団を根こそぎ武装解除させるまでの強硬な作戦は実行していない。また、平和強制措置に連携した国際機関や国連部隊による緊急人道支援は細々としたものに止まり、平和構築部門が、本格的なＤＤＲや復興支援に着手できない事情もあった。復興支援への財政支援ドナー国の多くは、総選挙で正統政権が選ばれた後に支援を行うとしていたのである。ハイチＰＫＯの政治部門としては、総選挙を既に延期してきた焦燥感から、ＰＫＯ軍事部門がスラム街のギャング集団を根こそぎ制圧し、地域を完全占拠する強硬策により、治安の安定を象徴的に情報発信し、選挙準備を促進したいとしていたものと考えられる。

フォースコマンダーは、本国の政治的制約等と国連政務官の要求の板ばさみになり、苦悩していたと思われ、二〇〇六年一月七日、総選挙の二月への再々延期が決定した後に、職務遂行不能となった。[22]このような状況になる前に、平和強制措置をめぐる部隊派遣国と国連政務官等との摩擦をいかに克服すべきであったのであろうか。少なくとも、国連本部ＰＫＯ局の政務・軍事部門、安保理等によるハイチＰＫＯに対するきめの細かい連携・支援が必要であったことは指摘できる。今振り返れば、二〇〇四年夏頃、某国軍の治安維持活動への取り組みの消極性が明るみに出たころから、某国軍に代わる新たな主導国を選定し交代させる政治的・軍事的な処置が必要であったのであろう。しかしながら、ＰＫＯ主導国の入れ替えのような高度に政治的な問題については、某国政府および国連本部ＰＫＯ局ともに話し合うこと自体に双方が二の足を踏むであろうし、その点が現在の平和強制措置を伴うＰＫＯにおける乗り越えるべき問題であることを指摘しておきたい。

おわりに

国連本部ＰＫＯ局の軍事計画将校という視点から、現在も変化を続けるＰＫＯについて、軍事部門を中心に据えつつ、さまざまな角度から政治的な側面を分析した。国連ＰＫＯは、国連本部ＰＫＯ局の内部人事からＰＫＯ設立・運営等にいたるまで、加盟国間の利益の調整が必要とされる国際政治の縮図である。本稿の前半では、国連ＰＫＯの設立・運営をめぐる政治力学について、ハイチを実例に、ＰＫＯ局調査団内での政治と軍事の摩擦、安保理レベルでの駆け引き、そして、部隊派遣国選定上の配慮について、慎重な利害調整が必要であることを指摘した。本稿後半では、現代国連ＰＫＯが平和強制措置をとることによるＰＫＯ内部での課題と処置について考察するとともに、平和強制措置を巡る部隊派遣国と国連事務局等の摩擦解消のあるべき姿を指摘した。

二〇〇〇年の「ブラヒミ報告」以降、ハイチのみならず、リベリア、コートジボワール、ブルンジ（ＯＮＵＢ）およびスーダンで憲章第七章下のミッションが相次いで設立されてきた。一九九四年四月のルワンダでの大虐殺発生の兆候を事前に承知しつつも、マンデート上の制約からこれに平和強制措置をとらなかったルワンダＰＫＯ（ＵＮＡＭＩＲ）での教訓[23]を反映しつつ、紛争解決・処理への道義的な関与と、国際社会の政治力学の狭間において、また、紛争の現場の必要性に応じつつ、国連ＰＫＯは変化を続けているのである。

註

（１）　高井晉は二〇〇〇年八月の「ブラヒミ報告（国連ＰＫＯ検討パネル報告書）」以降に設立された国連ＰＫＯを「現代国連ＰＫＯ」と呼んでいる。「現代国連ＰＫＯ」は「ブラヒミ報告」が一九九〇年代のボスニア・ヘルツェゴヴィナやルワンダでの教訓に基づき勧告した事項を反映した新しい形の国連ＰＫＯと定義できる。本稿では、この定義をもって「現代国連ＰＫＯ」という用語を使用する（高井晉『国連安全保障法序説――武力の行使と国連――』（内外出版、二〇〇五年）一三二頁）。

（２）　上杉勇治『変わりゆく国連ＰＫＯと紛争解決――平和創造と平和構築をつなぐ――』（明石書店、二〇〇四年）一八頁および三四頁。

（３）　同右、四七頁。

（４）　UN Document, "Report of the Panel on United Nations

"Peace Operations" (A/55/305-S/2000/809), <http://www.un.org/peace/reports/peace_operations/>.

（5） Ibid., paragraph, pp.49-51, 55.

（6） 公平性に基づく力の行使の必要性については、一九九〇年代後半までに国連において既に認識されており、「ブラヒミ報告」ではその必要性を再確認したとも言える〔マラック・グールディング『国連の平和外交』幡新大実訳（東信堂、二〇〇五年）二四、二五頁〕。

（7） 国連職員の氏名はすべて、二〇〇六年十二月現在。

（8） 安保理決議第一五二九号（Security Council Resolution 1529, 29 February 2004）、<http://www.un.org/Docs/sc/unsc_resolutions04.html>.

（9） UN Document, "Report of the Secretary General on Haiti, 16 April 2004" (S/2004/300), <http://www.un.org/Docs/sc/sgrep04.html>.

（10） 安保理決議第一五四二号（Security Council Resolution 1542, 30 April 2004）、<http://www.un.org/Docs/sc/unsc_resolutions04.html>.

（11） 一九九五年三月末における多国籍軍から国連ハイチ・ミッション（ＵＮＭＩＨ）への移行においては、国連ハイチ安定化ミッション（ＭＩＮＵＳＴＡＨ）の場合と異なり、多国籍軍の約八割の兵力が直接、国連部隊に転換した。この移行の過程や安保理での政治的駆け引きの詳細については、David M. Malone, *Decision-Making in the UN Security Council: The Case of Haiti* (Oxford: Clarendon Press, 1998), pp.119-23 を参照。

（12） 自衛を超える武器使用の権限とは、武装勢力から脅威（武器による威嚇、攻撃等）を受ける前に、国連部隊側から武装勢力の行動を制止するために武器等の使用を認める権限。

（13） 国連待機制度（ＵＮＳＡＳ）とは、国連加盟国が一定期間内に派兵可能な部隊の種類、規模等を国連に予め通報しておき、実際の派遣にあたって国連はこれに基づき各国に派兵を要請する制度。詳細は外務省ホームページ<http://www.mofa.go.jp/mofaj/gaiko/pko/unsas.html>を参照。

（14） 例えばハイチＰＫＯ設立を承認する安保理決議第一五四二号（二〇〇四年）のパラグラフ七Ｉ項（ａ）。

（15） コンゴＰＫＯ（ＭＯＮＵＣ）のマンデート強化に係る安保理決議第一五六五号（二〇〇四年）のパラグラフ五（ｃ）項では、この決議に先立つ「国連コンゴ（共）ミッションに係る事務総長第三次特別報告（Third special report of the Secretary-General on the United Nations Organization Mission in the Democratic Republic of the Congo）(16 August 2004)」で勧告された多くの内容を新たなマンデートとして加えた。同報告のパラグラフ七五（ｂ）項が新たにマンデート化した内容のひとつであり、それが強力かつ具体的なマンデートの一例として挙げた「包囲・捜索作戦、Weapon Free Zoneの設置、武器禁輸措置に伴う武器の没収等を通じた積極的かつ強力なＤＤＲＲＲ支援」である。ＤＤＲＲＲとは、国連ＰＫＯ設置国の国外から流入した外国の武装勢力に対しＤＤＲを行うことであり、通常のＤＤＲプロセスに加え、repatriation（本国送還）、resettlement（本国での再定着）が必要となるためＤＤＲＲＲとの略称になる。

（16） コートジボワールＰＫＯ（ＵＮＯＣＩ）に係る二〇〇四年十一月六日の安保理議長声明によると、その直前に生起したコートジボワール政府軍による仏軍攻撃事件を背景に「安保理は、仏軍およびＵＮＯＣＩがマンデート遂行のためのあらゆる措置をとることを認可していることを確認するとともに、コートジボワール政府軍と反政府軍勢力の間のあらゆる敵対行為、特に緩衝地帯における敵対行為を停止させるため、あらゆる措置をとることを認可する」との主旨の声明が出され、これ以降、「紛争当事者間の敵対行為を停止させるためのあらゆる措置をとる」ことがＵＮＯＣＩの実質的なマンデートとして加えられた。同安保理議長声明については、<http://www.un.org/Docs/sc/unsc_pres_statements04.html>を参照。

(17)　安保理決議第一五〇二号（二〇〇三年）パラグラフ五、六等において、安保理は国連事務総長に対し、国際人道支援ＮＧＯ要員、国連用員等の安全確保に万全を期すため「適切な措置をとる」ことを要請し決議した。以降、安保理はこの決議等を根拠に、国連ＰＫＯ設立時には、憲章第七章下の強制措置として「国連施設・要員等の安全確保」及び「国連要員等の移動の自由確保」をマンデートに含むことが定着した。同決議は<http://www.un.org/Docs/sc/unsc_resolutions03.html>を参照。

(18)　安保理決議第一二九六号（二〇〇〇年）パラグラフ五等において、安保理は武力紛争において無辜の市民を意図的に武力の行使の目標にするのは、国際人道法違反であり、国際社会の平和と安定に対する脅威であるとし、無辜の市民防護のために「適切な措置をとる」ことを決議した。以降、国連ＰＫＯ設立時には「脅威下にある無辜の市民の防護」を憲章第七章下の強制措置としてマンデートに含むことが定着した。同決議は<http://www.un.org/Docs/scres/2000/sc2000.htm>を参照。

(19)　この問題については本書第三篇に所収の幡新大実「平和維持軍と国際刑事法――連合王国陸軍軍法会議の事例を踏まえた比較法的考察――」が示唆に富む。

(20)　上杉『変わりゆく国連ＰＫＯと紛争解決―平和創造と平和構築をつなぐ―』五三頁。

(21)　安保理決議第一六〇八号（Security Council Resolution 1608, 22 June 2005）。<http://www.un.org/Docs/sc/unsc_resolutions05.htm>.

(22)　ＭＩＮＵＳＴＡＨの調査でフォースコマンダーは自殺と認定されたが動機については不詳。

(23)　UN Document, “Report of the Independent Inquiry into Actions of the United Nations during the Genocide in Rwanda (15 December 1999)”(S/1999/1257),pp. 10-11. <http://www.un.org/Docs/journal/asp/ws.asp?m=S/1999/1257>.

（本稿は筆者の個人的な見解をまとめたものである。）

**（元国連本部ＰＫＯ局軍事部軍事計画課・
陸上自衛隊幹部学校）**

第二篇　日本とＰＫＯ

池田・佐藤政権期の「国際的平和維持活動」参加問題

——コンゴー動乱・マレイシア紛争と自衛隊派遣の検討——

入江寿大

はじめに

今日、自衛隊が海外へと赴き一定の国際的な役割を果たすことは常態となった観があるが、他方で、今後日本が為すべき国際貢献のあり方や自衛隊そのものの位置付けなど、取り組むべき課題も残されている。本稿は、それらには日本の国連平和維持活動（ＰＫＯ）参加以前から引き継がれている側面がある、という問題意識から、ＰＫＯ前史を扱う。

日本のＰＫＯ参加前史に関しては一九九〇年代以降、研究蓄積が進んでいる。[1] しかし今なお未解明の部分も多い。特に「戦後日本はなぜ長らくＰＫＯに参加しなかったのか」という問いは、答えが一見自明でもあり、これまで詳細な分析がなされたとは言い難い。そこで本稿は、政・官各々の行動及び基底にある論理と世論の動向という三者の関係、及びそれらへの国際関係の影響という枠組みを用いてこの問題に接近する作業の一環として、官の動向と論理を扱う。その際、池田・佐藤政権期の外務省における「国際的平和維持活動」への自衛隊参加問題をめぐる行動と論議に焦点を当て、自衛隊派遣がいかなる経緯で、なぜ主張されたのか、という問いに答える。[2] より具体的には、いわゆる松平発言の背景と、従来知られていなかったマレイシア紛争における自衛隊派遣案浮上の経緯と論拠とを明らかにする。これらの事案が、当時の派遣論議の核心をよく体現していると考えられるためである。

なお、論証の際に依拠する史料には、情報公開制度を利用して取得した日本外務省の開示文書を中心に、日米英の公開外交文書、国会議事録、新聞縮刷版等を用いた。[3]

一　「国際的平和維持活動」への自衛隊参加問題の淵源

　戦後日本が歩んできた道は、しばしば軽武装・経済中心路線と表現される。それは、吉田茂が心血を注いで成立させた「寛大な講和」ゆえに可能になった道であり、講和・安保両条約によって対米協調を基軸とした日本は、軍備に伴うコストを最小限に抑えつつ、国民のエネルギーを経済活動に振り向けて復興から高度成長へと邁進した。その結果、戦後日本は驚異的な経済発展を遂げることとなる。いわゆる吉田路線の定着と成功である。

　しかし、そうした成功を可能にした「寛大な講和」の陰で支払われた代償も存在した。その一つが「なし崩しの再軍備」である。冷戦の緊張が高まる中、占領政策を転換して再軍備を求めるようになった米国との講和条件をめぐる交渉は厳しいものとなり、吉田は「再軍備の芽」を示さざるを得なかった。そして、この「芽」がその後の冷戦の深化とともに、自衛隊へと発展してゆく。こうした自衛隊の出自は、その存在の正当性に関する国民のコンセンサス形成を著しく困難にし、防衛・安全保障問題に関する国論の厳しい分裂を長期化させた。

　他方、吉田政権の末期に至ると、国民の間には対米協調だけでは満たし得ない独立心が高まっていた。そうした自立性への欲求と対米関係の折り合いをどうつけるか、という難題への取り組みの中から生まれたのが、外交三原則（「国際連合中心」「自由主義諸国との協調」「アジアの一員としての立場の堅持」）である。即ち、念願の加盟が叶った一九五六年の国連総会で「東西のかけ橋」たることを国際社会で生きる際の目標として掲げた日本は、国連と自由世界とアジアという三つの舞台における立場の整合性を保つことを自らに課したのである。しかし、それは三原則の策定に携わった外交官自身が述べているように、「きわめて微妙なバランスの上に立つもの」であり、外交的地平を広げる可能性と共に、矛盾をも孕んだ困難な課題であった。[4]

　やがて、こうした舵取りの難しい外交三原則と、防衛・安全保障問題に関するコンセンサスの不在という二つの要素が交錯する時がやってくる。それが、一九五八年のレバノン危機であった。[5]米英とアラブ連合・ソ連との対立が昂進する同危機のさなか、日本は独自の提案を国連で行って緊張の緩和に努めた。しかし、その提案が基になって実現した、レバノン国連監視団（UNOGIL）の増強に際し、国連から求められた要員派遣を岸信介政権は拒否するという選択を行う。この時期、マスメディアなどにおいては監視団への自衛隊派遣に対する好意的な意見も散見された。

しかし、同政権の施策を「逆コース」と規定する野党が政府・与党批判攻勢を強めていたため、要請の受諾は「自衛隊海外派兵の糸口をつくるものではないか」という議論を呼んで、野党を利するおそれがあった。そのため最終的には、国民の間のコンセンサスの不在から世論の後押しを得る見通しが立たない、との判断がなされたのである。当時、日米安保改定交渉が最大の懸案であったことを考えれば、その慎重さは無理からぬものであったと言えるかもしれない。

この、PKO原体験とも言いうる「レバノンの蹉跌」は、その後の日本政府、特に外務省をして自衛隊の派遣を繰り返し検討させる原点となったとされる。では、そうした模索の実相とはいかなるものであり、いかなる狙いが込められていたのか、次節以下、その一端を明らかにしてゆく。

二　松平発言とその背景

安保改定をめぐる騒乱のさなか、退陣した岸の後を襲って発足した池田勇人政権は、世論への配慮を重視し、国民の意見の一致が見込まれる経済成長というアジェンダを前面に押し出す「コンセンサスの政治」を目指した。他方、政策形成過程に関しては、政治主導が志向された。内閣レヴェルでの政策形成能力を強化するため、政権発足当初から公式・非公式の諮問機関を数多く設けたのはその現われである。[6] 一九六〇年七月二十九日に設置が閣議決定された外交問題懇談会もそうした試みの一つであった。[7] 同年十一月の総選挙で勝利を収めた池田は、翌年一月の施政方針演説で、国連における外交陣容の強化を打ち出す。[8] 一方外務省も、国連中心主義の内容が今後問題になるとして、国連に対する基本的態度を再検討する方針を固めていた。[9]

こうした動きが加速する中、小坂善太郎外相の指示で国連外交の最前線に立つ松平康東特命全権大使が一九六一年二月九日、一時帰国した。松平は二十一日に外務省で開かれた外交問題懇談会に出席して国連情勢につき報告しているが、その席上コンゴー動乱に触れ「日本が国連中心主義の原則に立って国連に協力するというなら当然派兵すべきである。国内法（憲法および自衛隊法）によって不可能であるならばせめて自衛隊からオブザーバーを派遣すべきである。」という旨の発言をした、と懇談会後、記者らに語った。[10] この発言は、国会の取り上げるところとなり、野党の激しい批判を惹起した。[11] 結局、政府はこれを松平の個人的発言とする答弁を行い、松平本人が発言を撤回する形で事態の収拾が図られた。[12] これが、いわゆる松平発言問題である。

では松平はなぜ、このような発言をしたのか。レバノン危機における苦い経験や松平の直言型の性格に由来する、という従来からの説明は妥当と思われるが、当時松平が置かれた状況を物語る史料からは、それら以外に発言の背景にあると考えられる要因も見て取れる。ここでは、そうした要因を三つほど指摘したい。

第一に、国連の変容である。具体的にはこの時期、加盟国に占めるアジア・アフリカ（Ａ・Ａ）新興諸国の割合が増加し、国連の構成が大きく変化したことを指す。松平はこの変化がゆくゆくは国連における日本の立場を危うくする可能性があると認識していた。なぜなら、ソ連や中国によるＡ・Ａ諸国への働きかけの強化を受け、非同盟・中立路線をとる国々の中に共産主義へと傾斜して行く国が増えつつあったからである。その結果、「Ａ・Ａグループの内部というものは実はソ連圏の進出とこれに対応する日本の指導下の自由陣営的な努力との衝突する場所になってしまった」というのが松平の情勢判断であった。[13] そして、そうした東側陣営との綱引きは国連において一層熾烈になってきているため、これからの日本の国連外交にはＡ・Ａ諸国からの支持調達が一層肝要であり、それを可能にするような影響力の維持・増進が目指されるべきであるとされたのである。二十日の池田との会談に際しても、「世界全体の外交が新しい局面に立っており、日本としてもＡ・Ａ諸国の心をとらえるような弾力性に富んだ、活力ある外交を展開すべき時期にきている」という旨の認識を力説している。[14] 先の派遣要請拒否に際し、国連内の「日本の態度は理解しがたい」といった各国の反応をじかに経験した松平にとり、そうしたソ連との綱引きの中で日本の発言に説得力を持たせるためには、ＰＫＯへの人的貢献は以前にも増して不可欠であった。[15]

第二に、国連外交強化の具体案である。この時期、池田首相・小坂外相らが考えていた強化案の柱は、国連代表部の陣容強化であり、その目玉は民間大使の起用であった。これは、特に池田首相が望む強化の方向性が「永田町（首相官邸）とニューヨーク（国連代表部）を直結した強力外交を推進したい」というものであったためである。[16] 他方、松平も右の宏池会での講演の折には、国連外交を重視するカナダでは国連に関する細かな案件まで閣議にかけられるという例を引き合いに出して、日本ではこれまで事務当局が舵取りを担ってきたが、今後は政策形成に関し「もう少しレベルを上げなければならぬ」と思う旨を述べている。また、二月十日の外務省幹部会でも、国連分担金問題を重視する省内の大勢に対し、「民間人を起用するのは結構なことで、とくに総会代表にいわゆる大物が加われば、成果も挙がると思う。」と述べ、池田の唱える強化策に同意を示している。[17] こうして松平は、池田政権の国連外交強化案を大筋で支持し、池田との会談の際にも「国連大使には政治的責任をとれる人を」と進言しているが、その狙いは「日本国内では国連のことを知らなさすぎるのではあるまいか。」という疑念から、そうした国内の政治情勢に国連外交が引きずられるのを避けるところにあった(18)。しかし同案は、国連外交への理解を求めて努力を重ねる松平自身が、その舵取りの重要性が一層強まりつつある正にその時に、ほかならぬ同外交の最前線から離れることを意味するものでもあったのである。

第三に、コンゴー動乱である。ここではコンゴー国連軍（ONUC）への要員派遣の打診が日本に対して水面下で行われていた可能性について触れる。ベルギーからの独立後、内乱状態にあったコンゴーでは、一九六一年一月のルムンバ（Patrice Lumumba）首相暗殺以降、紛争が激化していた。しかしこの時期ONUCから、アラブ連合及びモロッコが軍を引き揚げたため、現地では大幅な要員補充の必要に迫られていた。そうした状況の中、一月二十七日のロイター電が、現地国連筋が要員の補充のために、日本、インド、イラン、メキシコ、スウェーデン等の諸国に対し派兵するよう呼びかけた、という情報を伝えた(19)。そして翌二十八日には、「国連筋が日本に国連軍への派遣を要請」というニュースが日本の主要紙を一斉に飾ることとなったのである(20)。ロイターの報道は日本政府にとっては寝耳に水であったため、事実関係の確認を現地に訓令した(21)。また小坂外相は、二十七日の時点で、池田との要談後の記者質問に対して「正式な要請があっても海外派兵はしない」旨を表明している(22)。この素早い反応は、国会開会式を翌日に控えており、安保改定の際の混乱の記憶がなお生々しい当時としては、池田政権の本格始動の妨げとなる芽は極力早期に摘んでおきたいと政府首脳陣が考えたため、と思われる。最終的には、小坂外相が国会で「派兵の要求はありません。」と答弁して幕引きとなったが、こうした政府の対応は松平にとり「レバノンの蹉跌」の再現にほかならなかった(23)。

ちなみに松平は、日本が列強の一角を占めていた戦前に外交官人生を歩み始め、日米開戦時には一等書記官として在米大使館に勤務し、交換船で帰国した経歴を持つ。それだけに戦後は人一倍、日本の国際的地位の回復・向上を期していたと思われる。そうした松平にとって右の三点は、二年半の歳月が流れ日本と国連をめぐる国際情勢が変容しているにもかかわらず、国連外交をめぐる国内状況は一向に変化していない、という落差の大きさを痛感させるものであったと考えられる。

以上を勘案すると、松平の発言は「レバノンの蹉跌」の単なる後日譚ではなく、一九六〇年代初頭の急激に変動して行く国際情勢と、なかなか変わらぬ国内状況との間のずれを表象する出来事であり、「過去」ではなく「現在」が言わしめた発言であったことが分かる。

一方、問題の幕引きに際して国会で、「ほんとうに警察目的であって、しかも、世界治安維持のためならば、憲法上考えられる場合もある」と答弁し、現行自衛隊法上は不可能と断りつつも憲法に反しない自衛隊の海外派遣がありうるとの含みを残した池田であったが、その三年後、再び停戦・選挙の国際監視団への要員派遣問題に直面することとなった。[24] それが、マレイシア紛争である。

三　マレイシア紛争と日本

(一)　紛争の発生と日本の関与の端緒

マレイシア紛争は、一九六〇年代中葉の島嶼部東南アジアを揺るがした地域紛争である。[25] その発端はマレイシア連邦構想に対する、インドネシアとフィリピンの異議申し立てであったが、単なる領土紛争に止まらず、より深層においてはナショナリズム、脱植民地化、冷戦といった戦後世界の諸潮流が重層的に交錯する地点において生じた、複雑な対立を孕んだ問題でもあった。[26] それゆえ、同紛争は島嶼部東南アジア地域を著しく不安定化させる要因として無視し得ぬものとなって行き、一九六六年八月に紛争が終息するまでの間、多くの国々を巻き込むことになる。経済関係の強化を軸とする対東南アジア外交の展開を模索していた池田・佐藤政権期の日本も、そうした国のひとつであった。

紛争の初期においては、係争三カ国間の会談で紛争の平和的解決を謳ったマニラ協約が成立し、事態はいったん、鎮静化の兆しを見せた。しかし協約内容や国連のサバ・サラワク民意調査をめぐる解釈の相違が残る中、一九六三年九月十六日、マレイシア新連邦が正式に発足すると、紛争の様相は一変する。インドネシア・フィリピンの新連邦への抗議を受けて国交は断絶するとともに、特にボルネオ島のインドネシア・マレイシア国境付近（地図参照）では小規模ながら軍事衝突が断続的に発生し、紛争は本格化していった。

こうした紛争の激化を受けて、関係各国は調停工作を本格的に検討し始めるが、日本政府内には政治家と外務官僚の間で、紛争調停に関するスタンスの相違が存在した。要人を派遣してスカルノ（Sukarno）大統領に対する直接説得を試み、紛争を解決するという方法を志向する傾向が強かった前者に対して、後者はそうした「派手な」外交交渉の成果に関しては懐疑的であり、慎重な態度をその基調としていたのである。そのため、大きな関心を寄せ続けた、

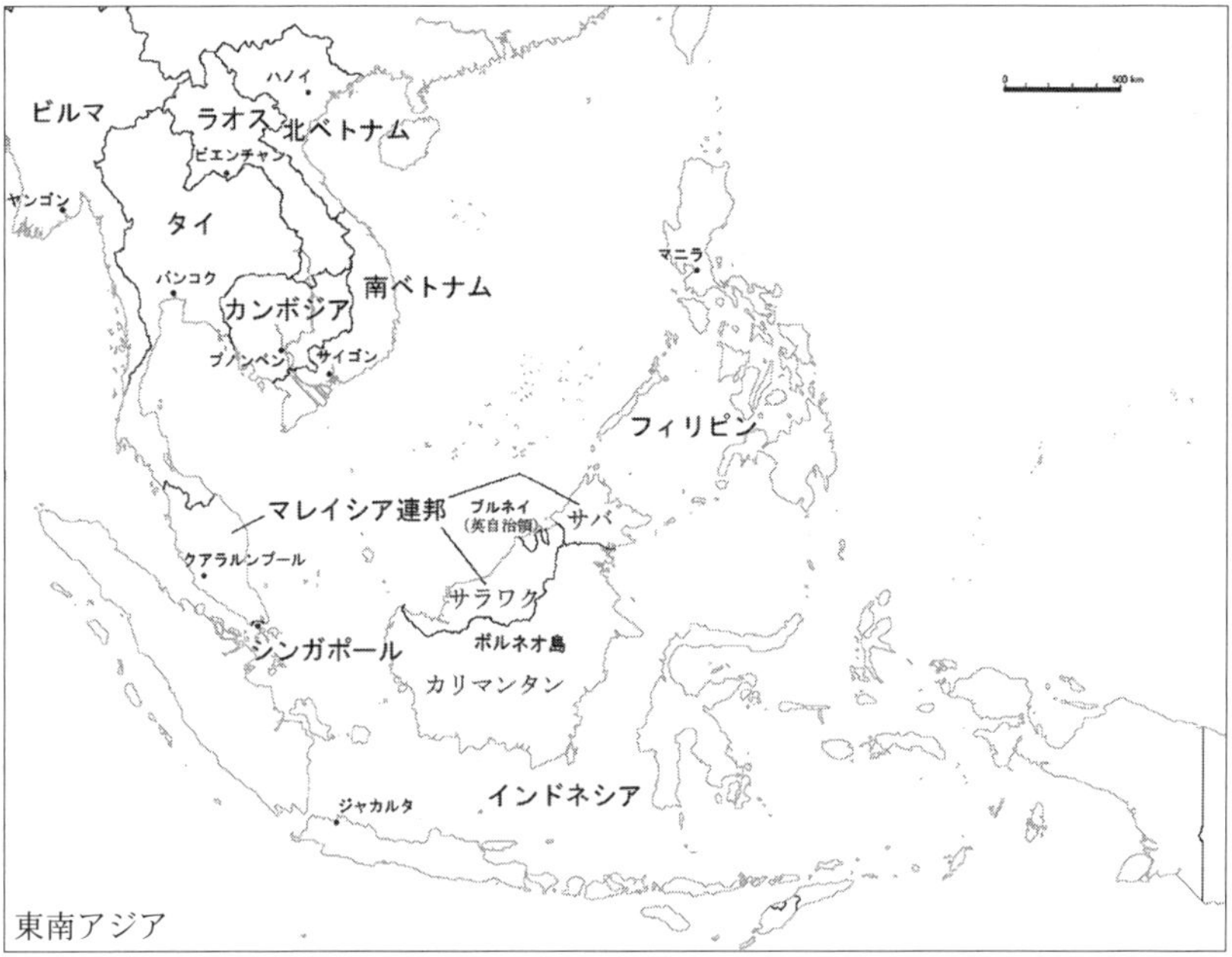

東南アジア

という点では一致していたが、両者の紛争への対応は齟齬を来たすこともあった。

　本稿で明らかにする自衛隊海外派遣案は、そうした温度差が存在する中で外務省内において浮上し、検討が重ねられたものである。他方、最初に調停外交を試みたのは前者であった。一九六三年秋に行われた池田首相の外遊時の働きかけがそれである。自由世界にインドネシアを引き込むことで、その対外行動の過激さを矯めることを狙った池田であったが、外遊の途路、挫折を余儀なくされる。関係各国との意見調整が不十分であり、周辺諸国の同意を取り付けることができなかったためであった。

（二）　日本による停戦・選挙監視団派遣案の浮上

　池田の試みが不首尾に終わったのを受けて外務省内では、その後の日本が調停工作を続けるにあたり「日本政府としての具体的調停案をもって積極的に調停工作を推進する」という選択肢よりも、「さしあたり三カ国の相互接触（外相レヴェル、首脳者レヴェル等）の再開を目途とする」ことの方が実際的である、との情勢判断が提起されていた。その上で今後は、仲介役を志向するマカパガル（Diosdado Macapagal）フィリピン大統領のイニシアティヴで和解工作が進むよう側面から協力するとともに、例えば紛争地帯に展開する兵力の撤退が成った場合には「国連又は公平な第三国代表数名によりなる監視団をサラワクとインドネシア領ボルネオ［カリマンタン―引用者註記］の双方に派遣する」といった条件の提示によって直接対話の環境を整える方策が省内で検討されている。(27)

しかし、現地では依然として厳しい対立が続き、フィリピン政府の努力にもかかわらず、紛争は長期化の様相を呈し始めていた。そのような中、調停に乗り出したのが米国であった。この動きを受けて日本政府も米国と連携しつつ、再度スカルノへの直接の働きかけを行うこととなる。

一九六四年一月十五日、池田の招請で先ずスカルノが、次いで翌十六日、ロバート・ケネディ（Robert F. Kennedy）司法長官が来日した。スカルノと個別に会談を持った池田とケネディは、サバ・サラワク地域の民意再確認にこだわるスカルノに対し、紛争解決の第一歩はインドネシアが先にボルネオ島で国境線を越えて同地域に展開している兵を退くことである、という共通の立場からの説得を試みている。結局、停戦を保証すればマレイシアとフィリピンを説得して係争三カ国の協議開催に尽力する、とのケネディの提案に対してスカルノは、マレイシア側の停戦合意という条件を付しつつも、これを受け入れた。(28)

現地ではその後も小競り合いが度々起きたが、停戦についての原則的な同意を初めてスカルノから取り付けたのは事実であり、こうした事態の進展を受けて外務省内では新たな調停試案が作成された。この試案には、インドネシアが実質的に「対決」している連邦の旧宗主国・英国に対して日本政府の調停構想を説明するケースを想定して、係争・関係各国からの要請があれば、日本も停戦監視団及び人民投票のオブザーバー団への人員派遣を行う用意がある旨を補足説明する、という案が盛り込まれている。(29)こうした監視団参加案の浮上は、右の会談の折にインドネシア側から人員派遣要請がなされたことを受けたものと考えられる。

黄田多喜夫外務審議官がランドール（Sir Francis Rundall）駐日・英国大使に対して語ったところによれば、一九六四年一月の池田との会談においてスカルノは、インドネシア・マレイシア双方の兵力撤収に際して、日本が停戦監視団を派遣することを強く求め、同席していた大平正芳外相がこの提案の検討を引き受けることとなったとされる。(30)また、その後のケネディとの会談においてもスカルノは、中立的な立場にある国が要員を派遣して停戦状況の査察を行うことを提案している。(31)

この時、スカルノ自身は日本が単独で監視団を派遣することを望んでいたと思われるが、日本側は関係各国との共同での派遣を考えていたようである。(32)いずれにせよ、こうした係争国の一角からの監視団への要員派遣要請は、日本の調停外交をめぐる状況の大きな変化であり、以後、外務省が中心となって要員派遣の方途を検討して行くこととなる。

その後、現地では二月から三月にかけてタイのタナット（Thanat Khoman）外相の周旋により、東京で示された調停案を検討するための三カ国外相会議がバンコックで数回開かれた。しかし話し合いは紛糾し、首脳会議の開催合意には至らなかった。いったんは停戦に同意したインドネシアであったが、会議に臨んで停戦に関して条件を付し、態度を曖昧にし始めたためである。その条件とは、停戦には同意するが撤兵は政治的協議の進展具合に合わせて行う、というものであった[33]。国境付近からの無条件即時撤兵を訴えるマレイシア側が、これに強く反発したのは、言うまでもない。

事態の沈静化の兆しが再び見えなくなったこの時期、日本政府内ではこれまでよりも踏み込んだ調停案が検討されている。これは、フィリピン政府が、「デッドロックに陥ったマレーシア問題を打開する一つの方法」として、「日本が東京において首脳会談を主催する」という筋書きを示唆したことを受けての動きであった[34]。

しかし、日本が調停者として積極的に提示することが想定されたその内容は、人民投票のオブザーバーとしてタイ・日本・ビルマの三国からの要員派遣を盛り込む一方で、新連邦の承認及び国交回復とマレイシアにおける住民投票の実施を抱き合わせにした上、投票の結果如何では承認を取り消す権利を留保しており、いかにインドネシアに矛を収めさせるかが紛争解決の鍵とはいえ、同国に傾斜した調停案であることは否めなかった[35]。また条約局からは、この案に関して国際法の観点から問題が生じうるとの指摘もなされている[36]。「スカルノに異和感を抱く人たち」の方が外務省の主流と見做されることもあった当時にあっては、こうした調停案はそのカードを切る時期も含めて省内で同意を十分に得られるものではなかった[37]。

その後、説得工作を続けていたフィリピンのロペス（Salvador P. López）外相が首脳会談の実現に漕ぎ着けたため、日本政府は首脳会談の開催場所を提供するにとどめ、各首脳との個別の会談の折に和解説得工作を行うという従前のラインに沿う途を選択する。一九六四年六月、係争三カ国の首脳は東京に参集、会談を持った。しかし、先の外相会議決裂の原因であったインドネシアのゲリラ撤兵時期に関しマレイシア・インドネシア双方の主張はここでも対立し、折り合いが付かなかった。フィリピンが提案したA・A諸国から成る四カ国調停委員会の設置という紛争解決の方式に対して、残る二カ国の原則的同意を取り付けることには辛くも成功したものの、その詳細を詰めることはできなかった。[38]その後、紛争解決の試みはこの調停委員会の設置実現に向けて収斂してゆくが、細部での意見調整がつかぬまま、インドネシアのゲリラ活動は活発化の一途を辿り、紛争は激化していった。

(三)　国際的停戦・選挙監視団への自衛隊派遣の検討

後世から見れば、マレイシア紛争の帰趨のみならず、ASEANへと至る東南アジアの地域秩序建設の試みにとっても転機と位置付け得る一九六五年は、インドネシアの国連脱退という衝撃が広がる中、幕を開けた。前年九月の国連総会における、インドネシアの「対決政策」を遺憾とする決議案の採択に加え、十二月にはマレイシアが安全保障理事会の非常任理事国に選出されたことに対し、抗議の意を表わすための脱退宣言であった。この時日本では、病に倒れた池田の後を引き継いだ佐藤榮作が政権の座にあった。一月三日、インドネシア脱退の報に接して驚いた佐藤は翌四日、早速スカルノ宛に親書を送り、国連への残留を呼びかけた。他方、事態は簡単には収拾しないであろうことを予想し、スカルノ説得のための要人派遣も考慮している。[39]

一方、この時期の外務省は紛争の解決に関し、悲観的な見方をしていた。省内では、マレイシアとインドネシアは「双方共々極めて強気であり、当面紛争の『終局的』解決を期待する時期に到来していない。」との情勢判断がなされている。その上で、「四国調停委員会の如き平和工作のための institution を設置する」という調停工作の方向性が模索されていた。そこには、後々情勢が変化した際のために、紛争「鎮静化の契機」を用意しておく、という意図が込められていた。また、そうした理由以上に重視されたのは、委員会の設置案が持つ、「インドネシアの北京接近の動向」への牽制の効果であった。[40]同時期に日本の対インドネシア政策を検討した文書には、右のような政策は、「東南アの安定と繁栄を現出してわが国の経済的発展の途を確保するための考慮があるほか、インドネシア・中共ラインの間にわが国をはじめ第三国を介在せしめることを目的とするもので、調停の成否はとも角として、そのために工作は今後とも積極的に推進さるべきである。」といった判断が示されている。[41]つまり関心の焦点は、紛争自体の解決からインドネシアに対する影響力をめぐる中国との争いにシフトしつつあったのである。このような判断には、一九六五年二月の米軍による北爆開始によってヴェトナム戦争が激化したことと相俟って、前年の核実験成功で影響力を強めた中国を媒介して、マレイシア紛争とインドシナ問題のリンケージが深化しかねないという懸念も作用していた。[42]

こうして外務省が、スカルノの対外路線転換の望みは薄いとして紛争に対し慎重な態度を持しつつも、出先機関等を利用した通常の外交ルートを通じての工作を目立たぬかたちで続けようとしていた一方で、政府内では政治家主導による要人派遣の構想も進行しつつあった。その任に当たったのが自民党副総裁の川島正次郎である。しかし、二度のインドネシア訪問を挟んで断続的に続けられた川島主導の説得工作も、「対決政策」を転換させることはできなかった。

この時に限らず、池田の外遊以来、繰り返し試みられてきた日本の調停外交が直接的なかたちで奏功する局面は遂に訪れなかった。これはインドネシア国内の権力構造の不安定さに起因するところが大きい。即ち、国軍と共産党（PKI）という二大勢力の拮抗の上に、カリスマ性はあるが大衆動員の組織的基盤を持たぬスカルノがかろうじてバランスを取りつつ立つ、という構図がそれである。[43] この国軍とPKIの対立は年を経るごとに先鋭化し、国内の不安定性も昂進してゆく。こうした緊張が臨界点に達した時、一つの事件が起こった。それが、九・三〇事件である。

十月一日早暁にジャカルタで発生した、「九・三〇運動」と称するそのクーデター事件の首謀者は親共産派の軍人であったとされるが、PKIが仕掛けたのか、国軍側の策略によるものかは、現在も不明である。確かなことは、この事件を契機に、大規模な共産勢力の掃討が行われ、夥しい血が流れた、ということである。そして、この過程で非合法化されたPKIは壊滅し、以後スハルト（Suharto）を中心とする国軍が権力を掌握していった。

この間、国軍の動きに対抗しようとしたスカルノの権力は失墜して行き、一九六六年三月十一日、スカルノからスハルトへの大統領権限委譲によってインドネシアは新秩序体制へと移行する。佐藤政権は、政変後の動向を見極めつつ、国軍主導の体制が固まるとみるや、同月新体制支持を打ち出し、インドネシアの東南アジア開発閣僚会議へのオブザーバー参加や緊急援助の実施を実現してゆく。こうした一連の素早い対応には、左傾化の恐れの無くなった新体制を支える狙いが込められていた。[44]

こうして、紛争解決にとって最大の障害であったインドネシア国内の不安定性が、少なからぬ代償を払った末ではあったが取り除かれ、かつ係争国が共産主義という「敵」を共有することとなったために、当事者間の話し合いの進展が見込まれるようになる。このため外務省は、基本的には「当面のところは、かかる関係国の意向を尊重して当事者双方の動きを先行せしめることが得策」と判断した上で、紛争の最終的な解決に当たってはサバ・サラワク地域の扱いが問題となる、との見通しに立ち、調停案を検討している。焦点は紛争当初からの対立点であった同地域の民意確認問題であった。そのため、タナット外相の主導で紛争調停に尽力してきたタイと日本が共同で合同委員会を設置し、過去の、あるいはこれから行われる民意確認結果を保証する、といった方式で問題の決着を図るとともに、首脳会談の場所を提供して話し合いの進展を促す、といった施策が俎上にあがっている。(45)

その後、現地での話し合いの進展を受けて、外務省は六月二日、右のラインをさらに敷衍した「対処方針」を作成する。(46)同案は、事実上停戦状態が現出しているインドネシア・マレイシア国境付近における戦闘の完全終結と兵力撤退の問題に触れ、「兵力撤収の査察について要すれば日・タイ協同」で、「定期にかつ象徴的に行う。」としているが、その要員につき、「わが国としては自衛官を外務事務官に併任し、現地に赴かしめることは可能である。」と明記している。スカルノからの要請を受けて以来、監視団への要員派遣は折に触れて検討されてきたが、こうした自衛隊員の派遣にまで踏み込んだ紛争調停案の作成には、国内外の状況の変化が作用しているものと思われる。

まず現地の状況であるが、スカルノの没落と国軍主導体制への移行が、両国間の武力衝突の可能性を格段に低減させた、という変化が挙げられる。つまり、仮に自衛隊員を現地に派遣したとしても、レバノンやコンゴー、あるいは九・三〇事件以前の現地と比べ、戦闘に巻き込まれる危険性と、そうした事態が日本政府を内政上苦しい立場に追いやるリスクとが遙かに低くなっていたのである。

また、国内要因としてはこの時期、国連平和維持活動への自衛隊派遣を可能にするための法整備の一環として「国連協力法案」の研究が行われていたことが挙げられる。(47)一九六六年初頭の外務省国連局においては、要員の派遣を含めた国連への協力に関して、「わが国の措置は、西欧先進国及びA・A諸国に比して甚しく立遅れ、わが国の国際的信用に影響する惧れのある事態」に立ち至った、という認識が強まりつつあった。(48)そこで、米国の「国連参加法」などを参照しつつ、PKOに対する人的貢献を可能にする途の模索がなされていたのである。(49)他方この時期、政治においては、非軍事面での国際協力に対する積極的な意見が、民社党だけでなく社会党右派内にも存在し（左派は反対）、防衛・安全保障問題をめぐる通常の保革対立とはやや異なる構図を示していた。しかし、意見の相違が激化して、再度の分裂に発展することを恐れた社会党は、党内ではこの問題を棚上げにするとともに、国会では紛争地域における状況の流動性を強調することで、非軍事の監視団と軍事的派兵を一体視して政府・与党を厳しく批判するという戦術をとった[50]。こうして、野党からの激しい反発を受けることとなった政府は消極姿勢に転じ、同法案は結局挫折する。右の自衛隊派遣案浮上は同時期のことであり、政府内の一連の動きと関連したものと考えられる。

この「対処方針」は翌三日、省内において幹部レベルの協議にかけられた[51]。この場で下田武三事務次官は、「査察は要請があればということだろうが、わが国としてはむしろ査察の必要が起こってくれた方がよい。International inspection ということで、コンゴーやサイプラス〔キプロス—引用者註記〕と異り、日本に近く、日本が大きな役割を果たす地域で、自衛隊が海外に行く例となり、この問題の壁をつき破るのには恰度よい。」と発言し、自衛隊の東南アジア派遣に意欲を示している。この見解に対し、高島益郎欧亜局参事官や他の参加者から「規模が問題だ。一個小隊も率いて行くわけにはいかない。」といった意見が出され、議論は結局、少人数でかつ外務事務官としてなら問題ない、ということで落ち着いている。この「対処方針」の内容は、マレイシア紛争終結に際しての協定調印は東京で、との意向を示し、紛争仲介への関心を持続していた佐藤首相に後日、ブリーフィングされた。しかし、佐藤は当日の日記には「イ・マ両国の紛争解決策をきゝ、更に両国への基本方策を議す。」と記すのみである[52]。かつて、実兄である岸の政権が「レバノンの蹉跌」を経験するのを目の当たりにした佐藤は同案を聞き、いかなる思惟をめぐらせたのであろうか。

結局紛争は、インドネシア・マレイシア間の直接交渉を経て協定締結が成り、一九六六年八月十一日には国交正常化を果たして落着した。これに伴い、国境付近の軍事的対峙も、両国とも兵を引く形で終息し、その後は対共産党共同作戦が模索されるようになってゆく[53]。従って自衛隊員が監視団の一員としてインドネシア・マレイシアの国境付近に立つことは遂に無かった。その後、海外における国際協力の現場に自衛隊が赴くまでには、なお四半世紀の時と国際環境の変転と、そして何より日本自身の変化が必要であった。

結びに代えて

このようにレバノン以後も外務省内に存在した国際協力のための自衛隊派遣案は、国益増進のため、特にA・A諸国に対しての影響力拡大を目指す外交戦略におけるカードの一枚として主張されたものであった。そしてその基底には、リアリスティックな国際情勢分析と外交官として現場で痛感した必要性の認識とがあった。反面、外務官僚自身が「窮余の便法」と表現せざるを得なかった、自衛隊員を外務事務官に併任して海外派遣する、という手法は、法律上はともかく国民感情の面でその正当性を納得させることは、到底できるものではなかった。[54] そしてそれは、戦後日本の大きな負債たる防衛・安全保障問題に関する国論の分裂を更に激しいものにする危険性を秘めた選択肢であり、かつ、軍事力の正当な位置付け、という残された課題への取り組みを一層困難にするものでもあったのである。

最後に、今後の研究の展望に触れることで結びに代えたい。冒頭で提示した枠組みによれば、外務省の自衛隊派遣を含む国際協力参加論がその後も長らく実現に結び付かなかったのは、国際環境の問題とともに、内政面における政治的意思の問題が大きかったと考えられる。例えば大平首相が設置した政策研究会が、一九八〇年に公表した報告書『総合安全保障戦略』は、軍備管理や国連平和維持軍といった例を引いて、今後の日本は国際関係の安定化や秩序形成に積極的に貢献すべきであると提言しているが、[55] その実現に必要なものとして、政治的意思を挙げている。

では、そうした政治的意思の明示が長らく為されなかったのはなぜか。一般には国民の反戦感情と野党の護憲・平和主義、与党の吉田路線の組み合わせで説明されるが、先に触れたように国際協力問題をめぐる政治地図は通常の保革対立の構図とは異なっていたことを勘案すると、より詳細な分析が必要であろう。

この点に関しては、軍事的な国際協力と非軍事のそれを同一の次元で論じる社会党の戦術と、その議論の枠組みを受容した上で自衛隊派遣の意思を当面は否定するという自民党の対応がもつ意味の考察が示唆を与えてくれる。それらは、直接的には党の一体性の確保と安保の悪夢再来の回避を可能としたが、政治戦略の面でも小さくない含意を有していたと考えられるからである。即ち対立軸の収斂、という効果である。具体的には監視団と海外派兵を同一視する際に「自衛隊の正当性基盤の弱さ」というカードを使うことで防衛・安保問題と国際協力問題という二つの対立軸を収斂させ、同一次元に重ねることを指す。これは、本来別の次元にあって交差する両軸とそれにより分かたれる四つの立場を、「革新＝ＰＫＯ反対・自衛隊派兵阻止」対「保守＝ＰＫＯ参加推進・なし崩しの海外派兵企図」、という、従来の保革の対立軸に沿った明快な二項対立の図式に置き換えることを意味している。

そして、この対立軸の収斂は、よりマクロな政治外交体制の観点から見ると、内政と外交の両面に以下のような影響を及ぼしたように思われる。まず内政上は、保革の対立軸の再強化に資した。自民党政権が左方向にポジションをシフトして、政策の質的相違を出しにくい経済成長イシュウが政策論争の中心を占めるようになっていた政治のアリーナに、憲法や戦後的価値の問題と結び付けたことで保革の相違を明確に出せるようになった国際協力問題を持ち込んだためである。それは、社会党にとっては、平和・護憲の党という存立基盤を強化する反面、現実に即応した変化の可能性を低減させるものでもあった。他方、自民党の対応は、内政上は保革対立が国会内外での激しい対決に発展することを回避し、政権の安定化を可能にする反面、外交においては非軍事とはいえ政治的側面で一定の役割を果たす国際協力政策を棚上げにすることを意味した。そして、その代わりに選び取り、継承したのが、通商国家としての経済中心路線であった。従って当時の自社両党の選択は、逆説的なかたちながら、五五年体制の安定と吉田路線の定着にとり礎石の一つを成した、という含意を有しているように思われる。

つまり軍事・非軍事を混同したかたちでの国際協力問題論議の棚上げ、という選択が、内政外交上の体制・路線の安定化に資したことこそが、政治的意思の明確化が長らく為されなかった理由なのではないだろうか。また、そうした与野党の選択の影響は、世論との関係にも及んでいるように思われる。即ち、本来は交錯するからこそ緊張関係を孕む、力をめぐる評価の軸（肯定・否定）と道義（是認・否認）の軸とを同一次元に重ね合わせる効果を持ち（力の行使＝悪、不行使＝善）、保革の対立軸と日本人の国際政治観の弱さを持続させたという側面もあるのではないか。

以上の仮説の検証は、国際協力をめぐる池田・佐藤政権期の政・官の動きを、より広い文脈に位置付けて捉え直すことを意味する。そしてそれは、両政権期の日本の政治外交という「全体」を国際協力政策という「部分」から再考する試みでもある。これらの諸点については、稿を改めて論じたい。

本論文の執筆にあたり、京都大学大学院法学研究科二十一世紀ＣＯＥプログラム「二十一世紀型法秩序の形成プログラム」より研究助成を受けた。ここに記して謝意を示す次第である。

註

（1）先行研究としては、香西茂『国連の平和維持活動』（有斐閣、一九九一年)、阪口規純「国連の集団安全保障と日本――国連軍参加に関する政府解釈の変遷――」(『国際公共政策研究』第三巻第二号、一九九九年三月)、西連寺大樹「日本の国連平和維持活動参加問題――文官派遣に至るまで――」(『政治経済史学』第四三四号、二〇〇二年十月)、村上友章「岸内閣と国連外交――PKO原体験としてのレバノン危機――」(『国際協力論集』第一一巻第一号、二〇〇三年九月)などがある。また、日本外交におけるPKO政策の位相を戦後五〇年のスパンで明らかにした包括的な研究としては、村上友章「国際平和維持活動と戦後日本外交――一九四六―一九九三――」(神戸大学大学院国際協力研究科提出博士論文、二〇〇四年)がある。

(2)　PKOへの参加が問題となったコンゴー動乱と異なり、マレイシア紛争では、①国連が実施した紛争地帯の民意調査の有効性の争点化、②紛争後期のインドネシアによる第二国連の結成提唱や国連脱退などから、主として国連の枠組みに依らずに複数の国家が構成する停戦・選挙監視団への参加が検討された。そこで本稿では両者を含めて、複数の国家が参加する国際協力の枠組みで平和維持機能を果たそうとする試み、というほどの意味で「国際的平和維持活動」という表現を用いる。

(3)　情報公開法により現在では、三〇年を経ていないものも含め、行政文書の開示請求ができる。外交文書に関しては、取得したい文書を特定できるような名称や内容を記した申請書を外務省情報公開室に提出すると調査・審査が行われ、開示決定が下されると当該文書の閲覧・写しの交付が可能となる。開示された文書のうち、歴史史料としての価値の認められるものは順次、外交史料館でも公開されている。詳細は、http://johokokai.mofa.go.jp/ を参照。

(4)　斎藤鎮男『外交　私の体験と教訓』(サイマル出版会、一九九一年)四三頁。

(5)　同危機をめぐる日本の国連外交に関しては、村上「岸内閣と国連外交」を参照。

(6)　牧原出『内閣政治と「大蔵省支配」――政治主導の条件――』(中央公論新社、二〇〇三年)二四八―四九頁。

(7)　『朝日新聞』朝刊(一九六〇年七月二十九日)。

(8)　第三十八回国会衆議院会議録第三号(『官報号外』昭和三十六年一月三十日)一二頁。

(9)　『朝日新聞』朝刊(一九六一年一月二十九日)。

(10)　同右、朝刊(一九六一年二月二十二日)。

(11)　第三十八回国会衆議院予算委員会議録第十六号(昭和三十六年二月二十二日)一―四及び一一―一八頁。

(12)　同右、一頁、『朝日新聞』夕刊(一九六一年二月二十三日)。

(13)　松平康東「日本の国際的地位と責任――国連外交について――」(宏池会調査部編、資料第四十二号、一九六一年)一五頁。

(14)　『朝日新聞』朝刊(一九六一年二月二十日)。

(15)　『日本経済新聞』朝刊(一九五八年八月三日)。他方、松平は宏池会での講演の折には、その具体的施策として、経済援助やアジア諸国と共有できる理念の提唱などを訴えてもいる。これらを考慮すると、自衛隊派遣の主張で一般に定着しているタカ派的なイメージとは異なり松平の外交構想は、国家を力・利益・価値の体系〔高坂正堯『国

際政治　恐怖と希望』（中央公論社、一九六六年）と捉えて三側面の連関に留意する、よりバランスの取れた外交感覚に根差した、多角的なものであった可能性がある。ただし、そこに先の大戦に起因するアジア諸国の警戒心への懸念は見て取れない。これは、後述するマレイシア紛争の折の自衛隊派遣積極意見にも共通しており、消極派との対照的な相違である。

(16)『朝日新聞』朝刊（一九六一年二月二十一日）。

(17)同右、朝刊（一九六一年二月十一日）。

(18)同右、朝刊（一九六一年二月二十二日）。

(19)小坂大臣発国連松平大使・コンゴー松原代理大使宛「コンゴー国連軍に関する件」一九六一年一月二十八日（外務省情報開示文書二〇〇五―〇一二九七）。

(20)『朝日新聞』『毎日新聞』『日本経済新聞』『読売新聞』各紙朝刊（一九六一年一月二十八日）。

(21)松原臨時代理大使発小坂大臣宛「コンゴー派遣国連軍に関する件」一九六一年一月三十一日（外務省開示文書二〇〇六―〇〇六三一）。しかし、同文書によれば、現地国連スタッフは関知しておらず、情報の真偽は確認できなかった（筆者がこれまで入手した史料からも派遣要請の有無は特定できなかった。なお、情報公開申請の結果は、今回引用した以外の関係文書は不存在であった）。

(22)『朝日新聞』朝刊（一九六一年一月二十八日）。

(23)第三十八回国会衆議院会議録第九号（『官報号外』昭和三十六年二月二十三日）九四頁。

(24)同右。

(25)本紛争の名称は、本稿では日本外務省のファイル名に鑑み、「紛争の争点＝マレイシア連邦結成の是非」というほどの意味で、マレイシア紛争という表現に統一する（文書からの引用を除く）。なお、マレイシア紛争に関しては、J.A.C.Mackie, *Konfrontasi:The Indonesia-Malaysia Dispute 1963-1966* (Kuara Lumpur:Oxford University Press,1974). 近年公開が進んでいる米英の外交文書を用いた自由諸国の視点からの研究としては、John Subritzky, *Confronting Sukarno:British, American, Australian and New Zealand diplomacy in the Malaysian-Indonesian confrontation,1961-5* (New York:St.Martin's Press,2000)及びMatthew Jones, *Conflict and confrontation in South East Asia, 1961-1965: Britain, the United States and the creation of Malaysia* (Cambridge U.K.:Cambridge University Press,2002)がある。また日本政府の動向を多国間関係のなかに位置付けた研究としては、宮城大蔵『戦後アジア秩序の模索と日本――「海のアジア」の戦後史　一九五七―一九六六――』（創文社、二〇〇三年）がある。

(26)マレイシア連邦構想は、当時既に英連邦内の独立国であったマラヤ連邦と、英領のシンガポール、サラワク、サバ、保護領のブルネイとが合邦して新連邦を形成する計画で、アブドゥル・ラーマン・マラヤ首相（Tunku Abdul Rahman Putra）が一九六一年五月に公式に言及したものである。

(27)「マレイシア問題処理に関する件」一九六三年十月十二日（外務省開示文書二〇〇四―〇〇四八二）。

(28)"Tokyo to Department of State, 17, Jan. 1964," *Foreign Relations of the United States* (U.S.Department of

State)[hereafter cited as *FRUS*], 1964-1968, vol. XXVI: Indonesia; Malaysia-Singapore; Philippines(Washington D.C.: U.S. Government Printing Office,2001), p.37.

（29）「マレーシア・インドネシア紛争に関する調停試案」一九六四年四月三十日（外務省開示文書二〇〇四—〇〇四八二）。

（30）"From Tokyo to Foreign Office, No.29,January 17,1964," F. O. 371/176012 FJ103162/6 (President Sukarno's Visit to Japan. Summary of discussion on Jan.16. between Sukarno and Ikeda.),Foreign Office Files for Japan and The Far East Series, Two: British Foreign Office Files for Post-War Japan (Public Record Office[hereafter cited as PRO] Class F. O. 371), microfilm ed.(Wiltshire:Adam Matthew Publications,1998).

（31）*FRUS*, vol.XXVI, p.37.

（32）PRO, F. O. 371/176012 FJ103162/6 によれば、会談に同席した黄田は"Sukarno had a purely Japanese body in mind,"との解釈を示している。また、*FRUS*, vol.XXVI, p.37 では、"President Sukarno proposed inspection by representatives neutral nation."と表現されている。他方、黄田はランドールに対し、ビルマやタイといった他のアジア諸国が監視団に参加することについて同意を示唆している。

（33）「（第二回日英定期協議用資料）インドネシアとマレイシア紛争」アジア局南東アジア課　一九六四年四月十五日（外務省外交記録 A'-427）。

（34）「マレイシア紛争解決のためのわが国の役割に関する件」南東アジア課　一九六四年三月十日（外務省開示文書二〇〇四—〇〇四八二）、及び「マレーシア解決の一方策」黄田　日付不明（文書内容及びファイルの前後の文書の日付から、一九六四年三月上旬の文書と推定される。）（外務省開示文書二〇〇四—〇一二三六）。

（35）「マレーシア紛争解決に関する一試案」一九六四年四月四日、及び「黄田私案（四月六日）」（外務省開示文書二〇〇四—〇〇四八二）。

（36）条約局では、住民投票の結果によっては国家承認を取り消す可能性を留保することを「解除条件付承認」と捉え、そうした考え方が少数説である点を指摘している。「解除条件付承認に関する法規課長のコメント」日付不明（外務省開示文書同右）。

（37）同案は後に、考案した黄田の私案としてインドネシア側に打診されたが、態度を一層硬化させていたスカルノの受け入れるところとはならなかったようである。田口三夫『アジアを変えたクーデター　インドネシア九・三〇事件と日本大使』（時事通信社、一九八四年）四〇頁、八六—八七頁。

（38）紛争の係争三カ国が各々一カ国ずつ、三カ国の合意により一カ国を選んで構成。「マレイシア問題に関する三国首脳東京会談の経緯」ア西　一九六四年六月二十七日、「マレイシア問題に関する三国首脳会談の成果」ア西　一九六四年六月二十七日（外務省開示文書二〇〇四—〇〇四八二）。

（39）伊藤隆監修『佐藤榮作日記』第二巻（朝日新聞社、一九九八年）〈昭和四十年一月三日及び四日の条〉二一八—二一九頁。

（40）「マレイシア紛争調停工作」アジア局　一九六五年二月

九日（外務省開示文書二〇〇四—〇〇四八二）。

(41) 「わが国の対インドネシア政策」南東アジア課　一九六五年二月二十三日（外務省開示文書二〇〇四—〇一二三六）。

(42) 「マレイシア紛争調停工作」アジア局　一九六五年二月九日（外務省開示文書二〇〇四—〇〇四八二）。

(43) William Case, *Politics in Southeast Asia: Democracy or Less* (Richmond : Curzon, 2002), pp.33-34.

(44) この間の経緯に関しては、宮城『戦後アジア秩序の模索と日本』第五及び第六章を参照。

(45) 「インドネシア・マレイシア紛争をめぐる諸問題（関係諸国の立場とわが国の対処方針）」アジア局　一九六六年五月十六日（外務省開示文書二〇〇四—〇〇四八二）。

(46) 「インドネシア・マレイシア紛争を繞る諸問題とわが国の対処方針」アジア局　一九六六年六月二日（外務省開示文書二〇〇四—〇一二三六）。

(47) 同法案を扱った研究としては西連寺「日本の国連平和維持活動参加問題」第二節などを参照。

(48) 「国連協力法案について」国連局政治課　一九六六年一月二十七日（外務省開示文書二〇〇六—〇〇五二一）。

(49) 「米国の『国連参加法（The United Nations Participation Act of 1945）』について」国連局政治課　一九六六年一月十三日（外務省開示文書、同右）。

(50) 水野均「国連の平和維持活動をめぐる日本社会党の対応——「非戦論」と「一つの国連」のはざまで——」（『防衛法研究』第二十三号、一九九九年）三及び六節。

(51) 「インドネシア・マレイシア紛争を繞る諸問題とわが国の対処方針の関する協議要録」アジア局　一九六六年六月三日（外務省開示文書二〇〇四—〇〇四八二）。

(52) 伊藤『佐藤榮作日記』第二巻〈昭和四十一年六月六日の条〉四三五頁。

(53) 在シンガポール・上田大使発外務大臣宛「シ・マ・イ3大使会談（報告）」一九六六年八月二十日（外務省開示文書二〇〇六—〇〇五二八）。

(54) 藤山大臣発松平大使宛「国連監視団増強の件」一九五八年七月三十日（外務省開示文書二〇〇六—〇〇五二〇）。

(55) 総合安全保障研究グループ『総合安全保障戦略』（大平総理の政策研究会報告書・五）（大蔵省印刷局、一九八〇年）四九頁。ただし、明確な意思表示が長らく為されなかったことは、意思そのものが存在しなかったことと同義ではない。本書の村上論文が指摘するように、一九七〇年代以降、文民派遣優先へと方針を転換した官の動きがＰＫＯ参加実現へと発展して行く背景には、大平や宮澤喜一ら宏池会系の政治家における意思の潜在的な持続があった。

（京都大学大学院）

カンボジアPKOと日本

――「平和の定着」政策の原型――

村上友章

はじめに

一九九三年五月、二〇年以上に及ぶ内戦の終結を目指したカンボジア和平プロセスは、国連主導の総選挙をもって一応の幕を閉じた。投票率八九・六％に達した総選挙に対し、宮澤喜一首相は、「真の勝利者はカンボジア国民である」と新生カンボジアを祝福する声明を発表した[1]。実はこの声明は、黒澤明の映画『七人の侍』（一九五四年）のエンディングから着想を得たものであった[2]。野伏の襲撃から農民を守った志村喬扮する侍は、生き残った仲間と共に、平穏を取り戻した村を見つめながら呟く――「勝ったのは、あの百姓たちだ。俺たちではない」と[3]。宮澤はこのシーンを、大勢のカンボジア国民が国連平和維持活動（ＰＫＯ）に守られながら続々と投票所へと向かう光景に重ねたのであった。そして、このＰＫＯの中には日本から派遣された自衛隊員や文民警察官、選挙監視要員の姿もあった。それは、国連加盟（一九五六年）当時からの課題であったＰＫＯへの本格的参加がようやく実現したことを意味していた。つまり、宮澤声明には、戦後日本が傍観者ではなく、参画者として――七人の侍のようにリスクを冒しながらも――初めて地域の平和構築の試みを最後まで支えることができたという秘かな自信も込められていたと言えよう。では、なぜ、日本は、三〇年以上未完であった課題を、このときに達成することができたのか。そして、それは戦後日本外交にいかなる意味を持つものであったのか。

この国連カンボジア暫定統治機構（United Nations Transitional Authority in Cambodia= ＵＮＴＡＣ）に対する日本の対応については、東南アジア外交としての側面と[4]、ＰＫＯ政策としての側面からの研究が蓄積されつつある[5]。しかし、その一方で、和平工作とＰＫＯ参加を同時に考察した研究は極めて少ない。[6] 後述するように、日本はＵＮＴＡＣに対して、要員派遣のみならず和平工作をも含んだ総合的な政策で対応した。したがって、日本外交におけるＰＫＯ参加の意味を明らかにするには、両者の連関を考察する必要がある。

というのも、九・一一同時多発テロ事件以降、日本政府は、ＰＫＯ政策を、和平プロセスの促進、人道・復旧支援と合わせて「平和の定着」政策の中に位置づけている。[7] だが、こうした総合的な日本のＰＫＯ政策は、突然、出現したのではない。実は、一九八八年に竹下登政権が策定した「平和のための協力」構想に既にその萌芽が見られるのであって、本稿が取り上げるＵＮＴＡＣへの参画こそ、それが具体的に適応された事例であった。[8] そこで本稿ではＵＮＴＡＣに対する日本の対応を、竹下政権の「平和のための協力」構想にまで遡りつつ、和平工作と要員派遣の両面から考察し、日本のＰＫＯ政策の原型を明らかにする。

一　湾岸危機前夜のＰＫＯ参加構想——二つのジレンマ——

（一）　竹下政権の「平和のための協力」

日本国内においてＰＫＯが広く議論されるようになり、自衛隊も含めた本格的な参加が実現するのは、一九九〇年の湾岸危機以降のことであった。一九五六年の国連加盟直後以来、日本は幾度となく国連からＰＫＯ派遣要請を受けてきたのであるが、これに応えることはなかった。[9] 憲法第九条と日米安全保障条約を巧みに組み合わせ「軽武装・経済中心路線」をひた走る戦後日本にとって、ＰＫＯ参加は長らく喫緊の政策課題にはなりえなかったのである。[10]

とはいえこうした「軽武装・経済中心路線」を戦後日本に定着させていった「保守本流」の政治指導者の念頭に、ＰＫＯ参加の問題意識がなかったわけではない。例えば、宮澤喜一は、既に一九六五年に、「憲法そのものが国連に頼って、世界の平和を維持しようという考え方に立っている」ことから、ＰＫＯ参加も「憲法の基本的な考え方に反しない」と語っていた。[11] 本書の入江論文が明らかにするように、外務省は一九六〇年代から自衛隊のＰＫＯ参加を検討していたのであるが、それは一九七〇年代以降も続いた。[12] 日本は、一九七〇年代には、一九六〇年代以降の経済発展により、主要先進国首脳会議に参加するなど国際社会における重要性を増大させた。その結果、経済力に見合う国際的役割が模索され、政府開発援助（ＯＤＡ）の増大と同様、ＰＫＯ参加も検討されたのであった。[13]

そこで、外務省国連局は、国内社会が受け入れやすい

ＰＫＯ参加のあり方を模索した。特に、その一つの帰結が、一九八〇年に発表された、ＰＫＯ参加に関する鈴木善幸内閣答弁書であった。[14] ここで、鈴木政権は、『国連軍』の目的・任務が武力行使を伴うものであれば、自衛隊がこれに参加することは憲法上許されない」が、「武力行使を伴わないものであれば、自衛隊がこれに参加することは憲法上許されないわけではない」とする憲法解釈を示した。こうした限定的な憲法解釈は、ＰＫＯを「武力行使を目的としない、いわば警察的任務に従事するもの」と定義する外務省の判断とあわせて、[15] ＰＫＯ参加への国内の支持を得るための環境整備であったといえよう。事実、こうした判断の上に、この答弁書は、ＰＫＯが国際平和に対して「重要な役割を果たしていると認識」し、その観点から「現行法令下で可能な要員の派遣」を検討すると表明したのである。そして実際、外務省国連局は、国内的に支持を得られそうにない自衛隊派遣を棚上げにし、文民によるＰＫＯ部隊を創設することも検討していたのであるが、[16] ＰＫＯに文民の需要がなかったこともあって、この構想は実現しなかった。

その後、ＰＫＯへの要員派遣は一九八七年に成立した竹下登政権に至って初めて、本格的な政策課題となるに至った。一九八八年五月、ロンドンにおいて竹下首相は、「平和のための協力」構想を発表し、「資金協力」に加えて、「紛争解決のための外交努力への積極的参加」や、ＰＫＯへの要員派遣によって地域紛争解決に参画する準備があることを表明したのである。[17] 竹下首相の指示の下で外務省が「平和のための協力」構想を発表した背景には、二つの要因があった。

第一の要因は、米国からの新たな「バーデン・シェアリング」の要請である。従来、日本の防衛政策は、日米安全保障条約の枠内で、日本の周辺において対ソ作戦に精力を傾けることで充分な役割を果たしていた。だが、一九八〇年代の日本の経済大国化によりロナルド・レーガン（Ronald W. Reagan）政権は、それ以上の役割を日本に求め始めた。一九八七年のイラン・イラク戦争終結時に、中曽根康弘政権には、ペルシャ湾に掃海艇を派遣することが要請されたのである。後藤田正晴官房長官の強い反対により掃海艇や巡視船が派遣されることはなかったが、この事件を契機として、外務省は、国際安全保障の分野で日本が果たしうる新たな役割を検討するに至った。[18] その結果、外務省は、「国際安全保障分野における日本の役割は、日米安保体制の枠組みの下で必要とされる以上のことを行うことは困難」とし、日米安保条約の枠組み外での自衛隊の軍事行動を否定した。[19] そして、その代わりに、外務省は、ＯＤＡの拡充や

ＰＫＯへの文民参加を以って、日本は国際安全保障の分野に貢献できるとしたのである。[20]それが「平和のための協力」構想であった。

第二の要因は、日本から米国に対する「レスポンシビリティ・シェアリング」の要求である。当時、栗山尚一外務審議官ら外務省幹部は、国際秩序は米国の覇権体制から「米・欧・日の集団協調体制」に移行しつつあると認識し、そこでの日本の責任の増大を強く認識していた。[21]それ故に、栗山は、日本がコスト負担のみを強いられることに納得せず、「互いにとるべき政策について協議し、その上で決まった政策を実行するために必要なコストを公正に分担する」ことを米国に要求していた。そうした経緯もあってか、ジェームス・ベーカー（James A. Baker）国務長官は、バーデン・シェアリング（重荷負担）という表現を、レスポンシビリティ・シェアリング（責任共有）という表現に改めたという。[22]このような観点から、「平和のための協力」には「紛争解決のための外交努力への積極的参加」の一項が加えられた。竹下政権は、単に資金を拠出するのではなく、「紛争解決への初期段階よりの関与は重要」であり、「ＰＫＯの企画・立案からの参画を行うべき」とし、ＰＫＯへの能動的な参画を計画していたのであった。[23]そして、そうした政治外交力を強化するためにも、ＰＫＯへの要員派遣が必要とされたのであった。

（二）カンボジア和平工作の模索

竹下政権が「平和のための協力」構想を策定した時、その最大のテスト・ケースとして想定されていたのがカンボジア紛争であった。[24]日本は、「平和のための協力」構想に基づいて、カンボジア和平プロセスに初期段階から参画し、かつ和平履行期のＰＫＯ参加を想定し国内体制の整備に着手したのであった。だがこの過程で日本は、日米関係と自衛隊に関わる二つのジレンマに直面することとなる。まず、和平プロセスへの関与を見ておきたい。

カンボジア紛争は、一九七〇年から始まった内戦に、冷戦というグローバルな対立と、中ソ対立と中越対立という地域の対立が結びついて複雑化していった紛争であった。[25]それは、一九七〇年、中立主義をとっていたノロドム・シハヌーク（Norodom Shianouk）元国王が、親米派ロン・ノル（Lon Nol）将軍によるクーデターによって追放された時から始まった。だが、このロン・ノル政権も一九七五年に国内共産主義ゲリラであったクメール・ルージュに倒された。さらに、国内で大量虐殺を行ったクメール・ルージュは対外的にはベトナムを挑発、その結果一九七八年にはカンボジアに侵攻したベトナム軍に駆逐されるに至った。この時、ベトナムは、クメール・ルージュ離反者を擁してカンボジアに人民革命党政権を樹立した。これに対し、ソン・サン派（Son Sann）〔旧ロン・ノル政権〕とクメール・ルージュは、国際的に知名度の高いシハヌーク元国王を全面に押し出した民主カンプチア連合政府（三派連合政府）を結成し、人民革命党政権に対する軍事的抵抗を繰り返した。さらに、そうした中で、三派連合政府を西側諸国やＡＳＥＡＮ、中国が支援し、人民革命党政権をベトナム、ソ連が支援したことによって、紛争は膠着化していった。だが、一九八七年十二月、米ソ緊張緩和を背景として、シハヌークと人民革命党政権のフン・セン（Hun Sen）首相がついに直接会談を行うに至り、カンボジア和平が本格的に動き始めた。

この間、外務省アジア局は、一九七七年に「福田ドクトリン」で知られる東南アジア政策を発表し、ＡＳＥＡＮ諸国とインドシナ諸国を包含する東南アジア全域の「平和と繁栄の構築」を志したことがあった。しかし、この構想は一九七八年のベトナム軍のカンボジア侵攻によって頓挫、それ以来、日本の東南アジア政策は、ＡＳＥＡＮを通じて三派連合政府を間接的に支持するという受動的なものに止まっていた。

ところが、カンボジア和平が動き始めた一九八七年十二月、竹下首相は、「古い友人である」シハヌークの和平努力を「出来るだけ支援して参る所存」と語り、国家統合のシンボルであったシハヌーク元国王を直接支持するという新機軸を打ち出した。[26] この時、外務省アジア局は、カンボジア紛争解決の先に、かつて「福田ドクトリン」が描いたインドシナ諸国も含めた東南アジア全域の平和と繁栄という目標を、再び見出していた。[27]

シハヌーク支持を表明した竹下政権は早速、一九八八年八月に、シハヌークを東京に招聘し、カンボジア和平プロセスに参画する糸口を掴んだ。だが、そこでシハヌークからもたらされた和平プランは、日本にとって驚くべきものであった。シハヌークは、三派連合政権内のクメール・ルージュと手を切り、むしろ敵対する人民革命党政権との提携を模索していたのである。例えば、シハヌークは、竹下や外務省関係者に対し、『シ』派（シハヌーク派―引用者註）と『ヘン・サムリン』派（人民革命党政権―引用者註）の二派連立政権の樹立も辞さない」、「新国家の幹部となり得る優秀な人材を有している『シ』派と行政機構を有する『ヘン・サムリン』派が手を結べば、効率的な行政機構ができることは疑いなく、また、『シ』派に対する国民の圧倒的支持に鑑みれば、唯一可能な選択かもしれない」とまで言い切った。[28]

そこで、外務省アジア局は、一九八九年の五月から八月にかけてカンボジア専門家であった渡部亮を専門調査員としてカンボジアの首都プノンペンに送り込み、人民革命党政権の実情調査を行わせた。当時、ベトナム軍がカンボジアから撤退し、人民革命党政権の実力に注目が集まっていた。そうした中で、渡部の報告は、ベトナムの「傀儡政権」と言われていた人民革命党政権の自立性を肯定的に評価するものであり、「(フン・セン首相は―引用者註)自分のメロディーを出そうと努力している。これを援けてやるべきである」と、人民革命党政権にも関係を拡大することを提言していた。[29] この渡部の報告に、栗山尚一外務次官も熱心に耳を傾けた。[30]

この間、一九八九年七月にパリで開催されたカンボジア和平会議への参加を実現させた日本は、単なる参加者の立場から脱却し、独自の外交的貢献策を見出す必要に迫られていた。[31] そこで、外務省アジア局は、渡部の実情調査をふまえ、かつてシハヌークが打ち明けた和平構想――シハヌーク＝フン・セン提携――を日本の和平工作の基本方針とするに至った。だが、この時点では、日本が独自の和平案を提案することはおろか、人民革命党政権に接触することすら困難であった。米国は、人民革命党政権を承認しないばかりか、宿敵ベトナムの傀儡政権として扱っていたからである。日本は、独自の和平方針に関して、日米関係との間にジレンマを抱えていたのであった。

(三) ＰＫＯ参加体制の模索

一九八八年八月にシハヌークを招聘した竹下政権は、驚くべきもう一つの見解に接した。シハヌークは、和平後の国際監視機構への日本の参加を求め、「数百人の監視要員を派遣して頂ければ有り難い」と、村田良平事務次官に打診したのである。[32] この国際監視機構は、人民革命党政権とシハヌーク派の軍事協力によってクメール・ルージュを封じ込めようとするシハヌークの構想の一環であった。「平和のための協力」構想を掲げた竹下政権は、アフガニスタンやイラン・イラクのＰＫＯに政務官を派遣し始めていたが、「数百人」という要請はそれを大幅に上回る規模であった。入江論文が指摘するように、既に一九六〇年代から、東南アジアで日本が和平工作を試みる際には、たびたびＰＫＯへの参加が課題となってきた。一九八〇年代後半のカンボジア紛争への関与においても、同様の課題が浮上したのである。

既に、一九八八年五月に「平和のための協力」構想が発表された直後から、外務省は省内に「国際平和維持活動人的協力作業グループ」を設置し、ＰＫＯ参加体制の準備作業に着手していた。[33] この準備作業の過程で、外務省は、外務省定員枠を用いて地方公務員を中心とする文民二一名をナミビアＰＫＯ（ＵＮＴＡＧ）に派遣した。だが、先述のとおり一〇〇名以上の参加が期待されていたカンボジアＰＫＯを想定した場合、現行の外務省定員枠内での派遣には無理があった。そこで、外務省は、外務省定員に特別枠を作り、それを基に「国際平和協力隊」を組織し、併せて「平和協力人材センター」も設置するという「国際平和協力隊の派遣に関する法律（案）」なる試案を作成した。[34] この試案に基づき、外務省は、総務庁（当時。現総務省）との協議を開始した。

このような文民派遣構想は、国内的にも、対外的にも需要のあるものであった。国内では、自衛隊の海外派兵に反対する観点からＰＫＯに消極的であった社会党が、外務省の文民組織によるＰＫＯ参加には積極的に支持を与えていた。[35] それは、公明党や民社党との連繫を模索する社会党の現実路線の一環であった。[36] また、さらには、一九八〇年代後半には、選挙監視要員等、ＰＫＯにおける文民の需要が高まっており、国連代表部は早期に文民をＰＫＯに派遣することを求めていた。[37] つまり、従来は、もっぱら国内的文脈から立案されてきたＰＫＯへの文民派遣が、国際的な需要と合致するに至ったのである。

だがリクルート事件で竹下政権が倒れ、自民党政権の政治力が急速に失われる中でこの構想が実現することはなかった。さらに、外務省自体もＰＫＯへの文民派遣構想に関して、必ずしも積極的ではなかった。ＰＫＯへの大規模な要員派遣を想定する外務省は、自衛隊派遣を最終的な目標に置いていた。したがって、外務省は、ＰＫＯ文民派遣構想を立法化した場合に、国会答弁や付帯決議によって「将来とも自衛隊員の派遣は行なわないとの『約束』をさせられ」、「将来にわたって手がしばられる」ことを危惧していたのであった。[38] こうした危惧は、一九八九年七月の参議院選挙において社会党が大躍進し、自民党が、参議院で過半数を割ったことでさらに強められたといえよう。つまり、外務省は、ＰＫＯへの要員参加に関して、文民組織を構想しつつも、それと長期的目標たる自衛隊派遣との間にジレンマを抱えていたのであった。このような状況の下に、一九九〇年八月に湾岸危機が勃発したのであった。

二　ＰＫＯ参加問題の浮上

（一）　東京会議の開催

一九八九年十一月に冷戦が終結し、国連安全保障理事会が活性化した。その結果、日本は、安保理主導のカンボジア和平プロセスから排除されると同時に、一九九〇年の湾岸危機においては、ＰＫＯを超える国際安全保障への貢献策が求められることになった。だが、こうした危機は、日本外交が直面していた二つのジレンマ――人民革命党政権への関係拡大とＰＫＯへの自衛隊参加問題――を打開する契機ともなった。

一九八九年のカンボジア和平会議の決裂以降、国連安保理常任理事国（Permanent Five＝Ｐ５）は、オーストラリアが提案した国連暫定統治を基本とする和平案を、カンボジア四派に受諾させることを目指した。安保理がカンボジア紛争を独占的に扱うこととなり、Ｐ５ではない日本は、結果として和平プロセスから排除されたのである。

そこで、外務省は、紛争当事者の直接対話を支援することによって、国連主導の和平プロセスを下支えし、それを梃子にカンボジア和平プロセスに再び関与しようと試みた。(39)先に述べた一九八九年のカンボジア和平会議が暗礁に乗り上げていた最大の要因は、和平プロセスにおける暫定政府樹立時の各派間のパワー・シェアリング（権力分配）の問題であった。四派平等を主張する三派連合政府と、両政権平等を主張する人民革命党政権側が真っ向から対立し、合意に至らなかったのである。そこで、シハヌーク＝フン・セン提携を目指していたアジア局は、権力分配を三派連合政府と人民革命党政権の間で同数とするという和平構想を策定し、これが外務省としてのカンボジア和平案となった。(40)

さらにアジア局の河野雅治南東アジア第一課長は、この和平案の提案を行うべく、プノンペンに出張し、懸案であった人民革命党政権への関係拡大を目指そうとした。これに対しては、外務省内には、依然として、米国を配慮しての批判もあった。だが、それを最終的に外務省が許容したのは、日米関係に関して「日本が大国としての能動的外交をやるのでなければ、アメリカにとっては、いくら同盟国であるからといっても、日本と本気で政策協議をする価値がない」という観点を持つ、栗山尚一外務次官の大局的判断であったと考えられる。(41)

しかし、米国は、国連安保理主導の和平プロセスが進展する中での、外務省担当課長のプノンペン訪問に対して、過敏に反応した。南東アジア第一課は、河野課長のプノンペン訪問を「現地事情の把握」という名目で米国に説明した。(42)これに対して、リチャード・ソロモン（Richard Solomon）東アジア・太平洋担当国務次官補は、村田良平駐米大使に対して、「国連を枠組みにして解決が図れないか模索している微妙な時期」に、「日本が個別にプノンペン政府に接触することは、プノンペン及びハノイに譲歩は必要ないとの印象を与えることになる」として、プノンペン訪問の延期を申し入れたのである。(43)だが、プノンペン訪問直前に、河野課長はワシントンにおいて国務省関係者と協議し、独自の和平案を人民革命党政権に提示することを断念する代わりに、ついにプノンペン訪問は了解を得た。

こうして人民革命党政権にも関係を拡大した日本は、その後、シハヌーク＝フン・セン提携を目指す日本独自の和平案を、一九九〇年六月四日・五日に、カンボジア四派を日本に招いてタイと協力して開催した東京会議に結実させていった。東京会議では、三派連合政権と人民革命党政権の権力分配を一対一とするという日本の考え方に基づき、四派から構成される最高国民評議会（Supreme National Council＝SNC）の設置が、シハヌークとフン・センの間で取り決められたのであった。そして、他の二派の同意も得て、一九九〇年九月にSNCは正式に発足し、カンボジア紛争当事者が恒常的に協議しうるメカニズムが整えられたのであった。谷野作太郎アジア局長が「（カンボジア各派が―引用者註）和解の精神に目覚めない限り、どんなに周囲で善意の人達による和平の動きがあったとしても空しい」という観点から東京会議を開催したと述べているように、[44]日本の役割は、国連安保理主導の和平プロセスに対して、新生カンボジアの主体がシハヌークとフン・センであることを明確に示したことにあったといえよう。

その後、一九九一年に四派が国連の和平案を受諾することでパリ和平協定が結ばれ、カンボジア和平は成立した。その履行にはUNTACが主権をもってあたることになっていたが、紛争当事者の合議体としてのSNCもその中心的役割を果たしていくのであった。その点で、日本は「平和のための協力」構想で描いたように、PKOの立案・形成段階から参画することに成功したのであった。そして、このことが、PKOへの要員派遣を必然的なものとしていったのである。[45]

この間の日本の和平工作は、時として米国との間で緊張をもたらすものであった。しかし、米国は、全般的には日本の和平工作を、日米の「グローバル・パートナーシップ」の先例とし評価した。マイケル・アマコスト（Michael Armacost）駐日米国大使は「米国の立場から見ると、日本の貢献は掛け値なしに利益をもたらした。（中略）その外交努力はおおむね米国の政策を補強するものであったし、問題解決への道を開くのに役立った」と日本の外交努力を回顧録の中で高く評価している。[46]日本は、紛争当事者自身のイニシアティブを支持することで、日米関係と和平工作のジレンマをも切り抜けたのであった。

（二）　PKO法の成立

先述の東京会議から二カ月後の一九九〇年八月、イラクがクウェートに侵攻する湾岸危機が勃発した。カンボジア和平プロセスの中で安保理の活性化は顕著であったが、さらに、そのことを印象づけたのが湾岸危機に対する安保理の関与であった。冷戦期には現実化することが久しく想定されていなかった国連憲章第七章に基づく武力行使の権限が、米国を中心とする多国籍軍に授権されるに至ったのである。したがって、当時のブッシュ（George H. W. Bush）政権が海部俊樹政権に求めた国際安全保障上の役割には、この多国籍軍への人的貢献も含まれていた。それは、外務省が竹下政権期に「平和のための協力」で想定していた役割——ODAの拡充やPKO参加——を超えるものであった。

だが、立法化作業を託された外務省は、この新法案の中に、PKO協力をも盛り込み、先述した従来の構想を実現しようと試みたのであった。ここで問題となったのが、多国籍軍への協力を実施する主体であった。外務省は、①自衛隊とは完全な別組織、②自衛隊、③自衛隊を別組織に移管する、という選択肢を検討した[47]。当初は海部首相の意向もあって、①が検討されたが、民間の協力が充分に得られなかったことから、栗山尚一外務次官らは、これを断念した。さらに、栗山は、③を選択し、「国連平和協力法案」の作成に入った。外務省内のPKO参加構想はついに自衛隊を含む段階へと移行したのである。ただし、栗山は、PKOへの自衛隊参加は容認していたが、専守防衛の自衛隊が武力行使を伴う多国籍軍に参加することには反対であった[48]。そこで、栗山は、自衛隊を完全に別組織に移管することを構想した[49]。栗山は特に自衛隊の海外展開を警戒したアジア諸国との関係を重視していたのである。

しかし、小沢一郎幹事長を中心とする自民党首脳部は、外務省の準備した法案を批判、自衛隊をそのまま多国籍軍に参加させるべきだとした。小沢はまた、自衛隊が多国籍軍に参加することは「集団安全保障」の観点から合憲であるとも考えていた。最終的に外務省の準備した法案には小沢らの意見が反映されることになったが、自衛隊を多国籍軍に直接参加させることに対しては、国内批判が噴出し、結局、「国連平和協力法案」は廃案となった。

だが、小沢は、「国連平和協力法案」の廃案が決定する前に、与野党間（自民党・民社党・公明党）で、PKOへの参加を対象とした自衛隊とは別組織を創設する合意を結んだ。PKO参加問題が与野党を巻き込んだ政治課題となったことは、画期的であった。湾岸危機を通じて、国際安全保障の分野においても、日本が何らかの役割を果たす必要があるという問題意識が、与野党を問わず広く共有された結果であった。加えて、日本も深く関与するようになっていたカンボジア和平プロセスは将来の国連暫定統治を前提としており、この点でも、PKO参加の必要性が広く認識されつつあった。

他方、カンボジアＰＫＯへの大規模な要員派遣に迫られていた外務省は、当初から自衛隊を含めたＰＫＯ参加体制を想定した立法化作業に着手した。多国籍軍への自衛隊の直接参加には消極的であった栗山外務次官も、武力行使を伴わない「戦わない軍隊」たるＰＫＯへの自衛隊参加なら何ら問題がないと考えていた[50]。竹下政権で文民組織のＰＫＯ派遣構想が検討されながらも遅々として具体化されなかったのは、外務省が、ＰＫＯへの文民派遣が実現すれば、それが長期的な目標である自衛隊派遣の足かせとなるのではないかという危惧があったからである。この点で、自衛隊のＰＫＯ派遣が国内で活発に議論されるようになった湾岸危機は、外務省にとっては奇貨であったといえよう。海部首相も、湾岸地域への掃海艇の派遣が成功し、これを国内世論も支持するようになったことから、自衛隊のＰＫＯ参加に前向きな姿勢をとるようになった[51]。

ＰＫＯに自衛隊が参加する場合の最大の課題となったのが、平和維持部隊と憲法第九条との整合性であった。先述した一九八〇年の「『国連軍』の目的・任務が武力行使を伴うものであれば、自衛隊がこれに参加することは憲法上許されない」という憲法解釈が問題であった。そこで、外務省は、憲法第九条が禁ずる「武力行使」に至るような状況を事前に回避するために、スイスの事例を参考にして、停戦合意等、伝統的なＰＫＯに固有の原則が守られなければ、「撤収」することを法案に明記することを提案した[52]。

他方、内閣法制局は、ＰＫＯにおける自衛のための武器使用基準に着目した。ＰＫＯでは、通常、要員の生命等の防護のため（Ａ型）と、任務の遂行を実力をもって妨げる企てに対抗するため（Ｂ型）の二つが自衛のための武器使用として認められている。内閣法制局は、Ａタイプは、自己保存の自然的権利の行使であるとし、憲法との関係で問題なしとしたが、Ｂ型の場合には、状況によっては武力の行使に該当することがあるのではないかと疑問を呈した。そこで内閣法制局は、武器の使用をＡ型の場合に限ることとを提案した[53]。以上のように、武力行使を伴う国連部隊への参加を一律に禁ずる憲法第九条の解釈に基づき、外務省、内閣法制局が考案した方策がまとめられて、ＰＫＯ参加五原則（紛争当事者間の停戦合意、紛争当事者の受け入れ同意、中立的立場、上記原則が崩れた場合の撤収、要員の生命等の防護のための必要最小限の武器使用）となった。

他方、海部政権は、ＰＫＯ参加の国内体制整備に着手する一方で、対外的にも、ＰＫＯ参加の環境を整えようとした。一九九〇年四月に、海部首相は、ＡＳＥＡＮ諸国を歴訪し、「歴史の反省を十分に踏まえた上で、政治面においても、平和国家としての我が国に相応しい貢献を行いたい」と、日本がアジア太平洋地域でＰＫＯも含めた政治的役割を果たすことに理解を求めたのであった。[54]

そして、このように、ＰＫＯ参加の環境整備が国内外において進んだことによって、従来は自衛隊とは別組織をＰＫＯに派遣することとしていた自公民三党も、自衛隊派遣も含めたＰＫＯ法案を認めるようになっていった。その後、国会審議の過程において、公明党の意向により国連平和維持部隊が行う「本体業務」（「武装解除の履行」や「巡回」）が「凍結」されることになり、また、民社党の意向に沿って「本体業務」参加時には、その前提として国会の承認を必要とすることとなった。

こうした経緯を経て作成された「国際連合平和維持活動等に対する協力に関する法律」（ＰＫＯ法）は、自公民三党の支持を確固たるものとし、社会党、共産党の反対にさらされつつも、一九九二年六月に可決されたのであった。宮澤首相は、ＰＫＯ法を、湾岸危機において国際安全保障への参画を求められた日本が「自分から進んでやるものにはこういうことがある」ことを示すものと考えていた。[55] それは、ＰＫＯ法が、彼らが築き上げてきた戦後日本の外交路線――「軽武装・経済中心路線」――の否定ではなく、それを補強するものであることを示していたのである。

三　ＵＮＴＡＣと日本外交

（一）「平和のための協力」の帰結

一九八八年に竹下政権は「平和のための協力」構想を発表し、国際安全保障分野にＰＫＯ、ＯＤＡ、外交努力をもって参画することを目指した。従来、カンボジア和平プロセスに関与し、さらに、ＰＫＯ法を成立させた日本は、ＵＮＴＡＣにおいて「平和のための協力」構想を結実させていく。それは、和平工作とＰＫＯに復興支援を重ね合わせるという「三次元立体外交」とでも呼ぶべき政策であり、[56] 同時期にブトロス＝ガリ（Boutros Boutros-Ghali）国連事務総長が『平和への課題』の中で提唱していた複合型ＰＫＯ（第二世代のＰＫＯ）を先取りするものであった。[57]

第一に、ＰＫＯ要員の派遣である。一九九二年、パリ和平協定に基づき、国連カンボジア暫定統治機構が活動を開始した。その後、ＰＫＯ法の成立を受けて、日本は既に展開し始めていたＵＮＴＡＣに、自衛隊施設大隊六〇〇人、停戦監視要員六〇人、文民警察七五人、選挙監視要員四一人を派遣した。戦後日本は初めて自衛隊を含む要員をＰＫＯに大規模に派遣したのであった。この要員のプレゼンスの意味について政策担当者は、もしＵＮＴＡＣへの要員派遣が実現していなければ、それは、一九八〇年代後半以来日本が行ってきたカンボジア和平への関与を「竜頭蛇尾に終わらせるものだっただろう」と述べている。[58]

第二に、ODAの活用である。紛争当事者の同意を重視するPKOにとっては、当事者からの期待が高い初期の段階での迅速な立ち上がりが非常に重要である。しかし、国連加盟国の未払いは、PKO予算を逼迫させており、PKOの立ち上がりをも困難たらしめていた。そこで日本は、UNTAC設置の安保理決議が採択される前に、総会にUNTACの立ち上がり経費として二億ドルの拠出を承認させるという異例の措置を講じた。[59]こうして日本は、資金を政治的に運用することで、UNTACの立ち上がりを効果的に支援し得たのである。さらに、日本は、多額の復興支援を梃子にカンボジア復興閣僚会議をUNTACと同時並行的に開催した。これによって多額の拠出誓約を国際社会から取り付けることに成功した日本は、「選挙の後にはよりよい生活が待っている。国際社会にはカンボジアを支える強い気持ちがある」という和平のインセンティブを紛争当事者に植え付けることができたのである。[60]

第三に、外交努力である。UNTACが、最も困難かつ重大な選択を迫られたのは、クメール・ルージュがパリ和平協定に明記された武装解除・動員解除（停戦の第二段階）の受け入れを拒否した時であった。UNTACの最終目標たる国民選挙の前提である停戦を実現するには、クメール・ルージュの武装解除が不可欠である。他方、選挙を遅延させないためには、すみやかに選挙準備にとりかからなければならない。困難な選択に迫られたUNTACはクメール・ルージュの同意なしに停戦の第二段階入りを宣言した。これ以後、クメール・ルージュはUNTACに対し選挙直前まで散発的な攻撃を続けた。そこで日本が、タイと共同してクメール・ルージュへの説得工作を買って出たのである。それは自衛隊派遣の環境整備という意味もあった。

だが、当時、プノンペン駐在の大使団（コア・グループ）は、明石康UNTAC特別代表を中心にクメール・ルージュに妥協せず選挙を実施することで一致していた。また、安保理では、米国やオーストラリアが国連憲章第七章に基づく同派への制裁決議案の準備にとりかかっていた。[61]したがって、明石を始めコア・グループのメンバーには、この日本のイニシアティブがクメール・ルージュに対して誤ったシグナルを送るのではないかと危険視する者も多かったようである。シハヌークも、批判的であった。[62]もっとも、日本とタイの四回にわたる説得にもかかわらず、クメール・ルージュは武装解除に応じなかった。

だが、従来からシハヌークとフン・センを新生カンボジアの主体としてきた日本には、クメール・ルージュと不当に妥協する意図はなかった。むしろ、日本の外交努力は、この責任者であった小和田恒外務次官が「中国やタイと一緒に協議を重ねながら、同じラインに立って考えてもらったということが、和平にいたるプロセスの重要なポイントになりました」と回想しているように[63]、クメール・ルージュを直接説得するというよりも、これを通じて、クメール・ルージュを支援し続けてきた中国やタイを国際社会のコンセンサスの中に取り込むことを企図したものであったと言えよう[64]。

そして、いよいよ安保理がクメール・ルージュへの対応と今後のＵＮＴＡＣの方針を決するという時、クメール・ルージュへの説得工作で注目されていた日本が、フランスから、この問題に関して安保理決議の起草を依頼された[65]。日本は、クメール・ルージュをパリ和平協定の枠組みの中に取り込んでおくことを指針として、クメール・ルージュに対して、経済的圧力を加えつつも、国連憲章第七章に基づく強制措置はとらない決議案を、中国と連携しながら起草した[66]。この安保理決議七九二によって、ＵＮＴＡＣは選挙を予定通り実施しつつも、中立的立場に立つ伝統的なＰＫＯの原則に踏みとどまるという方針を確認したのであった[67]。中国は、この決議案を棄権したものの、拒否権は行使しなかった。さらに、決議採択後に中国は、クメール・ルージュにＵＮＴＡＣへの協力を働きかけていくことすら示唆したのであった[68]。クメール・ルージュ説得工作の結果、同派を抜きにした選挙の実施は、中国も含めた国際社会のコンセンサスとなっていったのである。

（二）ＵＮＴＡＣの変容と日本の対応

国連決議七九二の採択に基づき、ＵＮＴＡＣは、「自由で公正な」選挙の実施という一点に目標を集中した[69]。特にＵＮＴＡＣ軍事部門は、選挙支援を第一の任務とし、各大隊の管轄領域も、選挙支援活動のために各州の境界線と一致するように再編成された[70]。各派の武装解除が不可能となった環境下で、ＵＮＴＡＣ軍事部門は選挙要員等の安全確保に当たることになったのである。

こうしたＵＮＴＡＣ内の民軍協力の進展は、当然のことながら、自衛隊施設大隊にも波及してきた。一九九三年三月には、ＵＮＴＡＣは作戦命令第三号を各国大隊に発出し、「選挙部門への安全と支援の提供」を基本方針とし、特に工兵部隊には「緊急的なインフラの修復を行ないながら、選挙のため警戒及び兵站支援を実施」せよと指示した[71]。しかしながら、「実施計画」において施設大隊はその活動範囲を道路や橋の修理といった後方支援に限定されていた。

これは、宮澤政権が、ＰＫＯ法成立時に、同法中の国連平和維持部隊の本体業務を「凍結」していたからであった。さらに、その本体業務には、選挙支援活動において軍事部門に期待される文民に対する警護活動は、そもそも含まれていなかった。なぜなら、先述のとおり、従来の憲法解釈の下で、自衛隊の武器使用は厳しく限定されていたからである。そこで、大隊は、「選挙活動の支援としての警戒任務は実施できない」旨をＵＮＴＡＣ工兵部長に説明し、同部長から了解を得た。[72] ＵＮＴＡＣ軍事部門が選挙支援を第一の目標にする中にあって、施設大隊は、この民軍協力体制に充分に対応することができなかったのであった。

だが、文民警察官の殺害事件を契機に、宮澤政権も、自衛隊の選挙支援を本格的に模索するようになった。五月四日にバンテアイミアンチェイ州で起こった、クメール・ルージュと思われる武装勢力による高田晴行文民警察官の殺害事件に、国内は激しく動揺した。明石は、こうした日本国内の動揺を「東京の雰囲気は想像できないほど情緒的なものだった。私にはそれが、あまり特異な国の出来事に思われてしかたない」と日記の中で評している。[73] この時期、犠牲者を出した国は日本だけではない。クメール・ルージュの攻撃を受けたブルガリアでも日本と同じように撤収論が高まったが、その時の犠牲者数は四人だった。他国との比較からは、明石が日本に抱いた奇異な印象も当然だったかもしれない。さらに、明石が最も恐れたことは、クメール・ルージュによる総攻撃ではなく、「ＵＮＴＡＣの下にカンボジアへ軍隊や警察官を派遣した各国政府が、弱気になってしまい、自国軍隊を撤退させてしまうこと」なのであった。[74] つまり、もし日本が要員を即時撤収していれば、それが、他の参加国に波及し、ＵＮＴＡＣを瓦解させる可能性すらあったのである。

事件直後、軽井沢から官邸に急行した宮澤は、クメール・ルージュの停戦違反は局地的なものであること、同派は依然としてパリ和平協定の遵守を明言していること、という二つの論拠から選挙の実施は可能と見て、要員のプレゼンスの維持を断固として決断したのであった。その席上、宮澤は「選挙の結果がどうなるかは分からないが、あとはシアヌーク殿下を中心にまとめることができれば、総選挙をやった意味は大きい」とし、「われわれとしても、ここのところは頑張ってやりかけた仕事をしっかりやり遂げましょう」と語った。[75] 明石が抱いていた先述の危機感をふまえれば、宮澤が、犠牲者を出しつつもカンボジアでの要員のプレゼンスを維持した意義は大きかったと言えよう。

だがそれは、宮澤首相でさえ、「あの翌日にもう一人死んだら、動けなかったですよ。そういう状況だったんですね。本当に保てなかった」と回想せざるを得ないほどの危機的状況であった。[76]したがって、宮澤政権としては、PKO要員の安全確保に一層万全を期す必要があった。特に、選挙期間中にカンボジアに日本から派遣される四一人の選挙監視要員の安全確保は急務であった。そこで、宮澤政権は、日本人選挙監視要員の安全確保に自衛隊施設大隊を充てるという政策をとった。「実施計画」やPKO法の枠内では施設大隊が、日本人選挙監視要員を含む文民の安全を確保することができないことは先述のとおりであった。そこで、柳井俊二国際平和協力本部事務局長と畠山蕃防衛庁防衛局長が協議した結果、「武装した自衛隊員に四輪駆動車で日本の選挙監視員達のいる投票所に毎日食料や飲料水を届けてもらい、合わせて選挙監視員達と情報交換をやってもらおう」ということで合意した。これはPKO法の範囲内ではあるが、クメール・ルージュにとっては、「立派な抑止力になる」と考えられたのである。[77]

一方、東京の陸上自衛隊幕僚監部は、施設大隊に対して、「抑止力」に留まることなく、積極的に文民の保護に当たらせようと考えた。西元徹也幕僚長の命令で、選挙前にカンボジアを訪れた自衛隊幹部は、「選挙監視員の支援活動にあっては、自ら危険事態に積極的に参加し、自ら正当防衛・緊急避難の状況を作り出すこと」を施設大隊に命じたのであった。武器使用を正当防衛、緊急避難の範囲に限定されている自衛官が文民の保護を行うには、自らが率先して攻撃の対象になる必要があったのである。この指示によって、選挙支援に当たる自衛官が直面する危険度は一気に高まり、「心理的にも極めて緊張した状況」が生じるに至った。[78]

このようにして、宮澤政権は、あくまでも日本人選挙監視要員の安全を確保するという目的ではあったが、「情報収集行動」という名目で、ようやく民軍協力に踏み出すことになった。もっとも、現地の施設大隊は、この「情報収集行動」にあたっては、他国の選挙監視要員にも配慮し、「重視地域を設けずに均等に立寄ること」とした。[79]このように、施設大隊が、UNTACの一員として、可能な限り公平な支援をしようと努力した結果、他国要員から「従来から描いてきた独善的な日本人のイメージを払拭した」という感想も寄せられたという。[80]そして、UNTAC工兵部隊長は、後日、この自衛隊の「情報収集行動」を、従来、施設大隊が国内規定上実施しないと説明してきた「PKF本体業務に該当するものではないか」と指摘したのであった。[81]こうした現地での日本人要員の活動を振り返り、池田維アジア局長は、「日本人の要員たちがUNTACに参加し、『体を張っている』という姿勢——それは別の言い方をすれば、リスクを冒そうという姿勢——こそが、カンボジア和平とカンボジアの国造りに対する日本の対応に、信頼性と迫力を与えるものではなかったか」と回想している。[82]

おわりに

一九九二年、日本はＰＫＯへの本格的な参加を実現させた。その後、日本は中東やアフリカのＰＫＯにも自衛隊を派遣し実績を重ねつつある。では、一九五六年の国連加盟から三六年にして、戦後日本が初めてＰＫＯに参加できたのはなぜだったのか。それは、日本外交にとっていかなる意義を有していたのであろうか。

一九八八年、竹下政権は「平和のための協力」を表明し、資金協力と合わせて、外交努力、ＰＫＯへの要員の派遣をパッケージとした政策を構想した。その最大のテストケースがカンボジア紛争であった。日本は要員派遣だけではなく、その前提となる企画・立案の段階からＰＫＯに参画することをも構想した。それは、国際安全保障分野に対する日本なりの参画のあり方を模索したものであった。

日本はカンボジア和平に深く関与すればするほど、ＰＫＯへの大規模な要員派遣の必要性を痛感することになった。竹下政権の下で、外務省は文民派遣組織の創設を計画していたが、それは長期的な目標であった自衛隊派遣とのジレンマを抱えていた。そのジレンマを打開したのは、一九九〇年の湾岸危機／戦争であった。海部政権が一三〇億ドルにも上る財政支援を決断したにもかかわらず、国際社会から高い評価を受けなかったことは、国際安全保障の分野における人的貢献の必要性を与野党の別なく痛感させたのであった。こうした経験が、自民党、公明党、民社党によるＰＫＯ参加に関する合意を形成したことは間違いない。

だが、湾岸危機／戦争の経験のみが、約三〇年間実現しなかった自衛隊のＰＫＯ参加を可能にしたわけではない。そこには二つの要因が複合的に作用していた。第一に、自衛隊も含めたＰＫＯ参加が自公民のコンセンサスになった背景には、一九八〇年に鈴木政権が試みていたＰＫＯ参加への環境整備の存在も大きかったと思われる。武力行使を目的・任務としない国連軍への参加ならば憲法に違反しないという憲法第九条の解釈は、「戦わない軍隊」というＰＫＯの定義と共存し得るものであった。ＰＫＯ法は、このような既存の憲法解釈の枠組みの中で作成された。こうした明確な憲法解釈は、ＰＫＯ参加に関する幅広い議論を一定の枠組みへと押し込めるものであった。だからこそ一九九一年の湾岸戦争終結から一年も経たない中で、ＰＫＯ法は成立し得たと考えられるのである。

第二に、ＰＫＯの企画・立案の段階から日本がカンボジア和平プロセスに参画していたことも、ＰＫＯ法成立の推進力になったと考えられる。湾岸戦争後にＰＫＯ参加に関する自公民の三党合意が成立し、外務省が速やかにＰＫＯの自衛隊参加を目指したのは、外務省が和平会議から参画していたＵＮＴＡＣを想定してのことであった。つまり日本外交のカンボジア和平プロセスへの参画が、先に述べた憲法第九条の解釈と併せて、国内コンセンサスを形作ったのであり、ＵＮＴＡＣへの自衛隊も含む要員参加を可能としたのであった。

こうして日本はＵＮＴＡＣがカンボジアに展開した時には、それを外交努力、復興支援・ＰＫＯという複合的な政策をもって強力に支援し得るメンバー国の一つになっていた。日本は、復興支援を戦略的に運用し、紛争当事者から和平のインセンティブを引き出す一方で、クメール・ルージュが和平プロセスから離反する兆候を見せた時には、タイと協力して説得工作を行い、最終的には、ＵＮＴＡＣの方向性を決める安保理決議の起草に参画するまでに至った。そして、日本のＰＫＯ要員は、そのような日本外交に信頼性や迫力を与えるものと位置づけられていた。

だが、ＵＮＴＡＣに対する日本のＰＫＯ対策は、その可能性を示すと同時に、課題をも明らかにした。宮澤政権は、安保理決議七九二の起草に参画したにもかかわらず、それに基づき選挙支援中心の編成へと変容したＵＮＴＡＣを現地で支えることができなかった。ＵＮＴＡＣは、複合型ＰＫＯの場合には、それが国連憲章第六章に基づくものであっても、ＰＫＯ法が想定しなかった文民に対する警護業務が派遣部隊に対して要求される可能性があることを明らかにしたのである。ＰＫＯ法成立を促進した憲法第九条の解釈が、現地における自衛隊の活動を制約する結果を招くという逆説に、日本は直面していたのであった。

だが、選挙支援活動に携わる日本の文民警察官から犠牲者が発生するに至り、自衛隊も文民の安全確保に踏み込むこととなった。ＰＫＯ要員撤収論が高まる中、宮澤首相は現地に踏みとどまる決断を下した。そして、宮澤政権は、自衛隊に、日本から派遣された四一人の選挙監視要員の安全確保を命じたのであった。こうした任務は、ＰＫＯ法の下で、武器使用を厳しく制限された自衛隊施設大隊にとっては、かなりの危険を伴うものであったが、施設大隊は、ＵＮＴＡＣの一員として、他国要員に対しても公平に任務を実施することによって、現地での信頼を得た。その結果、総選挙によって新生カンボジアが誕生した時、それを支えた日本外交も新時代を開くことができたのであった。それから八年後の二〇〇一年、九・一一同時多発テロ事件後のアフガニスタンでの和平構築に際して、小泉純一郎政権は、再び、外交・ＰＫＯ・復興支援からなる「平和の定着」政策を打ち出した。これに対して、ジョージ・ブッシュ（George W. Bush）大統領は、「日本はカンボジア和平での成功の経験があり、アイデアや進め方の面でも幅広い貢献が出来ると思う」と語った(82)。このように、本稿が取り上げたＵＮＴＡＣへの関与は、日本のＰＫＯ政策の原型となっていったのである。

註

（1）「カンボディアにおける制憲議会選挙に対する宮澤内閣総理大臣のコメント」（一九九三年五月二十九日）（『宮澤内閣総理大臣演説集』日本広報協会、一九九四年）七二頁。

（2）竹内行夫元総理秘書官へのインタビュー（一九九八年七月二十一日）。

（3）都築政昭『黒澤明と「七人の侍」』（朝日ソノラマ、一九九九年）二三八頁。

（4）カンボジア和平と日本外交に関しては、当時の外交官の回顧録が豊富に存在する。池田維『カンボジア和平への道――日本外交試練の五年間――』（都市出版、一九九六年）、今川幸雄『カンボジアと日本』（連合出版、二〇〇〇年）、河野雅治『和平工作――対カンボジア外交の証言――』（岩波書店、一九九九年）を参照のこと。また、この問題に関する主要な先行研究には、友田錫「日本のカンボジア外交――政治的役割の実験――」（『亜細亜大学アジア紀要』第一九号、一九九二年）、友田錫「続・日本のカンボジア外交――和平協定の危機と日本の役割――」（『亜細亜大学アジア研究所・研究プロジェクト報告』第一〇号、一九九四年）、小笠原高雪「カンボジア和平と日本外交」（木村汎他編『「日本・ベトナム関係」を学ぶ人のために』世界思想社、二〇〇〇年）、小笠原高雪「インドシナ外交戦略の変容」（末廣昭・山影進編『アジア政治経済論』ＮＴＴ出版、二〇〇一年）等がある。また、カンボジア和平と日本に関するオーラルヒストリーに関しては、谷野作太郎『谷野作太郎オーラルヒストリー』（政策研究大学院大学、二〇〇五年）、今川幸雄『今川幸雄オーラルヒストリー』（政策研究大学院大学、二〇〇五年）、波多野敬雄『波多野敬雄オーラルヒストリー』（政策研究大学院大学、二〇〇五年）、栗山尚一『栗山尚一オーラルヒストリー――転換期の日米関係――』（政策研究大学院大学、二〇〇五年）、栗山尚一『栗山尚一オーラルヒストリー――湾岸戦争と日本――』（政策研究大学院大学、二〇〇五年）がある。

（5）日本のＰＫＯ政策に関する先行研究には、永田博美「日本のＰＫＯ政策」（『国際安全保障』二〇〇一年六月）、Hugo Dobson, *Japan and United Nations Peacekeeping new pressures, new response* (London: RoutledgeCurzon, 2003) 等がある。

（6）ＵＮＴＡＣへの日本の関与を包括的に考察した研究としては、Yasuhiro Takeda, "Japan's Role in Cambodian Peace Process: Diplomacy, Manpower, and Finance," *Asian Survey* 38, 6 (1998) がある。

（7）外務省国際平和協力室編『平和の定着に向けた日本の取り組み』（外務省、二〇〇五年）。

（8）外務省「川口外務大臣プノンペン政策演説『未来への

架け橋』ＡＳＥＡＮの一体性強化のためのイニシアチブ」（二〇〇三年六月十七日）。
（9）その最初の事例については、拙稿「岸内閣と国連外交――ＰＫＯ原体験としてのレバノン危機――」（『国際協力論集』二〇〇三年九月）を参照。
（10）戦後日本外交の基本路線に関しては、酒井哲哉「『九条＝安保体制』の終焉」（『国際問題』一九九一年三月）を参照。
（11）宮澤喜一『社会党との対話 ニュー・ライトの考え方』（講談社、一九六五年）二一〇頁。
（12）西連寺大樹「日本の国連平和維持活動参加問題――文官派遣に至るまで――」（『政治経済史学』二〇〇二年十月）を参照。
（13）佐道明広『戦後政治と自衛隊』（吉川弘文館、二〇〇六年）一六五頁。
（14）「衆議院議員稲葉誠一君提出自衛隊の海外派兵日米安保条約等の問題に関する質問に対する昭和五十五年十月二十八日鈴木内閣答弁書」。
（15）栗山尚一『日米同盟　漂流からの脱却』（日本経済新聞社、一九九七年）四六頁。
（16）「国連協力隊の構想（私案）」（一九七四年）情報公開開示資料。
（17）外務省「ロンドン市長主催午餐会における竹下登内閣総理大臣スピーチ『日欧新時代の開幕』」（一九八八年五月四日）。
（18）村田良平元外務事務次官へのインタビュー（一九九八年八月十四日）。
（19）「十八回日米安全保障協議委員会（ＳＳＣ）第三日目」宇野外相発松永駐米大使宛（一九八八年五月九日）情報公開開示。
（20）同右。
（21）栗山『日米同盟　漂流からの脱却』二一一頁。
（22）同右、二一一―二二二頁。
（23）『平和のための協力』に関する担当官会議／提言ペーパー」（一九八九年三月十三日）情報公開開示。
（24）栗山『日米同盟　漂流からの脱却』二二二頁、池田『カンボジア和平への道――日本外交試練の五年間――』一九頁。
（25）カンボジア問題に関しては、ナヤン・チャンダ『ブラザー・エネミー』友田錫、滝上広水訳（めこん、一九九九年）を参照。
（26）日本・ＡＳＥＡＮ首脳会議における竹下内閣総理大臣冒頭発言「日本とＡＳＥＡＮ――平和と繁栄へのニュー・パートナーシップ――」（一九八七年十二月十五日）。
（27）谷野『谷野作太郎オーラルヒストリー』二頁。
（28）南東アジア第一課「シハヌーク殿下訪日」（一九八八年八月九日）情報公開開示。
（29）渡部専門調査員「プノンペン出張報告」（一九八九年九月四日）情報公開開示。
（30）谷野『谷野作太郎オーラルヒストリー』二一―三頁。
（31）河野『和平工作――対カンボジア外交の証言――』三七頁。
（32）南東アジア第一課「シハヌーク殿下の訪日（次官とのワーキング・ディナー）」（一九八八年八月十八日）情報公開開示。
（33）「国際平和維持活動人的協力のための作業グループ／設置」情報公開開示。
（34）「国際平和協力隊の派遣に関する法律（案）」情報公開開示。
（35）第一一八回国会参議院外務委員会第二号（平成二年四月

十七日）。

(36) 上原康助「安保・自衛隊政策に関する試論」（『月刊社会党』一九八九年八月）一〇八—一一六頁。

(37) 「『平和のための協力』に関する担当官会議」（資料作成）木谷国連大使発宇野外相宛（一九九〇年三月七日）情報公開開示。

(38) 作業グループ担当レベル「担当レベルの作業に関するとりあえずの報告」（一九八八年六月二十八日）情報公開開示。

(39) 友田「日本のカンボジア外交——政治的役割の実験——」一六九頁。

(40) 「日本和平案」（一九九〇年二月二日）情報公開開示、河野『和平工作——対カンボジア外交の証言——』四八頁。

(41) 栗山『日米同盟　漂流からの脱却』二二頁。

(42) 「カンボディア問題」（「ヘン・サムリン政権」との非公式コンタクト）中山外相発村田駐米大使宛（一九八九年十二月二十九日）情報公開開示。

(43) 「カンボディア問題」（「ヘン・サムリン政権」との非公式コンタクト）村田駐米大使発中山外相宛（一九八九年十二月三十日）情報公開開示。

(44) 谷野作太郎「日中関係の安定がアジアの平和の鍵」（『官界』一九九〇年十月）一二三頁。

(45) 栗山『栗山尚一オーラルヒストリー——湾岸戦争と日本——』一一五頁。

(46) マイケル・H・アマコスト『友か敵か』読売新聞社外報部訳（読売新聞社、一九九六年）一七〇—九一頁。

(47) 国広武重『湾岸戦争という転回点　動顛する日本政治』（岩波書店、一九九九年）八〇—八一頁。

(48) 栗山『栗山尚一オーラルヒストリー——湾岸戦争と日本——』八七—八八頁。

(49) 同右、八〇—八一頁。

(50) 栗山『日米同盟　漂流からの脱却』、四六—四七頁。

(51) 石原信雄『官邸二六六八日　政策決定の舞台裏』（日本放送出版協会、一九九五年）六五頁。

(52) 栗山『栗山尚一オーラルヒストリー——湾岸戦争と日本——』一一四—一一五頁。

(53) 大森政輔『二〇世紀末期の霞ヶ関・永田町——法制の軌跡を巡って——』（日本加除出版株式会社、二〇〇五年）一一〇頁。

(54) ＡＳＥＡＮ諸国訪問における海部俊樹内閣総理大臣政策演説「日本とＡＳＥＡＮ・新時代の成熟したパートナーシップを求めて」（一九九一年五月一日）。

(55) 五百旗頭真、伊藤元重、薬師寺克行編『九〇年代の証言　宮澤喜一　保守本流の軌跡』（朝日新聞社、二〇〇六年）一六三—六四頁。

(56) 河野『和平工作——対カンボジア外交の証言——』二四八—四九頁。

(57) Boutros Boutros-Ghali, *An Agenda for Peace : Preventive Diplomacy, Peacemaking and Peace-keeping,* U.N.Doc.A/47/277-s/24111, June 17, 1992.

(58) 池田『カンボジア和平への道——日本外交試練の五年間——』一七六頁。

(59) 猪又忠徳「国連平和維持活動留保基金の設立と機能について」（『国際協力論集』八巻二号、二〇〇〇年十一月）。

(60) 明石康『忍耐と希望　カンボジアの五六〇日』（朝日新聞社、

一九九五年）一三四頁。

(61) Ken Berry, *Cambodia-From Red to Blue: Australia's Initiative for Peace* (Canberra: Allen & Unwin, 1997), pp. 239-70.

(62) 今川『今川幸雄オーラルヒストリー』四二一―三〇頁。

(63) 小和田恒『外交とは何か』（ＮＨＫ出版、一九九六年）二二六頁。

(64) 池田『カンボジア和平への道――日本外交試練の五年間――』一五五頁。

(65) 今川『今川幸雄オーラルヒストリー』四二一―三〇頁。

(66) 神余隆博「ポスト冷戦の国連平和維持活動の新展開」（『阪大法学』一九九四年三月）六〇頁、池田『カンボジア和平への道――日本外交試練の五年間――』一九四―九六頁。

(67) U.N.Doc.S/2873, 30 November, 1992. 神余「ポスト冷戦の国連平和維持活動の新展開」二七―二八頁。

(68) Berry, *Cambodia-From Red to Blue : Australia's Initiative for Peace*, p. 270.

(69) 上杉勇司『変わりゆく国連ＰＫＯと紛争解決　平和創造と平和構築をつなぐ』（明石書店、二〇〇四年）二六三―六八頁。

(70) Janet E.Heinger, *Peacekeeping in Transition: The United Nations in Cambodia* (New York: Twentieth Century Fund Press, 1994), p. 77.

(71) 陸上幕僚監部編『カンボディアＰＫＯ派遣史』（陸上幕僚監部、一九九五年）、二二六頁。

(72) 同右。

(73) 明石康「カンボジア日記」（『中央公論』一九九四年三月号）。

(74) 明石『忍耐と希望　カンボジアの五六〇日』八二―八三頁。

(75) 竹内行夫「孤独な決断」（『外交フォーラム』一九九四年一月号）九六―九七頁。

(76) 宮澤喜一、五百旗頭眞「日本外交インタビューシリーズ（一）　宮澤喜一」（『国際問題』二〇〇〇年十一月号）。

(77) 柳井俊二「ＰＫＯの戦友、畠山蕃さんを偲ぶ」（畠山襄編『畠山蕃の生涯　やんちゃに筋を通した優等生』二〇〇五年）一五五頁。

(78) 陸上幕僚監部『カンボディアＰＫＯ派遣史　資料集その二』八七頁。

(79) 同右、五七頁。

(80) 同右、七八頁。

(81) 同右、八七頁。

(82) 池田『カンボジア和平への道――日本外交試練の五年間――』一七六頁。

(83) 外務省「日米首脳会談概要」（二〇〇一年十月二十日）。

（大阪大学大学院）

現場の誇り
——ＵＮＴＡＣ派遣自衛隊指揮官の回想——

渡邊　隆

はじめに

平成四（一九九二）年十月中旬頃、カンボディアのタケオ州に到着して間もない第一次カンボディア派遣施設大隊の仮設本部に外国人ＮＧＯの数人が慌しく訪ねてきた。どうやら急ぎの頼みごとがあるらしい。どちらも流暢と言えない英語による会話から察するところ、現地の稲作農業を指導しているそのＮＧＯは、雨季で決壊した溜池の堤防を修復するため、派遣部隊の装備する建設器材の支援を頼みに来たらしい。北緯九度のカンボディアでは、一年の内、四月から九月頃までが雨季、十月頃から三月までが乾季である。雨季の間に雨水を溜めておけば、乾季の間にも稲作が期待できるという。とりあえず担当の者に現地を見に行かせた。災害派遣などを通じた経験から、簡単ではないが一個小隊（三〇人程度）と所要の器資材があれば、一日か二日程度の作業と思われた。実はこの時、派遣大隊長には別の思いがあった。現地入りして間もない部隊が現地の人々に受け入れられるチャンスになるかもしれない。日本で自衛隊が唯一胸を張って実施している災害派遣ではないか。ＰＫＯは初めてだが、災害派遣なら経験も自信もある。そこで日本の上級司令部に連絡した。返事は、「待て」であった。「実施計画」「実施要領」にその規定がないという理由であった。許可が下りたのは、それから四日ほど経った後であった。溜池の水はほとんど流れ出てしまっていた。その後ＮＧＯにこの経緯を説明したが、彼らの視線は冷たかった。自衛隊最初[1]の国際平和協力業務は、日本の指揮と国連の指図の間のディレンマのもと、このように始まったのであった。

一　国際平和協力法の背景とその枠組み

（一）　国際連合平和維持活動（以下ＰＫＯと呼称）の定義

一九九二年六月十五日、「国際連合平和維持活動に対する協力に関する法律（平成四年六月十九日法律第七十九号）」（以下国際平和協力法と呼称）が成立し、同年八月十日に施行された。こうして国連の行なう平和維持活動などに関して国家として人的な協力を可能にする法的枠組みがようやく整った。この法律におけるＰＫＯの定義は以下のとおりである。

「国連の総会又は安全保障理事会が行なう決議に基づいて、

①　武力紛争当事者間の武力紛争の再発防止に関する合意の遵守の確保、

②　武力紛争の終了後に行なわれる民主的な手段による統治組織の設立の援助

③　その他、紛争に対処して国際の平和と安全を維持するために、

④　国際連合の統括の下に「行なわれる活動」[2]（○数字は筆者挿入、以下略）

国際平和協力法においてＰＫＯを右記のように定義しなければならない最大の理由は、国連憲章にＰＫＯが明確に規定されていないことによる。国際平和協力法におけるＰＫＯ活動の定義の特質は、国家間の紛争後の停戦監視、平和維持という伝統的なＰＫＯのみならず、前出定義の②に見られるように、内戦後の復興や民生支援など、冷戦後の第二世代とも言えるＰＫＯを視野に入れた幅広いものとなっている点である。明示されていないものの、これは法案審議と同時並行的に進められたカンボディアの和平プロセスが反映されたものと見ることができる。

（二）　冷戦後の国際社会と日本の動き

この法案の審議に先立つ一九八〇年代後半から一九九〇年代にかけての数年間、国際社会及び国連は激動の時代を迎えていた。一九八九年秋のベルリンの壁崩壊、一九九〇年八月イラクのクウェート侵攻、一九九一年一月の湾岸「砂漠の嵐」作戦、同年十二月のソビエト連邦の崩壊、まさに冷戦体制は音を立てて崩れ落ちていった。そしてカンボ

ディア和平の道を開くパリ和平会議が一九九一年十月に開かれ、紛争四派の停戦合意が初めて成立し、翌一九九二年二月に国連安全保障理事会において、国連カンボディア暫定統治機構（ＵＮＴＡＣ）の設立が決定された。冷戦後の国際社会の期待の高まりを受けるように国連の動きは加速する。ガリ国連事務総長（当時）は、一九九二年六月、国連の機能強化を前面に出した『平和への課題（An Agenda for Peace : Preventive Diplomacy, Peacemaking, and Peace-keeping)』を提案する。この提案の中でガリ総長は、紛争の解決だけでなく、紛争予防・平和創造及び平和執行活動こそが国連に求められる機能であると規定し、そのためには、原則的に武力行使権限のない従来の平和維持活動（ＰＫＯ）の限界を超え「実効性のある活動権限と手足が必要である」と主張した。漠然としていた「国連活動の将来像」を、加盟各国の目の前に鮮明に描き出したものであった。(3)

湾岸戦争において総額一三〇億ドルの資金を供与しながら、国際社会から Too Late, Too Little と批判を受けたわが国は、一九九一年四月、現行法律の枠内で四隻の掃海艇を含む機雷掃海部隊を湾岸戦争後のペルシャ湾に派遣する。そして一九九二年九月、国際平和協力法に基づき、個人派遣として停戦監視員八名、文民警察官七五名を、部隊派遣として六〇〇名からなる施設大隊をＵＮＴＡＣに派遣した。

カンボディアＰＫＯへの派遣が始まると、国際社会の日本に対する姿勢が直ちに変化した。それまでパリ和平会議に参加はしていたものの、蚊帳の外におかれていたわが国が、初めて常任理事国の会議（Ｐ５）に特別参加したのは、カンボディアで武装解除を拒み続けているポル・ポト派を非難する決議案が、国連安保理に提出される三日前のことであった。(4)その後、日本は二回にわたり東京でカンボディア会議を主催した。冷戦体制の崩壊を受けた日本が国連の常任理事国入りを視野に入れて、積極的に国際社会の中で動き始めた時代であった。

二　第一次カンボディア派遣施設大隊の国際平和協力業務

（一）　出国まで

こうして陸上自衛隊初の海外派遣が決定されたが、防衛庁（当時。現防衛省）・陸上自衛隊は中央から末端に至るまで苦悩していた。海上自衛隊・航空自衛隊と異なり、陸上自衛隊はそれまで実働部隊を海外に派遣したことがなかったからである。カンボディアへの派遣に当たり、どのような編成で、どのような準備をすればよいのか、全くノウハウがなかった。その時まで日本と国連の間には、軍事面でのコンタクトはほとんどなかった。ワシントンＤ・Ｃにある米国国防総省（ペンタゴン）を訪れる自衛官は少なくなかったが、ニューヨークの国連本部ビルを訪れる現役自衛官は皆無と言ってよかった。アメリカに二度の留学経験を持つ幹部自衛官が急遽ニューヨークに飛んだ。部隊は臨時編成の防衛庁長官直轄部隊として、第一次派遣部隊の編成管理官は中部方面総監に任された。編成担任は京都府大久保駐屯地に所在する第四施設団、派遣要員は主として中部方面隊、一部の要員は陸上自衛隊の全てから幅広く集められることとなった。現地へ二度の調査団が派遣され、その情報が刻々と中央及び現地の編成担任部隊にもたらされた。必要な装備品・機材が列挙され、そのほとんどが武器輸出に該当するため[5]、防衛庁を通じて通産省（当時）に武器輸出の申請がなされた。調査団からの情報入手に伴い、毎日のように武器輸出申請の装備品一覧表は修正され続けた（この教訓に基づき、現在では国際平和協力業務に関する武器輸出申請手続きは簡略化されている）。その忙しさは、予備要員も含んで行なわれた演習場における激しい準備訓練が息抜きに思えるほどであった。個々の隊員は、これらの訓練や準備の合間に、厳しい身体検査を受け、コレラ・日本脳炎など計八種類の予防接種を二週間で受けた。

六月の法案成立は、準備開始の合図とはならなかった。派遣部隊の車両や装備品は、国連の指定する白色塗装が必要で、その他必要な装備品や防暑服などは緊急に調達する必要があったが、そのための予算は年度当初に計上されていなかった。法律が施行されるまでは、陸上自衛隊の部隊・機関は独自の判断で準備を始めるしかなかった。年度の予算の一部をＰＫＯのために振り替える綱渡りの準備が続いた。八月十日に法案が施行され、八月十一日に防衛庁長官の準備命令が下令された。編成完結式は九月十五日、海上自衛隊の輸送部隊の出発は十七日、航空自衛隊の空輸部隊の出発は二十三日に決まった。眠れない夜が続き、時間との勝負が始まった。六甲アイランドに護衛艦を接岸するための地元自治体との調整や、輸送会社との調整、そして海・空自衛隊との調整が連日続いた。海上自衛隊の輸送艦に積み込む最初の車両は、主として先遣隊の生存のための機資材が積み込まれる予定であったが、傾斜三〇度にも傾く外洋航海では、荷崩れを起こす恐れがあるので、積載量は半分程度に減らされることになった。バン詰め（コンテナへの積み込み）は、隙間なく積み込むノウハウを持つ業者の全面的な協力を仰がねばならなかった（この結果、現地でコンテナに何がどのように入っているのか掌握することができず、現場は混乱した）。航空自衛隊の輸送機に積載される先遣隊の車両・器材も航続距離の関係から同様に制限された。

（二）　出国から現地入り

九月十七日、六甲アイランドを、「みうら」「おじか」の輸送艦と補給艦「とわだ」から成る三隻の海上自衛隊輸送部隊が出港した。車両とともに乗り込んだ派遣隊員は、主として糧食（調理）を担当する二二名で、彼らは初めての海外派遣の最初の二週間を強度の船酔いに苦しむ羽目となった。九月二十三、二十四日の両日、航空自衛隊小牧基地からC―一三〇輸送機が沖縄に向けて飛び立った。沖縄で一泊、マニラで給油の後、タイのウタパオ基地で一泊、そして二十五日から二十六日にかけてプノンペン郊外のポチェントン空港に到着した。初めて降り立ったカンボディアの地で派遣部隊を待っていたものは、三〇〇名に及ぶ日本のメディアのフラッシュの洗礼であった。

UNTACの要人・関係部署に対する挨拶や研修を終え、何よりも先に先遣隊が行なったことは、現地に日本の国旗を掲げることであった。軍から払い下げられたようなロシアのヘリコプターが用意された。三〇分ほどの飛行の間、上空から見た雨季の終わりに間近いカンボディアの大地は、延々と続く水田の連続で、まさに水の中に浮かんでいる国であった。

現地に日章旗と国連旗が掲揚された。しかし、これで実施計画、実施要領に示された国際平和業務が始まったわけではない。道路・橋梁の維持・補修のためには、所要の器材と人員が必要であり、そのための受け入れ準備が始まった。持参した天幕が天張され、先遣隊の主力は宿営予定地において、一部は民家を借りて、最初の夜を過ごした。

国際平和協力業務に必要な車両及び器・資材の大半が海上輸送により、シアヌークビル港に揚陸された。港の一角にある大きなコンテナヤードと倉庫が派遣部隊に与えられた。その膨大な資材は派遣部隊の手で三〇〇キロ以上離れたタケオ宿営地に運ばねばならなかった。しかし長い内戦により道路は荒廃し、装備品などの輸送は遅々として進まなかった。輸送効率を重視してコンテナに積載された内容品は、宿営地の建設や業務の優先度に応じて積み込まれておらず、さらに現地に到着後、最優先に格上げされた簡易トイレなどは、部品がどこに積み込まれているかが判らず、現地到着までに時間を要した。港と宿営地の間の連絡手段は、海事衛星通信（インマルサット）しかなく、しかも当時は音声のみでFAXも電子メールもない状態であった（後に無線中継所を設置して独自の通信回線が構成された）。九月の末に始まった輸送は計画期間を過ぎても終わらず、カナダから派遣をされていた輸送大隊の支援を受けて十二月中旬、器・資材の輸送は終了した。それまで陸上自衛隊を支援していた海上自衛隊の輸送艦と補給艦は十二月十四日に派遣部隊に見送られながら日本への帰国の途についた。

（三）　国連平和維持活動及び国際平和業務の実施

現地入りした部隊がＵＮＴＡＣの工兵部から受領した命令（指図）の第一項に、タケオにキャンプ（宿営地）を設営せよ、とあった。部隊に集結や宿営を命令するのは軍隊としては当たり前のことで、その上で国道二号線・三号線の道路と橋梁の復旧（rehabilitation）任務が与えられた。

国際平和協力法によると、国際平和協力業務の実施要領には、①国際平和協力業務が行なわれるべき地域及び期間、②地域・期間ごとの業務の種類と内容、③業務の実施の方法、④地域・期間ごとの業務に従事すべき者、⑤派遣先国の関係当局及び住民との関係、⑥業務の中断、⑦その他、として定められ、必要に応じ変更できることが明記された。この実施要領の作成及び変更は、国際連合平和維持活動として実施される国際平和協力業務に関しては、事務総長又は派遣先国において事務総長の権限を行使する者が行なう指図に適合するように行なうものとするとされた。

実際に部隊に付与された実施要領の概要は、以下のとおりである。

①　国際平和協力業務が行なわれる地域及び期間

地域：カンボディア国内のプノンペン市、ココン、カンポット、タケオ、コンポンスプー、カンダル、プレイヴェンの各州であって国連事務総長の指図する地域

期間：平成四年九月十一日から平成五年十月三十一日までの間

②　業務の種類及び内容

a　道路、橋等の修理等

b　ＵＮＴＡＣ構成部門等に対する水又は燃料の供給

c　ＵＮＴＡＣ構成部門等の要員に対する給食

d　ＵＮＴＡＣ構成部門等の要員に対する宿泊又は作業のための施設の提供

e　ＵＮＴＡＣ構成部門等の要員に対する医療

f　制憲議会選挙に関わるＵＮＴＡＣ等の物資の保管

g　ＵＮＴＡＣの要員等に応じて実施する物資等の輸送

h　カンボディア国際平和協力隊のための物資等の輸送

上記の内、ｂについては現地到着後直ちに、またｅについては平成五年二月に、ｃ、ｄ、ｆについては平成五年五月にそれぞれ実施要領に追加された。まさに実施要領は、国連の要請（指図）を受けた現地部隊が日本に連絡し、そ

の変更を待って実施されることになった。

（四）　現地の停戦及び治安状況

国際平和協力業務の原則のひとつは、武力紛争の停止及びこれを維持するとの紛争当事者間の合意があることである[6]。しかし停戦が合意され、これが維持されていることと、現地が安全であることとは、次元が異なる。カンボディアにおけるＵＮＴＡＣの活動期間中、数度の停戦違反行為はあったが、総じて停戦合意は維持されていた。しかしながら現地の治安は必ずしも良いものではなかった。さらに治安状況は地域によって千差万別であり、同じ地域内でも一定ではなく常に変化した。

こうした中、平成五年四月八日、コンポントム州において国連ボランティアとして総選挙実施の支援活動をしていた日本人青年・中田厚仁さんが、何者かに至近距離から二発銃弾を撃たれて死亡した。半年間の勤務に終りが見えてきた第一次派遣部隊に衝撃が走った。しかし国際平和協力法の枠組みからも、実施要領で定められた活動地域の上からも、ボランティアの人々を守る根拠はどこにもなかった。そして第一次部隊が第二次部隊と交代して間もなく、五月四日、タイとカンボディア国境に位置するパンテアイ・ミアンチェイ州において日本文民警察官の同行する車列がクメール・ルージュ軍に攻撃され、日本の文民警察官・高田晴行警部補（死後、警視）が殉職された。派遣部隊の実施要領に定められた活動地域から遥かに離れた地域であった。同じ国際平和協力隊員として、第二次派遣部隊の受けた衝撃と悔しさは、想像するに余りある。

三　論　点

（一）　国際平和協力法における指揮と国連の指図

国際平和協力法によって国連の平和維持活動に従事する自衛隊員は、自衛隊員であると同時に国際平和協力隊員としての身分を併せ持つ。すなわち併任である。個人参加の隊員が国際平和協力本部から直接の指揮監督を受けるのに対し、部隊参加の自衛官たる国際平和協力隊員は、国際平和協力業務の実施に関して防衛庁長官の指揮監督を受けると規定された。そして現地においてＰＫＯに従事する国際平和協力隊員は、同時に国際連合の組織の一員となる。すなわち併任である自衛官は、同時に国連事務総長又は派遣先国において事務総長の権限を行使するものの指図（コマンド）に従うものとされた。

ＵＮＴＡＣは国連事務総長特別代表（明石康氏）の下に、軍事部門と文民部門からなる二つの部門から組織されていた。軍事部門は三四カ国から集まった一万六〇〇〇名の軍人によって構成されていた。司令官（中将：オーストラリア陸軍）の下に、個人で参加する停戦監視団、八〇〇名からなる十二個の歩兵大隊と、司令部に航空、通信、兵站、衛生、海軍、憲兵及び工兵の各部が置かれ、それぞれ派遣国からの部隊がそれぞれの部長の指図を受けた。第一次カンボディア派遣施設大隊は、工兵部長を通じて軍事部門司令官の指図下にあった。

ＵＮＴＡＣにおける国連事務総長特別代表は、軍事部門司令官を通じて、各国の派遣部隊がいつ、どこで、どのような業務に従事するかなどについて指図する権限を有しているが、懲戒権などを伴う指揮監督権は、派遣国すなわち防衛庁長官に属している。国際平和協力法では、前者を「指図（コマンド）」と言い、後者を「指揮・監督」と規定しており、国会審議の段階で議論があった。しかしながら軍事組織に属する者にとってこの指揮関係は、何ら違和感を覚えるものではなく、むしろ通常の訓練や作戦行動に極めて近いものであるといえる。自衛隊の部隊は、任務に応じて配属・欠除や協力・支援などを律して作戦のための部隊を編成して、柔軟に行動する〔海・空自衛隊においては、作戦統制（Operational Control）と呼ばれる〕。人事・懲戒権を有する本属の指揮を離れて、一時的に他部隊の指揮下（指図下）に入ることは、部隊にとっては常識なのである。

しかしながら、派遣国が派遣部隊に対し、その業務の内容や実施の可否（業務の中断など）を統制することは、国連の側からは問題を有する。国連の一般的な行動規定（ＳＯＰ：Standard Operational Procedure）には、以下の叙述がある。「平和維持活動においては、軍人は、活動事項に関して派遣国の当局から命令を受けず、国連の司令官からの命令のみを受け、この司令官は、国連事務総長から命令を受けるというのが、平和維持活動の基本原則である。この指揮系統に従わなければ、重大な活動上および政治上の困難に導かれる。[7]」国連にとって見れば、派遣国の法的な制約を著しく有する部隊への「指図」の特例を認めることは、他の参加国との関係で難しいであろう。同時に同じ地域に所在する他の参加国の部隊にとっては、迷惑な存在となる可能性を内包していると言うべきである。

（二）武器の使用

国際平和協力法の審議において多くの時間が費やされたのは、武器の使用に関することであった。成立当時の同法第二十四条の規定は、次のとおりである。①第一項　国際平和協力業務に従事する隊員は、自己又は自己と共に現場に所在する他の隊員の生命又は身体を防衛するためやむを得ない必要があると認める相当の理由がある場合には、その事態に応じ合理的に必要と判断される限度で、当該小型武器を使用することができる。②第六項第一項から第三項までの規定による小型武器又は武器の使用に際しては、刑法（明治四十年法律第四十五号）第三十六条又は第三十七条の規定に該当する場合を除いては、人に危害を与えてはならない。③第八項　自衛隊法第九十五条の規定[8]は、第九条第五項の規定により派遣先国において国際平和協力業務に従事する自衛官については適用しない。

すなわち、カンボディアにおける国際平和協力業務における武器の使用は、その対象が自己又は自己と共に現場に所在する他の隊員（我が国の国際平和協力隊員）であり、しかもそれは、②で規定されるように刑法第三十六条、第三十七条の規定する正当防衛・緊急避難に限られており、その判断は隊員個々に委ねられていた。同時に③において、自衛隊が平素国内において保持する武器等防護のための武器使用の規定が、国際平和協力業務では適用されず、派遣部隊は武器・弾薬ばかりでなく、車両や燃料についても正当防衛・緊急避難に該当しない限り、これを武器で守ることはできないとされた。

平成十年六月に武器使用規定は改正され、「自己又は自己と共に現場に所在する隊員」という表現は、「自己又は自己と共に現場に所在する他の隊員若しくはその職務を行うに伴い自己の管理の下に入った者」と改められた。即ち「国際平和協力業務に従事する自衛官の職務に関連して当該自衛官と行動をともにし、不測の攻撃を受けた場合に、その自衛官とともに行動してこれに対処せざるを得ない立場にあり、その現場において、その生命又は身体の安全確保について自衛官の指示に従うことが期待される関係にあるもの。例えば、自衛隊の宿営地に所在する他国のＰＫＯ要員（ただし、部隊として行動し、自ら防護している者は除く。）、国連職員、国際機関の職員・専門家、ＮＧＯ職員、通訳その他の業務の補助者、視察者、招待者、報道関係者など[9]」についても、守ることができるようになった。同じく平成十一年七月十六日、それまで実施が凍結されていた、いわゆるＰＫＯ本体業務の凍結解除に伴い国際平和協力法第二十四条の八（武器等防護のための武器使用の適用除外）の規定は削除された。

前述のように、国連ボランティアの中田さん、文民警察官の高田警視が相次いで殉職された時、日本の国内に大きな衝撃が走った。派遣間近の四一名の選挙監視要員の安全確保が急務となった。その配置先はプノンペン及びタケオ州と決まり、第二次派遣部隊は、ＵＮＴＡＣの選挙監視要員の宿舎と食事を宿営地内に提供し、道路・橋梁の復旧に関する情報収集活動の一環としての投票所への立ち寄りを通じて、結果として選挙監視要員の安全を確保する活動を行なう。法律と現場のニーズの乖離の中でのぎりぎりの選択であった。

(三) 国連PKOにおけるROE

ROE(Rule of Engagement)は、通常「交戦規定」と訳されている。しかし、これは、「交戦」という日本語が、英語などでは全く別の概念である「交戦権」(Right of Belligerency)のそれと同一であるため、無用の誤解を招いている面があり、注意が必要である。[10] その中身は、主権者から付託された防衛任務を達成するために、最高指揮官を含む各級指揮官が、麾下の指揮官に対し、それぞれの任務に対応する部隊の運用について与える行政内部の(現場の状況に即応して容易にわかる、曖昧さのない)明確な部隊行動規則である。行動を許される地理的範囲、許される目標、使用兵器等の範囲、同盟国との共同対処要領などの要素を含み、当然、国内法、国際の法規及び慣例を遵守した内容のものである。[11]

国連平和維持活動の基本原則は、従来、以下の三つであることに国際社会の合意があった。それは、①紛争当事者間の停戦の合意、②中立性の維持、③自衛に限定する抑制された武力の行使、と言われている。この原則に従い、国連平和維持活動は、自衛のためにしか武器を使用できないとされているが、この自衛の概念の中には二つの要素がある。ひとつは、要員の生命・身体を防護する時(いわゆるAタイプの武器使用)と、二つ目は国連平和維持隊としての任務が実力により阻止されるのに抵抗する場合(いわゆるBタイプの武器使用)である。しかしながら、Bタイプの武器使用は、憲法上の問題に触れる恐れがあるとして、[12] 国際平和協力法や他の特別措置法においても規定されていない。

PKO本体業務が凍結されていた当時の現場において問題であったのは、日本の派遣部隊がBタイプの武器使用ができないことにあるのではなかった。問題の本質は、国際平和協力法における武器使用規定と国連平和維持活動におけるROEに乖離があったことなのである。日本の指揮下にある部隊は、同時に国連の指図下にもある。少なくとも武器使用に関する限り、より抑制の強い日本の法的枠組みの中において行動しなければならないことは部隊にとっては自明であり、与えられた権限の中で最善を尽くすほかない。しかしながら、現場で共にPKOに従事する他の参加国の要員は日本の法律に従ってはいないのである。

カンボディアにおける最初の国際平和協力業務から一〇年後の平成十四年、シドニーにおける小泉首相の講演を受けて設置された国際平和協力懇談会（座長：明石康氏）は、当初の武器使用上の問題点を以下のように分析している。「国際平和協力法に対する、成立当初から指摘されたもう一つの問題は、憲法九条との整合性をはかるために、武器の使用は、我が国要員を防護する場合に限り、しかも、自己の判断でしか認めていなかったことであった。軍事組織として行動する自衛隊が、個人の判断でしか、武器の使用を許されないとなれば、使用が不可避な状況にあって、現場は混乱する。[13]」とされ、同時に「しかし、国連ＰＫＯは、世界各国の軍隊を中心とした複合的な組織により行われている。我が国要員の防護のためにのみ武器の使用が認められるとなれば、他国の平和維持隊員に危険が迫った場合には、使用ができないという不合理な状況になる。[14]」として、国際平和協力業務において、国際基準を踏まえ、「警護任務」及び「任務遂行を実力をもって妨げる試みに対する武器使用（いわゆるＢタイプ）」を可能とすべきあると提言している。

四　活動の総括と若干の考察

（一）　カンボディアＰＫＯ派遣の総括

陸上自衛隊にとって初めての海外派遣となったカンボディアにおける国際平和協力活動は、国内からの支援と励まし、同じ活動に従事した他の参加国の協力、そして何より派遣先国の住民の期待を受けて、手探り状態の中で始まり、試行錯誤を繰り返しながら、任務を遂行した。平成四年十一月、第一次派遣施設大隊は、ＵＮＴＡＣの明石国連事務総長特別代表をタケオの宿営地に迎えた。その中で明石代表は、「国連旗の隣に我が日の丸が掲げられているのを見るのは、感慨無量であります。」と述べられた後で、次のように訓示された。『新しい安全保障』というグローバルな世界観が冷戦後の国際社会で支配的になってきていますが、そのような『新しい安全保障』観では国連のＰＫＯが、決定的に重要な意味を持って来ている訳です。日本が単に財政的支援のみならず、このような人的な貢献を実施できたことは、戦後日本もやっと一人前になったと言うことであり、やっと世界の国々と同じスタートラインについたと言えるのではないかと思います。ですから『国際貢献』などという大それた言葉を使うよりも、むしろやっと、日本が国際的な当然の義務を果たせるようになったと言えるのではないかと思います」。

第一次派遣施設大隊の国際平和協力業務を数字的に表すと次のようなものである。

道路補修　…総延長八〇・七キロ　土量三万五六四〇トン

橋梁補修　…二十六カ所使用隊力一、五〇三人（一日当たり）
給水支援　…約四〇〇キロリットル
給油支援　…約一〇〇キロリットル
医療支援　…約八〇〇名
不発弾処理…約五〇発

カンボディアという国家の復興を考えれば、この数字は微々たるものであり、国内における部外工事の経験と比較しても、決して胸を張れる数字ではない。しかし現地の国連組織からも他の派遣国からも高い評価を受けた。もう一度明石特別代表の言葉に戻ろう。

「皆さんの仕事振りは非常に評価されております。プノンペンにおきましても自衛隊の施設科部隊は極めて真面目に、そして良い仕事をしておられると聞いてわたしは大変喜んでおります。だからと言って気張る必要はありませんし、緊張する必要もありません。皆さんの普段の実力を発揮していただければそれで十分だとわたしは考えております。UNTACという国際社会の大きな屋根の下で仕事するのですから、UNTACの統制を守り、チームワークを守りながら、『重要な構成要員』として今後も頑張っていただきたいと思っております[15]」（『　』は筆者付記）。

（二）　若干の考察

「PKOは軍人の行なう仕事ではない、しかし軍人にしかできない仕事である。」と言われるが、PKOは決して楽な仕事ではない。劣悪な生活環境、危険な任務はもちろんのこと、言語・宗教・文化の違いや、国連の現地組織や多数の参加国との調整は、国内での任務遂行と同じわけには行かない。しかし、国連PKOとはいわばそのプロセスにこそ本来の目的があるのかもしれない。紛争に対する国際社会の関心の高さ、協力の度合い、関与の姿勢がPKO成功の大きな要因なのである。言い換えるならば、その関心の高さ・関与の姿勢は、参加する国家の国際社会への参画の意思の強さと能力の有無（Will and Able）を表しているのである。カナダ、北欧諸国、欧州各国、インド、パキスタンなど経済力で日本に及ばない多くの国が国際社会や国連の場で、主体性を持って発言するのは、PKOにおける活動実績と無縁ではない。戦争（軍事）が他の手段を持って行なわれる、政治（外交）の延長であるならば、PKOの現場における各参加国との調整は、紛れもない外交の場なのであり、PKOとは軍事組織同士がお互いを知り合うMilitary-to-Military Contact の最高の機会なのだとも言える。

しかしながらわが国にとって課題は多い。後方支援活動に限定されていたＰＫＯは二〇〇一年秋の臨時国会において、国際平和協力法において部隊が行なう業務としては凍結されていた業務、いわゆるＰＫＯ本体業務が解除された。しかし国際基準と異なる法的な制約を抱えたままでは、地域を担任して他の参加国の部隊と共同して平和維持活動に従事する歩兵部隊（普通科部隊）を派遣することは現段階では極めて困難であると判断される。例えば国際平和協力法に規定する業務の中断は、任務を優先（Mission Oriented）とする後方支援部隊には許されるかもしれないが、地域を統括する任務を有する（Area Oriented）歩兵大隊では許されない場合が多い。今後、武器使用の概念において国連が定めている「任務遂行を実力をもって妨げる試みに対する武器使用（いわゆるＢタイプ）」について議論することが重要である。

次に、現場の部隊指揮官に一定の自主裁量の余地を与える必要がある。実施計画・実施要領における業務の与え方をポジリストからネガリストへ変更することも検討されるべきであるが[16]、絶えず状況が変化する現場において、実施計画、実施要領にない業務で、現場のニーズに迅速に対応する必要がある時に、その業務実施の可否の全てを遠く離れた日本の司令部に問い合わせながら業務を遂行することは、現実的とは言えない。同時に与えられた地域や業務内容の言わばグレイゾーンの領域にあって、その実施の可否を問い合わせている時間の余裕のない場合も想定しなければならない。世界規模で通信・連絡が可能となった現在、現場と日本との間にはリアルタイムの通信連絡手段が確立されるだろう。しかし、情報が速達されても、最も時間を要するのは、わが国の意思決定システムの中にあるのではないか。したがって、現場部隊にネガリスト方式などの柔軟性ある業務内容を付与した上で、ＲＯＥを含む明確な部隊行動基準を示し、厳格な開始報告と終了（経過）報告を求めるべきである。最初のＰＫＯから一五年、イラクやインド洋などの活動も含めて、現場が果たしてきた実績を評価するならば、更に柔軟な運用が可能となるようにその法的な枠組みを検討する時期に来ている。

終わりに

陸軍又は陸上部隊を他国に派遣することは、国家の意思を示すことであると言われる。機動性を有し、柔軟な運用が可能な海上・航空部隊に比べ、周囲を海で囲まれたわが国において陸上部隊を海外に送ること、すなわち部隊・装備品を輸送（空輸、海上輸送）し、派遣先国の負担にならないように兵站線を確保することは簡単ではない。そして厳しい業務を遂行しつつ部隊の安全を確保し、病気や怪我なども含めて隊員を失うことなく業務を遂行することは難しい。さらに現地の国連組織に信頼され、現地の住民の方々に受け入れられることはもっと難しく、なおかつ国内外から賞賛を受けることは、至難の業と言えるだろう。しかし誰かがやらなければならない仕事ならば、それが難しく、危険であろうとも、たとえ失敗しようとも、堂々と受けて立って、粛々と任務に邁進すること、それが現場の誇りなのである。

国際平和協力業務に従事する自衛隊員は左肩に国際平和記章を装着する。国際平和記章は、空色の地の中心に日の丸とそれを取り巻く月桂樹、JAPANの文字がある。同時に胸には名札と黒字のJAPANの標識を付ける。[17] 同時に国連平和維持活動組織の指図下にある自衛官は、国連記章を右肩に装着する。しかし日本の国旗（国家記章）そのものは何処にも付けることがない。それは、個人的にはひとつの心残りであった。国旗を付けることは、自分が日本を代表しているという思いにさせる。例えば、オリンピックにおいて日本の選手がユニフォームに日の丸を付けているのと同じなのである。

しかし最近、イラク人道復興支援活動に従事する若い派遣隊員を見て、カンボディアPKO当時の国旗に関する心残りは消えた。現在、イラクにおいて日の丸を身に付け、堂々と行動している彼らこそ全ての国民の代表であり、日本という国家そのものであると思うからである。

註

（1）わが国における国際平和協力法の最初の適用は、アンゴラ国際平和協力業務、第二次国連アンゴラ監視団（NUAVEMⅡ）であり、参加者は国家公務員、地方公務員、民間人の計三名である。

（2）国際連合平和維持活動等に対する協力に関する法律（平成四年六月十九日法律第七十九号）第三条。

（3）一九九三年三月十七日付『毎日新聞』朝刊（ニューヨーク特派員・田原護立）。

（4）一九九二年十一月二日付『朝日新聞』朝刊（国連物語二九：「カヤの外」日本に出番、カンボディア和平で主役）。

（5）『平成十五年版　日本の防衛　防衛白書』（ぎょうせい、二〇〇三年）資料編三〇　第二章　わが国の防衛政策資料　武器輸出三原則など。

武器輸出三原則における「武器」とは、「軍隊が使用するものであって、直接戦闘の用に供されるもの」を言い、具体的には、輸出貿易管理令別表第一の第一九七の項から第二〇五の項までに掲げるもののうちこの定義に相当するものが「武器」である。

自衛隊法上の「武器」については、「火器、火薬類、刀剣類その他直接人を殺傷し、又は、武力闘争の手段として物を破壊することを目的とする機械、器具、装置等」であると解している。なお、本来的に、火器等を搭載し、そのもの自体が直接人の殺傷又は武力闘争の手段として物の破壊を目的として行動する護衛艦、戦闘機、戦車のようなものは、右の「武器」に当たると考える。

（註）平成三年十一月の輸出貿易管理令の一部改正により、（一）三の「第一〇九項」及び（二）一の「第一九七の項から第二〇五の項」は、「第一項」に変わっている。

(6) 国際連合平和維持活動に対する協力に関する法律第三条第一項。

(7) 西修「PKO法案をめぐる問題点」（防衛法学会編『防衛法研究』第十六号、一九九二年）。

(8) 自衛隊法第九十五条　自衛官は、自衛隊の武器、弾薬、火薬、船舶、航空機、車両、有線電気通信設備、無線設備又は液体燃料を職務上警護するに当たり、人又は武器、弾薬、火薬、船舶、航空機、車両、有線電気通信設備、無線設備若しくは液体燃料を防護するため必要であると認める相当の理由がある場合には、その事態に応じ合理的に必要と判断される限度で武器を使用することができる。ただし、刑法第三十六条又は第三十七条に該当する場合のほか、人に危害を与えてはならない。

(9) 『平成十四年版　日本の防衛　防衛白書』（ぎょうせい、二〇〇二年）注四―二五。

(10) 宝珠山昇「領域警備態勢は武器使用の国際標準化で格段に向上」（防衛法学会編『防衛法研究』第二十三号、一九九九年）。

(11) 金崎實夫「ROEとシビリアン・コントロール」（『21世紀の安全と繁栄』日本戦略研究センター、一九九六年一月）一九九―二五八頁。

(12) 国会答弁資料：平成三年十一月十五日、参議院予算委員会における政府委員（丹波実君）の答弁。

(13) 「国際平和協力懇談会報告書（平成十四年十二月十八日）」第Ⅱ部　二　我が国の国際平和協力の今後の課題　(1)　国際平和協力法（PKO法）の課題　（八）武器の使用について　84項。

(14) 同右、85項。

(15) 平成四（一九九二）年十一月二十日、明石康UNTAC国連事務総長特別代表の第一次カンボディア派遣大隊視察時における訓示（抜粋）、カンボディア　タケオ州日本施設大隊宿営地にて（文責は当時の第一次カンボディア派遣施設大隊）。

(16) 「国際平和協力懇談会報告書」第Ⅲ部　三　より柔軟な国際平和協力の実施に向けて早急に法整備を行う。(9)。

(17) 国際連合平和維持活動等に対する協力に関する法律施行令（国際平和協力法施行令）第六条。

（元第一次カンボジア派遣施設大隊長・防衛省陸上幕僚監部）

カンボジアＰＫＯと広報活動

太田清彦

はじめに

ずいぶん昔のことのようにも感じるし、昨日のことのように思い出すこともある。カンボジアＰＫＯの経験は、特に、広報担当者として数多くのメディアと接した経験は、筆者にとって今なお貴重な財産となっている。

一九九二年六月十五日、午後八時半、「国際連合平和維持活動等に対する協力に関する法律」（以下、「ＰＫＯ協力法」）は国会を通過した。

当時、筆者は陸上幕僚監部（以下、「陸幕」）の広報室に勤務し、報道担当であった。陸上自衛隊のスポークスマンといえば聞こえはいいが、陸上幕僚長の会見の記録や防衛庁記者クラブの記者におしらせを配って歩くような仕事をしていた。

陸上自衛隊始まって以来の、というより、我が国始まって以来のカンボジアＰＫＯへの参加は今日では考えられないぐらいの注目と批判を浴びた。

ＰＫＯ推進派が、「日本は、湾岸戦争で一三〇億ドルの支援をした。しかし、日本に対する感謝の言葉は何もない。それは何故か、国際社会の一員として、日本は世界の国々とともに汗をかいてこなかったからである。今回は同じ失敗を繰り返してはならない」と言えば、逆に反対派は、「日本は、戦後一貫して平和国家の道を歩んできた。その結果、アジアの国々の信頼も得てきている。その信頼を失ってまでも、もう一度アジアに進出してゆくのか」と批判する。まさに国論を二分する中で自衛隊は派遣されたのであった。当然メディアの関心も高く、新聞・テレビともに自衛隊の派遣に合わせて複数の取材チームを派遣し、その数は三〇〇名を超えた。

朝日新聞社では、ＰＫＯ協力法の審議に入る前と、審議中、そして法案成立後の三回にわたって世論調査を実施している。この結果を見る限り、世論は時を追って「自衛隊派遣に賛成」の方向に動いていったことがわかる。例えば、一九九一年十一月の時点では、自衛隊のＰＫＯ参加について賛成が三三％、反対五八％だった。それが、翌一九九二年四月の調査では賛成四七％、反対四一％と逆転している。そして、自衛隊が派遣された九月の調査では、賛成が五二％に増え、反対は三六％に留まっている。(1) 主要各紙の調査でも法案成立時には、反対が賛成を上回っているケースもあるが、自衛隊派遣時には賛成が反対を上回っている。

第一次カンボジア派遣施設大隊（以下、「一次隊」）は、ＰＫＯ派遣に関し、賛否両論渦巻く中で派遣された。しかし、二次隊が帰国する一九九三年十月頃になると国民の意識は一変していた。それを端的に表していたのが、二次隊の帰国歓迎会に出席した社会党（当時）の伊東秀子衆議院議員の言動であった。

伊東議員は、法案成立に反対する牛歩戦術を一所懸命時間をかけて行ったが、帰国した二次隊隊員に両手を振って「皆さん、お帰りなさい。本当にご苦労様！」と、ほとんど絶叫に近い声をあげて歓迎をした。このような国民意識の変化、特に、自衛隊の海外での活動に対して、批判的であった人々の意識の変化が何故起こったのであろうか。筆者は、カンボジアＰＫＯにおける広報活動の成功が国民意識の変化をもたらした大きな要因ではないかと考えている。

本稿は副題にもあるように「ＰＫＯ経験者の証言」であり、広報担当者が当時を回顧しながら一般に知られていない事実を紹介するものである。執筆にあたっては当事者意識を持ちつつも、それに溺れることのないように努めた。

本稿では、まず、第一節でカンボジアＰＫＯに係る組織の広報体制について明らかにし、次に、第二節では派遣部隊のメディア対応と取材するメディアの変化を追った。第三節ではそれらを総括し、なぜカンボジアＰＫＯの広報が成功したのか、その要因は何であったのかを明らかにした。そして、最後に、メディアとの信頼関係を築くために、広報担当者として何が必要なのかについて一案を提示した。

一　カンボジアＰＫＯに係る広報体制

（一）　ＵＮＴＡＣの広報態勢と姿勢

一九九一年十月二十三日のパリ和平合意を受けて、国連安保理は史上最大規模かつ強大な権限を持った国連カンボジア暫定機構（以下、「ＵＮＴＡＣ」）を翌一九九二年三月十五日に設立した。

ＵＮＴＡＣは、ポスト冷戦の時代に入って急激に増えたＰＫＯの中でもひときわ大規模で野心的なものであった。四十数カ国から二万名を超える要員が参加したというだけではなく、二十数年間続いた戦乱と荒廃の後にカンボジアに平和と民族間の和解をもたらした。[2]

このＵＮＴＡＣ国連事務総長特別代表（以下、「特別代表」）に、明石康国連事務次長が任命され、ＵＮＴＡＣ設立と同時に着任した。日本が初めて参加するカンボジアＰＫＯの特別代表が「日本人」の明石康氏であったことは広報上極めて大きな意味を持った。明石特別代表は、秋田県比内町の生まれである。比内町は、秋田県の北部に位置する人口一万人少しの小さな田舎町である。明石特別代表の独特な話し方、朴訥さと意志の強さを感じさせる風貌は、東北の田舎町に生まれたことに由来する。[3]

明石特別代表が一九五七年に国連に採用された日本人職員第一号であることはよく知られている。しかし一九七九年から国連広報担当事務次長を努めたことは、意外に知られていない。この経験からか明石代表は広報の重要性、そして、メディアの特性についても十分認識していたと思われる。おそらく国連のＰＫＯ史上、最も多くのインタビューを受けた特別代表であることは間違いない。そして、時間的な制約がある場合を除けば、あらゆるメディアの、あらゆるインタビューに対応していたと記憶している。このことが日本にとってなじみの薄かったＰＫＯという活動を理解させることに大きく貢献した。

ＵＮＴＡＣという組織を国連の広報資料から概観してみよう。明石特別代表の下に選挙、人権、軍事、行政、警察、難民帰還、そして、復興部門という七つの部門（Component）から構成されている。その中でも、約一万六〇〇〇名の軍人を抱え人員的に中心となったのが軍事部門（Military Component）である。一次隊六〇〇名も、停戦監視要員八名もすべてこの軍事部門に参加した。[4]

この巨大組織の広報を一手に担い、毎日プノンペンのＵＮＴＡＣ司令部において活動についてブリーフィングを行っていたスポークスマンがエリック・フォルト（Eric Falt）氏である。フォルト氏は、フランス人で国連経験も長く外国人記者からは、いわゆる「仕事ができる人」との評判であった。彼を支えるアシスタント・スポークスマンとしてエリック・ベルマン（Eric Berman）氏が広報部にいた。一九九二年十二月に入ると、このアシスタント・スポークスマンとして日本人の三谷純子女史が広報部のメンバーに加わった。国連児童基金からの転任でカンボジアの苛酷な生活環境の中で大丈夫かと記者達は心配したが、本人はその環境を楽しむかのように何時も笑顔で仕事をこなしていた。日本のメディアがカンボジアＰＫＯを理解する上で、彼女の有形無形の働きは大きかった。(5)

一方、軍事部門のスポークスマンは、オーストラリア人のリチャード・ポーク（Richard Palk）中佐であった。軍事部門の広報部はポーク中佐の他にスタッフとしてインド人のシロイ（Rajeev Sirohi）大尉が勤務していた。

ＵＮＴＡＣ広報部の方針は、極めて単純であった。一言で言えばＵＮＴＡＣの活動を正しく理解してもらうことであった。そのために、取材申請等は簡略化されていた。まず、取材を希望する記者は、取材希望の部隊等と日程を決め、広報部に取材申請を提出する。カンボジアが初めての記者であれば、その前に記者証（Press Card）を申請する必要があったが、申請すればほとんど発行された。次に、取材申請を受け取った広報部は、取材先の部隊に「○月×日、△△新聞が取材希望を提出してきた。スポークスマンは承認したので任務に支障のない範囲で取材に協力してくれ」という趣旨のファックスを送付する。最後に、ファックスを受け取った部隊は、取材者と細部の要領を調整して取材させ、結果を逆ルートで広報部まで報告するという流れで実施していた。

（二）総理府国際平和協力本部の広報態勢

総理府に置かれた国際平和協力本部（以下、「協力本部」）は、我が国のＰＫＯの中心的組織である。一九九二年八月十日には実務を担当する協力本部事務局（以下、「事務局」）が発足した。事務局長には外務省の柳井俊二氏、事務局次長に防衛庁の萩次郎氏が就いた。

事務局は、カンボジアＰＫＯに参加している平和協力隊員を側面から支援するために、プノンペンのホテル・カンボジアーナ内に現地事務所を開設し現地支援チームを派遣した。このチームの中には、防衛庁から出向した二名の広報要員が含まれていた。彼等が広報担当者を持たない停戦監視要員、そして、文民警察の活動について定期的にブリーフィングを実施した。ただし、ＵＮＴＡＣの要員でない彼等には広報の権限が与えられていないため、常に「非公式」の説明となった。(6)

それでも、記者にとって現地支援チームの「非公式」の説明は取材を大いに助けた。なぜなら、ＵＮＴＡＣの広報部には一週間分の情報がまとめて届けられるため、各国から参加した部隊や要員の細々した日々の動きまでは承知していないのが常態であったからである。事務局はカンボジアＰＫＯについて国民に理解させるために、国内においても現地においても努力した。

（三）　防衛庁・自衛隊の広報態勢

協力本部以上に広報に力を入れたのが、六〇八名の自衛隊員を派遣する防衛庁・自衛隊であった。当時、防衛庁の広報は大袈裟に言えば、国連のＰＫＯと同様に非常に大胆で野心的な試みを実施していた。

その仕掛け人が柳沢協二広報課長である。それは、一般に堅くておもしろくないと思われていた官公庁の「広報誌」の刷新という形で行われた。その結果創刊されたのが『セキュリタリアン（*Securitarian*）』という名前の防衛庁の広報誌である。ちなみに、Securitarian は、Security と Cosmopolitan との造語である。(7)

「マスコミの自衛隊報道を斬る」といった刺激的な見出しが飛び交いタブーに挑戦する「広報誌」として注目を集めた。当然この中でも我が国初の海外派遣であるカンボジアＰＫＯは積極的に取り上げられ、さまざまな角度から論じられた。情報発信は何も「広報誌」に限ったことではなく、かなり思い切ったことを試みている。

その一つが、ＰＫＯ協力法が成立した直後の一九九二年六月である。ＰＫＯ協力法が成立した直後の一九九二年六月二十七日未明に放映された「朝まで生テレビ」（テレビ朝日系）に二名の幹部自衛官がゲストとして出演し、ＰＫＯ問題などをめぐって発言をした。(8)

テレビだけではない。考えられない雑誌の企画にも参加している。それは、一般に反自衛隊、あるいは自衛隊に批判的であると考えられている岩波書店の月刊誌『世界』への取材協力である。「派遣される立場から」という座談会の企画に四名の現職自衛官が参加している。これ以前にも以降にも『世界』に制服自衛官が出たことはない。(9)

テレビであれ、新聞であれ、雑誌であれ、いかなるメディアに対してでも、意見を求められれば真摯にそれに応える、そんな雰囲気、気風が当時の防衛庁の広報にはあった。防衛庁記者クラブ所属が一〇年以上になる『東京新聞』の半田滋記者はこの状況を「防衛庁は、自衛隊のカンボジア派遣をきっかけに秘密主義をあらため、積極的に広報する姿勢に変化していた」と指摘している。(10)

この防衛庁の広報姿勢の変化は、柳沢の言葉を借りれば

「減点主義」の広報からの脱却と言うことができよう。[11]

これは、官公庁の広報としては大きな変化である。そうした雰囲気の中で、カンボジアＰＫＯの広報がスタートしたことは大変な幸運であり、一次隊の広報姿勢にも大きく影響を与えた。

柳沢の後に広報課長に就いたのは、守屋武昌であった。守屋は柳沢とタイプは違うもの「減点主義」からの脱却という広報姿勢は全く変化がなかった。いや、変化がなかったというのは正確ではない。広報姿勢がより鮮明になり「減点主義」から「加点主義」にシフトした感じさえした。[12]

これには理由がある。守屋の広報姿勢に決定的な影響を与える事件が一九九〇年八月に発生した。潜水艦「なだしお」の事件である。自衛隊にとって未曾有の大事故であり、自衛隊に対する国民の信頼が大きく揺れ動いた。当時、守屋は担当の運用課長であり、次から次に押し寄せてくる仕事の対応に追われた。ほとんど不眠不休の状態だったが、その時は不思議と疲れは覚えなかったと後に語っている。[13]

守屋は「なだしお」事件から時宜を失した広報は全く価値のないことを学んでいた。後になっていくら正確なデータを出し、いかに論理的に弁明したところで、「助けて、と叫んだのに、乗員はただ見ているだけで誰も助けてくれなかった」という被害者の言葉を消し去ることはできなかった。[14]

広報の重要性を強烈に認識した守屋が防衛庁の広報を担当することは必然でもあり、幸運でもあった。その守屋が、派遣直前に筆者を呼んで言ったことは、「防衛庁・自衛隊のためになると思ったことは何でもやれ！」の一言だけだった。

(四)　一次隊の広報態勢

一次隊の広報班の編成は筆者以下四名であった。曲がりなりにも記者対応をした経験を持つものは、筆者だけであり他の三名は全くの素人であった。筆者にしても陸幕広報室での勤務は半年弱であり、とても「広報のプロ」と呼べる存在ではなかった。やれるかどうかではなく、とにかくこの四名で三〇〇名を超す日本のメディアに対応しなければならなかった。

一次隊の先遣隊要員の一人として筆者は一九九二年九月二十五日、指揮官・渡邊隆二等陸佐と一緒にカンボジアのポチェントン空港に降りた。

私たちを輸送してくれる航空自衛隊のＣ―一三〇Ｈ輸送機の航続距離が短いため、小牧空港を飛び立ってから、沖縄、マニラ、タイのウタパオ海軍基地を経由してのカンボジア入りであった。広報班で先遣隊に入ったのは筆者だけであり、主力が到着する十月中旬までは、筆者一人でメディアに対応しなければならない状況であった。

　ポチェントン空港に降り立った時の、現地の混乱は今でも鮮烈に覚えている。渡邊二佐のすぐ後から機を降りたのだが、次に、渡邊二佐の姿を確認したのは数分後であった。輸送機のタラップを降りるか降りないうちに、渡邊二佐はメディアに揉みくちゃにされ、筆者との間には渡邊二佐を追いかける記者やカメラマンが殺到した。この瞬間、「この混乱したメディアをどう統制しろというんだ、統制なんて絶対に無理だ！」という感覚が自然にわいてきた。メディアを「統制」することを諦めた瞬間でもある。

　もう一つ当初の予想とは全く異なった事態が発生した。それは、ＵＮＴＡＣ広報部からの支援要請である。一次隊の広報班長としてではなく、ＵＮＴＡＣ広報部の一員としてプノンペンで勤務してもらえないかというものであった。当時、カンボジアにいるメディアの半数以上は日本のメディアであった。量的にも際立っていたが、ＰＫＯに対する理解という点でも日本のメディアは外国メディアに比べ十分ではなかったように思う。

　フォルト氏も同様に感じていたのかも知れない。九月二十七日、ＵＮＴＡＣ広報部での挨拶を済ませるとフォルト氏から二、三の質問があった。「日本のメディアは、何故あれほどたくさんの記者を送ってきているのか？」、「自衛隊は、何名の広報要員を連れてきているのか？」と聞いた。そして、最後に、「太田少佐、プノンペンで働いてもらうことになるかも知れないよ」と付け加えた。最初は、何のことか全くわからなかったが、日本のメディア担当として臨時に「業務支援」をさせる案が、ＵＮＴＡＣ広報部内で検討されていたことを翌日になって知った。

　前述したように主力が到着するまでは、派遣部隊の中に筆者以外の広報官はいないため、「ＵＮＴＡＣ広報部で固定的に勤務することは事実上困難である」と、翌日フォルト氏に伝えた。フォルト氏は了解したものの、「日本のメディア対応のために、私が君を必要とすることがあるかも知れない。その際には是非協力して欲しい」と、言った。筆者も「私ができることは何でもする」と、応えた。

　逆に私の方から「日本のメディアは、自衛隊の活動に関して強い関心を持っている。この関心に応えてやらなければ、ポチェントン空港での混乱と同じような状況がまた生起するかもしれない。それを防ぐには、フォルト氏のブリーフィングの他に日本の派遣部隊として、日本メディアに対する特別のブリーフィングが必要である。それを、私にやらせてくれないか」と、フォルト氏に希望した。フォルト氏は、明石特別代表に聞いてみると述べ、三つの条件を提

示し日本メディアに対するブリーフィングをその日の内に認めてくれた。これは幸運なことだった。その条件とは、

① ブリーフィング内容は派遣部隊（二次隊）に関するものに限定すること

② 外国メディアが参加を希望した場合、これを拒まないこと

③ ブリーフィング内容をＵＮＴＡＣ広報部にも報告すること

であった。こうして日本のメディアに対するブリーフィングは九月二十八日から主力が到着する十月中旬までは毎日実施した。場所は、多くのメディアが滞在していたホテル・カンボジアーナ、時間は午後六時以降とした。

ホテル・カンボジアーナが選ばれたのはメディア側からの要望であり、時間が午後六時からとなったのは筆者の都合によるものであった。夕方まで宿営地があるタケオで報道対応しなければならない筆者は、どんなに急いでもプノンペンに到着するのは六時近くになってしまうからである。時には、到着が遅れることもあったが日本のメディアからの非難は一切なかった。

二 派遣部隊のメディア対応とメディアの変化

（一） 現地でのメディア対応

一次隊の広報班長として作成した「広報（業務）日誌」を参考に、記憶をたぐり寄せながら現地におけるメディア対応の具体例を紹介する。

（ア） 「自衛隊はもっとオープンな方がいい」

ポチェントン空港で、メディアを統制することを早々と諦めた筆者にとって、メディア対応はそれほど気が滅入る仕事ではなかった。むしろ、ＵＮＴＡＣが日本にだけ特別の記者ブリーフィングを認めてくれるかどうかが最大の心配事だった。だから、条件付ではあっても「実施して良い」とフォルト氏が言ってくれた時はうれしかった。広報に関する方針は、とにかく、「できるだけたくさんの情報を、正確に記者に説明する」と、いうことだけであった。

気が楽になったもう一つの要因は、渡邊二佐の広報に対する姿勢である。「自衛隊はもっとオープンな方がいい。現地では個人のプライバシーを除いてできる限り公開したい」と、派遣前の記者会見で淡々と述べたことにより広報の方向性は決まった。[15] ちなみに、派遣間、色々なことがあっ

たが渡邊の広報に対する姿勢が揺れたことは一度もなかった。

(イ)「私も来たばかりなので、よく知らないのです」

一次隊の広報班長として日本のメディアに最初にブリーフィングしたのは、九月二十八日である。この日の内容は、「二次隊は明日タケオに入り、旧軍跡地に臨時キャンプを開設する。『日の丸』は、国連旗と一緒に掲揚する。時間は渡邊二佐のタケオ州知事等への表敬を考慮すると一六〇〇過ぎになると思う。細部は、現地で私が説明するので一五三〇までに旧軍跡地に集合して欲しい」というものだった。記者から旧軍跡地へのアクセスを訊かれたが、到着直後の筆者は、地図では説明できるものの、実際には行ったことがなかったので具体的には答えられなかった。「私も来たばかりなのでよく知らないんです」と、正直に答えたところ、カンボジアに長く駐在している記者が筆者に代わって説明してくれた。非常にありがたかった。メディア全体として、「この経験の浅い広報幹部を育ててあげよう!」と、いう雰囲気が感じられた。実際に、到着直後の一週間は、逆に記者からたくさんの情報や貴重なアドバイスをいただいた。こうしたことにより、個人的な信頼関係が次第に出来上がっていった。

(ウ)「分かりました、一〇分でも早くします」

九月二十九日、〇八三〇プノンペン郊外のトランジット・キャンプ[16]を出発、UNと書かれた白いジープでタケオの旧軍跡地に向かう。支援チームの三名が車列に加わった。日本のメディアの四輪駆動車十数台が我々の車列の後に続く。昨日、記者が説明してくれたとおりに道路が続き、村々が点在している。途中、国旗を掲揚するためのポールがないことに気付き、現地で手頃な木材を二本調達する。昼前には、目的地である旧軍跡地に到着した。現地を偵察し、国旗を掲揚する場所や、国連旗、「日の丸」の順で掲揚する等の細部の要領を決定し具体的に記者に説明した。既に、報道陣は五〇名近くになっていた。時間が近づくにつれ、メディアの雰囲気から並々ならぬ気迫が伝わってくる。「あぁ、今日がメインなんだな」と強く感じる。あるテレビ局の記者から「できれば『日の丸』の掲揚式をもう少し早めてもらえないか」との提案があった。急いでプノンペンに戻って映像を送れば、なんとか夜のニュースに間に合うというのが理由であった。それは、テレビ局の総意なのかと聞くとそのとおりだという。「分かりました、一〇分でも早くします」。集合時間の一五三〇以降、できるだけ早く掲揚式を実施することを約束し、表敬訪問から戻った渡邊二佐に意見具申した。渡邊の決心により、すぐに予定を変更し一五四〇から掲揚式を実施した。この一件で、少なくともテレビ局の記者からは感謝され、記者との距離は少しだけ縮まった感じがした。

（エ）「この線の外に出て下さい」

毎日のブリーフィングを続ける中で、冗談が言えるぐらいに記者との距離は縮まっていった。少なくとも筆者自身はそう感じていた。そうした状況の中で、いよいよ、十月十四日の主力を迎える日が来た。

軍隊では指揮官が含まれている部隊を主力というのが一般的である。その考え方に基づけば、一次隊の主力の到着は九月二十五日ということになる。しかし、防衛庁・自衛隊はこの考え方は取らなかった。人数的にたくさんいる部隊を主力と呼ぶこととした。

この日は、異例のことであるが、軍事部門の長であるサンダーソン司令官がわざわざ空港まで来て一次隊主力を出迎えてくれることとなった。

この式典を上手く仕切れるかどうかは、筆者にとって特別な意味があった。先遣隊到着時の呆れるほどの混乱は、ポーク中佐もフォルト氏もよく承知していた。だからこそ、特別にブリーフィングを許可したのである。今回の式典は、その効果を確かめる絶好の機会でもあった。ポーク中佐は、「あの日本メディアをコントロールできたら、キヨ、お前は将軍にでもなれるよ」と、はじめから無理と決め込んでいた。

筆者は、少なくても今回は日本のメディアが混乱の原因になることはないと確信に近いもの感じていたが、ポーク中佐には何も答えなかった。メディアに対応をしながら学んだことは、「情報不足が混乱を招く」という極めて単純なことである。それは、メディアであれ、軍隊であれ、何ら変わることはない。逆に言えば、情報をタイミングよく与えることさえできれば、メディアとの間にある程度の信頼関係は構築できるということになる。

そのため、前日の記者ブリーフィングはかなり詳しく実施した。サンダーソン司令官の会場への入り方、カメラの位置、そして、どこまでは入って良くて、どの線からはダメなのかについて繰り返し説明した。当日は、前日説明したとおりに実施した。しかし、上手くいっている時ほど注意しなければならない。思わぬ落とし穴が待っていた。それは外国メディアである。彼等は前日説明した私の考え方など知る由もなかったのである。一人の外国人カメラマンが入ってはならない線を越えて撮影を始めた。すぐに私は線の外側に出るように促した。相手は外に出る気配がなく撮影を続けている。

「日本施設大隊の太田三佐です。この式典の統制は、私がしている。他のカメラマンと同じように、この線の外に出て欲しい」

「なぜ、外に出なければならないんだ?」

「司令官が来る、今すぐ出てくれ!」

「来たら、出る」たぶん、カメラマンとのやりとりは一分もなかったと思うが、統制に従っている日本のカメラマンのことを思うとものすごく長い時間に感じられた。結局、そのカメラマンを線の外側に押し出す形となった。主力部隊の若松三佐が司令官に到着を報告し、訓辞を受ける頃には会場は平静さを取り戻していた(17)。

式典が終わって問題のカメラマンが近づきにっこりしながら「もう少し、気楽にやりましょうヨ!」と言って名刺を差し出した。『タイム』誌のカメラマン、グレッグ・デイヴィス(Greg Davis)氏であった。一方、式典の間ずっと私の対応を見ていたポーク中佐は、帰り際に"Excellent!"と一言だけ言った。正直言って、うれしかった。褒められたのがうれしかったのではなく、二週間前にはUNTACの広報部で諸悪の根源のように言われていた日本のメディアが、筆者との約束を守って、基本的に統制に従ってくれたことがうれしかったのである。筆者はこの瞬間「日本のメディアと一緒にやって行ける!」と確信した。

(二) 本音で話し出した自衛官

一般に自衛官は、信頼できるかも知れないが「堅い」というイメージがある。防衛問題について語る時は、専門用語を使い、話しがわかりにくいと言われる。

しかし、カンボジアPKOに参加した自衛官は、自然に話ができる隊員が多かった。これは、特別な隊員が参加したからではなく、平均年齢が三〇歳と若く、テレビ世代の隊員が増えてきたためと思われる。その代表が、指揮官の渡邊二佐である。渡邊の記者会見は、常に淡々と進み、淡々と終わる。興奮したりすることは一度もなかった。自分の意見を自分の言葉で自然に語る、それでいながら政府の方針の中に収まっている受け答えであった。

当時、広報班が取材の趣旨を説明し、取材に応じて欲しいと調整した隊員の中で断った隊員はほとんどいなかった。ただし、取材を受けるのが初めてのため「広報班に側にいて欲しい」と言う隊員はよくいた。しかしこの緊張しているはずの隊員が、下手な高級幹部よりもはるかに好印象をメディアに与えていた。メディアにその理由を聞くと、「対応が自然で、本音で語っているから」ということであった。

派遣される隊員が自然に、本音を語っているという点で、ＮＨＫの特別番組「海外派遣—自衛隊ＰＫＯ部隊の一〇〇日」は素晴らしかった。番組は派遣される一人の中隊長に焦点を当て、家族への思い、部下を思いやる人間性を余すところなく伝えていた。派遣される直前の壮行会での彼の挨拶が印象的であり、彼の人柄をよく表しているので多少長くなるが引用する。

「今回のＵＮＴＡＣへの派遣の大きな目的は、カンボジアの復興の手助けをして日本の国際的地位を守ることであろうと思います。しかし、派遣される我々はそこまで深刻には考えておりません。むしろ、我々は、我々のためにカンボジアに行きます。カンボジアという国を通じて、日本の豊かさや平和の尊さをこの目で見てしっかりと勉強してこようと思います。(以下略)

我々の事は心配ありません。むしろ、この場にお集まりの皆様に一つだけお願いがございます。それは、家族の事です。もし、万が一、残された家族が苦しむような事がありましたら、どうか皆さんの手で助けてあげて下さい。

重ねて申し上げますが、我々のことは心配ありません。年が明け、桜の花が散るまでには全員無事に帰って参ります……」

(三)　メディアの報道姿勢の微妙な変化

派遣までは、どちらとかと言えば自衛隊に批判的に見えたメディアの報道姿勢も、自衛隊が派遣された以降は、「派遣された自衛隊には何の責任もなく、現地の人に感謝され、無事に帰ってきて欲しい」と、いう声が支配的になった。この理由は、苛酷なカンボジアの生活環境が映像によって茶の間に届けられ、「あぁ、大変なんだなぁ……」と、いう国民の自然な気持ちの表れであった。よく災害派遣の現場で、泥まみれになりながら必死に活動している自衛官に向けられる国民の一般的な感情と同じ種類のものである。このような国民の感情に訴えるのに効果的なのは活字よりもテレビ映像であった。

また、ＰＫＯ協力法案が審議される中で議論の焦点となった「別組織論」は、自衛隊が派遣された九月以降、カンボジアの治安状況、生活環境等が明らかになってくるにしたがい急速にしぼんでいった。このような劣悪な環境においては、食べる物から、寝るところまで生活の全てを自分達の力だけでやってゆく能力（以下、「自己完結能力」という）が必要なことが理解され、自己完結能力を保有している組織は自衛隊しかないことが理解されたからであろう。

「ＰＫＦ」に関する議論も同様である。当初は、国内での議論の延長で「ＰＫＦ」への参加問題がメディアの関心事項であった。それは、渡邊二佐の初めての公式記者会見によく表れている。公式会見は九月二十八日、ＵＮＴＡＣ司令部のプレスルームにおいて、英語での国際記者会見の形で行った。

外国メディアからは、「現在の心境は?」とか「活動に対する抱負は?」といった一般的な質問がなされた。

一方、一部の日本メディアからは、「自衛隊は、軍事部門に参加するのか?」、「サンダーソン司令官の指揮下に入るのか?」また、「入るのであればＰＫＯではなく、ＰＫＦへの参加ではないのか?」といった質問も飛び出した。

その質問を聞いていたポーク中佐は「キヨ、ＰＫＦって何のことだい?」と、小声で聞いてきた。ＵＮＴＡＣでは軍事部門（Military Component）という用語は使用することはあっても、平和維持軍（Peace Keeping Force）という用語を使用することはなかったからである。

日本国内で議論をしている段階では、「別組織論」、「ＰＫＦ」、そして、「自衛隊の指揮権」といった「観念論」的議論でも何ら問題はなかった。ところが、自衛隊が派遣され、取材のために何人かの記者やカメラマンを派遣しなければならない段階になると「観念論」だけでは済まなくなる。メディア自身も、現実の問題に一つ一つ対処せざるを得なくなった。具体的には、誰を派遣するかの候補者選定から始まり、航空券を確保し、ある程度滞在するのであれば支局の開設も必要になってくる。もしかすれば、不測の事態に備えた「緊急避難計画」を準備した社があるかも知れない。こうしてみると、規模の違いはあるものの、派遣された自衛隊の準備とほとんど同じである。

日本から派遣されてカンボジアで生活しているという点だけ取りあげれば、取材される側の自衛隊と取材する側のメディアとは全く同じである。共同通信社・近藤順夫記者が指摘するように、知らず知らずの内にお互いにシンパシーを感じるようになっていったのかも知れない[18]。

三　広報活動成功の要因と信頼関係

（一）　広報活動成功の要因

カンボジアＰＫＯの広報活動は、成功であったと言えるであろう。少なくとも失敗ではなかったはずである。

その証拠にカンボジアＰＫＯ以降、政府は一九九三年五月にはモザンビーク、一九九六年二月にはゴラン高原、そして、二〇〇二年二月には東ティモールのＰＫＯへ自衛隊を派遣している。この派遣状況を見れば、いかにＰＫＯが日本国民の中で認知され、浸透していったかがよくわかる。モザンビークＰＫＯ派遣の際には、カンボジアＰＫＯのような、国論を二分する議論は起こっていない。

実際、総理府が実施した世論調査にもよく表れている。一九九六年度の世論調査を見ると、ＰＫＯへの参加について、「賛成」と「どちらかと言えば賛成」の合計が六四％である。逆に、「反対」と「どちらかと言えば反対」の合計はわずか一四％しかない。しかし一九九〇年度の同じ調査では、賛成四五％に対し反対三八％であった。六年の間に国民の意識は大きく変わったのである。[19]

言い換えれば、この間の、特に最初の派遣であったカンボジアＰＫＯの広報活動が成功したとも言えるのである。

広報活動成功の要因は五つある。まず、一つ目はＵＮＴＡＣの活動自体が成功したことである。活動自体が成功しなければ、たとえどんなに素晴らしい広報活動を実施したところで意味がない。ボスニアやソマリアのＰＫＯの失敗例がそのことをよく表している。

二つ目は広報責任者の「メディアを通じて活動を国民に伝えようとする」強い意志である。特に、ＵＮＴＡＣの特別代表に日本人の精神構造を良く理解した日本人・明石康氏が就いたことが大きな要因であった。これは、国連事務総長であったブトロス・ブトロス＝ガーリ氏の意思でもあったと筆者は考えている。加えて、明石特別代表が広報の重要性を深く認識していたことが幸運であった。激務をこなしながら、毎日のようにメディアに登場し、ＰＫＯの意義や活動の必要性について訥々と語りかける姿は日本国民の脳裏に深く焼き付いた。明石特別代表の真摯なメディア対応がなければ、国民のＰＫＯ及び自衛隊の活動に対する理解は深まらなかったはずである。

三つ目は現地でのメディア対応が柔軟であったことである。これは現地で比較的早い段階で広報担当者とメディアの間で信頼関係を築けたことが大きかった。また、現地での対応を第一に考えた防衛庁・自衛隊の指導もあった。内局の広報課長に柳沢、守屋という見識あるキャリアが二代続いたという偶然も広報活動には幸いした。

四つ目は「減点主義」からの脱却という方針を受けて、派遣された隊員が本音で話し出したことである。マイクを向けられて、「早く日本に帰りたいです！」と言った隊員がいた。各方面から「なぜ、あんな発言をさせるんだ」と随分お叱りも受けたが、当然な感情である。ただ「でも、ここまで来た以上は、仕事もしますよ」と言ったことも事実である。是非、一緒に放送して欲しかったと考えている。[20]ともかく、自衛官が本音を話し出したのは確かである。それに、一次隊が関西で編成されたということも幸運であった。関西人の話し好きには定評がある。もしこれが、寡黙なことで知られる東北人で編成された部隊であれば、言いたいことの半分も言えない隊員だったかも知れない。

五つ目は取材される側の自衛官の変化だけではなく、取材する側のメディアの変化である。実際に活動する現場に来て取材してみると、「別組織論」が実行上不可能とは言わないまでも、大きな困難を有することをメディアは実感した。また、派遣前に心配されたアジア諸国からの批判の声はほとんど上がらなかった。東京で積み上げてきた「観念論」はカンボジアでの「現実」の前に崩れ去ったのである。三〇〇名を超す記者やカメラマンを送り込んだメディアが強く認識させられたのは、「ＰＫＦ」や「自衛隊の指揮権」といった「観念論」的問題ではなく、派遣された自衛官や文民警察官の安全をいかに確保するのかという「現実」の問題であった。

メディアとの間でお互いの立場を理解し、尊重するといった「信頼関係」が出来上がってゆくと、報道内容は次第に「現実」のものに近づいていった。

（二）　メディアとの信頼関係

一般的に政府や自衛隊という取材される側と、取材する側のメディアとの間には常に緊張した関係がある。組織にとって「都合の良い」記事が出た時は、メディアは「味方」であるが、「都合の悪い」記事が出た時は一転「敵」になる。伊奈久喜氏が指摘するように、取材される側（政府・軍部）にとってメディアはアンビバレントな存在である。[21]

メディアとの間で「軋轢があるのは当然」との前提に立って、少しでもその軋轢を和らげるために、広報担当者は必死に努力すべきである。そのために、広報担当者は、以下の三つの認識に立つべきである。

① メディアの要望、メディアの声を理解できるのは、組織の中で自分だけであるとの認識に立つこと

② メディアが誤った記事を書くのは、情報が不足しているか、自分の説明が不足しているかであるとの認識に立つこと

③ メディアを通じなければ、自分達の活動を国民は理解しないし、結局は、組織にとっても、国民にとってもマイナスであるとの認識に立つこと

この認識に立たない限り、広報活動は表面的なものになってしまう。広報担当者がこの認識に立つことにより、はじめて、メディアとの「信頼関係」が生まれるのである。結局は、メディアを構成する記者やカメラマンと広報担当者との人間的な「信頼関係」ということになる。カンボジアの経験から言えば、広報が成功するかどうかは、この人

間的な「信頼関係」を緊張する場面で、しかも短い時間で作り上げていくことができるかにかかっていると言える。そうした「信頼関係」を築くことができたのは、筆者の努力以上にメディアの協力が大きかった。良い方向に歯車が回り出すと、幸運は自然にやってきて回転を加速してくれた。

おわりに

米国の九・一一同時多発テロ以降、自衛隊はインド洋で、イラクで国際平和協力活動を行っている。こうした新たな安全保障環境の中で、自衛隊の国際的な活動を国民に理解してもらうことは、重要な課題になっている。

しかし、イラク復興支援活動において、カンボジアＰＫＯと同じような広報がなされたかと言えば、残念ながらそうではなかったと言わざるを得ない[22]。

もちろん、カンボジアとイラクとの環境の違い、活動の枠組みの違い、そして、何よりも、日本のメディアがイラク国内へ入ることができず、直接派遣された部隊を取材できなかったという要因が大きかったのだと思う。しかし、取材する側と取材される側との間で「信頼関係」は果たして築けたのであろうか。また、「信頼関係」を築くための努力は十分になされたのであろうか。そうであれば、筆者の心配は杞憂で終わる。

メディア対応は誰にでもできる仕事である。ただし、誰でも成功する仕事ではない。メディアとの「信頼関係」を築くという強い意志を持った組織と広報担当者だけが成功するのである。時には、メディアとの関係は緊張する。その緊張感に耐え、緊張感を和らげることができる人だけが成功するのである。

日露戦争の例を出すまでもなく、成功した時にこそ、次の大失敗の芽は出てくる。「神明はただ平素の鍛錬に力め、戦はずしてすでに勝てる者に勝利の栄冠を授くると同時に、一勝に満足して治平に安ずる者よりただちにこれを奪う。古人曰く、勝って兜の緒を締めよ、と」と、いう謙虚な言葉で「連合艦隊解散の辞」は締め括られている。カンボジアＰＫＯが終了した時点で、幸運と偶然による成功に酔いしれるのではなく、この「解散の辞」を「謙虚に」、そして、「真剣に」読むべきだったと反省している。

註

（1） 朝日新聞国際貢献取材班『海を渡った自衛隊』（朝日新聞社、一九九三年）八―九頁。
（2） 総理府国際平和協力本部事務局『カンボディア国連平和維持活動記録写真集』（一九九四年）二頁。
（3） 千野鏡子『明石康 国連に生きる』（新潮社、一九九四年）

一五六頁。
(4) UNTACに関する国連資料。
(5) 『東京新聞』一九九三年一月二十六日朝刊。
(6) 「権力報道」(『朝日新聞』一九九二年十月二十七日朝刊)。
(7) 『セキュリタリアン』(一九九二年四月号) 六四頁。
(8) 『東京新聞』一九九二年六月二十七日夕刊。
(9) 「派遣される立場から」(『世界』一九九二年八月号) 七七―八九頁。
(10) 半田 滋『闘えない軍隊』(講談社、二〇〇五年) 二〇〇―〇二頁。
(11) 「マスコミと自衛隊」(『セキュリタリアン』一九九二年七月号) 七頁。
(12) 例えば、一九九三年度には『セキュリタリアン』別冊を創刊している。
(13) 『防衛ホーム』(一九九三年六月一日号)。
(14) 「大新聞のPKO社説を読み返す」(『セキュリタリアン』一九九四年二月号) 二二―二四頁。
(15) 『朝日新聞』一九九二年九月十二日朝刊。
(16) UNTACに参加する各国の部隊が展開するまでの間、一時的に宿泊や給食のサービスを受けられる国連の施設。一次隊が派遣された一九九二年九～十月はポーランドの兵站部隊が管理をしていた。
(17) 「権力報道」(『朝日新聞』一九九二年十月二十日朝刊)。
(18) 近藤順夫『カンボジアPKO　ゆれ動いた三七二日』(日本評論社、一九九四年) 二九―三〇頁。
(19) 『平成十五年版　防衛白書』(ぎょうせい、二〇〇三年八月) 三七一頁。
(20) 『読売新聞』一九九三年一月十二日夕刊。
(21) 伊奈久喜「序文―戦争報道はメディアの究極の使命」(『国際安全保障』第三二巻第三号、二〇〇四年十二月) 一頁。
(22) 半田 滋「イラク派遣をめぐるシビリアン・コントロールと取材ルール作り」(『国際安全保障』第三二巻第三号、二〇〇四年十二月) 七一―八八頁。

(元第一次カンボジア派遣施設大隊広報班長・防衛大学校教授)

〈ＰＫＯ経験者の証言④〉

防衛駐在官からみた中東と自衛隊

小嶋信義

はじめに

「世界の火薬庫」と呼ばれて久しい中東であるが、この地域は、二〇〇六年七月に生起したイスラエル・レバノン間の紛争をはじめとして、いまだ不安定な情勢にあるイラクの再建など多くの問題を抱えている。そのような中、現在でもゴラン高原では四五名の陸・海・空自衛官が、また、クウェートでは二〇〇名を超える航空自衛官が我が国とは異なった文化や気候と戦いながら、言葉の障害を乗り越え、中東地域の安定と我が国の国益のために黙々と国際貢献の任務に従事している。

筆者は、一九九八年六月から二〇〇一年七月までの三年間、在イスラエル日本大使館において防衛駐在官として勤務し、イラク戦争終結後の自衛隊イラク派遣に際しては、航空自衛隊先遣隊の一員として、全自衛隊の先陣を切って二〇〇三年十二月二十六日にクウェートに派遣された。クウェートでは、日本国大使館においてクウェート連絡調整部長（後、兼ねて防衛駐在官）として、約七カ月間にわたって、緒に就いたばかりのイラク復興支援について、各国の出先機関との連絡調整にあたった。

そこで本稿では、これまでの足かけ四年二度にわたる中東地域での勤務経験を基に、まず、ゴラン高原におけるＵＮＤＯＦ（UN Disengagement Observer Forces：国連兵力引き離し監視隊）を中心に中東地域における自衛隊の活動を概観し、続いて、イラク・クウェートに派遣された陸・空自衛隊に関し、特に、航空自衛隊の活動を具体的な事例を挙げて、その活躍ぶりを紹介する。そして、今回の自衛隊イラク派遣に関し、あくまでも私見ではあるが、我が国の安全保障の観点から軍事力による国際平和協力の意義と重要性について論じる。

一　ＵＮＤＯＦと自衛隊

中東地域はこれまで多くの紛争が生起していることから、国連平和維持活動（United Nations Peacekeeping Operations 以下ＰＫＯ）としてシリア・イスラエル間にＵＮＤＯＦのほか、レバノン・イスラエル間にＵＮＩＦＩＬ（UN Interim Forces in Lebanon：国連レバノン暫定隊）、そしてＰＫＯとして最も古い歴史を有し、これら地域の停戦を監視するＵＮＴＳＯ（UN Truce Supervision Organization：国連休戦監視機構）が今でも活動している。その他にも、イスラエル・エジプト間にはアメリカを中心として一一カ国から約一、七〇〇名弱の将兵がＭＦＯ（Multinational Force and Observers：多国籍軍・監視団）としてエジプトのシナイ半島に派遣されている。ＭＦＯの活動に対しては、日本もＭＦＯ総予算の一パーセント、年間約五〇万ドルを負担している。また、イラク戦争が終結し三年以上が経過した現在でも、米英軍を中心に二七カ国のコアリション軍（Coalition of the willing：有志連合）約一六万人が、イラク全土に展開している。このように中東地域は、現在でも各国の多様な形態の軍事協力によって、何とか域内の平和が保たれている状況にあることがわかる。

中東での国連平和維持活動に対して、日本はＵＮＤＯＦの後方支援部隊要員としてカナダ（現在はインド）とともに自衛官四五名を派遣していた。後方支援部隊はＵＮＤＯＦ全般の後方支援を担当し、日本部隊は日常生活物資などの港や空港等からの輸送、ＵＮＤＯＦの補給品倉庫の管理、活動地域内の道路等の補修などの業務を担当している。最初に派遣されたのは一九九六年二月であり、二〇〇七年一月現在は第二十二次隊が活動している。筆者はイスラエル在任間、第五次から第十一次の部隊を受け入れたが、彼らの仕事振りは「素晴らしい」の一言に尽きるものであった。もちろん、彼らは多くの隊員の中から選抜されたメンバーであり、業務処理能力に優れ使命感に溢れた隊員ではあるが、日本とは大きく異なる環境の中で、他国の軍人に優るとも劣らぬ活動をする姿に感動したことを今でも鮮明に覚えている。

ＵＮＤＯＦは一九七四年六月から活動を開始、各国から合計で約千名の軍人が派遣されている。主任務である停戦監視・兵力引き離しは、オーストリア及びポーランドなどの歩兵部隊が担当している。日本部隊はＵＮＤＯＦの五パーセントにも満たない人員であり、その任務も後方支援という目立たない業務ではあったが、その存在感は非常に大きいものであった。筆者が駐在した当時、日本部隊はカナダ軍後方部隊の一翼を担っていたが、歴代のカナダ大隊長から常に高い評価を得ていた。例えば、他国の軍人は、夕刻になれば仕事が残っていても当然のように切り上げ、翌日以降に先延ばしにしていたが、日本部隊の隊員だけは、どんなに遅くなっても、その日のうちにやるべき業務はその日のうちに片付けていた。カナダの大隊長の評価は、日本部隊のこうした職務に対する厳しい姿勢と責任感の強さに対してであり、国際貢献における日本の存在を十分にアピールしたものといえよう。派遣当初は、やや不安な面もちである隊員も、一カ月もすれば職務等に慣れ、帰国する頃には大きな自信を持って職務を遂行していた。また、日本部隊が駐留したジウアニ駐屯地には、当時カナダ部隊のほかポーランドの部隊もおり、彼らとは直接的な業務の関わりがなかったものの、さまざまな行事を通じて交流を図り、盛んに親睦を深めていたことを思い出す(1)。

筆者は、防衛駐在官として日本部隊の活動を広報することも大きな任務の一つであると考え、イスラエル国防軍をはじめとするイスラエルの政府機関はもちろんのこと、在イスラエル武官団に対しても日本の活躍振りを大いにＰＲすることに努めた。また、ＵＮＤＯＦの視察に訪れる日本の高官等に対しても、移動の往復の間（テル・アビブからゴラン高原へは、片道約三時間を要する）を使い、日本部隊の活躍に関しては、特に力を入れた説明を行った。こうした業務を通じて、筆者自身は在イスラエルの三年間で合計すると七〇回以上もゴラン高原に足を運んでいる。

なお、防衛駐在官は、現在、陸海空各自衛隊から三七カ国の在外公館などに計四八名が派遣されている。その内、いわゆる中東地域には、シリア（陸）、エジプト（陸）、イラン（陸）、トルコ（海）、サウジアラビア（海）、イスラエル（空）、クウェート（空）の七カ国に駐在し、中東の主要国にその国の特性を考慮して陸海空自衛隊がバランスよく配置されていることがわかる。

また、前述したように、イスラエル周辺地域にはＵＮＤＯＦのほか、ＵＮＩＦＩＬやＵＮＴＳＯといった国連の諸部隊が派遣されている。中でもＵＮＴＳＯは、本部をエルサレムに置き、イスラエルと周辺国の国境付近で停戦を監視することを任務とし、第一次中東戦争中の一九四八年から活動している世界で最も歴史のあるＰＫＯである。ゴラン高原の監視ポストを何度か訪れる機会があったが、二名の将校が武器を一切携行しないで、一週間交代の勤務体制により、イスラエル・シリア間の緩衝地域を二四時間態勢で監視していた。筆者が駐在した時期は、「我が国としてもより多くの国際貢献を果たすべき」との考えから、UNTSOへの派遣が真剣に検討されていた。このため、日本からのかなりの数の訪問者をエルサレムにある本部に案内し、共にUNTSOの任務や現況などに関する説明を受けた。当時のUNTSOのトップである参謀長はオーストラリア陸軍少将であり、少将の令嬢が日本へ留学し、その後日本で就職しているという事情も手伝って、我々日本人に対する親近感からの配慮に、案内役として大いに助けられたことを記憶している。

二　イラク人道復興支援における自衛隊の活動

二〇〇三（平成十五）年十二月九日、イラク特措法に基づく「基本計画」が臨時閣議で決定された(2)。これを受けて、二十六日には航空自衛隊の先遣隊が日本を出発し、明けて二〇〇四年一月中旬に陸上自衛隊先遣隊が、続いて下旬に航空自衛隊本隊及びC―一三〇輸送機三機がクウェートに到着した。その後、二月から三月にかけて陸上自衛隊本隊が活動拠点となるイラクのサマーワに入り、三月三日に航空自衛隊が初の飛行任務を行った。そして、陸上自衛隊イラク派遣部隊は二年半にわたるイラクでの活動を完了し、二〇〇六年七月に一名の犠牲者も出すことなく無事日本に帰国した。他方、航空自衛隊イラク派遣輸送航空隊は、陸上自衛隊撤収後も引き続きクウェートを拠点として、国連等の物資及び人員の輸送を担当している。特に、七月からはより脅威度が高いといわれているバクダッド等イラク北部地域への空輸も手がけ、イラク人道復興支援のため引き続き困難な任務にあたっている。

以下、筆者がクウェート連絡調整部長在任間に経験した各種の出来事を紹介し、イラク特措法の国会審議において「非戦闘地域」と「戦闘地域」の議論になるほどに軍事的に緊迫した地域での国際平和協力活動の実態を明らかにしたい。

（一）　危険と隣り合わせの空輸活動

冒頭でも述べたとおり、イラク派遣輸送航空隊は自衛隊の派遣部隊の先陣を切ってクウェートに入り、我が国からの人道復興支援関連の物資、陸上自衛隊隊員や生活物資その他の補給物資、関係各国・関係機関等の物資・人員の空輸を行っている。しかし、その活動の様子が国民に対して十分に紹介されていないように感じる。その最大の理由は、派遣輸送航空隊の活動が当然のことながら上空であり、取材の対象として報道関係者に直接触れる機会が少ないことが挙げられる。また、派遣輸送航空隊が展開しているクウェート空軍のアリー・アル・サーレム基地への立ち入りが厳しく制限されていることも影響している。航空自衛隊は、このアリー・アル・サーレム基地をはじめとして、中東地域に二〇〇名以上の自衛官とC―一三〇型輸送機三機を派遣し、砂漠地帯の厳しい気象環境の中で砂塵と高温と戦いながら運用している。

しかし、何と言っても輸送機の運航に際して最も注意を払うことは、イラク国内上空での携帯型の地対空ミサイルからの攻撃を回避することであり、C―一三〇型輸送機は、対空ミサイルなどの脅威から輸送機の安全を確保するチャフやフレアといった自己防禦装置を装備している。このため、パイロットをはじめとするフライト・クルーは、イラク上空にさしかかると、地上からのミサイルや小火器による攻撃に備えて周囲に目を光らせることになる。現在、イラクの武装勢力が使用している対空ミサイルは、航空機のエンジンが発する熱を感知し、その熱源に向かってくる赤外線追尾方式のミサイルであり、これが発射されると、ミサイルの推進薬燃焼によって噴射煙が発生する。赤外線追尾のミサイルに対しては、この噴射煙をいかに早く発見するかが、これを回避できるかどうかの鍵を握ることになり、イラク上空で警戒に当たるフライト・クルーの緊張には計り知れないものがある。

このようにイラク上空は常に危険と隣り合わせの状況にあり、隊員は大きな精神的プレッシャーと戦いながら輸送機を運航している。幸いにして、これまで航空輸送任務中にミサイルの噴射煙が確認されたことはないが、こうした生命の危険に晒されているからこそ、民間機ではなく自衛隊機を派遣しているのであり、日本の航空会社がイラク国内を運航することはあり得ないであろう。

また、二〇〇六年八月からは、活動空域が拡大され、南部のタリル空軍基地（現在、アリ空軍基地と改称）のみならずバグダッドやエルビルまでの運航を行っており、より厳しい環境下でプレッシャーと戦いながら活動を続けている。なお、二〇〇四年三月から二〇〇七年一月二十五日現在までのイラク派遣輸送航空隊による輸送回数は四五四回であり、輸送物資重量は五〇〇トン以上に上っている(3)。

（二）　イラク派遣隊員の心を繋ぐ政府専用機の活動

筆者は、防衛駐在官として航空自衛隊イラク派遣輸送航空隊本隊を手はじめに、陸上自衛隊のイラク派遣隊本隊の現地入りから任務を無事終了したイラク派遣隊の帰国まで、駐在間に計九回にわたって政府専用機を受け入れてきた。政府専用機の受け入れは、通常どの国でも防衛駐在官が担当することになっている。しかし、七カ月の間に九回も政府専用機の受け入れを行うというのは、おそらく他国には例を見ないであろう。一言で「受け入れ」と言っても、これに必要なさまざまな業務を関係国各機関と調整することが求められる。例えば、任国政府からは領空通過、空港使用、空港への立ち入り及び電波使用などの許可を取得しなければならないし、今回は特に、アメリカ空軍やクウェート空軍との調整も不可欠であった。しかも、受け入れ当日は当然のことながら派遣隊員の出入国管理や税関手続きがあり、現地の日本航空職員の支援を得て、その対応に追われることになる。

政府専用機の搭乗員は、全員が航空自衛隊特別航空輸送隊所属の隊員であり、皇室及び政府の要人輸送などの通常のミッションのほかに、今回はイラク派遣隊の輸送が新たなミッションとして加わり、彼らには大変な負荷がかかっている。そうした中、陸上自衛隊のイラク派遣隊を乗せた政府専用機がクウェートに到着する直前、「搭乗員一同、無事の帰国を祈っております」という労わりの言葉とともに、フライトアテンダントの女性自衛官が陸上自衛隊の全隊員に対して一人ずつ黄色の折り鶴を手渡している。クウェートに到着した時、陸上自衛隊の隊員は筆者に黄色い折り鶴を大事そうに見せながら、「同じ自衛隊員から、心のこもった扱いをしてもらった。折り鶴を手渡しされた時は、涙が出るくらい嬉しかった」と語った。政府専用機搭乗員のこうした心配りは、決して営業スマイルではなく、同じ自衛官として厳しい任務に立ち向かう陸上自衛隊の精鋭に対する気遣いから発したものである。これもＶＩＰの運航を通じて、常に「真心で接する」ことを大切にする心を培ってきた部隊の証であろう。

また、陸・空のイラク派遣隊の送迎を通じて最も強く感じたことは、到着直後の隊員が緊張した面持ちながらも、一様に厳しい任務をやり遂げるという強い責任感と堅い決意に満ちていたことである。そして、無事ミッションを終えた隊員は、誰もが充実感と自信に満ちた表情でタラップを上がって行った。こうしたイラク派遣隊員と政府専用機の搭乗員は、共にイラク復興の任に当たった隊員として、正に防衛省・自衛隊の貴重な財産であることを痛感した。

一方、今回のイラク派遣に際し、日本からクウェートまでの派遣隊員の空輸を最初に行ったのは日本の航空会社ではなく、タイのプーケット航空であった。こうした事態が生じたことに対し、クウェートでは「自衛隊員を運ぶことによる航空機テロの風評を恐れ、経営上の問題が生じる可能性があるとの理由だけで、日本の航空会社は入札にも応じなかった」との情報が流れた。これから国家のために危険を承知で赴こうとする者たちの空輸について、その程度の理由で日本の航空会社が二の足を踏んだのが事実であれば非常に残念なことである。他方で、二〇〇四年七月の拉致被害者の家族を輸送する際には、日本のある航空会社が僅か数万円で請け負ったとの報道もあり(4)、この二つの事例のギャップをどう捉えたらいいのか理解に苦しむところである。ちなみに、わが国と同様、韓国軍も民間機をチャーターして、交代のローテーションを行ったが、その際利用した航空会社は言うまでもなく、「大韓航空」(The Korean Airlines)であった。

(三) NGO支援と空輸活動

韓国のあるNGOは本国でコンサートを開催し、その収益で車椅子二〇〇セットを購入し、それをイラクのナシリーヤにある「ハンディキャップ・センター」に寄贈する計画を進めていた。しかし、このNGOの代表者がそれまでにイラク国内を車両で移動中に四度も襲撃されたことから、NGOには陸路での搬送にためらいがあり、車椅子の輸送に苦慮していた。こうしたNGOの活動に対し、在クウェート日本国大使館は、クウェート政府機関の一つである現地の人道支援業務センターと調整し、航空自衛隊のC一一三〇で運搬する話をまとめ、イラク派遣輸送航空隊が二〇〇四年の三月下旬にクウェートからイラクのタリル空軍基地まで車椅子を空輸した。タリル空軍基地では、同基地に駐屯する韓国陸軍の施設部隊が車椅子を受け取り、ナシリーヤのハンディキャップ・センターまで陸路で運搬した。

人道支援業務センターへの協力は、当初イラク派遣輸送航空隊の任務の枠外であったために、ODA物資ならともかく、空輸だけの案件には外務省の本省が全く乗り気ではなく、その調整は大いに難航した。しかし、筆者は在クウェート日本国大使館の協力を得て、最終的にNGO物資の輸送を実現させることができた。このように、このミッションの実現には、筆者も深く関わったため、タリル空軍基地まで同行し、その夜は関係者と同基地内に宿泊した。その際、韓国陸軍の少佐がわざわざ筆者の宿舎を訪れ、「お骨折り頂き、ありがとうございます」とのお礼の言葉を述べていった。やや複雑な関係がある日韓両国ではあるが、イラクの地でイラク人のために共に協力し合って人道支援活動を無事に行うことができたことを心から嬉しく感じた。

その他、ナシリーヤ近郊にオーストリア政府が建設中の病院があり、その関係者や物資の空輸を支援したことがある。これは在クウェート・オーストリア大使館からの要望に応えて人道支援物資とその関係者をタリル空軍基地まで輸送したものである。

一方、二〇〇四年四月八日に生起した邦人人質事件では、自衛隊の撤退を求める被害者家族の叫びや、自衛隊の活動に否定的な世論が盛り上がったことにショックを受けたのも事実である。日本国内では、マスコミをはじめとして多くの国民に、イラクでの自衛隊による人道復興支援活動の実態が理解されていないことが極めて残念であった。特に、危険地帯であることを承知の上で、夫や子供を遠くイラクの地に送り出した派遣隊員の家族の心情を察した時、心ない一部のマスコミ報道には非常な憤りさえ感じた。

（四）　米軍との緊密な連携による支援活動

陸上自衛隊の派遣隊が駐屯するイラクのムサンナ県において、二〇〇四年四月一日に洪水が発生し、国際緊急援助物品を集積してあるロンドンからサマーワ駐屯地まで輸送することが決まった。国際緊急援助用の大型テント二四〇セットをロンドンからクウェートまで民間機で空輸し、クウェートからサマーワ駐屯地の最寄り空港であるタリル空軍基地までは航空自衛隊C―一三〇で空輸し、タリル空軍基地からサマーワ駐屯地までは陸上自衛隊がトラックで輸送するというミッションであった。

当初の計画では、クウェート国際空港で受け取った荷物は、民間の輸送業者が通関手続きを行った後、航空自衛隊の展開するアリー・アル・サーレム基地まで陸送し、その後、C―一三〇で空輸することになっていた。しかしこれでは、時間がかかり過ぎるということで、急遽クウェート国際空港に隣接するムバラク空軍基地に民間のチャーター機を降ろし、航空自衛隊のC―一三〇がムバラク空軍基地からタリル空軍基地に空輸することになった。ムバラク空軍基地は大型機の離発着が可能で、実質的に米空軍が管理しているために軍用輸送機への物資の搭載は米軍に依頼できるとの判断からであった。ところが、一セット八〇キロもの重量があるテントを航空機で運搬する場合には、パレッティングという特別な作業が必要である。これは輸送機の貨物室に固縛するための専用の金属板（パレット）にバランスを考慮しながら、荷物を搭載し梱包する作業であり、大型テント二四〇セットのパレッティングともなると、通常かなりの作業時間を要することになる。しかし、この緊急援助物資は、文字通りできる限り早く届けることが求められており、それは夜を徹しての作業を意味していた。果たして調整がうまくいくかどうか、不安がよぎったが、結果的には心配は無用に終わった。徹夜のパレッティングなど全面的な米空軍の協力を得て、翌日の二日午前中には航空自衛隊のC―一三〇が国際緊急援助物資を積んでムバラク空軍基地を飛び立った。

安堵も束の間、四月八日にまたビッグ・ニュースが飛び込んできた。バグダッド近郊で邦人三名がテロリストに人質として捕らえられた。しかも、サマーワ市内の治安も悪化し、民間人の安全を確保することが困難となり、市内に滞在していた邦人の報道関係者がサマーワ駐屯地内に一時避難することになった。その後、これら避難していた一〇名の報道関係者が帰国することになり、イラク派遣輸送航空隊が四月十五日にタリル空軍基地からムバラク空軍基地まで空輸した。その際も、米空軍は彼らをムバラク空軍基地から隣接するクウェート国際空港まで送り届けてくれた。民間人に対しても、共にイラクを再建する同胞として自主的に支援してくれる米空軍を心強く感じた。同日、心配していた人質三名が無事保護されたとの一報が入り、胸をなで下ろしたものである。このミッションは、「外国において、災害等緊急事態に際して生命の保護を必要とする邦人の輸送を行う」とした自衛隊法第百条第八項を根拠として行われた初の邦人輸送であった。

こうした中、五月二十七日にまたまた邦人ジャーナリストの乗った車が襲撃される事件が起こった。この事件は最悪の結果となり、改めてバグダッド周辺の治安の悪さを実感した。[5] 犠牲となった小川功太郎氏の遺体は、三十日に米空軍のC―一三〇輸送機でムバラク空軍基地に到着した。遺体を納めた金属製の棺は、女性を含む米軍兵四名によって丁寧に機体から運び出され、機外で待ち受ける遺体搬送用車両に載せられた。機体から車両までの間は、棺を迎えるために両側に約五〇名の米兵が整列した。遺体が通過する際、筆者の号令「Ｐｒｅｓｅｎｔ Ａｒｍｓ」で米兵が一斉に敬礼し、厳かに迎え、そして送ることができた。こうした儀式は、通常、米国軍人の号令で行われるが、今回は日本人の遺体ということで、米軍の特別な計らいによって筆者が指揮を務めることになったものである。こうした痛ましい事件に際して、米軍側が示した同胞としての哀悼と細やかな配慮に対し、ありがたく感じると同時に日米同盟の絆の強さを実感した。

余談になるが、人質事件の際に、当時の小泉純一郎総理が早々に「自衛隊撤退はあり得ない」旨を表明したことは、我々にとって誠に頼もしい限りであった。我々自衛官も人の子であり、今回の任務についてはそれなりの心の整理をして、誇りと自信を持って臨んでいるものの、最高指揮官があのような場面で躊躇した発言をすれば、イラク派遣隊だけではなく、全自衛隊、さらに送り出した家族に対する影響は計り知れないものがある。これまで全く事故も起こすことなく斉々と任務を果たすことができたのも、こうした毅然とした総理の姿勢のお蔭かもしれない。

（五）　イラク人のメンタリティ

国際貢献を成功に導くためには派遣先の国や地域の文化あるいは風習を理解することが必要不可欠であり、陸上自衛隊の人道復興支援は、イラクの人々の目線に立った援助として高い評価を得ている。ここで話は若干逸れるが、筆者が支援業務を通じて感じたイラク人のメンタリティについて触れておきたい。

陸上自衛隊がサマーワ駐屯地を造成する際、イラク側の地権者との土地の賃貸借契約に関し、金額の折り合いがつかず手間取ったことがあった。もちろん、こういった交渉事は、いわゆる「アラブ流」というもので、品物を購入する場合でも正当な価格の通常一〇倍くらいは平気で吹っかけてくる。しかも、こうした際に妥当な金額まで持っていくことは、誠に骨の折れる仕事である。中には、このアラブ流のショッピングを楽しむ人もいるが、日本人にはなかなか馴染みにくい慣習であると感じるのは、筆者一人ではないであろう。

土地借用のこの交渉が成立した時、その話をクウェート国防省の友人にしたことがある。その際、友人は、「なぜ、イラク人にお金を払うのか。払ったら大変だぞ」と言ったので、筆者は、「土地を借りる以上当然ではないか。また、支払わなかったら、クレームをつけられるじゃないか」と答えた。ところが彼は、「当然、文句は言われる。しかし、それでも二度か三度くらいまでだ。それこそ契約すれば、毎年毎年、土地の借用が終わるまで、今回と同じように吹っかけられることになる」と切り返してきた。もちろん、クウェート国民の感情として、一般的にイラク人をよく思っていないところがあり、友人の言葉も少し割り引いて考える必要があるかも知れない。しかし、この会話は、それまでの厳しい生活環境の中でのイラク人のしたたかさを物語っていると同時に、国境を接する両国の信頼関係を醸成することの難しさを示すものであろう。

こうしたことがあったため、筆者はイラク南部のバスラ英空軍基地を訪れた際、イラク戦争から駐留している英国軍に、「イラク人とどのように接しているのか」と質問したことがある。彼らは、「なるべく、公平に扱うことである」と教えてくれた。十分に数量がないからと言って、一つのグループにだけ物を配分すれば、配分されなかったグループが不満に思って抗議に来る。それだけで終わればよいが、配分を受けたグループのところに別のグループが奪いに行って争いになることも多々ある。善意の援助で配った物資が紛争の元になってしまうというのが理由であった。

イラクの人々のメンタリティには実に難しいものがある。当時、陸上自衛隊は給水、医療支援、施設整備などの任務をこなしていた。サマーワの人達は、「自衛隊が来れば自分たちの生活は良くなる」と勝手に思い込んでいた節もあるが、限られた人員では、英国軍の忠告にあったように、サマーワの人々全てを平等に援助することは不可能であり、ましてや雇用の創出となると、本来の人道支援任務とは大きくかけ離れてくる。こういったイラクの人々の要望に真に応えるためには、本格的なＯＤＡが行われない限り難しいであろうし、彼らのメンタリティを考えた時、陸上自衛隊がいかに困難な状況下で活動していたかが理解できると思う。

三　自衛隊イラク派遣の意義と重要性

これまでみてきたＵＮＤＯＦ及びイラク人道復興支援での自衛隊の活動を通じて明らかなことは、その任務が常に生命の危険を伴うものであるがゆえに、それに従事する自衛隊員や各国の軍人がお互いに、軍種あるいは国家という枠を超えた連帯感と信頼感によって結ばれ、そのことが国際平和協力活動の源泉になっていることであろう。そこで次に、自衛隊による国際平和協力活動を理解する一助として、防衛駐在官の経験を踏まえた国際比較の視点から、自衛隊イラク派遣の意義と重要性について筆者なりの考えを述べてみたい。

（一）　国連安全保障機能の陥穽

イラク戦争の開始に当たり、日本の多くの知識人やマスコミは、米英が主導する武力による解決には反対であり、あくまでも国連の総意に基づき行動すべきであると唱えた。そうした主張は、国連第一主義を掲げる我々日本人にとっては、非常に受けが良いものであるが、その一方で、国連が一体となるためのアプローチやプロセスについて具体的な提言を行った人は皆無であったように思う。国連とは言っても、当然のことながら加盟各国はそれぞれの国益を第一に行動しているのであり、全ての国の利害が一致することはまずなく、したがって意見を集約することはほとんど不可能に近いと言えよう。

こうした国連の実態を最も痛切に感じている国がイラクと同じ中東の国イスラエルである。一九五六年の第二次中東戦争（スエズ戦争）において、シナイ半島を占領したイスラエル軍は、国連決議を受け入れて、平和維持を目的とした国連緊急軍（ＵＮＥＦ）を受け入れて占領地から撤兵した。しかし、それから一〇年後、イスラエルとシリアの軍事衝突を契機として、エジプトのナセル大統領がイスラエル国境の南西域に大部隊を結集し、UNEFの撤収を要求した。それに対して当時の国連事務総長は異議を唱えることなく早々に撤兵したため、ナセルは第二次中東戦争の原因の一つであったチラン海峡の封鎖を再び宣言した。チラン海峡はイスラエルにとっては紅海経由の貿易航路であり、この封鎖が宣戦布告に等しいことを言明していた。しかも、アラブ諸国は軍事同盟によってイスラエル包囲のための遠征軍を派遣していた。これに対し、イスラエルは外交手段による危機回避を西側諸国に訴え、特に、それまで親イスラエルであったフランスの仲介を期待した。しかし、イスラエルの外交努力は徒労に終っている。(6)

国連や西側諸国はイスラエルとエジプト間の紛争の未然防止を行わなかったばかりでなく、結果的にUNEFの撤収という行為によって、第三次中東戦争の勃発に加担してしまったと言えよう。こうしたことから、イスラエルは国連の安全保障機能を全く信用することなく、独自の外交と強力な軍事力で自国の安全を保障しようとしているのである。

日本とイスラエルのこうした国連に対する姿勢は、それぞれの国が置かれた環境が異なっているとはいえ、あまりにも極端な例であろう。しかし、日本は昨年、アメリカに次いで二番目に多い約一六・六パーセントの国連分担金を負担しているにもかかわらず、安保理の常任理事国入りはおろか、敵国条項さえ削除できないでいる。我々日本人は、こうした国連の安全保障機能の陥穽を十分に認識する必要があるであろう。資源に乏しい我が国は、世界各国との友好を深め、相互に依存していることを認識して、はじめて経済的な発展が期待できる。そのために国連の活動を重視して積極的に関わることは重要であるが、もし、その一方で国連に対して行き過ぎた幻想を抱いているようであれば、早急に目を覚まし現実を直視しなければならない。(7)

(二)　一八九五年の「三国干渉」とイラク戦争の共通性

一昨年二〇〇五年は、日露戦争が終結してからちょうど一〇〇年目に当たる。日露戦争の原因はどこにあったかと言えば、その一つに一〇年前の一八九四年に勃発した日清戦争をめぐる戦後処理のあり方に求めることができるであろう。日清戦争に勝利した日本は、一八九五年に清国との間に下関で講和条約を結んでいる。その際に調印した主な内容は、朝鮮の独立、遼東半島、台湾全島、澎湖列島の割譲、賠償金の支払いなどであった。しかし、講和条約が調印されて、わずか六日後にロシア、フランス、ドイツの三国が遼東半島の返還を要求してきた。いわゆる三国干渉であり、その内実は、かねてから獲得を望んでいた不凍港の一つである遼東半島を日本が獲得することを危惧したロシアが欧州列強に共同干渉を呼びかけ、フランスは露仏同盟の関係からこれに応じ、ドイツも露仏の挟撃を避けロシアの目をアジアに向けさせる方策として同調したものである。三国とも清国に恩を売る形で干渉し、最終的に中国における自らの利権を拡大しようとする意図であり、その後にドイツが膠州湾を、フランスが広州湾一帯を、そしてロシアが遼東半島の旅順、大連を租借することに成功したことからも明らかであろう。干渉に加わっていないイギリスやイタリアの仲介を期待したものの、結局、抗戦力の尽きていた日本は遼東半島の返還に応じ、「臥薪嘗胆」をスローガンに戦勝気分にあった国民の不満をそらすことになった。[8]

まさに、「アジアの新しい国家日本」対「アジアでの利権拡大を狙う旧いヨーロッパ」といった植民地帝国主義国家間の対立の構図であろう。そして、三国干渉から一〇〇年以上経った今日、ロシア、フランス、ドイツはもちろんのこと、中国も米英主導のイラク戦争に反対し、これらの国々は我が国の外交方針と一線を画している。歴史は繰り返すと言われるが、三国干渉の時と同じような枠組みの国家間対立が生じ、ここに因縁じみたものを感じるのは筆者だけであろうか。いずれにせよ、今回、これらの国々の意図がどこにあるのか、我々はしっかりと見極める必要がある。

ドイツを除く三国は、国連安全保障理事会における拒否権を有し、国際社会の平和と安定に絶大な責任と権限を持つ常任理事国であり、中でもフランスは、米英と自由や民主主義の価値観を共有しており、イラク開戦の是非はともかく、安保理での連携を期待されていたはずである。しかし、フランスは最後まで米英と共同歩調を取ることなく、最後まで武力の行使に反対し続け、イラクに「優しいフランス」という印象を持たせた。フランスのこうした姿勢は、あくまでイラクに対する武力行使に極めて慎重であっただけであり、外交的手段による平和的解決を意図したかどうかは疑問が残るところであろう。

前述したように、イスラエルによる第三次中東戦争回避の外交的努力を袖にしたのは、まさにフランスであった。フランスはそれまで親イスラエルであり、アラブ諸国が支援するアルジェリア戦争に足を取られ、イスラエルとは対アラブという共通の利益で結ばれていた。しかし、この戦争が終結すると、フランスはアラブ諸国との通商と軍事的分野を中心とした関係強化に動き、それをイスラエルに事前に警告を発することもなかったのである。[9] こうしたフランスの国家としての行動原理は、あくまでもフランスの国益や安全保障に基づくものであり、一九九五年九月に世界中の反対を押し切って行った南太平洋のムルロア環礁における核実験は、それを端的に表わしている。この核実験に対しては、日本でも反対運動が起こり、フランス製品の不買運動にまでに発展したことは記憶に新しいことである。

そもそも、フランスは、一九七〇年代からイラクの原子力開発に深く関わっており、イラク戦争の開戦理由の一つとなった核兵器開発の疑惑に対してもフランスが大いに関係していることを、イスラエル空軍による一九八一年六月七日のオシラク原子炉爆撃が証明している。この原子炉は、フランス人技術者の支援によってバクダット郊外に建設されていたものである。イラクは、この時核兵器を取得してイスラエルに使用する意図があることを公言したため、イスラエルが先制攻撃で応じたことによって生じた事件である。[10] この事件以降、イラクの核兵器保有の疑惑が公然化するのであり、こうしたイラクとの関係も理解した上でイラク戦争に対するフランスの行動を判断する必要があろう。

因みに、筆者は個人的にフランスを何度も訪問しており、決して嫌いな国ではない。しかし、再三述べているように、それぞれの国には固有の国益があり、それに従って行動することが世界の常識であることをここで指摘しておきたい。特に、フランスは、世界地図を広げて見ると驚くことであるが、ニューカレドニア島をはじめポリネシア、インド洋に至るまで、二十一世紀の現代においても依然として海外に植民地を有している。このため、フランスは多くの国と直接的な利害関係を有し、それだけ国益の擁護に敏感にならざるを得ないのであろう。

(三) より強固な日米同盟の構築と自衛隊の抑止力

自衛隊は平素より日米共同演習や訓練を通じて米軍と密接な関係を維持しており、それが良好な日米の同盟関係の構築に大きく貢献していると我々自衛官は自負している。しかし、今回のイラク派遣は訓練とは異なり、イラクの復興のためにアメリカとともに行っている実際の活動であり、こうした活動が「日米の安全保障面での協力をさらに緊密かつ実効性のあるものとする上で有意義である」[11] との実感を、筆者は現地での諸活動を通じて強く持った。

例えば、実際にイラクやクウェートの米軍基地を訪れ、多くの米軍人と接触した際に、彼らが「日本が我々と一緒に行動してくれることは、心強い限りである」と筆者に言ってくれたことは一度や二度だけではなかった。しかも、イラクやクウェートの米軍基地では、現地をモチーフしたロゴ入りのメダルやマグネットがお土産品として販売されているが、その中にはしっかりと日本の日の丸が入っている。このことは米軍が我々自衛隊を認めていることの証左であろう。また、前述したように国際緊急援助物品の輸送や邦人襲撃事件の際の遺体搬送において米軍側から全面的な支援を得たほか、筆者自身もイラクのタリル空軍基地やクウェート国内の各米軍基地で実にさまざまな協力を受けている。その際、筆者は常に「ここまで米軍は、我々を支援してくれるのか」との喜びと同時に驚きさえ感じ、日米同盟がより強固なものとなっていることを確信させられた。

次に、日米同盟の強化とともに、自衛隊イラク派遣それ自体が我が国の安全保障に抑止力として機能していることにも触れたい。まず、なぜ遠い中東にまで派遣する必要があるのかという疑問をよく耳にするが、これに対しては、我が国が中東地域に石油の八七パーセントを依存している現実を見れば[12]、中東石油の安定供給なしで日本経済の発展はあり得ないことからだけで十分納得できるであろう。さらに、中東地域だけではなく我が国周辺を見渡した場合、ソ連崩壊以降、我が国の安全保障に大きな暗雲を投げかけているのが北朝鮮の核・ミサイル問題である。金正日は、今回の自衛隊イラク派遣をどのように見ていたであろうか。恐らく金正日は、日本政府がこれほどスムーズに、中東における対米協力という大きな決断をするとは思ってもいなかったであろう。しかも、イラクにおいて、自衛隊の活動がこれほどまでに高い評価を得るとは想像していなかったであろう。筆者は、国際平和協力でのこうした活動の積み重ねが、周辺諸国に「日本は、これまでとは違う。」というメッセージを伝え、日本の安全保障にとって大きなプラスになるであろうことを期待している。

もちろん、今回の任務は、イラクの人道復興支援を行うのが第一目的であることは当然であるが、日米の関係強化、ひいては我が国の安全保障に大きな影響を与えたことは間違いない事実であり、だからこそ、我々自衛官は危険を承知で、我が国のためにという信念で中東に向かい、そして、イラクやクウェートで苛酷な環境に耐えて任務を完遂することができたのである。筆者は、我々の活動がイラクのためだけではなく、北朝鮮はもちろん、中国に対しても抑止力となっていることを確信しており、こうした観点からも今回のイラク派遣を評価して頂ければ幸いである。

イラク戦争に関して、今日、開戦の原因となった大量破壊兵器開発の存在が否定され、しかも、戦後の治安が杳《よう》として回復しないことから、開戦に踏み切ったことに疑義が持たれている。他方、筆者がイスラエルで防衛駐在官として勤務していた二〇〇〇年九月に、いわゆる「インティファーダ二〇〇〇」[13]が始まった。この事件に関し、日本のマスコミには年端の行かないパレスチナの少年が犠牲になったという記事が多く掲載され、「かわいそうなパレスチナ」対「無慈悲なイスラエル」というような、その時点の事実だけを捉えたステレオ・タイプの論調が多く見られた。もちろん、亡くなった少年には心から哀悼の意を捧げるばかりであるが、そうした犠牲を生み出した対立の真相が何処にあるのかよく考える必要があろう。イラク戦争についても、開戦の名分がどうあれ、我々派遣隊員はイラク人道復興支援という任務に誇りをもっており、我が国の安全保障にとって最も重要なパートナーである米国が若い兵士に多くの犠牲を出しながらもイラク再建に尽くしている時に、ともに汗を流すこともせず傍観者でいるという選択肢はあり得ないのである。米国が我が国を真の同盟国として期待している時こそ、憲法上の制約はあるものの、その中でできる限りの協力をすることが、我が国の安全保障にとって重要なのである。ましてや、現在も自衛隊が行っているのは、あくまでイラクへの人道復興支援であり、この目的に対しては些かの疑念もない。イラクの自衛隊は厳しい環境の下、日本とは全く異なる文化を持つ地域で黙々と任務を遂行してきた。これを支えてきたものは、将来必ず評価されると信じ、危険と隣り合わせの中、イラクの人々のため、そして、このことが日本のためであるという一念であった。

おわりに

混沌とした今日のイラク情勢において、「一カ月後のイラクは？」と聞かれれば、もちろん筆者も確信を持って大丈夫ですとは答えられない。では、「一年後は？」と問われても、確かな回答をすることができない。しかしながら、「一〇年後は？」と聞かれれば、「安定しているでしょう」とかなりの自信を持って答えることができる。二〇〇六年一月にイラクにおいて選挙が実施され、不完全な形ではあるが、新生イラクの第一歩が始まった。イラクが真の民主主義国家として生まれ変わるまでには、まだまだ多くの難問を抱えていることに間違いはない。しかし、筆者は、その歩む速度はゆっくりであっても各国の支援を受けながら、着実に一歩ずつ前に進んでいることを現地で強く感じた。世界第二位の石油埋蔵量を持ち、メソポタミア文明といった輝かしい歴史を誇る国、それがイラクの真の姿である。現在、イラク国内はますます混迷の度合いを増しているとも言われているが、イラクの人々の多くは自立を目指して必死に努力し、そして今、世界に多くの支援を求めている。その中にあって、未だ大規模な支援に至っていないが、我が国もその再建に貢献している。そして、その中核をなしたのが自衛隊による人道復興支援活動であり、陸上自衛隊は一人の犠牲者を出すこともなく、二〇〇六年七月にイラクでの任務を無事終了した。

以上、二度にわたる中東での勤務経験を下に、UNDOF及びイラク・クウェートでの自衛隊の活動並びに自衛隊イラク派遣の意義について述べてきた。少しでも多くの方に、現在も家族を離れ、遠く中東の地において、厳しい任務に邁進している航空自衛官がいることを知って頂ければ幸いである。最後に、繰り返しになるが、今でも、二〇〇名を超える航空自衛隊員が日の丸を背負い中東各地で活躍している。

註

(1) UNDOFの活動を含む日本の国際平和協力の状況については、外務省ホームページ http://www.mofa.go.jp/mofaj/gaiko/pko/index.html を参照のこと。また、本書第四篇の佐藤正久「ゴラン高原からイラクへ――自衛隊指揮官の中東経験――」には、UNDOF及びイラク復興支援における自衛隊の具体的活動についての説明がある。

(2) イラク特措法は正式には「イラクにおける人道復興支援活動及び安全確保支援活動の実施に関する特別措置法」であり、平成十五(二〇〇三)年七月二十六日に国会で成立した。この中で自衛隊の派遣に際しては、派遣期間や活動内容、規模に関する「基本計画」(イラク人道復興支援特措法に基づく対応措置に関する基本計画)を策定するものとされている。

(3) 詳しくは、航空自衛隊ホームページの「イラク復興支援派遣輸送航空隊による輸送活動実績」http://www.mod.go.jp/jasdf/iraq/index.htm を参照のこと。

(4) 『読売新聞』夕刊(二〇〇四年七月十七日)。拉致被害者の曾我ひとみさんがジャカルタで家族と再会し、一家を帰国させる際に日本政府によるチャーター機の入札が行われ、日本航空と全日空が見積額一円を提示し、くじ引きで日本航空が落札した。その後、外務省との調整の結果、チャーター料は五万円となった。なお、ジェンキンスさん父娘を北朝鮮からジャカルタへ運ぶ時は、全日空が五万円で落札している。

(5) この事件では、バグダッド近郊でフリージャーナリストの橋田信介氏及び小川功太郎氏が武装勢力に襲撃されて死亡した。なお、この他に日本人が武装勢力などにより殺害された事件には、二〇〇三年十一月二十九日に奥克彦イラク大使と井ノ上正盛一等書記官が襲撃された外交官殺害事件、邦人ジャーナリスト殺害事件と同年十月二十六日に香田証生氏を拉致・殺害した邦人殺害事件がある。

(6) ハイム・ヘルツォーグ『図解中東戦争』滝川義人訳(原書房、一九八五年)一四四―一四五頁。

(7) 日本における国連の過大評価の問題については以下が示唆に富む。色摩力夫『国際連合という神話』(PHP研究所、二〇〇一年)。

（8）池井優『日本外交史概説』（慶應通信、一九七三年）七三―七五頁。
（9）ヘルツォーグ『図解中東戦争』一四五頁。
（10）同右、三五一頁。なお、オシラク原子炉爆撃が行われた六月七日は日曜日であり、外国人に犠牲が出ないようにと慎重に選択された日であった。しかし、当時の新聞によれば、それでもフランス人技術者が犠牲になっている。
（11）防衛庁『平成十八年度版　日本の防衛』（二〇〇六年八月）二二三頁。
（12）「エネルギーと原子力発電について（論点の整理（案））」（原子力委員会新計画策定会議資料、二〇〇五年四月十四日）資源エネルギー庁ホームページ http://www.enecho.meti.go.jp
（13）「インティファーダ二〇〇〇」とは、一九九三年九月のオスロ合意に基づく中東和平プロセス停滞が続く中、二〇〇〇年九月二十八日にイスラエルのシャロン・リクード党首がイスラム教徒の聖地でもあるエルサレムの「神殿の丘」を訪問し、これを契機に、イスラエル・パレスチナ間で大規模な衝突（後に、「第二次インティファーダ」とも呼ばれる）が発生した事件をいう。なお、インティファーダは、一九八七年末に西岸地区、ガザ地区でパレスチナ住民による反イスラエル蜂起（第一次インティファーダ）が最初である（「パレスチナ概況」二〇〇六年十一月、外務省ホームページ）。

（元駐イスラエル防衛駐在官・防衛省航空幕僚監部）

第三篇　理論と法

平和の維持から支援へ

――ドクトリンから見た平和支援活動の生成と制度化――

青井　千由紀

はじめに

伝統的平和維持活動（あるいは国連平和維持活動）は、冷戦期の国際政治情勢を背景に、その時期の政治的ニーズに合わせて発展したものである。冷戦後、国際戦略環境の激変によって伝統的平和維持活動に対する需要が相対的に減少する一方、平和支援活動（Peace Support Operation）、あるいは平和活動（Peace Operations）に対する需要が劇的に増えている。本論の目的は、冷戦後の時代に発展した平和支援活動の生成の過程を軍事ドクトリンに着目しつつ明らかにし、さらにそのドクトリンとしての発展の過程を構成主義的現実主義の立場から説明することにある。

平和支援活動は伝統的平和維持活動の次世代ドクトリンであり、正当な国家権力の樹立・再生を目的とし、平和維持・強制及び多機能活動を含有する活動の領域（spectrum）を指す。バルカン半島での活動をきっかけに、主に英国の主導の下に発展した平和支援活動は、現在では米国やその他の北大西洋条約機構（ＮＡＴＯ）諸国によっても共有される概念となっている。[1]また、南アフリカなど平和活動分野で活発な途上国の軍事ドクトリンや、二〇〇〇年に発表された国連平和活動改革に関する「ブラヒミ報告書」にも、重要な違いを残しつつも大きな影響を与えた。[2]ドクトリンとは、軍組織が活動をする上での基本的な原則であり、権威的なものではあるが適用には適切な判断を要するものと定義される。[3]平和支援活動ドクトリンは、冷戦後の戦略環境の中、内戦などを終結させるため展開される活動に適用される一定の緩やかな原則として発展したが、「制度」を「主体の行動に関する期待（expectations）の修練するところの原則、規範、規則、手続き」と広義に定義付けるとすれば、[4]平和支援活動のドクトリンとしての成立と国際的な調整の過程は、紛争解決の新たな手法の制度化の過程と捉えられよう。また、ミドルパワーが主体となって展開された冷戦期の伝統的平和維持活動とは対照的に、軍事的・政治的要請から平和支援活動は大国の支援のみならず直接的な参加を必要とすることが多く、紛争の質の変遷に鑑み活動の主体が変遷したことが窺われる。

平和支援活動の軍事ドクトリンを検討することは、通常は国連によって、あるいは国際的に組織される活動を主権国家、ひいては各国の軍事組織のレベルにまで掘り下げて検討することにほかならない。世界政府や「国連軍」が存在しない今日、国連やその他の国際的な活動が主権国家の提供する兵力や機材などに支えられていることを考えれば、ドクトリンを検討することは平和支援活動に参加する各国の「準備（preparedness）」を問題とすることにもなる。そもそも、国家の軍事組織とは、「戦争を戦うこと（war-fighting）」を一義的な任務として発展した国家組織である。過去、平和維持活動は国家の軍事ドクトリンにおいては「戦争以外」の活動領域に組み込まれ、組織的な関心をあまり引いてこなかった活動領域であった。ただし、平和維持活動は歴史的にその他の戦争以外の活動、最も端的には反乱鎮圧（Counter-insurgency, ＣＯＩＮ）と「親戚」ともいうべき関係にあり、活動上多々共通点が見られることを指摘しておく必要がある。国によっては、歴史的事情によりこの分野に強く特化した軍組織も見られる。

一般に、平和支援分野での各国ドクトリンの変遷は、冷戦後の戦略環境における不均衡型紛争の増加に鑑み、自由主義的な価値観を持つ超大国米国と同盟国とが介入主義的傾向を深めた国際政治的要因と決して無関係ではない。平和支援活動ドクトリンの生成の基盤になっているのは、国際戦略環境の変遷と現実的な脅威――つまり、地域紛争や内紛、破綻国家などのかもし出す安全への脅威――の認識である。そして、平和支援活動ドクトリンの生成と国際的調整の過程には機能的な側面が色濃くあらわれている。つまり、具体的な活動の失敗と成功の経験が、文化や価値観の影響も受けつつ各国のドクトリンに反映され、さらに相互の調整を経て実際の紛争への関与の経験とその評価は国際的に共有されるものとなる。このようなプロセスは、安全保障の方法や制度が、現実的な脅威と要請に基づいて、試行錯誤の過程を経ながら構成（construct）されるという構成主義的現実主義とも言われる立場と合致しよう。(5) さらに、地域紛争への関与の経験がドクトリンとして反映されるプロセスは、軍の組織としての組織文化にも大きな影響を受けた。(6) 軍組織文化が戦略文化や、軍の組織としての歴史に大きく影響されるものとすると、現在に至るまでの軍組織の長い歴史的経験そのものが現在のドクトリンに反映されていると理解できよう。

本論では以下のように論を進める。まず、ドクトリンと国際政治との関連を明確にし、さらにドクトリンの果たす組織的・政治的・社会的役割に着目しつつドクトリンを検討する意味を明確化する。その上で、ドクトリンの観点から平和支援活動の発展の過程をたどる。まず、伝統的(国連)平和維持活動とその基盤であるノルディック・マニュアルを検討する。そして、ボスニア紛争(一九九二〜九五年)への関与の苦い経験が平和支援活動の生成のきっかけとなったことを議論し、平和支援活動の特徴を明らかにする。さらに、英国と米国それぞれのドクトリンを検討し、バルカン半島での平和支援参加を経て、米国の平和活動ドクトリンが英国(及びＮＡＴＯ)の平和支援活動ドクトリンを承継するに至ったことを議論する。本論では特に英国と米国のドクトリンの発展に着目するが、これは、歴史的に両国が平和支援活動に対して多大な影響力を持ってきたからである。特に英国のそれは米国のみならずＮＡＴＯ諸国の平和支援に対する理解の基盤となっており、特に重要である。比較検討のため、伝統的平和維持活動を生み出した北欧諸国においても現在は平和支援活動の概念とドクトリンが継承されていることを述べ、平和支援活動概念が調整の過程を経ながら国際的に受容されつつあることを議論する。最後に、平和支援活動の生成を促した国際政治上の要因を構成主義的現実主義の観点から検討し、理論的影響について考察する。

一　ドクトリンと国際政治

軍事ドクトリンとは、各国の大戦略(Grand Strategy)の一つの要素である[7]。大戦略とは、各国の安全保障上の目的と、それを達成するための手段とを指し、この目的と手段との間の統合を図ることが安全保障上の重要な課題とされる。理想的には、大戦略は、国家が直面する脅威を明確にし、どのようにして安全を確保するのかに関する理論的な体系を呈示するものである[8]。民主主義政体では、安全の意味や目的、異なった目的の間の優先順位を決めるのは政治の役割であり、この追求のための政治・外交的、経済的、軍事的その他の手段の望ましさを決めるのもまた政治の役割である。軍事ドクトリンとは、このうち軍事的手段が用いられると政治が決定した場合、どのような軍事的手段をどのようにして用いるかに関して軍組織が保有する大まかな原則を言い表すものである。従って、ドクトリンは、一定の状況における軍事行動の効率を左右し、その結果次第では大戦略上の影響をも持ちうる。

ドクトリンの大戦略上の重要性に鑑み、国際政治学ではドクトリンの大戦略への統合度を問題とし、そもそもドクトリンを規定する要素はなにか、という問題について理論的・実証的な研究が進められてきた。現実主義が、外的脅威（力の分布）に対する合理的な国家の反応を想定するのに対して、[9] 組織論の立場からは、軍組織を含む組織はそれぞれ特有の利害、思考や文化などを有し、そのため現実主義が想定するような外的要因に対する「合理的」な反応とは違った反応をする傾向があると議論される。[10] したがって、軍組織が外的脅威に反応する過程（ドクトリンも含む）は、システムと軍組織の組織としての特質双方の影響を受けると理解される。

また、ドクトリンはさまざまな組織的・社会的・政治的影響をも持ちうる。まず、ドクトリンは相互の調整や共同訓練の過程を通して、知識の伝播や制度化を促す。ドクトリンは軍組織の過去の経験を直接的に反映するものであると同時に、軍組織が過去の成功や失敗をどのように認識しているかを示すものである。ドクトリンの起草過程での相互の調整、特に国際的な内容の調整や訓練を通じて、成功や失敗の経験（あるいは認識）は国家間で「共有」されるものとなり、また、過去の教訓に関する共通の理解形成の基盤となる。また、特に西側先進民主主義諸国においては、ドクトリンは広く一般にまで公表されるものであり、軍組織の活動に関する「広報」の一環としての役割をも担う。より幅広い世論に軍組織の活動を説明し、それに対して民主的な評価を促す上で一定の役割を果たす。これには、活動に関する「宣伝」はもとより、世論の批判を回避する目的で、非効率的な活動に対する正当化という負の役割が伴う可能性があることも指摘しておく必要があろう。[11]

平和の維持と支援の分野でも、同様の一般化が可能である。つまり、この分野のドクトリンも、国際システム上の要因と組織的要因双方の連動によって変化を説明できるのであり、また、ドクトリンは、各国が相互にその内容を調整することによって、国際的に共通のアプローチを生み出しうる。不適切なドクトリンは、多くの場合、必ずしも有効ではない現状維持政策の一貫であり、失敗の過程を経てこれらは見直され、改善される。以下、平和の維持と支援の分野でのドクトリンを検討していく。

二　平和の維持から支援へ——各国ドクトリンの変遷とその要因——

（一）　伝統的平和維持活動とノルディック・マニュアル（Nordic Manual）

伝統的平和維持活動は、国連事務局によって「紛争地域の平和の維持もしくは回復を助けるために国際連合によって組織される軍事要員を伴う活動ではあるが、強制力をもたないもの」[12]と概念化される活動である。伝統的平和維持活動は、冷戦初期、地域紛争の拡大を防止するため、中東やカシミールなどに国連の指揮の下に多国籍の要員からなる監視団や軍が派遣されたのをきっかけに国連の制度として確立した。スエズ危機終結に向けて展開された第一次国連緊急隊（ＵＮＥＦＩ）について、国連事務総長ダグ・ハマショルド（Dag Hammarskjöld）が国連総会に提出した報告書の中には、平和維持軍の中立性、国際的性格、同意、非強制といった特色に関する考え方が述べられていたが、これらの多くは後に伝統的平和維持活動を特徴付ける原則として広く認められるようになった[13]。つまり、（一）国連によって組織され、国連の指揮の下に活動する、（二）紛争当事者の活動に対する同意が得られている、（三）中立の活動である、（四）加盟国の支持を要する、つまり、加盟国に兵力の自発的な供給を依存する、（五）自衛のためのみの武力行使のみ許される、といった原則である[14]。また、通常は停戦合意を基にする活動として組織されるものであり、さらに、原則として常任理事国の参加を予定せず、多数の国家が参加するバランスの取れた構成、つまり活動の国際的性格を保証することも原則としてあげられる[15]。

このうちもっとも重要と考えられるのは、同意原則である。つまり、平和維持活動が展開されるには、紛争当事者の平和維持活動に対する同意（consent）がなければならない。活動の受入国が同意を撤回した場合は、展開の条件がすでにないものと理解される。これは、中立原則、つまりどの紛争当事者にも与しないという原則とあわせて、主権に対するセーフガードとなったのである。また、自衛のためのみの武力行使（あるいは武器の使用）は、国連平和維持活動が非強制の活動であり、国連憲章第七章にある強制行動とは区分されるとの認識の現れであった。

これら「同意、中立、非強制」は、伝統的平和維持活動のトリニティー（三原則・trinity）ともいうべき重要な原則である。国連以前の国際的監視活動にも同様のアプローチは認められるが、初期の国連が経験則として「平和維持活動（Peacekeeping Operation）」という語彙とともに国連の用いる手法として制度化せしめた。平和維持活動とは、その政治性（外交との密接な関連）や国際性（多国籍活動）といった特徴ともあいまって、各国の軍組織にとって伝統的任務（「戦争」）とは別の思考体系と訓練を要求するものである。

国連における平和維持活動の制度化を可能とするには、国レベルでの国連平和維持活動への参加のための「準備」が必要であり、国連にとって死活的であったことはいうまでもない。特に、この分野における北欧諸国（Nordic countries）、つまりノルウェー、フィンランド、スウェーデン、デンマークの活動は、カナダなどの活動と並び、ノルディック・モデルとして多くの国々に影響を与えた。これら北欧諸国は、すでに十九世紀から国際連盟の時代を通じて、共同で軍や監視団を派遣するなどの活動をしていたが[16]、国連平和維持活動に対しても北欧諸国の関与をより確実かつ効率的なものとするべく、一定の制度を作って対応しようとした。北欧諸国は、ＵＮＥＦＩの経験を経て、国連の加盟国の間に同様の危機の際に迅速に対応できる制度的準備を進める必要を認知したハマショルド事務総長（当時）の呼びかけに応え、数年の討議・準備期間を経て、国連平和維持活動に対する待機軍の設立を一九六四年、それぞれの国会で承認した[17]。この待機軍制度は、国連のための最初の待機軍制度であり、国ごとに設置されるものではあるが、北欧諸国間の現場での協力を促進することを狙いとしていた。各国の待機軍は、軍事訓練を受けた民間人と職業軍人の志願者（volunteers）から成っており、各国ごとに準備されるものであったが、合同訓練を開催し、共通のマニュアル（ドクトリン）を開発、保有した点で画期的であった[18]。また、待機軍制度に関連する議題を議論する国防長官級会合が年二回開かれることとなっていた。

北欧諸国が編み出したマニュアルは一般に「ノルディック・マニュアル」と呼ばれ、国連平和維持活動のドクトリン上のモデルである。これは国連事務局がその他のミドルパワーや途上国の平和維持活動への参加を促す上で、重要なドクトリンの原型を提供した。また、このマニュアルは後に英軍がボスニアでの活動に使った拡大平和維持（Wider Peacekeeping）マニュアルにも大きな影響を及ぼした。ノルディック・マニュアルは、北欧諸国が国連平和維持活動に参加する際に使われるおおよその原則（あるいは兵力展開のためのガイドライン）からなっていた。つまり、（一）国連からの正式な要請がある場合、（二）紛争当事者からの同意、（三）平和維持の任務（つまり、憲章第七章活動ではない）、（四）部隊の展開については国会の承認を得ること、（五）その都度兵力を展開するかどうかを決定する権限を各国が持つという原則である。これらは、実質的にはハマショルド事務総長がＵＮＥＦＩについて提示した活動原則と同じであり、同意、自衛のためのみの武力行使を許され、さらに特定の交戦規定（ＲＯＥ）を備えていた。[19]

このような共通のアプローチは、北欧諸国が、冷戦期に展開された国連平和維持活動に参加した要員のうち実に二五％を派遣することを可能とし、北欧諸国はミドルパワーとしての世界政治上の地位を確立したのである。

（二）　ボスニア内紛（一九九二〜九五）と拡大平和維持（Wider Peacekeeping, ＷＰＫ）

しかしながら、冷戦期を通じて確立された伝統的平和維持活動の手法は、冷戦の終了に伴う劇的な国際戦略環境の変遷によって、その限界を呈することとなった。その最初の例となったのは、一九九二年から九五年のボスニア内紛である。

当地における内紛は、旧ユーゴ社会主義共和国連邦崩壊が発端となり、セルビア人側、クロアチア人側、ムスリム政府側という三者の間で戦われたが（一九九四年に米国の仲介の下ムスリム政府側とクロアチア人側によってボスニア連邦が形成され、二者の間の争いとなる）、ユーゴ連邦、クロアチア双方の政府の関与もあり、複雑な様相を呈した。また、各派、特にセルビア人側陣営によって、セルビアの関与の下で残虐な民族浄化戦術が取られたことから、特に欧州諸国がこの危機を深刻に受け止めた。内紛は東欧の不安定化に結びつく恐れがあるととられ、また民主的価値に重きを置く西欧諸国にとっては、紛争の人道的影響が直接的な政治的影響をかもし出す問題として受け止められた。その一方で、当初圧倒的な軍事的優位を持ったセルビア人側の行動を制御するほどの政治的利害を見出さなかった欧州及び米国は、国連の平和維持活動を導入し、とりあえずの人道的ニーズに対処することとしたのである。その結果、冷戦期とまったく違う紛争への関与が国連に対して求められることとなった。

現地に当初、人道援助の護衛の目的で展開された国連防御軍（ＵＮＰＲＯＦＯＲ）は、進行中の紛争の中での活動を余儀なくされた。国連安保理は、憲章第七章に言及しつつ人道援助と国際平和を関連付ける一方で、ＵＮＰＲＯＦＯＲの任務については当初、憲章第六章任務として限定した。つまり、交渉に依拠し、必要最小限の武器を基本的に自衛のためにのみ使用しつつ、包囲戦術の中にあって人道援助の促進を図ったのである。

また、国連安全保障理事会は、度重なる要求にもかかわらず止まないセルビア人側陣営によるムスリム人居住地に対する包囲戦略に対して、首都サラエボを含む六つのムスリム人居住地を「安全地域」として指定した。さらに、一九九三年夏、安全地域に対する攻撃に対処し、さらなる攻撃を「抑止」するため、国連安保理はＵＮＰＲＯＦＯＲの任務を憲章第七章任務へと移行させ、さらにＮＡＴＯの空爆力を導入した。[20]

ところが、ＵＮＰＲＯＦＯＲとＮＡＴＯの提供する抑止力は十分でなく、一九九三年夏から一九九四年暮れまでに起こったサラエボ、ゴラジュダ、ビハッチの危機を通じて、セルビア人側の攻撃は段階的に激しくなった。ここには、国連安保理の与えた任務の実施のための手段がＵＮＰＲＯＦＯＲ及びＮＡＴＯには与えられておらず、結果的に国連の信頼性が損なわれ、ますます任務の実施が難しくなるというスパイラルが作用した。最終的に、一九九五年夏、安全地域であったスレブレニッツアとゼパがセルビア人側の攻撃により陥落し、前者においては七千人の市民が惨殺される事態となった。

ＵＮＰＲＯＦＯＲの中心的な問題点は、度重なる紛争当事者の妨害行動にもかかわらずこれらを制御することができなかったことにある。これは、ＵＮＰＲＯＦＯＲに与えられていた軍事的手段が極めて限られたものであったこともあるが、加えてＵＮＰＲＯＦＯＲが従来型の平和維持活動における同意と中立原則に基本的に依拠していたことによる。ＵＮＰＲＯＦＯＲが与えようとした安全の「保障」は、それがすべての当事者に対するプロアクティブかつ不偏的な、また信頼性のある軍事プレゼンスによる制御を伴わなかったため、誰に対しても十分な防御を提供しなかったどころか、逆に相互への攻撃が激しくなり、国連に対する攻撃をも誘発した可能性があった。[21]

ＵＮＰＲＯＦＯＲの抱えていた問題は、当時の国連活動が依拠していた英軍によるドクトリン、拡大平和維持（Wider Peacekeeping, ＷＰＫ）を検討することによって理解することができる。ＷＰＫはボスニア紛争に対処すると同時に、将来のボスニア型の活動に対応する手段として暫定的な文書として発表された。[22] 拡大平和維持とは平和維持活動の一部、「より幅広い平和維持活動の形態」であり、紛争予防、非武装化活動、軍事的支援、人道援助、移動の自由の確保と拒否といった活動を指す。また、拡大平和維持活動は、紛争当事者の一般的な同意の下に展開される活動であるが、その一方で、冷戦期とは異なり、その活動環境が「不安定である場合がある」と認識されている。[23] 例えば、紛争当事者が多数であること、紛争当事者が非正規の集団であること、停戦が流動的であること、法と秩序の不在、大規模な人権の侵害、国連軍に対する武装攻撃の可能性があること、多くの文民機関（国連機関や政府機関、非政府組織など）が活動していること、民生のインフラが崩壊していること、難民や避難民が多数存在すること、活動の領域が不定であることが挙げられている。

以上のような活動環境の変化が認識されてはいたものの、ＷＰＫは、基本的に伝統的平和維持活動に関する原則に依拠しており、ＵＮＰＲＯＦＯＲの活動が徐々に問題を抱えることとなった原因となった。まず、ＷＰＫは、平和支援における平和強制（Peace Enforcement）を範疇に入れないドクトリンであった。ＷＰＫにおいては、平和維持と平和強制はまったく違う状況にあてはまるもので、平和維持と平和強制のいずれかの活動が行われるかは、当事者の活動に対する同意の如何によるとされた。ＷＰＫマニュアルは、当時にしては洗練したものであり[24]、活動レベルの同意と現場レベルの同意が別であることを認識し、双方の同意が変動する可能性を認識していた。また、活動レベルでの同意があれば、必要に応じて現場レベルでの最小限の武力行使は許されるとした。むしろ、同意の存在は武力行使をより効率的なものとするとしたのである[25]。さらには、当事者の活動の中立性に対する認識についてもこれが変動する可能性が認識されていた[26]。

しかしながら、ＷＰＫマニュアルにおいては、武力行使が平和維持と平和強制を隔てる線を越えれば、平和維持活動を可能とする条件は失われ、活動は撤退するか、別の活動へと移行するしかないと認識されていた。平和維持と平和強制を隔てる線は、まさに「ルビコン」であり、これを一度でも越えると再び平和維持活動へと戻ることは不可能であると考えられた[27]。たしかにこの線を越えることは武力行使のエスカレーション、制御の喪失、正当性や信頼性、安全の喪失を意味し、まさにソマリアがこのような状況であったとされた。活動が平和強制へと移行し、平和維持活動の条件が失われるのを防ぐため、当事者の同意と、当事者の活動の中立性に対する認識を最重要視したのである。このようなドクトリン上の理解は、ＵＮＰＲＯＦＯＲに与えられていた軍事力の不足とあいまち、極めて自制的なアプローチへと結び付いた。

つまり、冷戦後の活動環境について新たな観察を交えながらも、ＷＰＫは基本的にノルディック・マニュアルを引き継いでおり、古い制度の「縛り」があったと考えられる。同時に、ＵＮＰＲＯＦＯＲ・ＷＰＫのさまざまな限界性を帯びたアプローチは、政治・戦略レベルの混乱を如実に反映し、しかもそれに現場レベルで対処しようとした結果でもあった。つまり、ＵＮＰＲＯＦＯＲの活動の現場においては、戦略の欠如を現場レベルで穴埋めする策はありえないと認識されており、従って現状を固定するしかないという判断がされたのである。[28]

ボスニアでの苦い経験は、新たな戦略環境における平和支援への政治的関与の必要性を各国に認識させ、さらには、平和支援活動の具体的な方法を開発し国家レベルの「準備態勢」を構築することの必要性を認識させたのである。

（三）　英軍ＰＳＯドクトリン――ＪＷＰ三―五〇第一版（一九九八年）――

現在平和支援活動として理解されているドクトリンは、Joint Warfare Publication（ＪＷＰ）三―五〇である。一九九八年にその初版が発表され、二〇〇四年には改訂版が発表されている。当ドクトリンはＮＡＴＯの平和支援活動ドクトリン、また米軍の平和活動ドクトリンの原型となった。また、南アフリカをはじめとするアフリカ諸国にも平和支援活動の理解形成を促す上で大きな影響を及ぼした。

このドクトリンは、ボスニア活動の失敗を受け、平和強制（ＰＥ）型ドクトリンとして開発され、伝統的平和維持活動のいわゆる「トリニティー」（三原則）を再考察している点で、従来の平和維持活動のアプローチを大きく改訂したものであると考えられよう。[29] ボスニア活動の例が如実に示しているように、伝統的平和維持活動において適切であった原則は、いまだ紛争当事者間で戦闘が続き、戦略的に流動的な環境に直接当てはめるには不適切である。つまり、伝統的な意味での戦争と、非強制的な活動である伝統的平和維持活動との間に位置する「グレーゾーン」――戦争ほどの大規模な軍事力は必要がないが、伝統的平和維持活動よりは強制力を持つ活動――に適応するドクトリンに対するニーズに応えたものである。

平和支援活動は、紛争下にあり破綻した国家を紛争サイクルから離脱させ、自律的に平和を維持できる正当な国家へと再生させることを目的とし、平和維持・強制、紛争予防、平和創造、平和構築、人道援助といった活動の領域として概念化される。平和支援活動ドクトリンはその目的達成のための包括的かつ統合的なアプローチを構成し、より効率的な随時連携、あるいは国連の平和活動の支援を目指す。従来からの伝統的平和維持活動は、平和支援活動の一環として捉えられるようになった。また、平和構築も平和支援活動の一環である。

平和支援活動の主な軍事的要素は、平和強制（ＰＥ）と平和維持（ＰＫ）とされている。平和支援活動においては、同意（consent）は変数として捉えられており、同意の維持と形成を促すため部分的な強制力を用いる活動が平和強制であり、同意が得られている間に適用され、強制力を用いない活動が平和維持である。この平和強制の存在が伝統的平和維持活動と平和支援活動を区別するものである。

また、平和強制と戦争（war）も明確に概念上区分されている。戦争は、当事者に対する軍事的勝利を目的とするため不偏的（impartial）な活動ではないが、平和強制は和平合意や人権擁護などの原則を全ての紛争当事者の行動に照らして一律、平等に適応するため、不偏的な活動であるとされる。従って、両者を概念上区分する要素は「不偏性（impartiality）」の原則である[30]。

平和維持や平和強制といった軍事的活動は、平和創造のための外交や援助などの文民活動を可能とするための「条件」を生み出す活動である。そのような条件の生成のためにはいわゆる「飴と鞭」のアプローチを可能とするための包括的なドクトリンが必要である。つまり、必要に応じ平和強制の手段をとる準備がなければならないが[32]、その一方で、平和支援活動においては軍事力のみでは平和の樹立に結び付かないことが認識されている。軍による文民機関への支援、文民活動の一定の範囲内での実施と、文民組織との関係調整（民軍協力ＣＩＭＩＣ）も平和支援概念の重要な一環をなしている。

同意は、平和支援活動においても重要であるが、平和支援活動においては同意は変数と捉えられている点を強調する必要がある[33]。これは、伝統的平和維持活動において、当

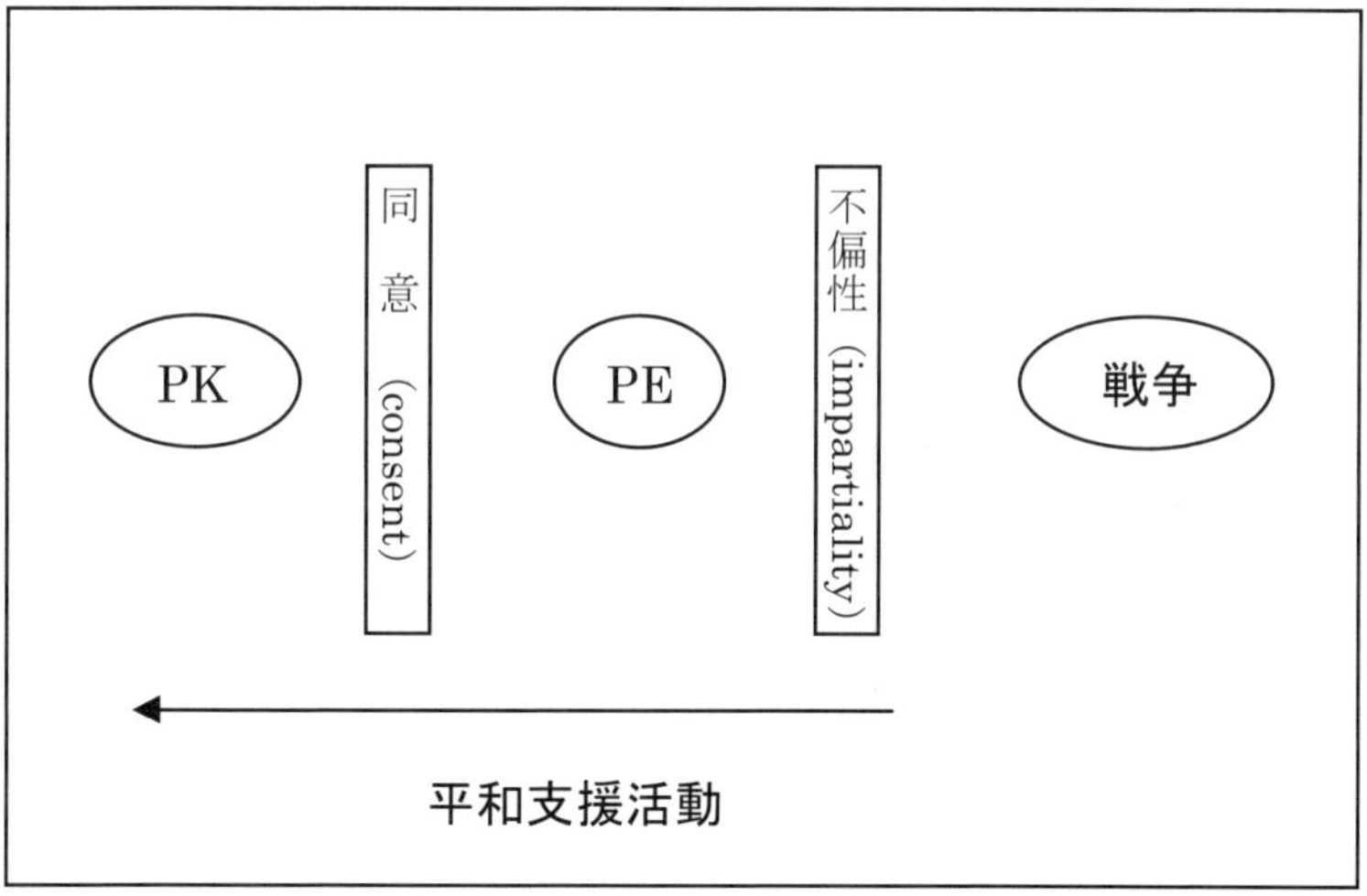

図１　平和支援活動[31]

事者の活動に対する同意は活動の絶対的な条件であったことと対比されよう。伝統的平和維持活動及びＷＰＫにおいては、同意が一度失われればこれを再び構築することはできず、活動の基盤がなくなったものと理解された。一方、一九九八年の平和支援活動ドクトリンにおいては、同意は長期的に活動を成功させるための必要条件とされている。平和支援活動では、同意形成・回復の手段（強制及びＣＩＭＩＣ）がドクトリンに組み込まれており、短期的には同意が変動することを前提として、長期的に和平に対する支持と同意が形成されることを目指す[34]。

　さらに、伝統的平和維持活動において重要であった中立（neutrality）の原則は、平和支援活動では不偏性（impartiality）に取って代わった。伝統的平和維持活動では、当事者の意向が最優先され、平和維持軍はこれに干渉したり意思を強要したりする権限は与えられていなかった。一方、平和支援活動においては、和平合意や和平プロセスに対して、また国連憲章や国際法の基準に照らして、これらに逆らう当事者に対して平和支援部隊はなんらかの行動を取る権限と能力を与えられている。つまり、不偏的に、一定の原則を紛争当事者に対して強制しうる。不偏性の原則に則り当事者の行動を制御できるに足る能力と訓練が平和支援活動に携わる軍組織には要請されるのである。

（四）ＪＷＰ三―五〇　第二版――平和支援と国家建設――

　ＪＷＰ三―五〇の第二版は、英国外交が今後しばらくの間、弱い国家の再生・維持に関わる紛争予防の活動に携わるであろうと予測し、平和支援活動を紛争予防のための外交を成功裏に終わらせるための手段としてのジェネリックな概念として位置付けている。この背景にあるのは、ボスニア、コソボといった国々において、英国が一九九〇年代より関与している平和支援活動が長期化しており、安定した主権国家の枠組みを樹立するには未だ時間を要していることや、シエラレオネなどでは国連活動を支えるため英国の介入が必要であったことなどであろう。また、アフガニスタン・カブールでの平和支援や同国辺境地での地方復興支援チーム（ＰＲＴ）の設立、イラクでの複雑な安定化・復興活動の経験も、これらの活動が国家の再生と支援という関連した問題に関わっていることから、平和支援ドクトリンの再考過程においては重要であった。

　ＪＷＰ三―五〇　第二版は、第一版に見られた平和支援活動の考え方を基本的に引き継いではいるが、戦略的思考がより前面に出ており、平和支援活動に対する考え方・アプローチがさらに進化していることが窺われる。平和維持活動からWPKを経て平和支援活動の初期のドクトリンに見られた同意、中立・不偏性、そして（非）強制の概念・原則の定義に対する確執は見られなくなり、むしろ平和支援活動をその戦略的意図（strategic intent）、あるいは得られるべき効果（effect）によって概念化しようとする。平和支援活動における「戦略的意図」あるいは効果とは、「予防、和解、抑止、封じ込めあるいは安定化といった手段によって紛争を解決することによって国際の平和と安全を保全すること」である。[35] また、従来の武力行使に関する概念は、理論的あるいは法的文脈に沿って戦争や戦争以外の活動といった具合に区分化される傾向があったとし、これに対して、平和と戦争の間の「緊張の領域（spectrum of tension）」の全域において武力の行使は外交を補完するものであるとし、平和支援活動はこの緊張の領域のいずれの場面においても起こりうるとしたのである。[36] そして、「単一教義概念（One Doctrine Concept）」を提示しつつ、平和支援活動は強制（Enforcement）、安定化（Stabilization）、そして移行（Transition）という三つの姿勢（Stance）のいずれをも取ることができるとした。姿勢とは、活動の「効果」に対応する軍事力とその行使とに関する原則によって特徴付けられる。また、これらの姿勢の間の境界線は「やわらかく」、姿勢を明確に変更するのではなく、これらの姿勢の比重が徐々に変わる流動的な活動空間を想定しているのである。[37] このうち、強制とは、紛争の悪化が想定される状況において停戦あるいは和平を保障することであり、必要な場合には強要あるいは抑止を用いて国際的な任務を達成する能力を要する。安定化は、停戦や和平合意後のより安定した状況の下、緊張を柔らげ、活動の権威を増すことであり、信頼性のある強要・抑止能力を保持、示威、あるいは行使する。移行とは、紛争の根本的な原因を取り除く活動であり、信頼性のある強要・抑止の能力を要し、現地の主体の能力を高めるべく支援を行う。

さらに、平和支援活動の意図する効果、すなわち長期的な平和の達成の具体的な指標として「安定国家クライテリア」を設定し、これが達成できる前の時期尚早な撤退を避けようとする。[38] つまり、安定した正当な国家が樹立されたことが、撤退の条件となる。理想的にはこれらのクライテリアは活動の任務に明確な形で言及されなければならないが、もし長期的な安定国家クライテリアの内容について国家間で合意ができなければ、暫定的目標が定められるべきである。

平和支援活動においては、国家あるいは社会は以下の構成要素からなると概念化される。国あるいは社会は、法の支配、教育、商業、人道・保健、情報（独立したメディア）、軍、経済、行政・統治といった要素からなり、それらは歴史や文化の土壌の上に成り立つ。平和支援活動は、これらの要素のうち紛争によって機能しなくなった部分を蘇生させるべく支援することであり、これらすべての上に成り立つ国を再生させることである。これらの要素を再生するには文民からなる多岐にわたる主体との共同作業が余儀なくされることを認識することの重要性を指摘している[39]。

ＪＷＰ三―五〇において、いま一つ重要なのは、活動の権威（campaign authority）についての考え方である。平和支援活動における権威は通常は国際的に定められる任務に由来するが、これのみでは活動の円滑性を維持するには不十分である。活動の権威は四つの要素から概念化される。つまり、（一）活動の任務の正当性に関する認識、（二）活動を担っている主体（ＰＳＯの主体）の行動の正当性に関する認識、（三）活動の権威の受容の度合い（つまり、同意のレベル）、（四）活動に対する期待を満たす度合いである。つまり、従来、同意という原則は一面的かつ静的な概念（紛争当事者の活動の展開に対する同意）として捉えられていたが、これが平和支援活動においては変数として捉えられるようになり、さらにそのほかの側面と組み合わさって活動全体の円滑性、あるいは効率を規定すると概念化されるに至った。

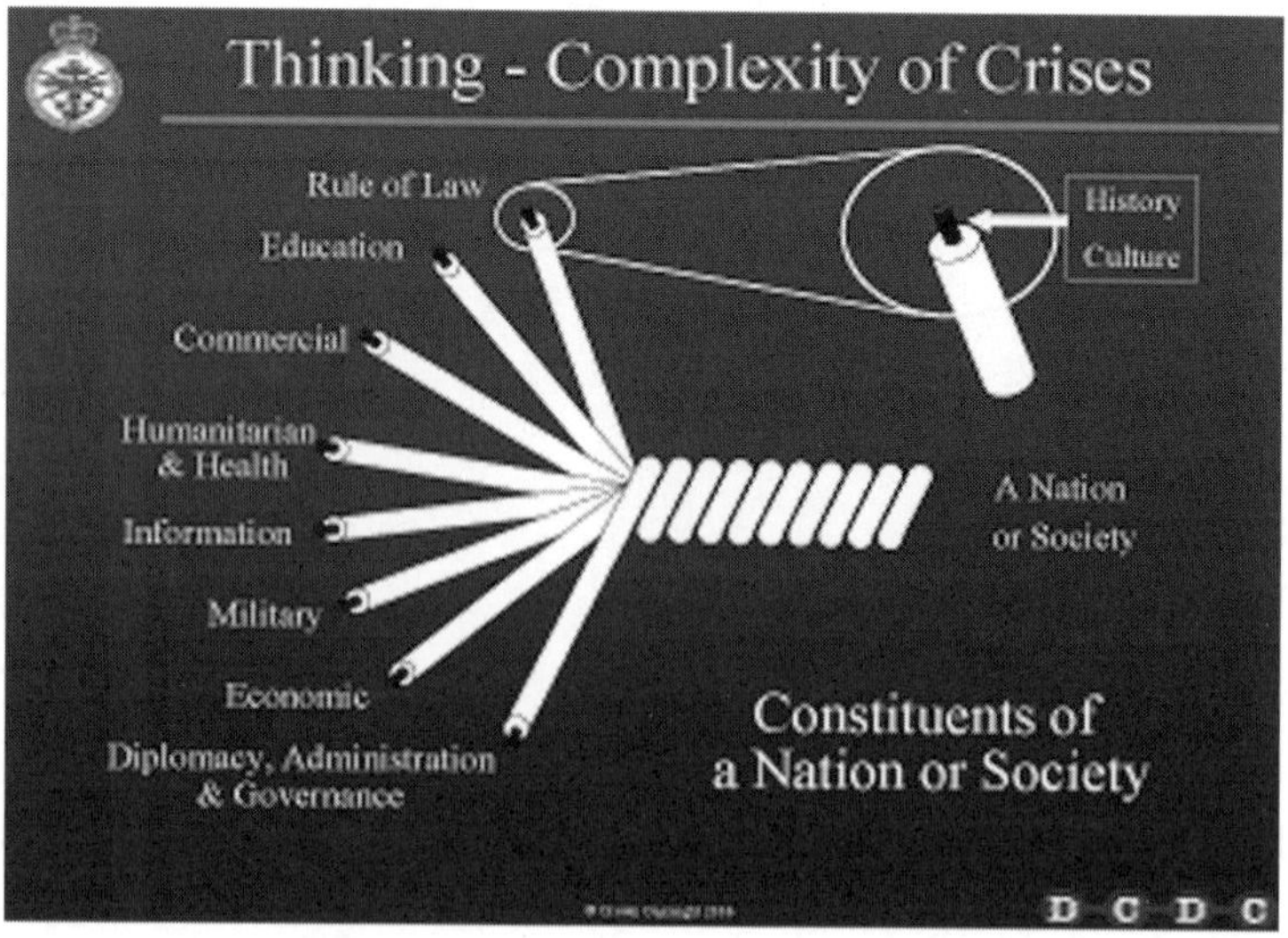

図２　社会の構成要素
"Figure 2.4 - the Key Constituents of a Nation or Society," JWP 3-50 (2nd Ed.).
英国国防省 (Development, Concepts and Doctrine Centre) の許可を得て抜粋。

さらに、不偏性の原則（impartiality）については、平和支援活動とは不偏的な活動であるとしながらも、これはあくまでも活動を円滑にする「装置（enabler）」であって、これを従来の平和維持活動がそうであったように活動の目的（あるいは存在意義）とするのは平和支援に対する誤ったアプローチであるとされる。[40]

なお、強制、信頼性のある軍事プレゼンスといった考え方については第一版から引き継がれている。英軍の場合、武力行使に関する考え方はミニマム・フォースの考え方にのっとっており、信頼性を保ち任務を達成するのに適切な、しかし最低限の武力しか用いてはならないという考え方を取っている。[41]

平和支援活動を議論する上で興味深いのは、英軍が組織として保有する経験や組織文化との関係であろう。もともと、平和支援活動は、伝統的平和維持活動（ノルディック・マニュアル）と英軍が特に長い歴史を持つ反乱鎮圧分野の知識を掛け合わせ発展したものであることが知られている。特に、ＣＩＭＩＣ分野での活動と、反乱鎮圧のいわゆる「心と頭（Hearts and Minds）」の分野での活動——すなわち、反乱鎮圧活動において人心獲得のために行われる人道・復興活動などさまざまな形での民生の支援——とは活動が似通っている。[42] 植民地支配の経験を通じてミニマム・

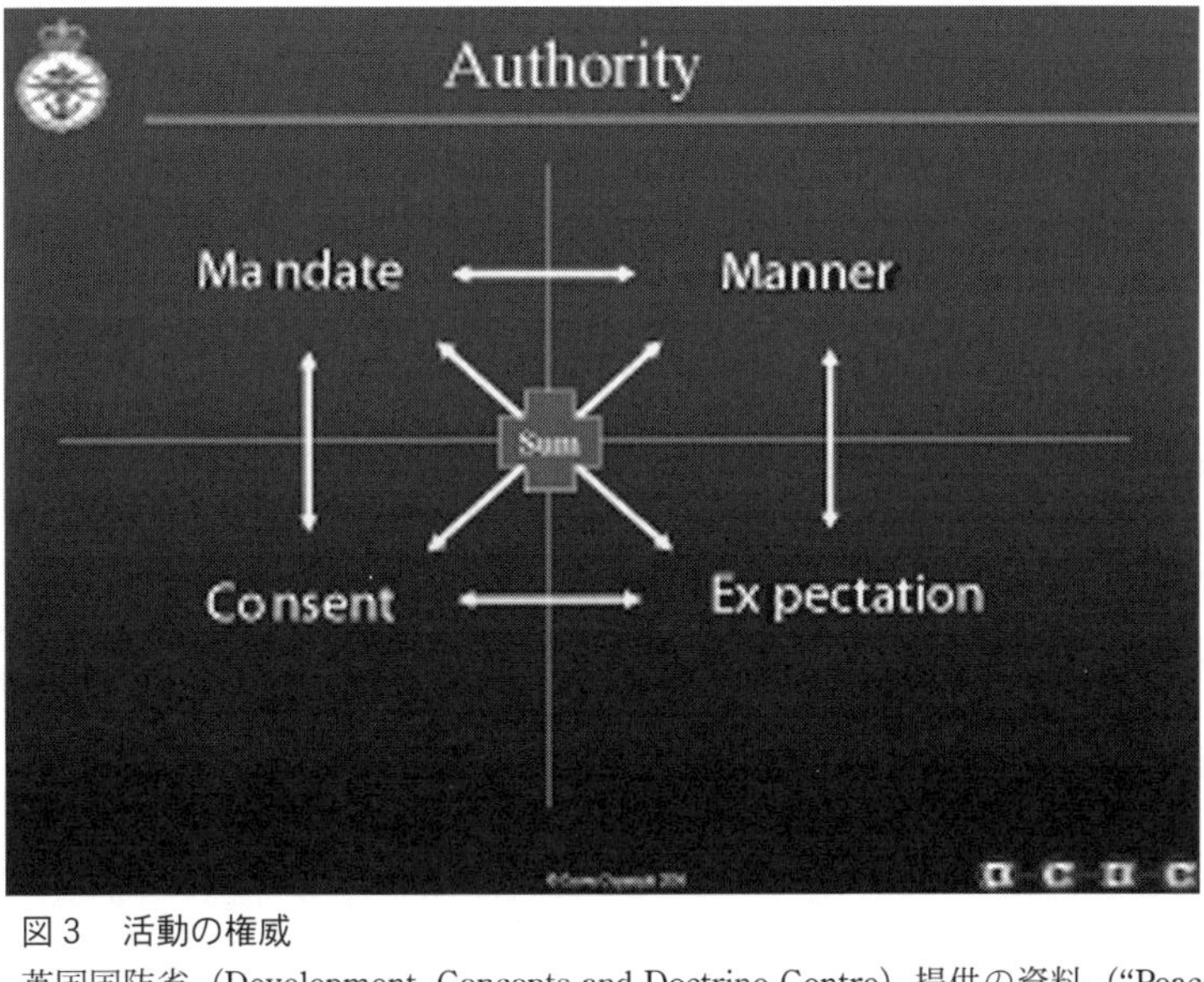

図３　活動の権威

英国国防省（Development, Concepts and Doctrine Centre）提供の資料（“Peace Support Operations”）から許可を得て抜粋。

フォースの使用、警察行動、民生支援に関して一定の知識と経験則を持った英軍[43]が他国に比べ比較的速く平和支援活動の方法を編み出し、さらにその伝播に努めたことは、英国の世界帝国としての歴史と無関係ではない。英軍の中には、当初、平和支援活動を余儀なくさせたボスニア内紛への関与に対してこれを非軍事的な、撤退の望めない、コストの高い活動として厭う向きもあったが、民生支援に対する受容の早さや平和支援の文脈でのミニマム・フォースへのコミットメントの強固さは英軍組織文化の中に深く根付く伝統によるものと考えられる。

（五）米国――平和維持活動から平和活動（Peace Operation）へ――

① 冷戦期

冷戦期から冷戦後にかけて、米国においても、基本的に英国と同様のドクトリン上の変遷が見られた。平和活動(Peace Operation) は、平和支援活動と同じく、平和維持及び平和強制の概念と、外交の支援のための活動を含有するようになった。また、米国の平和活動への関与の事例も、他の大国と同じく冷戦後になり格段に増加した。

　米国は、超大国であり、P―5の一員であることから、冷戦中は国連の平和維持活動には支援は行ったものの参加はせず、そのため、長らく米軍の準備態勢の中において平和維持活動は極めて周辺的な扱いしか受けてこなかった。冷戦初期、米国が国連における影響力をすでに失いつつあったことも米国議会における党派政治を煽り、米国の平和維持活動に対する姿勢に大きく影響を与えた。さらに、ベトナム戦争での敗北をきっかけに、米国は低強度の紛争(Low Intensity Conflict, LIC) 一般に関して懐疑的なアプローチを取るようになった。

　一般に、超大国として西側陣営を率い、対共産圏抑止力を担う役割は、一部の地域紛争におけるコストの高い失敗とあいまって、地域紛争への長期的かつ大規模な米軍の関与を厭う戦略文化を生み出したと考えられる。このような戦略文化は、米軍の役割が第二次世界大戦型の「大戦争」を戦うことであるとし、圧倒的な力の行使に対して強い組織的嗜好を持つ米軍組織文化をも生じさせた。米軍は、冷戦期を通じて朝鮮半島、ベトナム、ドミニカ、レバノン、シナイ半島、グレナダなどにおいて、いわゆる「小さな戦争」に携わってきたのだが、米軍組織としてこの類の活動の重要性を明確にしたことはなかった。むしろ、特にベトナム戦争において国益や活動の目的が明確でなく、また世論の支持もない低強度の戦争へのコストの高い関与を余儀なくされたことは、米軍の組織文化に対して決定的な影響を持った。ベトナムでの敗北の後、米軍は組織レベルで、明確な国家の安全保障の危機に際して決定的な軍事力をもって対応できる大規模な戦闘に特化した体制作りに傾倒していった。逆に、明確な勝利やミッションの終了が見極めづらい低強度の紛争については、これらへの関与を望ましくないものとし、関与を極力避けるという嗜好が強くなった。

以上のような政治的事情から、平和維持活動が米軍のマニュアル（ドクトリン）に現れたのは、一九七四年のＦＭ七―二〇及びＦＭ一〇〇―二〇が最初であり、しかもわずかな言及がされたのみである。また、一九七四年のチャールズ・レイモンド（Charles Raymond）少佐による個人研究である米陸軍指揮幕僚学校の卒業論文が初めて伝統的平和維持活動原則のトリニティー（三原則）に言及するものであるが、組織として米軍がこれらの原則を検討するのはさらに二〇年先のことである。(44)

しかしながら、冷戦期の米軍がまったく平和維持活動に関与していないというのは間違いであり、一九八二年以降、米軍はシナイ半島におけるＭＦＯ（Multinational Force and Observers）に一貫して戦闘及び支援大隊をそれぞれ一大隊ずつ派遣しており、ＭＦＯにおける最大の要員貢献国である。ＭＦＯは国連の活動ではないが、国連（伝統的）平和維持活動の原則に則した活動である。また、テロリズムによって二四一名の海兵隊員の命が失われた事件（一九八三年）が起こったレバノンＭＮＦ（Multinational Force）にも、米軍は一九八二年から一九八四年まで派兵を行った。これらの活動への参加は、米陸軍が平和維持活動に関してなんらかの訓練を施さねばならないことを意味していた。(45)また、国連休戦監視機構（ＵＮＴＳＯ）への支援を要請された米軍は、このために個人の研究に基づいた最初の戦術、技術及び手順ハンドブックを一九八五年に採択した。(46)

したがって、米国においては、平和維持活動の原則などに対する考え方は八〇年代に断片的に発展し、決して主流を構成したわけではない。また、平和維持活動はＬＩＣの一つの類型と捉えられており、また、それぞれのＬＩＣの類型は別個の原則を持つものとして扱われていた。例えば、米国陸軍がロバート・クッパーマン（Robert Kupperman）アソシエーツに外注した一九八三年の研究では、ＬＩＣの範疇に反乱鎮圧、反テロ行動、プロアクティブオペレーション、そして平和維持活動という四つのカテゴリーを設け、それぞれ別個の原則を設けている。このクッパーマン研究は、その後ＦＭ一〇〇―二〇「低強度紛争（Low Intensity Conflict）」の基盤となったが、ＦＭ一〇〇―二〇はＬＩＣの一翼としての平和維持活動に言及し、伝統的平和維持活動の原則に前述したレイモンド少佐の研究に基づき言及している。同様の伝統的平和維持活動の原則は、米陸・空軍によって設置されたＬＩＣセンター（ＣＬＩＣ）によって発表された一九八九年版平和維持活動戦術、技術及び手順マニュアルにも言及されている。

② 冷戦後米国と平和活動

しかしながら、冷戦後の国際戦略環境は、大国の平和支援活動への関与を余儀なくさせた。一九九〇年代初頭には、フランス、英国が国連平和維持活動に対する最大要員派遣国となり、ロシア、米国などは初めて国連平和維持活動に要員を参加させるようになった。このような中で、米軍は当初、英国などと同様、激変した戦略環境の中、ノルディック・マニュアルをまったく違う活動環境に無理やり当てはめていたが、より信頼性のある平和支援活動へと比重を移していった。

一九九三年、米陸軍はＦＭ一〇〇—五「オペレーション」(Operation) を発表し、その中で、戦争以外の活動（ＭＯＯＴＷ）に関する一定の原則を初めて定めた。また、米陸軍は、国連への要員派遣を円滑にするための米国軍事監視グループ（ＵＳＭＯＧ—Ｗ）と呼ばれる機関をワシントンに、さらに陸軍に平和維持活動研究所（現平和維持・安定化活動研究所）を設置した。そして、ＦＭ一〇〇—二三「平和活動」(Peace Operations 一九九四年）は、平和活動に関する最初のマニュアルである。このマニュアルでは、平和活動を平和のために必要な条件を創出し維持するための活動として位置付け、外交への支援（これには平和創造、平和構築、予防外交の要素がある）、平和維持、平和強制という活動があるとしている。そして、その原則として明確かつ達成可能な目的、統合、正当性、持続性、自制などを挙げている[47]。これは、平和維持と平和強制について言及するＦＭ一〇〇—五「オペレーション」(Operations 一九九三年）に則り、これを実際の活動に当てはめようとしたものである。

いうまでもなく、冷戦後、最初に米国が関与した主要な平和維持活動の例は一九九三〜四年にかけてのソマリア活動である。一九九二年、ジョージ・ブッシュ（父）(George W. Bush) 大統領（当時）はソマリア国内で起こった飢餓を止めるため大規模な米軍による介入を組織したが、これは国連に引き継がれ、国連は包括的平和活動を組織しソマリアの国家建設に携わった。米軍は、この国連ソマリア活動（ＵＮＯＳＯＭⅡ）に、米軍としては初めて国連の指揮の下に支援部隊を参加させ、さらに戦闘部隊をソマリア沖に自らの指揮の下に配備するなど広範な支援を行った。ところが、アイディード派武装集団によるＵＮＯＳＯＭⅡへの襲撃をきっかけに、米軍の支援を受けたＵＮＯＳＯＭⅡ

は、アイディード将軍を逮捕し非武装化を進めるための武力行使に訴えることとなった。このときの武力行使のエスカレーションと、米国が秘密裡に投入した特殊部隊の活動の失敗（一九九三年十月三日のアイディード将軍逮捕のための作戦の失敗）についてはよく知られているが、このときに存在したドクトリンは、上述したＦＭ一〇〇—二三である。しかしながら、このときのソマリアにおける米軍の活動には、明確なドクトリン上の基盤はなかったと解釈される。[48]また、このときの武力行使のエスカレーションは、圧倒的な力の有効な適用を規範とする米軍文化の影響も受けていたと考えられる。

このことは、米軍によるドクトリンの利用の方法とも関連しよう。例えば、英軍においても長らくドクトリンに頼ることは軍文化とそぐわないと考えられており、そのため、一九八八年に陸軍フィールドマニュアルが発表されるまで、平和維持活動分野ではマニュアルは存在しなかった。が、現在では英軍の指揮官はドクトリンに明記されている活動の原則に照らして活動を評価し、活動を進めようとする。一方、米軍においては、ドクトリンは存在はするものの、これらが使われることはほとんどないというのが現状のようである。米軍において平和活動の訓練は展開される部隊について実施されるが、実際の活動の内容と方法の決定の権限は指揮官にゆだねられており、指揮官の自律的な時々の判断が重要である。[49]そのため、平和活動の経験と実績がある部隊と、そうではない部隊の活動の内容とその効率には大きな開きがあるというのが現状である。

ソマリアの活動の失敗は、米国及び米軍の平和維持活動に関する方向性を大きく規定することとなる。ソマリア活動の失敗を受け、ウイリアム・クリントン（William J. Clinton）大統領（当時）は一九九四年、大統領指令（ＰＤＤ）二五を発表し、米国が国連平和維持活動を支援する条件を明確化し、米国の国益とより密接に関連する支援を義務付けた。このような政策は、基本的に米軍の利害認識と一致するものであった。ソマリア活動が米軍に及ぼしたもっとも深刻な影響は、今後、米軍は「国家建設」には関与しないという教訓を引き出させたことである。事実、このような政策は米軍がバルカン半島におけるＮＡＴＯの平和支援活動に関与する中でも維持された。ベトナム戦争の失敗が米国のＬＩＣに対する関与を躊躇させたとすれば、ソマリアミッションの失敗は、米国の国連平和維持活動への関与と、さらには米軍のこれに対する支援の方法を規定し、制限したのである。

また、一九九〇年代を通じて、ＮＡＴＯと米軍の間のドクトリン上の統合はあまりなされていなかったと考えられる。例えば、ＦＭ一〇〇―二三（一九九四年）の段階では、その内容の一部について英軍から反論が寄せられるなど、国際的な原則の統一は未だ課題であったことが窺われる。また、一九九九年版ＪＰ三―〇七・三「平和活動」(Peace Operations) はＮＡＴＯ軍のアプローチと実際大きく隔たりがあった。[50]

③　九・一一後の平和活動と平和支援活動との統合

　平和活動について、関連する既存のドクトリンの制約を受けつつもＮＡＴＯとドクトリンの統一が試みられたのは、二〇〇三年版ＦＭ三―〇七「安定化活動及び支援活動」(Stability Operations and Support Operations 二〇〇三年) においてである。これに先立ち、米軍は、平和活動を安定化活動の中に位置付けた。二〇〇一年版ＦＭ三―〇「オペレーション」(Operations 二〇〇一年) によれば、安定化活動とは、「平時の開発・協力的行動と、危機に対応する強制的行動を通じて、活動環境の脅威、政治的及び情報の側面に影響することによって米国の国益を守り、伸張させる活動」と概念化されている。二〇〇一年版ＦＭ三―〇は初めて「フルスペクトラムオペレーション」の概念を導入し、米陸軍は、戦争と戦争以外の活動において、攻撃、防御、安定化、支援という違ったタイプの活動を同時に展開することができるとした。また、平和活動は、安定化活動の一つの類型であるとされた。英国のＰＳＯはこの段階の平和活動に比較するとより幅広い概念となっており、おおまかに言って安定化活動に該当しよう。[51] また、ブッシュ政権は、二〇〇一年九月十一日の同時多発テロ攻撃を受け、「テロとの戦い」の文脈において「破綻しつつある国家」の脅威を強調し、世界各地で民主化を推し進めることとなったが、[52] 同時に安定化活動を重要視することとなった。これが同政権の支持する語彙となり、平和活動を含有する概念として使われるようになった。

　二〇〇三年版ＦＭ三―〇七においては、平和活動の原則として、同意、不偏性、透明性、信頼性、移動の自由、民軍関係、融通性、正当性、持続性、自制、安全、指揮の統一を挙げている。また、平和支援活動同様、平和維持と平和強制の要素を確認している。しかしながら、米陸軍はこの両者の間の移行を行うことに対してこれを政治レベルの決定あるいは任務の変更と、兵力の構成やＲＯＥの変更など適切な措置を必要とするものとし、英軍におけるよりも抵抗感を持って捉えていると見られる。[53]

　英軍の平和支援活動とより密接な連携が見られるのは、現在ではドラフト段階の、二〇〇七年に発表予定の平和活動ドクトリン、ＪＰ三―〇七・三「平和活動」である。米軍では、現在、上述のフルスペクトラム活動の概念に基づいた安定化・支援ドクトリンの見直しを行っているが、その一貫であるＪＰ三―〇七・三において、英国（及びＮＡＴＯ）の平和支援活動ドクトリンと事実上統合が完成されることとなろう。ここに英米両国のアプローチはドクトリン上、類似したものとなる。

まず、ＪＰ三―〇七・三「平和活動」（二〇〇七年版 ドラフト）は、平和活動を（平和支援活動ドクトリンと同じように）国力のすべての要素を用いて行われる多国間・多機構危機管理活動と位置付け、紛争の封じ込め、平和の再生、和解を支援する環境の創出、そして正当な統治への移行を促すための活動としている[54]。つまり、平和活動の意図は、最終的に正当な国家の樹立であり、正当な国家とは、自由・平等、経済的機会、安全、公共・社会サービスを供給する政府である。そして、社会とは図２で表されるように、多くの要素が複雑に入り組んだものである。活動要素としては、従来からの平和維持、平和強制、平和構築、平和創造、紛争予防が挙げられる。

英軍ドクトリンにおいては重要であった「活動の権威」の概念はその難解さを避けるため直接的な言及は米軍のドクトリンには見当たらないが、同様の概念は紛争変容のプロセスの中に盛り込まれており、決して欠落しているわけではない。つまり、紛争の変容の可能性は、活動の権威の四要素が達成できるかどうかにかかっていると理解される。紛争の変容プロセスは、紛争や暴力といった手段に取って代わるより平和的かつ魅力的な選択肢が可能になることを意味し、これは、正当性と、基本的サービスと経済的機会、安全などを提供する能力のある（政府）制度を構築する支援によって初めて可能となる[55]。

伝統的平和維持活動のトリニティー（三原則）については、平和支援活動において見られたような変遷が見られる。まず、同意は、従来（国連においては）活動に対する同意であったが、平和活動においては、和平プロセス（紛争変容のプロセス）及び現地政府に対する同意であると強調されている。ただし、これは変動する可能性があるものであり、同意の管理が重要となる。このためには正当性、信頼性、そして不偏性が必要になると理解される。不偏性の原則については、これは紛争当事者の認識の問題である。介入する側は、和平プロセスに対して不偏的に当事者に対処することを約束しなければならない。また、武力行使については、従来米軍が重要視してきた圧倒的な力に対するコミットメントがもはやすでに見られないことに留意する必要があろう。ミニマム・フォースが平和活動の基本事項に含まれ、これに則って自制的なアプローチが取られると明記されている。[56] 任務の履行の観点から必要であれば圧倒的な力の使用を含む必要なすべての手段が許されるが、これは自制的であるべきであり、現地の住民の目から見て適切な方法で行使されなければならないと解釈される。[57]

米国において現在進行中の全分野でのドクトリンの改定作業は、おのずからアフガニスタンとイラクにおける複雑な反乱鎮圧を交えた安定化・復興活動の影響を受けている。このうち安定化分野での新しいドクトリンは、安定化・復興活動一般をより効率的にするために政治レベルで試みられている多機構プロセス (Inter-agency process) と合致することが意図されている。ブッシュ大統領は二〇〇五年十二月、国務省を復興・安定化活動の計画と執行において関係省庁の調整役とすることを決定する指令（ＮＳＰＤ四四）を発令したが、これを受けて、米国務省内にこれに先立って二〇〇四年に設置されていた復興・安定化調整官室（Ｓ／ＣＲＳ）が調整の任務を担うこととなった。当部署は現状ではイラク以外の主要な安定化活動を総括している。また、国防総省も指令三〇〇〇・〇五を発表し、安定化・復興作業を戦闘と並び重要な米軍の役割と認識した。このような多機構プロセスの設置は、安定化作業の複雑さの当然の帰結とも言えるが、平和の樹立と国家の再生の作業には軍組織のみの活動では不十分であるという認識を反映していよう。

（六）北欧――ＮＯＲＤＣＡＰＳ――

英米同様、平和（支援）活動ドクトリンの統合は、北欧諸国においても認められる。ノルディック・マニュアルを生み出し、非強制的かつ国連活動のアプローチに特に造詣が深い北欧諸国も、現行の平和支援活動マニュアル (Nordcaps PSO Manual, 3rd ed., revised) においては平和維持及び平和強制、民軍協力（ＣＩＭＩＣ）を含有し、基本的にＮＡＴＯと共通のアプローチを取る。ただし、実際の活動を行う上で、北欧諸国は英米よりもはるかに非強制的なアプローチを好む傾向がある。

ドクトリンの統合は、北欧諸国が同時にＮＡＴＯあるいはＮＡＴＯ平和のためのパートナーシップの加盟国であることに由来する。北欧諸国は、軍事的平和支援のための北欧協力に関する取り決め (Nordcaps) を設立し、平和支援活動への参加を協力しつつ行っている。北欧諸国が国連以外の平和支援活動に参加したのは、一九九六年、ボスニアに展開されたＮＡＴＯ平和支援活動の中に、ノルウェー・ポーランド合同大隊が設立されたのが最初である。その後、一九九七年、北欧協力関係は、国連平和維持活動のみでなく、すべての軍事的平和支援活動を含む方向で拡大された[58]。Nordcaps には待機軍制度が設けられており、各国が徴兵や必要な訓練に責任を持つ。防衛大臣級会談は、引き続き年二回行われており、その議題も平和支援活動全般を含むようになった。

三　平和支援・平和活動ドクトリンの生成と制度化

以上のように、国際的にドクトリンの内容は、調整の過程を経て徐々に統一されたものとなってきている。実施の面で、特に民軍調整をめぐって未だに多くの問題を抱えてはいるものの、平和支援のアプローチの統合が図られ、西側先進諸国は共同の行動を取るに十分なレベルの統合されたドクトリンを保有するに至っている。この過程は、平和の支援に関するアプローチの制度化の進展の過程と考えられよう。

このような進展は、国際政治理論上、興味深い事象である。これを国際システム（勢力均衡）、規範及び価値、そして機能（功利）主義の立場から説明することが可能である。まず、国際システムの観点からは、冷戦の終了により、（超）大国間の軍事的直接対峙の危機が去り、代って内戦や国家破綻など国内的状況に起因する安全への脅威、あるいは非軍事的な平和への脅威が認識されたことが平和支援活動に対する国際的な関心の高まりを説明しよう。平和支援活動の基盤となっている国益及び国際的利害は安定の利害と呼ばれるものであり、さまざまな不安定要素が人的・物理的被害を拡散していくことを防ぐことである[59]。これは人道的側面のみならず、大量破壊兵器の拡散やテロリズムなど不均衡型紛争からの物理的防衛の側面をも有する。

同時に、国際規範も平和支援活動の拡散に一定の役割を果たした。つまり、平和支援活動は多角的活動であるということである。平和支援活動は、通常、国連の指揮の下には入らず国連の活動ではないが、多くの場合国連安全保障理事会によって任務が与えられるか承認され、その目的の達成——つまり平和構築・国家建設——のための手段として用いられる。そのため、平和支援活動ドクトリンは、活動の国際的正当性を活動の権威と効率双方の観点から重要視している。また、主に西側先進民主主義諸国の保有する政治・社会的価値も関連している。つまり、平和支援活動の重要な基盤は、人道的関心や民主主義に対する関心など一連の価値である点である。

一方、機能主義の観点から平和支援活動の概念や技術の拡散が説明できよう。平和支援活動にまず大国が最初に関与したことは、現代の紛争が低強度紛争とはいえ従来型平和維持の範疇の活動では対処し得るものではなく、強制力の動員や支援・情報などの面で大国の持つ軍事的能力が必要とされたからにほかならない。ミドルパワーの国々は、非強制型活動に対する価値観や制度的コミットメント、また軍事的能力の限界もあり、平和支援活動を本格的に実施するに至るまでに若干の躊躇があった。その一方、米軍については、戦闘に特化する組織文化のため、英国・NATOとの調整に若干時間がかかった。しかしながら、より経験の深い国（例えば英国及びフランス）からNATO及び米国、その他のミドルパワーの国々へと知識が拡散していった。これは、活動の成功と失敗の経験がドクトリンの調整や軍組織間の議論を媒介として、経験則として共有されるようになったからにほかならない。成功を導いた技術は模倣され、拡散し、制度として定着する。

つまり、平和維持から平和の支援へと、システム、規範及び価値、そして機能主義的要因に基づいて原則の変換が起こったと考えられる。これは、現実の脅威の変遷をきっかけに、諸国家がこれに対処するために既存の制度の影響を受けつつも新たな対応を編み出し、いずれは新たな体制や規範を作り出すという構成主義的現実主義の立場と合致する。従来型現実主義が、脅威に対する国単位での物理的な対抗に関心を寄せるのに対して、より幅広い国際政治・社会的要因を考慮する包括的な説明がここでは適切と考えられよう。安全保障・軍事分野の事項であっても、国際的な制度（特に平和支援・構築）の影響力が増している今日、このような包括的な分析枠組みが事象理解と政策設定・実施のうえでも助力となろう。

結　語

以上、平和維持から平和の支援へと各国のドクトリンの変遷の過程をたどり、基本的には英国のアプローチが国際的に受容されていく過程を概観した。また、平和支援活動ドクトリンの生成と国際的な調整と受容の過程を制度化の過程と捉え、システム、規範、そして機能（功利）主義的要因に着目する構成主義的現実主義の観点からこれを説明した。平和支援活動の生成は、何よりも国際戦略環境の変遷と実際の紛争関与の経験に促され、各国あるいは国際的利害の追求の上での必要性の認識に基づいていることを理解することは重要であろう。

今後しばらくの間、平和支援が主要先進諸国の主要関心事項であり続けると思われるが、同時に、アフガニスタンやイラクなどにおける不均衡型紛争の管理も重要な課題となろう。これらの紛争は複雑であり、西側諸国及び国際社会の関与の文脈も異なるが、いずれも最終的には国家再建の課題を抱えており、包括的なアプローチが求められるものである。必然的に、平和支援活動・安定化の分野での制度作りと変遷とも関連してこよう。特にイラクにおいては紛争が当初のテロ・反乱から宗派間の内紛へと様変わりしていることもあり、これへの対処がどのような概念と原則に基づいたものとなるべきか、当然のことながら当面混乱が続くであろうと予測される。危惧すべきは、これらの諸国における困難や失敗が再び平和支援や安定化活動一般への関与に関して懐疑的な政治的土壌を生み出したり、余力を削ぐことである。平和支援活動が国際的かつ多角的な利害――つまり、内戦下の社会や弱い国家、破綻国家の状況を正当な国家の枠組みに戻していくこと――に基づいた活動であることをよく認識し、このための原則、規則、手続きの正当性とこれに対する政治的支援を引き続き確保していくことが重要になっていくと思われる。

本論の執筆にあたり、英国国防省開発・概念・ドクトリンセンター（Development, Concepts and Doctrine Center, ＤＣＤＣ）、在日英国大使館、米国陸軍平和維持・安定化活動研究所（U.S. Army Peacekeeping and Stability Operations Institute, ＰＫＳＯＩ）、特にW・フラビン教授の三年に亘る研究協力を得た。また、研究の過程で平和安全保障研究所奨学プログラムの助力を得た。ただし、内容については筆者がすべて責任を負うものである。

註

（1）平和支援活動については多くの研究が存在するが、ＮＡＴＯの平和支援活動についてはHenning-A. Frantzen, *NATO and Peace Support Operations 1991-1999:Policies and Doctrines* (London and New York : Frank Cass, 2004).

（2）平和支援活動ドクトリンの国連への影響についてはWilliam J. Durch and Tobias C. Berkman, *Who Should Keep the Peace? Providing Security for Twenty-First Century Peace Operations* (Washington, D.C. : The Henry L. Stimson Center, September 2006), pp.24-25. また、青井千由紀「平和活動の理論と現実」（『国際問題』二〇〇五年十月号）も参照のこと。

（3）U.S.Department of Defense, *DoD Dictionary of Military and Associated Terms*, JP1-02 (U.S. Department of Defense, 12 April 2001, as amended through 31 August 2005).

（4）この定義は、Ｓ・クラズナーによる古典的な国際レジームの定義である。Stephen D. Krasner ed., *International Regimes* (Ithaca:Cornell University Press, 1984), p.2. レジームは、国際政治学において国際制度のもっとも一般的な概念として広く用いられる。

（5）構成主義的現実主義とはConstructive Realismであり、Ｊ．ガウの概念化による。国際政治学でより一般的なRealist Constructivism とは異なり、現実主義の学派に属するが、国際制度を重視するものである。James Gow, *Defending the West* (Cambridge :Policy Press, 2005), pp. 20-36.

（6）軍組織文化の影響に関する研究として、Elizabeth Kier, *Imagining War: French and British Military Doctrine between the Wars* (New Jersey : Princeton University Press, 1997), Robert Cassidy, *Peacekeeping in the Abyss: British and American Peacekeeping Doctrine and Practice after the Cold War* (Westport, Conneticut and London: Praeger, 2004); John Nagl, *Counterinsurgency Lessons from Malaya and Viietnam: Learning to Eat Soup with a Knife* (Westport, Conneticut and London: Praeger, 2002).

（7） Barry Posen, *The Sources of Military Doctrine: France, Britain, and Germany between the World Wars* (Ithaca and London: Cornell University Press, 1984), p. 13.

（8） *Ibid.*

（9） Hans Morgenthau, *Politics Among Nations: The Struggle for Power and Peace* (New York: Alfred A.Knopf, 1973).

（10） Posen, *The Sources of Military Doctrine*; Jack Snyder, *The Ideology of the Offensive: Military Decision Making and the Disasters of 1914* (Ithaca and London: Cornell University Press, 1984),Kier, *Imagining War*.

（11） Rod Thornton, "The Role of Peace Support Operations Doctrine in the British Army," *International Peacekeeping*, vol.7, No.2, Summer 2000, pp.41-62.

（12） 国際連合『ブルーヘルメット――国連軍・平和維持への闘い――』国際連合広報センター監訳（講談社、一九八六年）。

（13） "Summary Study," U.N. Doc. A/3943, 9 Oct. 1958. 香西茂『国連の平和維持活動』（有斐閣、一九九一年）八四頁、また、八九―九七頁。

（14） Marrack Goulding, "The Evolution of UN Peacekeeping," *International Affairs*, vol. 69, No. 3, July 1993, pp.45-64.

（15） 神余隆博編『国際平和協力入門』（有斐閣選書、有斐閣、一九九五年）一五頁。

（16） シュレスビヒ・ホルスタインにおける動乱をめぐり、一八四九年休戦協定の一環として一八四九～五〇年にかけてシュレスビヒへ三、八〇〇名のノルウェー・スウェーデン合同軍が派遣され、北部で治安・秩序の維持などの活動を行ったが、ヤコブセンはこれを北欧モデルの起源としている。Peter Viggo Jakobsen, *Nordic Approaches to Peace Operations* (London and New York: Routledge, 2006), pp.11-12, p.13, citing Lars Ericson, *Solidarity and Defence: Sweden's Armed Forces in International Peace-keeping Operations during the 19th and 20th Centuries* (Stockholm: Swedish Military History Commission), p.10. また、北欧諸国は、連盟時代、ギリシャ―ブルガリア国境紛争、ザール住民投票、スペイン市民戦争などに際して監視団を派遣した。

（17） Larry L. Fabian, *Soldiers Without Enemies: Preparing the United Nations for Peacekeeping* (Washington, D.C. :Brookings Institution, 1971), p.98. それぞれの待機軍の構成などについて、国連には一九六八年に報告された。Sweden A/AC 121/11 (20/3 1968); Denmark A/AC 121/12 (29/3 1968); Finland A/AC 121/13 (29/3 1968); Norway A/AC 121/14 (28/3 1968).

（18） Jakobsen, *Nordic Approaches to Peace Operations*, p.35.

（19） *Ibid.*, p.33.

（20） 国連安全保障理事会決議八三六（一九九三年）。

（21） 関連した考察として、Richard Betts, "Delusion of

Impartial Intervention," *Foreign Affairs*, vol.73, No.6 (November/December 1994), Timothy Crawford, "Why Minimum Force Won't Work: Doctrine and Deterrence in Bosnia and Beyond," *Global Governance*, vol.4, No.2 (April/June 1998).

(22) Joint Warfare Publication (JWP) 3-50 (1st ed.), Appendix 1, 1-3.

(23) The Army Field Manual Volume 5, Operations other than war, Part 2, Wider Peacekeeping (London: HMSO, 1995).

(24) James Gow and Christopher Dandeker, "The Legitimation of Strategic Peacekeeping: Military Culture, the Defining Moment," in D.S. Gordon and F.H. Toase, *Aspects of Peacekeeping* (London: Frank Cass, 2001).

(25) Charles Dobbie, "A Concept for Post-Cold War Peacekeeping," in *Survival*, vol. 36, No. 3, Autumn 1994, pp.121-48, at p.121 and pp.136-37.

(26) Wider Peacekeeping, 2-9.

(27) Dobbie, "A Concept for Post-Cold War Peacekeeping," at p.131.

(28) Wider Peacekeeping, 2-9.

(29) JWP3-50 (1st ed.), Appendix 1, 1-6.

(30) Philip Wilkinson, "Sharpening the Weapons of Peace: Peace Support Operations and Complex Emergencies," Tom Woodhouse and Oliver Ramsbotham eds., *Peacekeeping and Conflict Resolution* (London and Portland: Frank Cass, 2000).

(31) JWP3-50 (1st ed.), 3-2より著者が簡略化したもの。

(32) JWP3-50 (1st ed.), Appendix 1, 1-6.

(33) 英国国防省Joint Doctrine Center（現Development, Concepts and Doctrine Center, ＤＣＤＣ）でのインタビュー（二〇〇四年二月二十六日）。

(34) JWP3-50 (1st ed.), Appendix 1, 1-6.

(35) JWP3-50 (2nd ed.), 2-3.

(36) Ibid., 2-6.

(37) Ibid., 2-7, 2-17. また Durch and Berkman, *Who Should Keep the Peace?* p.27.

(38) JWP3-50 (2nd ed.), 2-8.

(39) Ibid., 2-11.

(40) 英国国防省 Development, Concepts and Doctrine Center（ＤＣＤＣ）でのインタビュー（二〇〇六年九月二十二日）。

(41) 同右。

(42) 英軍士官とのインタビュー（二〇〇四年三月一日）。

(43) Thomas Mockaitis, *British Counterinsurgency 1919-60* (London: Palgrave Mcmillan, 1990).

(44) Cited in William Flavin, "Basis for U.S. Army Peace Operations Doctrine" (Draft, April 15, 2004), class material used at U.S.Army War College.

(45) Ibid.

(46) J.Connors 大佐によって執筆された。Ibid.

(47) FM 100-23, Peace Operations. Department of the Army, Washington, D.C. (30 December 1994).

(48) 米陸軍平和維持・安定化活動研究所（ＰＫＳＯＩ）でのインタビュー（二〇〇五年三月四日）。

(49) ＰＫＳＯＩでのインタビュー（二〇〇五年三月四日）及び

筆者とのメールによるコミュニケーション。

（50）ＰＫＳＯＩでのインタビュー（二〇〇五年三月四日）。

（51）ＰＫＳＯＩとのメールによるコミュニケーション。

（52）The White House, The National Security Strategy of the United States (September 2002).

（53）Durch, *Who Should Keep the Peace?*, p.27.

（54）JP3-07.3「平和活動」（二〇〇七年版　ドラフト　ＰＫＳＯＩから提供）、ix。

（55）ＰＫＳＯＩ提供の資料 "Stability in U.S. Military Doctrine" による。

（56）P3-07.3「平和活動」（二〇〇七年版　ドラフト）Ｉ―０。

（57）ＰＫＳＯＩでのインタビュー（二〇〇六年九月十四日）。

（58）Nordcaps PSO Manual, vol.I, 3rd Edition, revised, p.25.

（59）詳しくは、青井千由紀「平和支援と軍組織の役割――システム、社会、文化――」（『国際安全保障』第三四巻第一号、二〇〇六年六月）。

（青山学院大学）

海上自衛隊が参加した国際平和協力の法解釈

児島健介

はじめに

平成十七（二〇〇五）年度以降に係る防衛計画の大綱（平成十六（二〇〇四）年十二月十日　安全保障会議及び閣議決定）は、「我が国自身の努力」として、国際平和協力活動、すなわち「我が国の平和と安全をより確固たるものとすることを目的として、国際的な安全保障環境を改善するために国際社会が協力して行う活動」に積極的に取り組むことを規定した。また、防衛庁の省移行を目指した防衛庁設置法等の一部を改正する法律案（百六十四国会閣法九十一号）では、その自衛隊法第三条第二項第二号で、「国際連合を中心とした国際社会の平和及び安全を確保するための取組への寄与その他の国際協力の推進を通じて我が国を含む国際社会の安全保障環境の安定化に資する活動」という、自衛隊の任務が追加された。自衛隊が、このような意味での国際平和協力を実施したのは、約一五年前のペルシャ湾に於ける機雷掃海からである。その後、我が国は、憲法の平和主義との調整を図りつつ、新たな立法を行った後に国際平和協力を実施し、冷戦後の国際社会に適合してきた。本稿は、その先駆けとなった海上自衛隊の部隊が参加してきた国際平和協力の実績を踏まえ、その根拠法制がどのように整備され、また、その解釈が如何に整理されてきたかを示すものである。この一連の作業を通じて、国際平和協力が自衛隊の本来任務となり、又は包括的な国際平和協力に係る一般法が制定される場合の着眼点を示してみたい[1]。尚、本稿の中で評価、意見等に関する部分は、筆者の個人的なものである（記述内容は、平成十八（二〇〇六）年六月時点）。

一　海上自衛隊の部隊が参加した国際平和協力

平成十八年六月までに、海上自衛隊は、次の八つの活動に対して部隊派遣をしてきた。展開場所は東南アジアとインド洋西部沿岸が多く、一回の派遣期間は長期でも約半年であり、武器使用の実例は無かったことが分かる。

（一）ペルシャ湾派遣（掃海）

平成二（一九九〇）年八月二日、イラクによるクウェート侵攻に端を発した湾岸危機は、米軍その他の多国籍軍の勝利で終結したが、ペルシャ湾にはイラク軍が敷設した機雷が残され、船舶の航行には危険があった。米英仏等八カ国が機雷掃海に当たり、我が国も平成三（一九九一）年四月二十四日、海上自衛隊の掃海部隊を派遣することを閣議決定した。[2]「湾岸の夜明け」作戦と呼ばれたこの派遣の期間は、平成三年四月二十六日から、同年十月三十日までである。[3]部隊の展開した場所は、アラブ首長国連邦（ドバイ、アブダビ）、バハレーン（ミナ・サルマン）を中心に、クウェート（アル・シュバイク）やイラン（バンダル・アッバス）にも寄港して、イラク、クウェート、イランの領海を含めたペルシャ湾内を掃海した（三四個の機雷を除去）。進出と帰投では、比国（スービック）、シンガポール、マレーシア（ペナン）、スリランカ（コロンボ）及びパキスタン（カラチ）を利用した。部隊構成は、第一掃海隊群司令を指揮官に、掃海母艦一隻、掃海艇四隻、補給艦一隻及び人員五一一名である。派遣根拠は、自衛隊法[4]である。

（二）カンボジア国際平和協力業務（海上輸送）

平成三年十月、カンボジア内戦終結に係るパリ和平協定に基づき、国連カンボジア暫定機構（ＵＮＴＡＣ）が設立され、我が国へも支援要請があった。我が国は、平成四（一九九二）年九月、停戦監視、文民警察及び選挙監視に参画するほか、道路、橋等の補修も実施することとした。海上自衛隊の任務は、この道路等の補修に当たる陸上自衛隊部隊に必要な機材を輸送することと、同部隊に対する宿泊・給食支援とされた。[5]部隊は、二回に分かれて派遣された。一次が平成四年九月十七日から同年十二月二十六日まで、二次が平成五（一九九三）年八月十日から同年十月六日である。部隊構成は、第一輸送隊司令を指揮官に、延べ数で、輸送艦が四隻、補給艦が二隻及び人員が七七四名である。活動内容は、輸送が人員三四名、車両四五両、資材等一三四トン余、宿泊が七七四二名、給食支援が二万二九六八食、真水補給が八七トン、燃料補給が二四キロリットルであった。これらの支援は、シハヌークヴィルで実施したが、補給の為、タイ（サタヒップ）とシンガポールを利用した。派遣根拠は、国際平和協力法[6]である。

（三）　トルコ国際緊急援助（地震災害への海上輸送）

平成十一（一九九九）年八月十七日、トルコ北西部で大地震があり、これに対する支援として仮設住宅五〇〇戸を輸送することとなった。[7]同年九月二十三日から同年十一月二十二日までの間、第一掃海隊群司令を指揮官に、輸送艦、掃海母艦及び補給艦各一隻及び人員四二六名が派遣された。進出と帰投では、エジプト（アレキサンドリア）とシンガポールを利用した。仮設住宅を引き渡した場所は、イスタンブールであった。派遣根拠は、国際緊急援助隊法[8]である。

（四）　テロへの対応措置（インド洋に於ける補給・輸送支援等）

平成十三（二〇〇一）年九月十一日、米国で生起した同時多発テロに対し、我が国は、関係各国と協力してテロ根絶に当たることになった。[9]まず、テロ対策特別措置法[10]による対応措置の実施に資する為、情報収集[11]に当たる護衛艦二隻と補給艦一隻を同年十一月九日に派遣し、十二月二日には初の協力支援活動に当たらせた。[12]次に、国連難民高等弁務官事務所による被災民救援の為、掃海母艦、補給艦及び護衛艦各一隻を同年十一月二十五日に派遣し、カラチに約二〇〇トンの物資（天幕、毛布、ビニールシート、寝袋、給水容器）を輸送した。この三隻の内、補給艦と護衛艦は引き続き協力支援活動に当たらせた。また、アフガニスタンの飛行場維持に必要なタイ陸軍の建設用重機をタイからインド洋沿岸国まで輸送する為、輸送艦、護衛艦各一隻を平成十五（二〇〇三）年二月三日に派遣した。平成十八年三月七日までの補給実績は、艦艇用燃料が五九六回（約四一万六〇〇〇キロリットル）、水が五三回（約二三五〇トン）、艦載回転翼機用燃料が三〇回（約四三キロリットル）である。派遣艦艇は、平成十八年四月の延べ数で、護衛艦三三隻、補給艦一六隻、掃海母艦一隻、輸送艦一隻及び人員約九九四〇名である。派遣期間は、最大一九〇日で、平均で約一四一日となる。

（五）　東ティモール国際平和協力業務（海上輸送）

平成十四（二〇〇二）年二月、国連から我が国に対し、東ティモール独立に係る国連平和維持活動への参加について要請があり、東ティモール国際平和協力業務が決定、海上自衛隊は、陸上自衛隊の支援を行うこととなった。[13]同年三月十五日、国際平和協力法に基づき、第一輸送隊司令を派遣部隊指揮官に、輸送艦、護衛艦各一隻及び人員三六四名が派遣され、同年四月二十八日に帰国した。活動内容は、陸上自衛隊が業務に充当する人員五〇名及び車両七〇両を輸送したほか、宿泊支援もディリで実施した。豪州（ダーウィン）を補給地とした。

(六) イラク人道復興支援（クウェートへの海上輸送）

米英等による対イラク武力行使の結果、フセイン政権が崩壊し、国家再建が急務となった。平成十五年十二月、イラク人道復興支援特別措置法[14]に基づく措置が決定され、海上自衛隊は陸上自衛隊が復興支援に使う車両約七〇両を輸送することになった。[15]平成十六年二月十四日以降、輸送艦、護衛艦各一隻及び人員三三〇名が派遣され、同年三月十五日にクウェートに到着、同年四月八日に帰国した。

(七) タイ、インドネシア国際緊急援助（地震災害への海上輸送、支援等）

平成十七年十二月二十六日、スマトラ沖大地震とインド洋津波に対し、海上自衛隊は、国際緊急援助隊として二つの活動を実施した。[16]一つは、タイ（プーケット沖）での被災者捜索で、インド洋から帰国途中の護衛艦二隻、補給艦一隻及び人員約六〇〇名が、同年十二月二十七日から翌年一月一日まで対応した。もう一つは、インドネシア（バンダ・アチェ）での輸送業務（重機等三四両や人員・物資の航空端末輸送）で、護衛艦、輸送艦、補給艦各一隻及び人員約六四〇名が、平成十七年一月九日に派遣され、同年三月二十二日に帰国した。

(八) カムチャツカ半島沖国際緊急援助（露国小型潜水艇救助）

平成十七年八月五日、露国（ペトロパブロフスキー・カムチャツキー沖）で遭難した同国小型潜水艇救助の為、国際緊急援助隊法に基づき、潜水艦救難艦一隻、掃海母艦一隻、掃海艇二隻及び人員約三七〇名が派遣された。[17]同月七日、先の潜水艇が救助された為、帰投した。

二　国際平和協力に係る法律の概要

以上の海上自衛隊の部隊が参加した国際平和協力は、ペルシャ湾における掃海を除けば、新たな立法をした上で為されてきた。以下、根拠となる法律の趣旨、原則、活動できる内容、武器の使用その他の要点を示す。

(一) 国際緊急援助隊法

平成四年六月十九日、国際緊急援助隊法が改正され、自衛隊も国際緊急援助活動ができるようになった。[18] 自衛隊が参加できるようになる前、国際緊急援助隊の課題は、三つあった。一つ目は、大規模な国際緊急援助隊派遣の限界である。それまでは、平成三年五月にバングラデッシュの台風被害に小型回転翼機二機と援助要員五〇名を派遣したのが最大規模であり、日本の国力に相応しい活動が求められていた。二つ目は、被災地に於ける自給自足体制の必要性である。国際緊急援助活動は、在外公館等の支援を得て実施されており、そのような支援が得られない場合でも活動し得る必要性が認識されてきた。三つ目は、輸送手段の必要性である。国際緊急援助隊は、民間商業便を利用して被災地に赴いていたが、被災地に民間商業便が無いこともあることから、派遣に支障が生じることも考えられた。以上の課題を改善する為、自衛隊の機能を活用することになった。

対象となる大規模な災害には、地震・火山噴火・台風・洪水等の自然災害及びガス爆発、原子力発電所事故による放射性物質放出が想定されているが、内乱等の戦闘による被害は、含まれていない（同法第一条）。また、「治安の状況等による危険が存し、国際緊急援助活動又はこれに係る輸送活動を行う人員の生命、身体、当該活動に係る機材等を防護するために武器（直接人を殺傷し、又は、武力闘争の手段として物を破壊することを目的とする機械等をいう。以下同じ。）の使用が必要と認められた場合には、国際緊急援助隊を派遣しない」[19] ものとされた。尚、国際緊急援助隊の任務は、救助活動、医療活動（防疫活動を含む。）、その他災害応急対策及び災害復旧の為の活動である（同法第二条）。

派遣手続きは、海外に於いて大規模な災害が発生し、又は正に発生しようとしている場合、被災国政府等からの要請を受け、外務大臣が適当と認めるとき、関係行政機関の長と調整を行う（同法第三条）。その際、自衛隊による国際緊急援助活動又は国際緊急援助活動を行う人員や必要機材の輸送が必要ならば、防衛庁長官（当時、以下同じ。）と協議するように改正された。防衛庁長官は、外務大臣からの協議に基づいて、部隊等に国際緊急援助活動又は輸送活動を行わせることができる（同法第四条）。又、自衛隊法第百条の六に、自衛隊の任務遂行に支障を生じない限度で、隊員又は部隊等に当該活動を行わせることができる旨を規定して整合を図った。

（二）　国際平和協力法

湾岸危機に際し、我が国が世界平和の為に資金面、物資面のみならず、人的側面でも役割を果たすべきとの共通の理解が、一部世論の反対も見られたが、国会内では広がった。このような中、平成二年十月に国会に提出された国際連合平和協力法案が廃案となったが、平成三年九月に国際平和協力法の政府案が提出され、国際緊急援助隊法の改正と同時に成立した[20]。以下、自衛隊の活動に関する規定を中心に記述する。

本法の目的は、国連平和維持活動及び国連が行う決議又は人道的活動に従事する国際機関からの要請を受けて行われる人道的な国際緊急援助活動に協力できる体制を整備し、我が国が国際平和に積極的に寄与することである（同法第一条）。

本法のいう国連平和維持活動とは、国連の総会又は安全保障理事会が行う決議に基づき、武力紛争の再発防止に関する当事者の合意遵守の確保、武力紛争後の民主的な手段による統治組織設立の援助その他国連の統括で行われる国際平和を維持する活動で、国連事務総長の要請による二つ以上の国の参加するものである。また、人道的な国際救援活動は、国連の総会、安保理又は経済社会理事会が行う決議又は国際機関が行う要請に基づき、国際平和を危うくするおそれのある紛争による被災民の救援又は当該紛争の復旧の為の活動で、国連その他の国際機関や外国が行うものである（同法第三条第一号、二号）。

国際平和協力法による活動は、憲法の平和主義との関係から、いわゆる五原則に基づく必要があり、次のように示されている。

一　紛争当事者の間で停戦の合意が成立。

二　平和維持隊が参加する地域の属する国を含む紛争当事者が、当該平和維持隊の活動及び当該平和維持隊への我が国の参加に同意。

三　平和維持隊が特定の紛争当事者に偏らず、中立を厳守。

四　以上のいずれかが満たされない場合、我が国の部隊は撤収可能。

五　武器の使用は、要員の生命等の防護の為に必要最小限に限定。

国連平和維持活動又は人道的な緊急援助活動への協力の為、我が国が実施する業務を、「国際平和協力業務」という。国際平和協力業務の内、自衛隊の部隊が行う平和維持隊本体業務は、①武力紛争の停止状況、紛争当事者が合意した軍隊の再配置、撤退、武装解除の監視、②緩衝地帯に於ける駐留、巡回、③車両、通行人等による武器の搬入・有無の検査、④放棄された武器の収集、保管、処分、⑤紛争当事者が行う停戦線等の設定の援助、⑥紛争当事者の捕虜交換の援助、及び⑦①から⑥に類するものとして政令で定めるもので、これらは平成十三年十二月の法律改正[21]まで凍結されていた。なぜなら、国際平和協力法案の審議の際、本体業務の実施は憲法上の問題はないが、我が国として国際平和協力業務の経験を実際に積み、内外のより広い理解を得てから実施するものとされたからである。[22]①から⑦以外の国際平和協力業務として、⑧医療・防疫、⑨被災民の捜索、救出等、⑩被災民への食糧、衣料等の配布、⑪被災民を収容する為の施設等の設置、⑫紛争による被害を受けた施設等の復旧等、⑬紛争による汚染を受けた自然環境の復旧、⑭輸送、保管・備蓄、通信、建設又は機械器具の据付け等がある（同法第三条第三号）。

国際平和協力業務の実施体制の整備として、総理府（現内閣府）に国際平和協力本部（本部長・内閣総理大臣）が置かれ、国際平和協力業務の実施計画案や国際平和協力業務実施要領の作成、国際平和協力隊の運用、関係行政機関への要請等の事務を司る（同法第四条）。国際平和協力隊は、実施計画毎に期間を定めて置かれ（同法第五条）、このうち、自衛隊員は、その身分が協力隊員と併有になる（同法第十三条）。また、国際平和協力業務に従事する者の総数は、北欧等の国連平和維持活動参加国を参考として二、〇〇〇名とされた（同法第十八条）。

国際平和協力業務を実施するには、国際平和協力業務実施計画（同法第六条）と国際平和協力業務実施要領（同法第八条）が必要になる。実施計画は、閣議決定により案が定められ、その内容は国際平和協力業務の種類、内容、期間、派遣される要員の規模、装備等である。実施要領は、実施計画の細目で、国際平和協力本部長が定める。また、本部長は、実施計画に基づき、防衛庁長官に対し、日本（派遣先国に隣接しない国を含む。）と派遣先国との間に於いて、自衛艦・自衛隊の航空機による被災民・物品の輸送の委託ができる（同法第二十条）。この輸送は、派遣先国の紛争に関わらないことから、国際平和協力業務とされなかった。[23]

平和維持隊本体業務の実施は、国会の承認を得る必要がある（同法第六条第七項）。但し、国会閉会中又は衆議院が解散している場合には、部隊の海外派遣開始後に初めて召集される国会で承認を得ることとされた。また、先の承認を得てから二年を超えて引き続き当該業務を実施する場合、国会の承認があらためて必要とされた（同第十項）。本体業務以外の実施計画の決定、変更等は、国会への報告で足りる（同法第七条）。また、自衛隊法第百条の七に、自衛隊の任務遂行に支障を生じない限度で、国際平和協力業務等を行わせることができる旨を規定して整合を図った。

派遣先国で国際平和協力業務に従事する自衛官の武器使用は、個人の判断として、自己や自己と共に現場に所在する自衛隊員の生命・身体を防衛する為に認められていた（同法第二十四条第三項）。但し、自衛隊法第九十五条による武器等防護は否定されていた（同法附則第二条）。しかし、平成十（一九九八）年六月、同法附則第一条による見直しにより、原則として武器使用は、個人の判断ではなく、具体的な状況に応じて最も適切な判断をすることが期待できる現場に在る上官の命令によることとされた[24]。更に、平成十三年十二月の改正に併せて、防護対象に「平和協力隊員や自衛官が職務を行うに伴い自己の管理下に入った者」も追加されたほか、武器等防護も認められることとなった。

（三）　テロ対策特別措置法

平成十三年九月十一日、米国で発生した同時多発テロに対して、我が国として米国その他の関係諸国と協力しながら執る措置を法制化したものが、テロ対策特別措置法である。本法は、同年十月五日に法案が国会に提出、十一月二日に施行されるという迅速な立法が為されたものであり、以下、自衛隊の活動に関する規定を中心に記述する[25]。

本法の目的は、先の米国で発生したテロ攻撃によりもたらされる脅威の除去に努める米軍その他の外国軍隊の活動に対し、我が国が実施する措置、国連決議等に基づいて実施する措置、これらの実施手続き等を定めることにより、我が国を含む国際社会の平和及び安全の確保に資することである（同法第一条）。国連決議一三六八号がテロ攻撃を国際平和と安全への脅威と認めた上で、各国に対してテロ行為の防止や抑圧を求めたもので、他の国連決議はこれをサポートする立場にあり、本法はこれに応じたものである。国際平和協力法の内容が、国連平和維持活動又は人道的な緊急援助活動に対する協力であることから、国際テロの防止・根絶を目指す国際社会に寄与する為には、本法のような特別法が必要となったのである。

本法の基本原則は、我が国の執る措置が、武力による威嚇又は武力の行使に当たるものではなく（同法第二条第二項）、実施できる区域も我が国領域、公海（排他的経済水域を含む。）とその上空、同意の得られた外国領域であり、戦闘行為が行われていないという条件である（同条第三項）。また、テロが戦闘行為に当たるか否かは事態に応じ国際性、計画性、組織性を考慮して判断される〔三（二）参照〕。

基本原則に沿って実施されるものが対応措置で、協力支援活動、捜索救助活動、被災民救助活動等がある。協力支援活動は、米軍等に対する物品・役務の提供、便宜の提供等の支援の為の措置をいい、自衛隊を含む関係行政機関が実施する（同法第三条第一項第一号）。物品の提供には、武器・弾薬や戦闘作戦行動の為に発進準備中の航空機に対する給油・整備が含まれないほか、武器・弾薬の陸上輸送も含まれない（同法別表第一、第二）。捜索救助活動は、米軍等の活動に際して行われた戦闘行為によって遭難した戦闘参加者及びそれ以外の遭難者の捜索・救助であり、自衛隊が実施する（同法第三条第一項第二号）。被災民救助活動は、先のテロ攻撃に関連した国連決議又は国連等の要請に基づき、被災民を救援する為に実施する食糧・衣料・医薬品等の生活関連物資の輸送や医療その他の人道的精神に基づく活動で、自衛隊を含む関係行政機関が実施する（同項第三号）。

対応措置に関する基本方針、協力支援活動の種類・内容、捜索救助活動の基本的事項等を定めたものが基本計画であるが（同法第四条）、自衛隊の部隊が協力支援活動等を実施してから二〇日以内に国会の事後承認を求めることとされた（同法第五条）。また、基本計画の決定・変更及び対応措置の終了は、国会への報告事項とされた（同法第十一条）。防衛庁長官は、基本計画に従って、自衛隊による協力支援活動等を実施させる為、実施要領を定める（同法第六条第二項、第七条第一項、第八条第一項）。

協力支援活動等を命じられた部隊の自衛官による武器の使用は、自己・自己と共に現場に所在する他の自衛隊員や、その職務を行うに伴い自己の管理下に入った者の生命・身体の防護の為に認められ、現場に指揮官が在るときはその命令によるものとされた（同法第十二条）。この規定は、平成十三年十二月に改正された国際平和協力法の武器使用の規定のモデル[26]といえる。

この法律は二年の時限立法であったが（同法附則第三項）、先のテロ攻撃によりもたらされる脅威が続いていることから、平成十五年十月に二年間の、平成十七年十月に一年間の、法改正による延長が為された（同法附則第四項）[27]。尚、この法改正に伴う基本計画の改正は、派遣期間の変更となる為、国会に報告が為された。

(四) イラク人道復興支援特別措置法

イラクは、平成二年のクウェート侵攻以後、大量破壊兵器保有の疑惑を払拭させることをしなかった。平成十四年十一月に関連国際機関の査察に協力する為の最後の機会が与えられたが、イラクはこれに応ぜず、平成十五年三月に米英等による武力攻撃が行われた。イラクのフセイン政権崩壊後、同国の復興支援が必要となり、これに我が国が対応する枠組みとして、イラク人道復興支援特別法案が平成十五年六月十三日に国会に提出され、八月一日に成立した。本法の内容は、テロ対策特別措置法に類似する点が多いので、特に特徴のあるものを以下に記述する[28]。

目的は、イラク特別事態（国連決議に基づいて行われたイラクへの武力行使とこれに引き続く事態をいう。）を受けて実施されるものに限定されることの明示である（同法第一条）。そして、国連決議六八七号は、大量破壊兵器の破棄及びこれの査察受け入れ等を条件とした湾岸戦争の停戦決議である。国連決議一四四一号は、イラクが先の決議に違反していることを認め、イラクに武装解除の最後の機会を与え、違反の結果が深刻な帰結に直面するとしている。国連決議一四八三号は、加盟国に対して、イラク復興の支援を要請している。

基本原則のうち、外国で活動する際の当該外国の同意は、「施政を行う機関」から取り付けるものとされた（同法第二条第三項）。また、戦闘が行われていない地域に加え、配慮事項として部隊等の安全確保が規定された（同法第九条）。

対応措置は、人道復興支援活動と安全確保支援活動からなり（同法第三条）、テロ対策特別措置法でいうと前者が被災民救援活動に、後者が協力支援活動に相当するが、捜索救助活動に相当するものは明記されていない。

武器の使用は、テロ対策特別措置法と同趣旨だが、イラク復興支援職員は保護対象として明記されている（同法第十七条）。

附則第二条により、四年の時限立法とされた。

三　国際平和協力に係る法解釈の整理

国際平和協力に係る裁判は、いくつかあるが[29]、いずれも派遣の差し止め請求又は平和的生存権等に基づく損害賠償請求を内容とするもので、各請求とも認められていない。各裁判では、国際平和協力の具体的な活動内容の法解釈が為されなかったので、国会に於ける議論が法解釈上重要になる。そこで、先に示した諸法に共通する事項、特に憲法の平和主義と国際平和協力の実施との整合を図る政府による法解釈を、次に示す。これらは、湾岸危機で検討が本格化し、いわゆる日米ガイドラインに関する議論を経て、テロ対策特別措置法等を巡る議論を通してより深められていった。

（一）　憲法と集団安全保障

国際平和協力に係る法解釈は、国連の集団安全保障と密接な関係があるので、我が国憲法との関係を整理しておく。

まず、「我が国は憲法の平和主義、国際協調主義の理念を踏まえまして国連に加盟し、国連憲章には集団的安全保障の骨組みが定められ……憲法に反しない範囲で、……国連憲章上の責務を果たしていく」ものであり、「国連に加盟いたします場合には留保という行為は一般的には考えられておりません[30]」。そして、「『集団安全保障』は、平和に対する脅威、平和の破壊又は侵略行為が発生したような場合に、国際社会が一致協力してこのような行為を行った者に対して適切な措置をとることにより、平和を回復しようとするものであり、……国連憲章と憲法との関係で問題となり得るのは、国連憲章第七章のうちの軍事的措置に関する部分[31]」である。しかし、「国連憲章の七章に基づく国連軍というものはいまだ設置されたことはない……国連憲章の四十三条で挙げております兵力、援助、便宜の供与……そういった三つの……全部を行う義務は必ずしもないと解されて[32]」いる。また、「『国連軍』の目的・任務が武力行使を伴うものであれば、自衛隊がこれに参加することは憲法上許されない[33]」し、防衛出動時の武力行使(自衛隊法第八十八条)以外に自衛隊の武力行使を認めた法規もない。但し、武力行使を伴う国連軍であっても「『参加(国連軍司令官の指揮下に入り、その一員として行動すること。)[括弧内は筆者]』に至らない『協力』については……当該『国連軍』の武力行使と一体化とならないようなものは憲法上許される[34]」とされた。これにより、海外出動禁止という参議院決議[35]との抵触も回避されたといえる。

（二）　国連の平和維持活動（ＰＫＯ）と多国籍軍

国連の集団安全保障の中核を担う予定であった憲章上の国連軍と似たものに、国連の平和維持活動（ＰＫＯ）と多国籍軍がある。まず、ＰＫＯは、この国連軍と異なり、「紛争当事者の間に停戦の合意が成立しているとか、あるいは紛争当事者が平和維持隊の活動に同意しているとか、さらにそれを前提としまして中立で強制しない、こういう立場で国連の権威と説得で停戦確保等の任務を遂行する……そういう強制手段によって平和を回復するような機能を持つものでは[36]」ない典型的なものと、「冷戦が終わりまして国内内戦型の紛争が極めて増え……停戦合意の遵守に加えまして、人道支援……選挙管理……行政支援、復旧支援等々、非常に多岐にわたる[37]」複合型のものがあるが、いずれも武力行使を目的とせず、憲法上の問題はない。因みに、国連要員安全条約[38]第二条により、国連憲章第七章に基づく強制行動として安保理が認めた活動で武力紛争法が適用されるものは、ＰＫＯには該当しない。一方、「いわゆる多国籍軍への我が国の関与については、……多国籍軍の武力行使と一体とならないような協力であれば憲法上は許され[39]」、「集団安全保障を担う国連軍」と同様の解釈(憲章上の国連軍が設立される見込みが無い[40]ことから、より重要な解釈。)がされた。

(三) 武力行使との一体化

憲法解釈上禁止される「武力行使との一体化」の判断基準は、周辺事態安全確保法に至る「日米防衛協力の指針」[41]に関する議論で整理され、これがテロ対策特別措置法等の解釈[42]にも使われている。つまり、「各国軍隊による武力の行使と一体となるような行動に該当するか否かは、一つ、戦闘行動が行われている、または行われようとしている地点と当該行動の場所との地理的関係、二つ、当該行動の具体的内容、三つ、各国軍隊の武力行使の任にあるものとの関係の密接性、四つ、協力しようとする相手方の活動の現況等の諸般の事情を総合的に勘案して個々具体的に判断[43]」される。それでは、禁止される一体化の具体例は何か。例えば、「補給、輸送協力等それ自体は直接武力の行使等に該当しない活動を我が国が行うことにつきまして、他国による武力の行使等と一体となるような行動……は、やはり憲法九条との関係で許されない[44]」。また、艦船への燃料補給は、「直接にこれらの艦船の個々の作戦行動のために行われるものではなくて、長期間にわたる艦船の行動全体の必要性を満たすために行われる[45]」ので問題はない。救助活動については、「戦闘行為が行われている地域と一線を画した……地域について行われるわけで……武力の行使、戦闘行為と一体とはならない[46]」。情報提供については、「情報収集活動により得られた情報を、一般的な情報交換の一環として……提供することは、憲法上の問題はない……特定の国の武力行使を直接支援することのみを目的として、ある目標に方位何度何分、角度何度で撃てというような行為……は、憲法上問題を生じる可能性がある[47]」。

協力支援活動等が実施できる区域は、「戦闘行為(国際的な武力紛争の一環として行われる人を殺傷し又は物を破壊する行為をいう。以下同じ。)が行われておらず、かつ、そこで実施される活動の期間を通じて戦闘行為が行われることがないと認められる[48]」地域とされた。ここでいう「国際的な武力紛争」は、「国家又は国家に準ずる組織の間において生じる武力を用いた争い[49]」をいうので、「国内治安問題にとどまるテロ行為、あるいは散発的な発砲や小規模な襲撃などのような、組織性、計画性、継続性が明らかでない、偶発的なもの……は、戦闘行為には当たらない[50]」。但し、その主体である「集団が地域なり住民を一定の範囲で支配している、あるいは支配を目指している、かような場合には私的集団とは言い得ない場合[51]」もあるので、事実確認が重要になる。

（四）　武器の使用

「対応措置の実施は、武力による威嚇又は武力の行使に当たるものであってはならない」[52]が、武器の使用は認められた。そして、当初は、「個々の自衛官の判断で要員の生命等の防護のために必要な最小限のものに限って行われ……部隊の行動として認める……と、憲法九条……との関係において……難しいいろんなケース」[53]があり得るとしていた。しかし、実際の派遣経験から、「武器の使用について個々の隊員がばらばらに判断するのでは、部隊に参加した自衛官による武器の使用についてその統制を欠く……そのことによってむしろ生命身体に対する危険あるいは全体の事態の混乱を招くおそれがあり得る」[54]ことから、具体的な状況に応じて最も適切なる判断をすることが期待できる者（現場にある上官）の命令が、個人の判断に優先するものとされた[55]。更に、自己の管理下に入った者も防護対象に加えられ、具体的には「不測の攻撃を受けて、自衛官と共通の危険にさらされたときに、その現場において安全確保について自衛官の指示に従うことが期待される者……宿営地に所在する他国のPKO要員、国連職員、国際機関の職員、専門家、NGOの職員、通訳、その他の業務の補助者、視察者、招待者、報道関係者、また、人員輸送を行う場合の輸送の対象となる他国のPKO要員……また、自衛官が車両に同乗させている他国のPKO要員……もしくは自衛官が職務に伴い同行する通訳、道案内、視察者」[56]である。また、自衛隊法第九十五条の武器等防護が「除かれていた理由……は、当初は初めてのPKO活動等で……この法律を適用すればかえってその事態の混乱を招くおそれも排除しえない……平和協力業務の場合に、一般的に個々の武器等の破壊、奪取が業務全体を不可能ならしめるといったことはさほど想定されない」ことであったが、「過去のPKOの事例の中でやはり車が強盗に襲われて通信機材等が盗まれ……他国の部隊の例では武器そのものが強奪され」たことから、「防衛力を構成する重要な物的手段を防護」[57]する為に、認められた。但し、「防護対象の武器が破壊された場合や相手方が襲撃を中止しまたは逃走した場合には使用できなくなる」[58]とされた。

一方、いくつか消極的に解されているものもある。「自己保存のための自然権的権利」[59]として武器使用を整理した為に、職務執行の為の、いわゆる「Bタイプ」の武器使用[60]は認められない。「停戦の合意が破れたとき……国または国に準じる組織……（に対する防戦）であれば我が国PKO要員による武器使用のすべてが武力の行使に当たらないということはできない［括弧内は筆者］」[61]からである。また、警護任務も、「警護の対象者や行為の態様などがはっきりしない……状況のもとで……警護任務を仮に的確に遂行する……武器使用が憲法九条の禁じる武力行使に当たるおそれはおよそないと言えるかどうか、これはもう慎重にまた検討[62]」するものとされた。尚、自衛隊以外のＰＫＯ部隊では、「平和維持軍の要員もしくは装備、およびその責任下にある要員もしくは財産[63]」を防護対象に、つまり、自己の管理下にない平和維持軍の要員・装備も守れるようにしている。

（五）　自衛隊の国際法上の立場

「自衛隊につきましては、憲法上……通常の観念で考えられる軍隊ではない……国際法上は、軍隊として取り扱われる……自衛官は国際法上軍隊の構成員、また例えば船、自衛艦でございますが、これは国際法上軍艦というふうに取り扱われ……自衛隊の航空機はいわゆる軍用機というような取り扱いを受け[64]」、「一般に軍艦は外国の領海を無害通航する権利を有して[65]」いる。従って、自衛隊が軍隊として扱われるのならば、ジュネーヴ諸条約の適用が問題となるが、協力支援活動等を実施するのは、戦闘行為が行われていない地域であることから、「いずれかの国又はこれに準じる組織から国際的な武力紛争の一環として行われる攻撃を受けて、当該部隊等に所属する自衛隊員が捕らえられ、ジュネーヴ諸条約上の捕虜となる事態は想定されない。[66]」と整理された。

（六）　自衛隊への指揮監督

国際平和協力法には留意すべき点がある。国際平和協力業務の実施要領の作成又は変更は、国連事務総長又はその権限を行使する者が行う指図と適合するように整理された[67]。これは、「国際連合と国際連合平和維持活動に対して人員及び装備を提供する加盟国との間のモデル協定案[68]」の九項にある、『『国連平和維持活動』の職務はもっぱら国際的なもの……派遣国の行政事項に関する場合を除き、『参加国』より派遣される人員は、……国際連合の外部のいかなる機関からの訓令も、求め、あるいは受領してはならない。また、『参加国』政府も、派遣する人員に対し、当該訓令を与えてはならない。」に配慮したものといえる。つまり、文民統制を確保する手段の他、「国内法の……『指揮』又は『指揮監督』は……職務上の命令……の違反行為に対し懲戒権等何らかの強制手段を伴う……国連の『コマンド』は、派遣国により提供される要員がその公務員として行う職務に関して国連が行使するという性格の権限であって、かつ、懲戒権等の強制手段を伴わない作用で……混乱を避けるため……『指図[69]』」を用いて、国連による統制を確保したといえる。

(七)　外国等との合意

ＰＫＯの場合、国連要員安全条約第四条で、受入国が「国際連合活動の地位に関する協定」[70]を締結することを、また、同条約第五条で、受入国以外の国に於ける「国連の要員及びその装備の妨げられない通過」を規定している。これは、自衛隊の参加するＰＫＯが東南アジアから中東に広がり、かつ、長期間にわたっている現状に鑑み、補給や整備の上で重要な規定である。

テロ対策特別措置法の場合、その活動がインド洋という遠隔地の為、補給、整備等で自衛艦の寄港地が必要[71]になるが、「寄港地等の状況に関する事前調査を行い……派遣されている自衛隊部隊による情報収集、また外務省公館等を通じた情報収集等につきましても、継続して実施いたしております。寄港地につきましては、現地の状況等を踏まえながら、運用上の必要性、現地の安全性、給油施設を含む港湾の状況などを総合的に勘案しつつ、外交ルートを通じて慎重に調整[72]」しており、地位協定に相当するものはない。但し、協力支援活動で外国軍隊に提供する物品については、国連憲章と両立すること、及び提供を受けた軍隊以外に移転しないことを、関係国と交換公文[73]で合意している。

イラク人道復興支援特別措置法の場合、「陸上自衛隊や航空自衛隊の根拠地及び経由地については、イラクとの地理的な近接性、基地の利用、輸送需要等を総合的に勘案した結果、クウェートとすることが適当[74]」と判断され、自衛隊の地位に関する交換公文[75]について、クウェートと合意した。これにより、自衛隊員その他派遣された者は、外交関係に従事する事務・技術職員と同じ特権・免除、隊員の出入国の特例、備品等の関税免除、武器の所持等が認められた。

(八)　機雷掃海

「自衛隊法九十九条に基づく掃海は……我が国の領海内における船舶……並びに公海における我が国船舶の航行の安全確保を図るための一種の警察行動……である……他国の領海において……領海国の同意があれば公海上における機雷の除去と法的には同じ」で、「遺棄された機雷であれば武力攻撃の一環としての意味を失っており、……これを除去する行為は外国に対する戦闘行為ではありません[76]」。また、「一たん武力攻撃の一環として敷設されたが、その後はその目的が失われている機雷や、単に周辺等に不安や混乱を生じさせるために隠密裏に公海上に敷設したような機雷については、我が国憲法の範囲内で機雷掃海できる[77]」と整理された。

（九）その他

集団安全保障の一環と認められながら、自衛隊による国際平和協力に整理されていないものとして、海上阻止活動[78]がある。海上阻止活動で行う「船舶の検査は、この国連の安保理の経済制裁決議がそこにあるということがまず前提……決議が存在することの当然の帰結といたしまして、国連憲章第二十五条で、……船舶の所属国というものは受忍義務を負っている。……対象となる船舶は軍艦ではございませんで、商船である……その上で……船舶の航行状況の警戒監視……進路変更の要請[79]」等を行う、「国連安保理決議に基づく集団安全保障措置でありまして、交戦国の国際法上の権利の行使では[80]」ない。しかし、「国連協力……そうした視点は、船舶検査活動の中でも周辺事態以外の場合まで考えるべき……指摘だと思いますが、周辺事態以外の場合について行うということについてはこの法案では全く想定していない……別途検討を行うべき課題[81]」とされた。この他にも、「数百名単位の部隊と文民を一つのユニットとして展開すると。これによって地方における治安活動と復興支援活動をする[82]」、いわゆる地方復興チーム（ＰＲＴ）そのものは実施できないが、協力支援活動の対象としては考慮され得るとされた。

おわりに

冷戦崩壊後のＰＫＯ等に変化が見られる中、自衛隊は、憲法の平和主義の下で漸進的ながら、これに対応してきた。つまり、武力の行使又は武力による威嚇に該当しない活動の実施に限ることで正当性と多くの国民の合意を確保したといえる。そして、立法を重ねてきた武器使用は、他国と比べて制約のある面は否定できないが、武力行使を目的とする多国籍軍への協力が強制されないことや、自衛隊の派遣部隊の任務に警護が無いことも踏まえれば、派遣部隊の任務遂行に具体的な支障となっておらず、我が国の国際平和協力に適合しているといえる。この他にも、海外で長期にわたり活動する際には、部隊の地位について受入国と合意しておくことが必要であり、可能ならば、同じ活動をする他国の軍隊と同様の便宜を受けられるように措置することが望ましい。今後、国際平和協力が自衛隊の主任務の一つになるとしても、その能力に応じた活動と、それを裏付ける権限とが、先に示した法解釈に留意しながら検討されることになるものと考える。

註

（1）　我が国の国際平和協力に係る法制も含めた研究として、

防衛法学会編『防衛法研究　一五号　特集・国際平和協力の法的研究』（内外出版、一九九一年）、同『防衛法研究　一六号　特集・ＰＫＯ法案とその諸問題』（内外出版、一九九二年）、広瀬善男『国連の平和維持活動』（信山社、一九九二年）、高井晉『国連ＰＫＯと平和協力法』（真正書籍、一九九五年）、神余隆博『新国連論　国際平和のための国連と日本の役割』（大阪大学出版会、一九九五年）、神余隆博編『国際平和協力入門』（有斐閣、一九九五年）、高井晉他編『日本の安全保障法制』（内外出版、二〇〇一年）のⅥとⅦ、二三一—九七頁、柳井俊二「日本のＰＫＯ　法と政治の十年史」（『法学新報』二〇〇三年三月）及び清水隆雄『自衛隊の海外派遣　シリーズ憲法の論点⑦』（国立国会図書館調査及び立法考査局、二〇〇五年）を参照。

（2）「ペルシャ湾への掃海艇等の派遣について」（平成三年四月二十四日　安全保障会議及び閣議決定）。この四項で、海上に遺棄された機雷の除去が武力行使に当たらない旨を示した。

（3）掃海部隊派遣を中心とした国際平和協力に関する経過は、海上自衛隊五十年史編さん委員会『海上自衛隊五十年史』（防衛庁海上幕僚監部、二〇〇三年）四六一—八六頁及び同『海上自衛隊五十年史　資料編』（防衛庁海上幕僚監部、二〇〇三年）三二六頁を参照。尚、派遣部隊指揮官であった落合畯の回想として、「海上自衛隊の戦史 Operation Gulf Dawn（湾岸の夜明け作戦）」（『波濤』第二十六巻第一号、二〇〇〇年五月）がある。

（4）自衛隊法（昭和二十九年法律第百六十五号）第九十九条による「機雷等の除去」のこと。尚、富井幸雄「制定法解釈の理論から見た自衛隊法九九条の解釈　湾岸への掃海艇派遣をめぐって」（『防衛法研究』一八号、一九九四年）を参照。

（5）カンボジア国際平和協力業務を中心とした経過は、海上自衛隊五十年史編さん委員会『海上自衛隊五十年史』四八六—九六頁及び同『海上自衛隊五十年史　資料編』三二六、三二七頁参照。

（6）正式名称は、「国際連合平和維持活動に対する協力に関する法律（平成四年法律第七十九号）」という。

（7）トルコ国際緊急援助の経過は、海上自衛隊五十年史編さん委員会『海上自衛隊五十年史　資料編』三二八頁及び防衛庁『平成十二年版　日本の防衛』一七九—八一頁を参照。尚、派遣部隊指揮官であった小森谷義男の回想として、「国際緊急援助活動　トルコへ仮設住宅を海上輸送！」（『ディフェンス　三六号』隊友会、二〇〇〇年三月）がある。

（8）正式名称は、「国際緊急援助隊の派遣に関する法律（昭和六十二年法律第九十三号）」という。

（9）米国における同時多発テロへの対応に関する我が国の措置について（平成十三年九月十九日）。

（10）正式名称は、「平成十三年九月十一日のアメリカ合衆国において発生したテロリストによる攻撃等に対応して行われる国際連合憲章の目的達成のための諸外国の活動に対して我が国が実施する措置及び関連する国際連合決議等に基づく人道的措置に関する特別措置法（平成十三年法律第百十三号）」という。

（11）「情報収集のための護衛艦等の派遣について」（平成十三年十一月八日　安全保障会議了承）。

（12）テロ対策特別措置法に基づく活動の経過については、

防衛庁『平成十四年版　日本の防衛』一〇九—一一五頁、同『平成十五年版　日本の防衛』一九五—二〇四頁、同『平成十六年版　日本の防衛』二一八—二二六頁、同『平成十七年版　日本の防衛』二三五—二四一頁及び海上幕僚監部「補給・輸送協力支援活動等の実績について（十八・三・七）」（海上自衛隊ホームページ「派遣部隊の活動」。http://www.jp.go.jp/JMSDF/about/haken/）を参照。

(13)　東ティモール国際平和協力業務の経過については、防衛庁『平成十四年版　日本の防衛』二一四—一一六頁並びに『朝雲』（二〇〇二年三月十四日、二五〇四号）及び同（二〇〇二年四月十一日、二五〇八号）を参照。尚、派遣部隊指揮官の回想として、山村洋行「回顧録　東ティモール派遣海上輸送回顧録（1）～（3）」（『波濤』第三十一巻三～五号、二〇〇五年九月、同年十一月、二〇〇六年一月）。

(14)　正式名称は、「イラクにおける人道復興支援活動及び安全確保支援活動の実施に関する特別措置法（平成十五年法律第百三十七号）」という。

(15)　クウェートへの輸送の経過は、防衛庁『平成十六年版　日本の防衛』二〇一頁及び海上幕僚監部「派遣海上輸送部隊」（海上自衛隊ホームページ「派遣部隊の活動」）を参照。

(16)　インド洋大津波に係る国際緊急援助隊の経過は、防衛庁『平成十七年版　日本の防衛』二五一—五九頁及び海上幕僚監部「国際緊急援助隊の活動」（海上自衛隊ホームページ「派遣部隊の活動」）を参照。

(17)　小型潜水艇救助に係る国際緊急援助隊の経過は、海上幕僚監部「国際緊急援助隊の活動」（海上自衛隊ホームページ「派遣部隊の活動」）を参照。

(18)　平成四年法律第四十九号による。立案に携わった者による解説として、岩井文男・外務省経済協力局国際緊急援助室「国際緊急隊への自衛隊の参加を可能に」（『時の法令』第一四三三号、一九九二年九月十五日）。尚、防衛庁『平成四年版　日本の防衛』一六二、一六三頁を参照。

(19)　「国際緊急援助隊の派遣について」（平成三年九月十九日閣議決定）の第二項。

(20)　平成四年法律第七十九号による。立案に携わった者による解説として、内閣官房国際平和協力の法体制整備準備室「国際連合平和維持活動等に対する協力に関する法律（国際平和協力法）の成立」（『法律のひろば』第四五巻第二号、一九九二年九月）及び上原孝史・内閣官房国際平和協力の法体制整備準備室「国際平和協力法（ＰＫＯ法）の成立」（『時の法令』第一四三三号、一九九二年九月十五日）。尚、防衛庁『平成四年版　日本の防衛』一五三—一六一頁を参照。

(21)　平成十三年法律第百五十七号のこと。

(22)　立案に携わった者による解説として、上田幸司・内閣府国際平和協力本部事務局「国際連合平和維持活動等に対する協力に関する法律の一部を改正する法律」（『法令解説資料総覧』第二四二号、二〇〇二年三月）。又、同様の内容として同『ジュリスト』（第一二一九号、二〇〇二年三月十五日）。尚、防衛庁『平成十四年版　日本の防衛』二一二—一四頁を参照。

(23)　この為、輸送に当たった海上自衛隊の部隊への指揮と、国連事務総長の「権限を行使する者が行う指図（本法第八条第二項）」との整合といった問題は生じない。
(24) 平成十年法律第百二号による。尚、防衛庁『平成十年版　日本防衛』一八二、一八三頁を参照。
(25) このように迅速に法案化ができた理由は、「周辺事態に際して我が国の平和及び安全を確保するための措置に関する法律（平成十一年法律第六十号）」（以下、「周辺事態安全確保法」という。）により、周辺事態に於ける米軍支援の枠組みができていた為と考える。立案に携わった者による解説として、正木謙一・内閣官房（安全保障・危機管理）「テロ対策関連三法①　テロ対策特措法の制定」（『時の法令』第一六五九号、二〇〇二年二月十五日）、青木信義・内閣官房副長官補付内閣参事官「平成十三年九月十一日のアメリカ合衆国において発生したテロリストによる攻撃等に対応して行われる国際連合憲章の目的達成のための諸外国の活動に対して我が国が実施する措置及び関連する国際連合決議等に基づく人道的措置に関する特別措置法」（『法令解説資料総覧』第二四〇号、二〇〇二年十一月）及び萬浪学・防衛庁防衛局防衛政策課政策第二班長「テロ対策特措法と同法に基づく活動について」（『国際法外交雑誌』第百一巻第三号、二〇〇二年十一月）。尚、防衛庁『平成十四年版　日本の防衛』一〇五―九頁を参照。
(26) 国際平和協力隊員に相当する関係職員は、保護対象として明記されていない。
(27) 延長を定めた平成十五年法律第百四十七号については八島忠広・衆議院法制局第一部第一課が『法令解説資料総覧』（第二六四号、二〇〇四年一月）に、同じく平成十七年法律第百七号については工藤陽代・内閣官房副長官補（安全保障・危機管理担当）付参事官補佐が『法令解説資料総覧』（第二八八号、二〇〇六年一月）に、解説を寄せている。尚、多国籍軍の海上行動の実績は、「六千キロ以上の麻薬を捕獲……末端価格でいいますと五百億円以上……小銃五百丁以上……拘束した人員でいいましても五十人以上」（防衛庁長官答弁・平成十七年十月七日　衆院・安全保障委　会議録二号　三頁）である。
(28) 立案に携わった者による解説として、正木靖「イラクにおける人道復興支援活動及び安全確保支援活動の実施に関する特別措置法について」（『ジュリスト』第一二五四号、二〇〇三年三月十五日）及び同「イラクにおける人道復興支援活動及び安全確保支援活動の実施に関する特別措置法」（『法令解説資料総覧』第二六一号、二〇〇三年十月）。尚、防衛庁『平成十六年版　日本の防衛』一九二―九五頁を参照。
(29) 例えば、ペルシャ湾派遣（掃海）は平成三年六月六日・大阪高裁決定（一審同年四月二十五日・大阪地裁決定）、同年十月二十九日・大阪高裁決定（一審同年六月六日・大阪地裁決定）、平成七年十月二十五日・大阪地裁判決及び平成八年三月二十七日・大阪地裁判決が、カンボジア国際平和協力業務は同年五月二十日・大阪地裁判決及び平成九年三月十二日・東京地裁判決が、イラク人道復興支援は平成十七年十月二十五日・甲府地裁判決がある。
(30) 内閣法制局第一部長答弁（平成八年二月二十九日　衆院・予算委一分科　会議録一号　二四頁）。
(31) 内閣官房長官答弁（平成六年五月二十五日　衆院・予算委

会議録九号　四六、四七頁）。また、「集団的自衛権は、国連憲章の制定以前に既に地域的な相互援助条約を締結していた米州諸国などの主張を入れまして、起草過程において、集団的自衛権が国連憲章第五十一条で明示的に規定されるに至ったもの……集団的自衛権に基づく実力行使は、国連自体が組織してとるものではなくて、国連が集団安全保障制度のもとで必要な措置をとるまでの間、武力行使を受けた国と何らかの連携関係にある国が、侵略を除去するために当該国の判断によってとることが許容されている措置」（外務大臣答弁・平成十三年四月十二日　衆院・安全保障委　会議録五号　一八頁）である。尚、神余『新国連論　国際平和のための国連と日本の役割』一二〇―三二頁参照。

(32)　内閣法制局長官答弁（平成二年十月十九日　衆院・予算委　会議録一号　六頁）。

(33)　衆議院稲葉誠一議員質問趣意書に対する答弁書（昭和五十五年十月二十八日　内閣衆質九三第六号）。

(34)　いわゆる国連軍への平和協力隊の参加と協力についての政府統一見解・外務大臣答弁（平成二年十月二十六日　衆院・国際連合平和協力に関する特委　会議録四号　二五頁）。

(35)　自衛隊の海外出動を為さざることに関する決議「本院は、自衛隊の創設に際し、現行憲法の条章と、わが国民の熾烈なる平和愛好精神に照し、海外出動はこれを行わないことを、茲に更めて確認する。右決議する。」（昭和二十九年六月二日　参院　会議録　一二六七頁）。

(36)　内閣法制局長官答弁（平成四年五月二十九日　参院・国際平和協力等に関する特委　会議録十三号（その一）　二三頁）。

(37)　内閣府国際平和協力本部事務局長答弁（平成十八年三月三十日　参院・外交防衛委　会議録六号　六頁）。

(38)　正式には、「国際連合要員及び関連要員の安全に関する条約（平成十一年条約第一号）」という。

(39)　内閣官房長官答弁（平成四年十二月八日　参院・内閣委　会議録一号　一五頁）。ここでいう多国籍軍は、「武力行使自体を任務・目的とするもの」（内閣法制局長官答弁・同頁）をいう。尚、集団安全保障を担う多国籍軍に当たる「朝鮮国連軍（日本国における国際連合の軍隊の地位に関する協定（昭和二十九年条約第十二号）の当時国たる米英仏伊加豪新比泰土及び南アの軍隊）」の内、周辺事態安全確保法の適用が可能なのは「朝鮮国連軍として活動する米軍に対する支援」（内閣総理大臣答弁・平成十一年三月十八日　衆院・日米防衛協力のための指針に関する特委　会議録二号　三一頁）であり、その他の一〇カ国には、先の地位協定による便益のみである。

(40)　国連による軍事制裁の挫折については、香西茂『国連の平和維持活動』（有斐閣、一九九一年）二一―三六頁を参照。

(41)　一九九六年四月十七日に出された日米安全保障共同宣言により見直しが進んでいたもので、一九九七年九月二十三日に日米安全保障協議委員会が公表。

(42)　テロ対策特別措置法の「法案の支援項目を作成する場合に、前の周辺事態法、ガイドラインの法案の内容を参考」とした（防衛庁長官答弁・平成十三年十月十五日　衆院・国際テロリズムの防止及び我が国の協力支援活動等に関する特委　会議録六号　三八頁）。

(43)　内閣法制局長官答弁（平成八年五月二十一日　参院・内閣委

会議録八号　二六頁)。

(44) 内閣法制局長官答弁(平成十一年五月二十日　参院・日米防衛協力のための指針に関する特委　会議録九号　三〇頁)。同趣旨で、内閣総理大臣衆院本会議答弁(平成十三年十月十日　衆院　会議録五号　一八頁)。

(45) 内閣法制局長官答弁(平成十一年三月三十一日　衆院・日米防衛協力のための指針に関する特委　会議録四号　三二頁)。艦載回転翼機用燃料については、防衛庁長官答弁(平成十六年十月二十六日　衆院・安全保障委　会議録三号　二頁)。

(46) 防衛庁長官答弁(平成十一年四月十三日　衆院・日米防衛協力のための指針に関する特委　会議録七号　三九頁)。

(47) 防衛庁長官答弁(平成十一年四月二十六日　衆院・日米防衛協力のための指針に関する特委　会議録十二号　八頁)。同趣旨で、内閣法制局第一部長答弁(平成十三年十一月六日　衆院・安全保障委　会議録二号　二〇頁)。

(48) テロ対策特別措置法第二条第三項及びイラク人道復興支援特別措置法第二条第三項に共通。

(49) 衆議院金田誠一議員質問趣意書に対する答弁書(平成十四年二月五日　内閣衆質一五三　第二七号)。

(50) 防衛庁長官答弁(平成十六年十一月二十五日　衆院・国際テロリズムの防止及び我が国の協力支援活動並びにイラク人道復興支援活動等に関する特委　会議録五号　四頁)。

(51) 内閣法制局長官答弁(平成三年十二月十八日　参院・国際平和協力等に関する特委　会議録五号　一〇頁)。これは、一九四九年八月十二日のジュネーヴ諸条約の非国際的な武力紛争の犠牲者の保護に関する追加議定書(議定書Ⅱ)(平成十六年条約第十三号)第一条のいう「武装集団」が想定できる。

(52) テロ対策特別措置法第二条第二項及びイラク人道復興支援特別措置法第二条第二項に共通。

(53) 内閣法制局長官答弁(平成七年一月三十日　衆院・予算委　会議録四号　一〇頁)。この点については、国連事務局と調整した(神余『新国連論　国連平和のための国連と日本の役割』二三二、二三三頁)。

(54) 防衛庁運用局長答弁(平成十年五月十二日　衆院・安全保障委　会議録九号　一頁)。

(55) 註(24)を参照。

(56) 防衛庁長官答弁(平成十三年十一月二十九日　衆院・安全保障委　会議録五号　二二頁)。被災民を追加した同様の答弁(内閣官房長官答弁・平成十三年十月十一日　衆院・国際テロリズムの防止及び我が国の協力支援活動等に関する特委　会議録三号　一〇頁)。尚、註(21)・(22)を参照。

(57) 防衛庁長官答弁(平成十三年十一月二十七日　衆院・安全保障委　会議録四号　三七頁)。尚、註(21)・(22)を参照。

(58) 防衛庁長官答弁(平成十一年三月十八日　衆院・日米防衛協力のための指針に関する特委　会議録二号　三〇頁)。

(59) 防衛庁長官答弁(平成十年五月十二日　衆院・安全保障委　会議録九号　四頁)。また、この権利ならば「相手がたまたま国家……であっても……武力の行使に該当するものではな」い(内閣法制局長官答弁・平成十五年十月九日　参院・国際テロリズムの防止及び我が国の協力支援活動等に関する特委　会議録五号　三頁)。尚、これを批判するものとして、小針司「個人としての武器使用と職務行為　国連平和協力法に関連して」(『防衛法研究』二〇号、内外出版、一九九六年)を参照。

(60) 例えば、旧ユーゴに展開した国連防護軍（ＵＮＰＲＯＦＯＲ）の要員は、「b．防護軍がその責務を履行できないようにしようとする強制手段による企てに抵抗するため」、「武器を使用することができる。」（軍司令官政策指令第十三号　交戦規則　権限）。等雄一郎「国際平和支援活動（ＰＳＯ）の交戦規則（ＲＯＥ）」（『外国の立法』二〇五号、二〇〇〇年九月）。

(61) 内閣法制局長官答弁（平成十三年十一月二十七日　衆院・安全保障委　会議録四号　三頁）。

(62) 内閣法制局長官答弁（平成十三年十二月六日　参院・外交防衛委　会議録十三号　三六頁）。

(63) 「軍司令官政策指令第十三号　交戦規則　付属書Ａ　定義」、等「国際平和支援活動（ＰＳＯ）の交戦規則（ＲＯＥ）」を参照。尚、ソマリアで人道介入作戦を実施したカナダ軍の交戦規則では、カナダ軍部隊、カナダ市民とその財産、連合軍部隊、救援要員、救援物資、配給所、輸送隊及び非戦闘員たる市民も、防護対象にしている（同右「国際平和支援活動（ＰＳＯ）の交戦規則（ＲＯＥ）」）。

(64) 外務省条約局長答弁（平成三年十一月十八日　衆院・国際平和協力等に関する特委　会議録三号　一九頁）。

(65) 外務省条約局長答弁（昭和六十三年四月十九日　衆院・内閣委　会議録六号　一五頁）。「国際航行に使用されている海峡」の適用海域では、通過通航も認められ得る。

(66) 参議院櫻井充議員質問趣意書に対する答弁書（平成十四年二月六日　内閣参質一五五　第二号）。尚、国連要員安全条約八条では、捕らえられた国連要員が、ジュネーヴ諸条約等の原則及び精神に従って取り扱われるものと規定されている。

(67) 国際平和協力法第八条第二項。

(68) 「国際連合と国際連合平和維持活動に対して人員及び装備を提供する加盟国との間のモデル協定案」（国立国会図書館調査及び立法考査局『外国の立法　特集ＰＫＯ』一七七号、一九九二年一月）

(69) 平成三年十一月二十日　衆院・国際平和協力等に関する特委に提出した統一見解。

(70) 「国際連合と受入国との間の国連軍の地位に関するモデル協定案」の四項は、ＰＫＯ構成員が「国際連合の特権及び免除に関する条約（昭和三十八年条約第十号）」に規定する特権等を享受すると規定。

(71) 派遣された「自衛隊の装備品、船舶又は航空機に不具合が発生した場合に民間企業による従業員の派遣を受けて行う修理等」も為された（衆議院川田悦子議員質問趣意書に対する答弁書。平成十五年一月十七日　内閣衆質一五五　第三一号）。

(72) 防衛庁長官答弁（平成十四年五月十七日　衆院・国際テロリズムの防止及び我が国の協力支援活動等に関する特委　会議録三号　一九頁）。

(73) 例えば、米国と平成十四年外務省告示第六十三号で、英国と平成十四年外務省告示第二百九号で、仏国と平成十五年外務省告示第二百四号で、独国と平成十五年外務省告示第二百五号で、西国と平成十五年外務省告示第二百七号で、ニュー・ジーランド（新国）と平成十五年外務省告示第二百二十号で、伊国と平成十五年外務省告示第二百二十一号で、蘭国と平成十五年外務省告示第二百二十二号で、希国と平成十五年外務省告示第二百四十三号で、加国と平成十五年外務省告示第三百三号で、各々合意。

(74) 外務大臣答弁（平成十六年二月五日　参院・イラク人道復興支援活動等及び武力攻撃事態等への対処に関する特委　会議録三号　二七頁）。

(75) クウェート国における日本国の自衛隊等の地位に関する日本国政府とクウェート国政府との間の交換公文（平成十六年外務省告示第十号）。

(76) 内閣法制局長官答弁（平成三年四月二十五日　参院・内閣委　会議録八号　三頁）。

(77) 防衛庁長官答弁（平成十一年三月十八日　衆院・日米防衛協力のための指針に関する特委　会議録二号　三一頁）。

(78) 我が国では、海上阻止活動に相当するものとして、「周辺事態に際して実施する船舶検査活動に関する法律（平成十二年法律第百四十五号）」に基づく船舶検査活動がある。海上阻止活動の理解には、安保公人「国連禁輸の執行と国際法　海上阻止活動の実像」（防衛学会『新防衛論集』二二巻一号、一九九六年七月）、同「国連決議に基づく禁輸執行　船舶検査活動に関する国際法と国家実行」（『防衛法研究』二二号、一九九九年）及び真山全「日米防衛協力のための指針と船舶の検査」（『防衛法研究』二二号）を参照。

(79) 外務省総合政策局長答弁（平成九年十一月二十五日　参院・内閣委　会議録三号　二二頁）。

(80) 内閣総理大臣参院本会議答弁（平成九年十二月三日　参院会議録八号（その二）六頁）。

(81) 外務大臣答弁（平成十二年十一月二十八日　参院・外交防衛委　会議録五号　二頁）。

(82) 鈴木内閣官房内閣審議官答弁（平成十八年四月二十七日　参院・外交防衛委　会議録十四号　七頁）。

（元インド洋派遣部隊司令部付・防衛省海上幕僚監部）

平和維持軍と国際刑事法

——連合王国陸軍軍法会議の事例を踏まえた比較法的考察——

幡新大実

序

本稿は、国連平和維持軍（歩兵大隊を含む平和維持使節を指す）参加にあたって国際刑事法上要請されている参加国の法整備とは何かを批判的に考察し、日本法について提言を行いたい。

国際刑事法と一口に言っても、例えば国連平和維持軍のような一種の多国籍軍の兵士が進駐先の外国領内で罪を犯した場合などの渉外事件において適用されるべき刑事法を定めた規範を指す場合（渉外法）と、国境を越えた犯罪の捜査と処罰のための各国間の司法共助を定める条約を指す場合（共助法）と、国際法上の犯罪を定め裁く規範（条約とは限らず国内法もある）を指す場合（狭義の国際刑事法）の大きく分けて三通りがある。以上の区別は概念的なものであって、個別の法律、条約によっては、いずれの要素も含んでいるものがある。本稿は、まず当然の前提として国連平和維持軍に関する渉外刑事法を整理し、その後、平和維持軍兵士の刑事責任の問い方について考察を進める。

実は、日本も外務省において国際刑事裁判所規程（という名前の条約）に加入する方針が固まった。これは基本的に国際刑事裁判所において有罪とされた犯罪人または訴追された被告人の拘束や引渡し、あるいは国際刑事裁判所検察官の捜査についての司法共助、そして武力攻撃事態対処法[1]（平成十五年法律第七九号）第二一条第二項に定める国際人道法の的確な実施を確保する法制度の整備などの諸要請を念頭においたものであって、国際平和協力法[2]（平成四年法律第七九号）やイラク特別措置法[3]（平成十五年法律第一三七号）に基づく自衛隊の海外での活動は、戦闘行為を伴わない性質のものと認められるので、日本の国際刑事裁判所規程への加入に必要な法整備の範疇の外と捉えられるかもしれない。

しかし国連平和維持活動そのものは、本稿で詳しく説明するように戦闘行為とも、国際人道法または国際武力紛争法とその違反行為、いわゆる「戦争犯罪」とも全く無縁ではない。少なくとも、国連平和維持軍の生みの親、ハマーショルド（Dag Hammarskjöld）国連第二代事務総長は、総会決議の授権のもとに自ら制定した一九五七年二月二十日の国連緊急軍規則第四四条において、「同軍は軍人の行動に適用される一般国際条約の諸原則と精神を遵守すべし」と定めた。[4] かかる一般国際条約の具体例として、一九九一年に国連事務局が用意した「国連平和維持活動に人材と資材を派遣する加盟国と国際連合の間の協定の雛形」（参加協定雛形）第二八項は、「一九四九年八月十二日の四つのジュネーヴ条約」などを列挙している。[5] 当然、四つのジュネーヴ条約が補完するところの一九〇七年のハーグ陸戦法規など、国連憲章成立以前に「戦時国際法」と呼ばれた規範も含まれる。四つのジュネーヴ条約の定める重大な違反行為は戦争犯罪と呼ばれ、国際刑事裁判所の管轄権にも入る（規程第八条）。確かに四つのジュネーヴ条約等そのものではなく、その諸原則と精神を（尊重し[6]）遵守すべしという婉曲な言い回しに、（狭義の）国際刑事法と平和維持活動の関係の微妙さが現れているが、少なくとも、参加協定雛形は、国連平和維持軍参加国に、参加部隊員をして上記関係諸条約の諸原則と精神に精通せしめる義務を課している。[7]

「諸原則と精神」という表現については、一九九九年の国連事務総長告示第一三号で、国際人道法の「基本諸原則と諸法規[8]」が、国連の指揮命令[9]の下に作戦行動をとる国連軍で武力紛争事態において戦闘員として積極的に交戦する者に、その交戦の範囲において、また交戦が続く限り、適用されるとし、特に強制行動だけでなく、自衛のために武力行使が許される平和維持活動にも適用されることを明記している。[10]「諸原則と諸法規」といった点は、国連緊急軍規則や参加協定雛形の曖昧さを払拭している。

ただしハマーショルドが元来「諸原則と精神」という曖昧な言葉を用いたのには理由があり、ハマーショルドは、その総会宛報告書「国連緊急軍の設置と活動の経験にもとづく研究摘要」（以下、「研究摘要」と称す[11]）の中で、国連平和維持軍（当時はまだ「平和維持」という言葉は、国連の専門用語、定義づけられた概念としては存在しなかった）の性格や特徴を「準」軍事活動という言葉で表現していた。[12]「（これは）進駐地を一時的にでも武力制圧するような軍隊ではなく、紛争当事国が（国連）の勧告に従って行動することを前提として平和的状況を確保するために必要な限度以上には軍事目的または軍事機能を持たない」と説明している。[13]

簡単に言えば、受入国政府の同意を得てその領内に進駐する国連平和維持軍は、敵地の武力制圧という意味での「占領」、すなわちジュネーヴ第四条約（文民保護条約）が適用される「占領」は行わないということであるが、旧ベルギー領コンゴやレバノンやソマリアのように事実上の無政府状態にある国の中に国連平和維持軍が派遣されることも少なくない。逆に連合国軍の日本占領のように同意を得た占領もある。また実際上問題となっているのは、平和維持軍が自衛のために武力を行使し戦闘員として積極的に交戦しているわけではない時、つまり一九九九年の国連事務総長告示第一三号によれば国際人道法の適用が排除されている時にも発生する、派遣先の文民すなわち民間人、とくに婦女子や児童に対する不適切な行動である。

例えば、日本の自衛隊が初めて参加したカンボジアにおける平和維持軍において[14]、ブルガリア歩兵大隊兵による受入国の民間婦女子や老人に対する暴行事件が報告された[15]。コフィ・アナン（Kofi Annan）国連事務総長によれば、二〇〇四年元旦から二〇〇六年五月十日の間に、国連平和維持活動中の現地住民への性的搾取・虐待の廉で六名の指揮官を含む一三九名の将兵と文民警察官一六名が本国送還処分となった[16]。平たく言えば「占領」でなくとも、精力旺盛な若い男性兵士が伴侶も連れずに一時的に外国に進駐し、武装したまま婦女子が居住する地域を闊歩する時、それが実戦目的であれ、平和維持目的であれ、積極的交戦の有無にかかわりなく、かかる不祥事、犯罪が発生しないとは誰も言い切れないのが実態である。つまり武力紛争という概念にこだわり過ぎると、国際武力紛争法の持つ「人道性」、言い換えれば「国際人道法」としての本分を見失い、かつての戦時国際法のように「宣戦布告がなければ戦時ではないので適用されない」などという三百代言的な詭弁がまかり通ってきた轍を踏むことになりかねないのである。この点は国連平和維持活動と国際人道法の関係についての将来の課題と言えるかもしれない。ただし実際上は、本稿で説明するように、狭義の国際刑事法と関係国の刑法の適用（そして行動倫理）が課題である。

本稿では、狭義の国際刑事法の具体的適用とその限界についての理解を深めるために、先に国際刑事裁判所規程に加入し、その際の国内立法に基づき軍法会議を開廷した大ブリテンおよび北アイルランド連合王国（以下、連合王国と称する）の事例を参照する。もっとも、この軍法会議は今次のイラク戦争においてイラク南部の都市バスラ一円を武力制圧した連合王国陸軍が、現地警察の治安維持任務を支援するという脈絡で、騒乱幇助容疑者を逮捕、取調べ中に発生した文民の非人道的処遇と傷害致死等の被告事件を裁くもので[17]、国連平和維持軍ではまず行いえない類の強制捜査ないし襲撃から派生した事件である。ただし、その違いを踏まえた上で、国連平和維持活動への自衛隊の参加を前提として、日本の国際刑事裁判所規程への加入に際して必要な法整備について提言を行うために、連合王国の関連法制と実務から学ぶことはできる。

なお連合王国を「英国」とか「イギリス」のような人口に膾炙した言葉で表記しないのは区別する必要があるからである。連合王国はイングランド王国（ウェールズ大君国との一種の二重王国[18]）、スコットランド王国、アイルランド王国（南部は共和国として独立し北部だけが連合王国に留まる）の三王国が一体となった単一の王国であるものの、旧三王国の区別はそれぞれ独自の法制度を有する三つの「法域」として残っている。「イギリス」にせよ「英国」にせよ元来 English の音訳であり、厳密にはイングランド（またはイングランド・ウェールズ二重王国）のみを指すが、軍人に適用される軍刑法は、単一の連合王国王冠に忠誠を誓う連合王国陸海空軍を単位にしている。

一　平和維持軍と刑事管轄権

国連平和維持軍兵士に対する刑事管轄権についての基本法律文書は次の通りである。まず第一に、一九四六年の国際連合の特権と免除に関する条約[19]、第二に、個別の国連平和維持軍の受入国における地位に関する国連と受入国政府の間の協定（地位協定 status-of-force agreement）、第三に、個別の国連平和維持軍に要員と資材を派遣する国と国連との間の了解事項（memorandum of understandings）ないし参加協定、第四に、国連事務総長の告示、特に重要なのは一九五七年の国連緊急軍規則[20]と一九九九年の国連軍に対する国際人道法の適用に関する告示[21]、そして第五に、やや間接的であるが、一九九四年の国連要員と関連要員の保護に関する条約[22]である。

第二の地位協定については、一九九〇年に国連事務局が作成した雛形が存在し[23]、第三の参加協定についても、一九九一年に国連事務局が作成した雛形が存在する。[24]いずれも国連と関係各国との間の協定作成交渉の基礎となることが期待されている。地位協定の雛形は、一九五七年の国連緊急軍のエジプトにおける地位に関する協定[25]を基礎としており、参加協定の雛形も、国連緊急軍に参加する国と国連との間の協定[26]と、当時のハマーショルド事務総長が制定した国連緊急軍規則（当然、参加国が国連との間の参加協定で承認すべきもの）を基礎としている。

（一）総　則

参加協定雛形によれば、国連平和維持軍は国連の補助機関であり、[27]国際的性質をもち、その構成員は、軍の地位協定に従って、特権、免除を享有し、義務を負う。[28]国連平和維持軍の構成員は参加国の軍人の地位を保持したまま参加するが、安保理のもと事務総長に帰属する国連の指揮命令権に服す。国連事務総長は、軍の配備、組織、行動、命令に関して全権を掌握し、現地においては軍司令官（大規模な使節の場合は文官の長が任命されることが多い）が事務総長の権限を代行し、事務総長に対して責任を負う。[29]国連現地派遣軍の長は全軍の秩序と紀律に関する全般的責任を負うが、参加軍人の懲戒に関しては、参加国政府が指名する将校が責任を有する。[30]

（二）　特権と免除

国連特権免除条約においては、特権と免除は（甲）国連事務総長と国連事務次長（本稿では高級職員級とする）、[31]（乙）国連事務職員（一般職員級）、[32]（丙）国連任務を遂行する専門家（専門家級）[33]の三階級により、その内容が異なる。

地位協定雛形によれば、国連事務総長特別代表（国連平和維持使節の長）、国連平和維持使節の軍事部門司令官（軍司令官）、文民警察部門の長、および特別代表または軍司令官つき職員の高位者で受入国政府がその特別の特権と免除に合意する者（実例ではカンボジアでの国連平和維持活動の選挙部門、行政部門、人権部門、難民帰還部門、復興支援部門の長）には、高級職員級の（外交使節に準じる）特権と免除が与えられる。[34]

国連平和維持使節の文民（諸）部門に派遣される国連事務職員は、国連事務職員の地位を維持し、一般職員級の特権と免除が与えられる。[35]

国連軍事監視員と国連文民警察、および国連事務職員ではないが特別代表または軍司令官が国連平和維持活動の文民職員としてその氏名を受入国政府に通知する者は、専門家級の特権と免除が与えられる。[36]ちなみに国連軍事監視員は各国から派遣される将校であり、国連文民警察は、本国で文民警察任務を帯びる人員が派遣されるもので、カンボジアでの平和維持活動における文民警察の長がオランダ憲兵隊のクラース・ルース准将であったように、本国で文民警察任務と並んで軍事警察任務も帯びる憲兵（例、フランスのGendarmerie、[37]オランダのMaréchausée、[38]イタリアのCarabinieri[39]など）が派遣される場合もある。しかし、国連平和維持活動の文民警察任務に就く各国憲兵は、国連平和維持軍の兵隊の紀律を維持する国連軍事警察（military police）とは区別されなければならない。

以上の三類型については職務行為に関して刑事訴追から

免除される。

国連平和維持軍の兵隊は、軍事警察（「憲兵」と区別するため「警務兵」とするが、参加国によっては「憲兵」がこの役割を果たす場合もある）を含めて、国連特権免除条約の適用類型には入らず、専ら個別の平和維持軍についての国連と受入国政府の間の地位協定が、その特権と免除を定める。[40]

(三) 刑事管轄権

国連平和維持軍の兵隊は受入国において犯した罪について、受入国の刑事管轄権に服することはなく、常に派遣国本国の刑事管轄権に服する。これが、ハマーショルドが国連緊急軍のエジプトにおける地位に関する協定において打ち立てた、平和維持軍の刑事管轄権の基本原則である。[41] ハマーショルドの「研究摘要」によれば、これは平和維持軍の機能的独立の上で、そして各国から国連平和維持活動に参加する兵士を募集する都合の上でも、必要欠くべからざる原則と考えられ、[42] 国連の方針としては、この点において譲ることはない。もちろん国連平和維持軍と軍人個人は受入国の法令遵守義務を負い、[43] 万が一、軍人が受入国で罪を犯した場合にも、地位協定に定める免除のために無罪放免になることのないように、[44] 罪を犯した軍人の本国がその刑事管轄権を適正に行使することを国連との参加協定において明確に約束しなければならない。[45] 参加協定雛形は、さらに参加国の管轄権行使の結果について、国連使節の長に報告する義務も定めている。[46]

逆に、国連軍に対して国連要員以外の人士が犯した罪については、受入国において該当行為が受入国軍人に対して行われた場合に訴追の対象になる場合、受入国が刑事管轄権を行使することを約束する。[47]

狭義の国際刑事法についても、国連事務総長告示一九九九年第一三号によれば、国際人道法に違反した国連要員は、その本国の裁判所において訴追される。[48]

これは国際刑事裁判所規程と矛盾するものではなく、そもそも同規程によれば国際刑事裁判所は各国の刑事管轄権を補完する（第一条）ものなのである。もちろん受入国の法律が、その領域内において国際人道法に違反した者をその国籍の如何にかかわらず処罰する規定を持っていることが予想されるが、その場合でも国連としては平和維持軍参加国がその刑事法を国外で活動する国民ないし軍人に適用することを期待しているのである。その本国の刑事管轄権が適正に行使されない場合に、国際刑事裁判所が規程上の補完的管轄権を行使することを、この国連事務総長の国連内部告示が排除することはできない。ただし、実際上の問題は、規程第八条第一項によれば、いわゆる戦争犯罪は「特に計画的もしくは政策の一部として、または戦争犯罪の大規模な実行の一部として行われた場合に」、国際刑事裁判所の管轄権に服することになるという点であろう。これは、国連平和維持軍参加部隊が計画的、政策的、大規模に文民の殺戮や凌辱を行い、村や町を焼き払うなどという事態はまず考えられず、実際上の問題は、個人的な紀律の弛緩であることが多いからである。

（四）　刑事管轄権の行使

なおハマーショルドの「研究摘要」は、参加国の間で多様な法制度と軍法があり、とくに国によっては平時における通常刑事犯について軍法会議の管轄権を認めている国もあれば、国外での犯罪について軍法会議または通常裁判所の刑事管轄権を認めている国もあり、その一方で、本国における公判のみを定める国もあり、本国でしか公判が開けない場合は、証拠の提出、証人の出頭について実務的支障を来たしかねないことを懸念していた。[49] ハマーショルドは、軍法会議であれ通常裁判所であれ、[50] 犯罪地、すなわち国連平和維持軍の派遣先における裁判が望ましいと考えていたことが明らかである。これは、単に証拠、証人に関する実務上の便宜だけでなく、国連平和維持軍という国際機関の構成員が罪を犯せば、国連と国連平和維持活動全体の信用を損ないかねず、現地での公正さの要請にできるだけ配慮する必要があるからでもある。

この点、国際刑事裁判所は所在地ハーグだけでなく、規程第三条第三項により、望ましい場合にはどこででも開廷できる。

（五）　国連警務兵

国連事務総長特別代表は、国連平和維持軍（または使節）全体の秩序と紀律を維持するために必要なあらゆる措置を講じる。このため特別代表または軍司令官は、使節の敷地および使節構成員が展開する地域を警邏する要員を指名する。[51] この要員が国連警務兵であるが、国連警務兵は国連平和維持軍に参加する軍人を逮捕する権限を有する。[52] 参加国部隊の敷地の外で逮捕された軍人は、参加国部隊の司令官に懲戒のために引き渡される。[53] つまり参加国部隊の敷地内では、参加国部隊の警務兵が逮捕権を行使することになる。

（六）　受入国の警察権

高級職員級および専門家級の国連平和維持使節構成員を除いて、国連事務総長特別代理または軍司令官の要請がある場合または現行犯の場合、受入国官憲は、国連平和維持使節の誰でも逮捕することができる。[54]受入国官憲は簡単な職務質問をすることができるが、[55]その身柄をただちに国連当局に引き渡さなければならない。[56]国連と受入国政府は双方またはどちらか一方が利益を有する犯罪の捜査について、証人の出頭、証拠の押収、収集、引渡し、提出にわたって協力する。[57]

なお逆に、国連敷地内で国連要員以外が犯罪を犯した場合は国連警務兵が同様の逮捕、職務質問の権限と引渡し義務と捜査協力義務を負う。[58]

また、一九九四年の国連要員等保護条約は、地位協定に定めのある場合を除いて、国連要員が職務執行中にその身柄を拘束され、その身分が明らかになった場合は、これを尋問することは許されず、速やかに釈放され、国連に引き渡されなければならず、釈放までの間は、世界的に承認された人権の基準と一九四九年のジュネーヴ諸条約の諸原則と精神にのっとって処遇されなければならないとしている(第八条)。

（七）　懲戒権と行動倫理

既に（一）総則で触れたように、懲戒権は国連軍司令官ではなく、参加国政府の指名する将校にある。これは、国連緊急軍規則第一三条以来の原則であるが、ハマーショルドはまた、国の軍隊であれば、軍司令官が指揮命令権と同時に懲戒権を併せ持つことを指摘し、この点で、指揮命令権はあっても懲戒権のない国連平和維持軍の一個の軍隊としての統制の弱さを認識していた。[59]ただ国連軍司令部に懲戒権を持たせるためには、おそらくほとんどの参加国において特別の立法措置が必要であろうことも認識されていた。[60]

国連警務兵を置くことが、この点では国連にとっては現実にできる最大限の措置であったわけであるが、二〇〇二年のシエラレオネやリベリア方面、そして二〇〇四年のコンゴ民主共和国における国連平和維持軍兵士などによる現地女性や年少者の性的搾取・虐待を契機に、国連当局は国連要員の行動倫理と苦情受付機能の整備、そして法律的に意味のある苦情調査の充実を推進している。[61]二〇〇三年に国連事務総長は国連の援助の受益者の性的搾取・虐待に関する行動倫理を定め、[62]国連総会の平和維持活動特別委員会は、これを国連平和維持活動に従事する全要員に適用する（但し懲戒権と刑事管轄権は参加国本国に属す）ことを勧告し、[63]二〇〇五年に総会が決議[64]でこれを承認し、これを受けて事務総長は、国連事務職員だけでなく国連平和維持活動の「専門家級」要員と国連ボランティアや国連業務の請負契約者にも行動倫理を適用する法的措置をとり、さらに勧告通りに国連平和維持活動参加協定の雛形に行動倫理を盛り込み、加盟国に提供した。[65]

二　日本法の現状と限界

以上のことを日本の自衛隊員の場合に即してより具体的に考えてみる。国連の視点から見れば平和維持活動に参加する自衛隊員は、その所属が補給大隊（輜重隊）であれ施設大隊（工兵隊）であれ普通科大隊（歩兵大隊）であれ、すべて軍人であることに変わりはない。国連平和維持軍の軍人たる自衛隊員による犯罪、例えば暴行、傷害、強姦、強盗、殺人などがあれば、その場所が日本隊駐屯地であれば自衛隊の警務官が逮捕し、日本隊以外の国連敷地内または国連警務兵の巡回場所であれば国連警務兵が逮捕し、それ以外の場所での現行犯は受入国官憲が逮捕し、それぞれ身元確認程度の職務質問を行い、身柄は、どちらにせよ最終的に日本隊司令官に引き渡され、日本法に基づいて裁かれることになる。

どういう日本法が関係するかというと、以上に例示したような犯罪に日本の自衛隊員が関係すれば、刑法第三条により、世界のどこにいようと日本国民として日本の刑法が適用される。

また国連平和維持軍において日本隊が担っている任務[66]によっては、例えば国連指揮官から、受入国での治安出動や国連施設の警護出動[67]など、自衛隊法において警察官職務執行法が準用される類の出動が命令された場合において、その警察官（特別公務員）としての権限を濫用したような場合には、刑法第四条により、刑法の特別公務員の職権濫用、暴行凌辱、同致死などの罪[68]を適用した方が、より適切であろう。

現状の問題点は、自衛隊法上の治安出動や警護出動に相当する業務は、国際平和協力法が自衛隊に許す「国際平和協力業務」には入っていないので、特別公務員による犯罪が適用されない可能性があることである。しかし国際平和協力業務の制限は専ら国内的なものであって、派遣先現地の現実では、国連のカンボジアでの平和維持活動において、日本の工兵大隊（施設大隊）が、投票日前後において、国連の命令の下、国連施設たる投票所の警護のために、腰の武器（拳銃）ではなく自動小銃や機関銃で武装して出動した実例があるのである。もちろん当時は自衛隊法にも警護出動の規定はなかったが、治安出動と考えてもよい事態であった。国連実務としては、このように情勢に応じて部隊の任務が変わることは珍しくなく、カンボジアでは、アンコール・ワット周辺にパキスタン歩兵大隊とフランス工兵大隊が展開していたが、やはり治安の悪化とともにフランス隊には外人部隊と呼ばれる実戦に慣れた部隊が着任した。[69]

改善策としては、刑法の特別公務員の定義（第一九四条と第一九五条）に、自衛隊員を入れるという措置もあるであろうし、または自衛隊法の罰則に隊員の職権濫用、暴行凌辱、同致死などの罪を新設する措置もあろう。

刑事管轄権について考えてみると、日本の刑法にしろ、自衛隊法の罰則（軍刑法の要素を含む）にしろ、基本的に地方裁判所という通常裁判所の管轄に服するが、刑事訴訟法第二条によれば、その土地管轄は、犯罪地または被告人の住所、居所もしくは現在地によることになる。犯罪地と言っても日本の主権下にある土地であることが前提であって、裁判官と書記官らが（検察官と一緒に）国外へ出張して裁くという趣旨ではない。

これは、ハマーショルドが期待する犯罪地、すなわち平和維持軍の派遣先での日本の裁判所の開廷という要請とは矛盾する。

ここで、さらに考察を深めるために、連合王国軍法会議の制度と実務の例を参照する。

三　連合王国陸軍軍法会議の事例

（一）　制度の概観

連合王国陸海空軍の軍人に適用される現在の法律は、一九五五年の陸軍法[70]と空軍法[71]、そして一九五七年海軍懲戒法[72]が定めている。連合王国海軍は歴史的に海難審判なども担当してきたことから、現在でも独自の法制度を維持している。以下、一九五五年の陸軍法に基づいて説明する。

比較のため、大日本帝国陸軍については、陸軍刑法（明治四十一年法律第四六号）、陸軍軍法会議法（大正十年法律第八五号）が、それぞれ陸軍軍人・軍属の身分に従い適用されるべき刑法と、その犯罪を通常刑法犯たる軍刑法犯たるを問わず裁く刑事訴訟について定めていた。

これに比して連合王国においては、陸軍刑法典や、陸軍軍法会議法典なる「法典」は存在せず、専ら陸軍法が陸軍の組織や編成、陸軍軍人に適用されるべき軍刑法と、準用されるべき通常刑法（法第七〇条ですべてが準用されている）を定め、現役軍人を裁く軍法会議と、軍人について海外にある軍属を裁く常設軍属裁判所[73]における訴訟手続等の規定を含んでいる。なお軍法会議全体の組織や上訴に関しては一九五一年の軍法会議上訴法[74]が定める。

連合王国陸軍軍法会議は、陸・空軍における刑事司法を総監する軍法総裁（Advocate General or Judge Martial でor を含めて一つの名称だが、普通Judge Advocate General と呼ばれる法務官の長）が、必要のある時に常設軍属裁判所判事（文官で法廷弁護士[75]）の中から選んで法務官[76]に任命し、開廷させる。

なお陸軍の刑事手続は、被告人の所属部隊の指揮官[77]が法律係の助言に基づいて起訴し、被告人が将校でなく、自由刑二年以下の犯罪であれば、自ら略式で裁判（懲戒に近い）することができる。被告人は文民の弁護士をつけることができる。二〇〇〇年の陸軍法の改正で、将校でない被告人も、正式の軍法会議による裁判を選べるようになった。この場合は、陸軍訴追局[78]が訴追を担当する。これは大陸法系の検察と異なり捜査権を持たない。捜査権は陸軍警察（フランス式の憲兵隊とは異なり、一般市民に対して警察権は持たない）が独占する。

正式の軍法会議は区軍法会議[79]と総軍法会議[80]の二種類あり、区軍法会議は文官たる法務官と三名の判士（被告とは別部隊の将校）からなる。英語名に歴史を反映してフランス法の響きが残っているので大陸法系の用語に訳したが、現在では法務官が法律問題を担当して訴訟を指揮し、判士が事実問題を審理する。つまり法務官は純粋な裁判官であり、判士は陪審員で、大陸法系の軍法会議のように両者が合議することはない。[81] 区軍法会議には量刑に上限があり、二年以内の自由刑である。

総軍法会議は法務官（実態は裁判官）と五名以上の判士（実態は陪審員たる将校）からなる。量刑は該当犯罪につき法律が定めるあらゆる刑を科すことができる。

なお、戦陣または外地においては戦陣総軍法会議[82]というものが特設されることがある。今次のイラク戦争においては設置例はない。

軍法会議の有罪判決と量刑に対しては控訴することができ、通常の控訴院裁判官三名が高等軍法会議を構成して審理する。その後、貴族院上告委員会へ上告する道もある。

今次のイラク戦争においては軍法会議は六つ開廷され、[83] いずれも騒乱罪や盗賊の取締中に発生した事件である。最初はドイツのオスナブルックにある連合王国軍基地で開廷し、イラク人に対する加重傷害罪（イングランド法上の通常刑法犯で、人種的偏見に基づく傷害と認定されて加重）で、伍長一名と兵長一名が有罪となり、最長二年の自由刑が言い渡された。他はイングランドで開廷しており、二〇〇五年七月二十日には史上初の「二〇〇一年の国際刑事裁判所法」[84] 第五一条が国内に準用する国際刑事裁判所規程上の罪、具体的には規程第八条第二項(a)号(ii)が定める「文民の非人道的処遇」という「戦争犯罪」で、女王ランカシャー連隊（起訴時にはランカスター公爵連隊に編成替え）の七名の将兵が起訴され、事案の重大さに鑑み、軍法総裁は常設軍属裁判所判事ではなく、高等法院裁判官を軍法会議法務官に任命し、[85] 異例の七名の陪審判士が参加して二〇〇六年九月十九日に開廷した。[86] 訴追代理人も文民である。[87] 公判は一六週間かかる見込みで、本稿校正時の二〇〇七年二月上旬現在においてまだ結審していない。

（二）　女王対ペイン伍長、メンドンサ大佐ら事件

起訴の根拠となった事実関係は次の通りである。二〇〇三年九月十四日、イラク南部のバスラ市を占領している連合王国陸軍の女王ランカシャー連隊は、騒乱分子に使用されていると見られる市内のホテル数軒を襲撃し、そのうちの一軒ハイタム・ホテルから弾薬、手榴弾、偵察用双眼鏡、時限発火装置、偽造された身分証明書、そして多額の現金を押収した。同ホテルから数名の民間人が連隊本部に連行され、身柄の拘束から三六時間以内に、二六歳のフロント係男性、バハ・ダウード・サリム・ムサ氏が尋問中に死亡した。司法解剖の結果、肋骨と鼻骨の骨折を含む全身九三カ所の負傷が確認された。他の連行された民間人も腎臓に深刻な傷を負っており、これは殴る蹴るの暴行を受けた場合の傷と一致した。以上の死傷事件につき、連隊の次の七名の将兵が起訴された。

ドナルド・ペイン伍長（第二大隊）：文民の非人道的処遇の罪、傷害致死罪、司法手続に対する罪（証拠隠滅）。

ウェイン・クロフト兵長（第一大隊）：文民の非人道的処遇の罪。

ダレン・ファロン兵（同右）：文民の非人道的処遇の罪。

ケルビン・ステイシー軍曹（同右）：傷害罪または加重暴行罪。

マーク・デイビス二等准尉（常任統合司令部諜報隊）：職務怠慢の罪。

マイケル・ピーブルズ少尉（第五三軍事諜報班、戦術的取調べに関して監督責任を負う戦隊抑留審査官）：職務怠慢の罪。

ジョージ・メンドンサ大佐（連隊長）：職務怠慢の罪。(88)

以上の罪状のうち、文民の非人道的処遇の罪と並んで、傷害致死罪、傷害罪、加重暴行罪、司法手続に対する罪は通常法の罪で、陸軍法第七〇条が軍人に準用されている。なぜ国際刑事裁判所規程の犯罪を国内に準用したものが軍法でなく通常法かといえば、内容的に文官でも犯しうる罪を含んでいるからである。

三名の被告将校に課された職務怠慢の罪は一九五五年陸軍法第二九条A項b号の軍刑法独自の罪で、基本的に戦術的取調べにおいて直接指揮下にあった兵士に対する監督責任が問われた。

なお自衛隊法第六〇条に職務専念義務はあるが、怠慢は罰則の対象ではない。日本では、通常刑法の罪は、とくに

自衛隊法の罰則規定には準用されていない。この点は後でさらに考察する。

開廷直後の罪状認否手続においてペイン伍長は、うち文民の非人道的処遇の罪だけについて有罪答弁をし、この点で有罪判決が出たが、残りはすべて否認、その他の被告は全罪状を否認して争っている。

(三) 批判的検討

まず刑法の次元では、国連平和維持軍においては通常の刑法犯が問題になりやすい傾向があるかもしれないが、やはり、軍刑法において、連合王国陸軍法のような指揮官の監督責任の怠慢を罰する規定は必要と思われる。

かりに国連平和維持軍の事件に、上記のような軍法会議が適用された場合の問題点は次の通りである。

第一に、国連平和維持軍は、いわゆる占領軍と違って受入国での評判に、より高い注意を払う必要のある国連の補助機関である。従って軍刑事管轄権についての慣習がどうあれ、証拠保全や証人の都合を考えても、犯罪地における裁判の方が望ましい。

第二に、犯罪発生から起訴まで二年、起訴から公判まで一年という時間は決して迅速とは言えない。この点とならんで、軍法会議そのものが世論対策で、本気ではないのではないかという批判がある。[89] 国連平和維持軍の場合には、こういう批判により敏感である必要がある可能性が高い。そのためには、国際刑事裁判所規程を改正してその管轄権を広げるか、あるいは国の刑事管轄権を維持するにしても、国軍内部の裁判機関ではなく、できるだけ軍の外の文民要素を強める要請があると考えられる。軍司法制度における文官統制の要請は高い。

第三に、連合王国陸軍軍法会議では裁判官たる法務官も訴追代理人も弁護人も文官、控訴審以上もすべて文官で文官統制が徹底しており、軍警察も陪審判士もすべて被告の所属部隊の指揮命令系統から独立している。これらは、かつての軍の統制の一環としての軍法会議（一六八九年の反乱法[90]から一八七八年の反乱法まで）から転じて、一八八一年の陸軍法以降、軍法会議手続の一般司法手続を範とした厳格化が進み[91]、公正な刑事司法が追求されてきた結果である。国連平和維持軍の場合は特に外から見た公正さの要請が高いため、連合王国の軍刑事司法の文官統制と公正化は参考にすべきであろう。

四 日本法整備に関する提言

本稿一で既に見たように、各国の軍人の刑事責任に関する法制のあり方は、軍事警察制度と同様に、軍法と通常法が入り混じる国と、そうでない国と一様でないことをハマーショルドも認識していたが、日本の現在の法制は、通常の刑事法を軍人に適用する法制と捉えることができる。国連平和維持軍の視点からは、このことそれ自体として特に問題はないが、刑法の特別公務員の職権濫用罪等に関する規定を自衛官に適用する要請がある。改善策としては、刑法の改正もありうるが、自衛隊法の改正でも十分に間に合うであろう。

また本稿三（二）での検討から、軍指揮官の監督責任について、その懈怠、過失を罪として罰する要請は強いと思われる。これは軍刑法の規定である。

以上の点で、戦前のような軍刑法典を作る必要があるかどうかであるが、日本の自衛隊法には既に罰則規定があり、その意味では、連合王国陸軍法などに近い側面を持っている。自衛隊法の罰則規定をより充実させることで十分対応できるであろうし、国際協力の視点からすれば、戦前と一線を画す必要もあるので、あえて戦前の法制を模範とする必要はないのではなかろうか。

次に軍法会議であるが、連合王国は明確に通常裁判所とは一線を画する特別裁判所[92]としての軍法会議を有している。連合王国の陸軍法は、第七〇条において通常刑法の罪についても軍法会議で軍人を裁くとしており、軍刑事司法制度の自律を明確にしている。連合王国陸軍では、本稿三（三）で論じたように軍統制の一環としての軍法会議から転じて、一九世紀後半以降、公正さを追求して通常裁判所化が進んできたが、それでも軍刑事司法の自律は維持し、軍法会議を廃止する動きはない。

この点、二〇〇五年に公表された日本の自由民主党の「新憲法草案」も、現行の日本国憲法の第七六条の第二項と第三項の間に、「軍事に関する裁判を行うため、法律の定めるところにより、下級裁判所として、軍事裁判所を設置する」という言葉で軍法会議の設置を提案している。下級裁判所というのは、つまり最高裁判所（通常裁判所）への上告を認めるということで、連合王国の軍法会議制度と同様である。

軍法会議であれば、自衛隊の派遣先で必要に応じて開廷することも可能であり、国連平和維持軍に関する刑事事件の裁判の要請にも柔軟に対応できる。

しかし、自民党案に問題がないわけではない。それは、現行の第七六条第二項前段「特別裁判所はこれを設置することができない」の一文と、本来的に軍人という特定の身分の者を管轄する特別裁判所たる軍法会議[93]は、これを「軍事裁判所」と名前を変えたからといってその特別裁判所としての性格が変わるものではないので、真っ向から矛盾するからである。確かにドイツには同様の規定が連邦基本法第一〇一条[94]にありながら、軍事服務裁判所[95]がある。しかしドイツでは日本と違って特定の法分野に関する裁判所は法律で設置でき（同条第二項）、連邦司法部は民刑事法、憲法、行政法、労働法、社会法、特許法の七分野に分かれて七つの裁判所の系統があり、連邦行政裁判所（という名の司法裁判所で、戦前のような行政部の一部ではない）の系統の中に軍事服務裁判所がある。つまり、この裁判所が裁くのは行政法違反であって刑法犯ではない。言い換えれば懲戒機関である。刑法犯は軍人であっても連邦大審院の系統の裁判所の管轄に入る。ドイツ法の犯罪・刑罰と行政法違反・懲戒の峻別は観念的過ぎるという批判はあるかもしれないが、とにかくドイツには軍が自律する刑事司法制度はない。この点は、自衛隊員の犯罪がすべて通常裁判所の管轄権に服する日本の現在の制度に近い。

　ドイツの例を見れば、軍刑事司法の自律よりも、司法の軍や権力機関からの独立と公正さの追求こそが大切である。そもそも軍法会議など大日本帝国憲法の条文にさえなかったもので、司法の独立を保障する憲法に書く筋合いのものではない。公正さの追求の点では、連合王国も、軍人の軍人による裁判から、文官による通常裁判へと傾いている。より大きな実際上の問題は、通常裁判所を日本の国外で開廷することであるが、この点でも、国連としては国内紛争の解決、あるいは事実上無政府状態に近い国の再建という任務を考える時、刑事司法制度の移植ないし整備支援が検討課題となっている。簡単に言えば、文官の刑事司法専門家をそのまま派遣してくれる国の需要は高い。そうであるならば、国連平和維持軍兵士の刑事事件についても、本国の通常の刑事裁判所を派遣先において開廷することも、その延長線上に捉え、国内立法を整える方策もあるであろう。

　ハマーショルドが「研究摘要」で指摘したように、各国の法制度は実に多様である。日本は確かに明治以来、大陸法系の影響が濃いが、島国に大陸法というのは矛盾しているばかりでなく、あえて外国や、あるいは明治中期以降昭和二十年以前に範を求めるばかりでなく、その後の自国の歴史を土台にして独自の制度を編み出す力を持っていても良いであろう。これは、律令制を取り入れたが、結局長続きしたのは日本の実情に合わせて生成、発展した令外官の方であった歴史の教訓でもあろう。とくに多国間協調主義の要請に応えるためには、軍法会議の復活は必要ないといえよう。

註

（1）武力攻撃事態等における我が国の平和と独立並びに国及び国民の安全の確保に関する法律。

（2）国際連合平和維持活動等に対する協力に関する法律。

（3）イラクにおける人道復興支援活動及び安全確保支援活動の実施に関する特別措置法。

（4）Regulations for the United Nations Emergency Force, ST/SGB/UNEF/1 of 20 February 1957, Regulation 44.
国連緊急軍規則はその後の平和維持軍に準用されてきた実務的に重要性の高い法律文書であるが、なぜか日本では国立国会図書館にしかなく、京都の国連寄託図書館や東大総合図書館国際資料室にもない。日本ではこの点の研究がやや遅れる傾向があるのかもしれない。

（5）Model agreement between the United Nations and Member States contributing personnel and equipment to United Nations peace-keeping operations, A/46/185 of 23 May 1991, annex, para. 28.

（6）参加協定雛形第二八項には「尊重し」の語が加筆されている。

（7）A/46/185 of 23 May 1991, annex, para. 28.

（8）Fundamental principles and rules.

（9）Command は文脈により「統帥部」とも訳せる。

（10）ST/SGB/1999/13, section 1.

（11）Summary Study of the Experience Derived From the Establishment and Operation of the United Nations Emergency Force, A/3943 of 9 October 1958.
邦訳は香西茂『国連の平和維持活動』（有斐閣、一九九一年）八三頁による。

（12）Para-military、「研究摘要」第一五項。同第一七五項（第七章　結論部）にもある。

（13）「研究摘要」第一五項。

（14）The United Nations Transitional Authority in Cambodia (UNTAC).

（15）The UNTAC Information and Education Division, *Report on Field Trip to Phnom Penh*, 7-12 January 1993. 当時の担当国連事務次長によれば大隊は本国送還となったMarrack Goulding, *Peacemonger* (London: John Murray, 2002), p. 262; 幡新大実訳『国連の平和外交』（東信堂、二〇〇五年）三二八頁。定期的隊員交替で送還、大隊任地も変更された。

（16）A/60/862, of 24 May 2006, para. 20.

（17）BBC News, 20 July 2005（起訴）、*Guardian*, 20 September 2006（開廷）。

（18）Principality of Wales は England 太子を君主に戴く大君国（朝鮮王国の太子の称号「大君」を訳語に用いる）である。なお王国の太子は皇太子とは呼ばない。

（19）Convention on the Privileges and Immunities of the United Nations.

（20）Secretary-General's Bulletin, Regulations for the United Nations Emergency Force, ST/SGB/UNEF/1 of 20 February 1957.

（21）Secretary-General's Bulletin, Observance by United Nations forces of international humanitarian law, ST/SGB/1999/13 of 6 August 1999.

（22）Convention on the Safety of United Nations and Associated Personnel.

（23）Model status-of-force agreement for United Nations peace-keeping operations, A/45/594 of 9 October 1999, annex.

(24) A/46/185 of 23 May 1991, annex.

(25) A/3526 of 8 February 1957, in Official Records of the General Assembly, 11th session, annexes, pp. 52-57.

(26) A/3943 of 9 October 1958, annex I.

(27) 国連とキプロスの間の国連平和維持軍地位協定S/5634 of 31 March 1964, annex I, para. 23。国連緊急軍は偶々総会の補助機関（憲章第二二条）として設立されたが、国連平和維持部隊は一般に安保理の補助機関（憲章第二九条）であるが、キプロス地位協定（第二三項）や地位協定雛形（第一五項）では、「国連の補助機関」という表現が使われている。

(28) 参加協定雛形第四項。

(29) 同右、第七項。

(30) 同右、第八項。

(31) 国連特権免除条約第一九項と第二七項所定の特権と免除。

(32) 同右、第五条（第一七項から第二一項）と第七条（第二四項から第二八項）の一般規程。

(33) 同右、第六条（第二二項から第二三項）。

(34) 地位協定雛形第二四項。

(35) 同右、第二五項。

(36) 同右、第二六項。

(37) ドイツ帝国や大日本帝国の憲兵隊もフランス式Gendarmerie（武人隊）であった。

(38) これもフランス語で、蹄鉄隊または鉄騎兵と訳せるが、種類としては憲兵隊。

(39) カービン銃兵、騎銃兵とも訳せるが、種類としては憲兵隊。

(40) 地位協定雛形第二七項。

(41) 国連緊急軍地位協定第一一項。地位協定雛形第四八項。

(42) 「研究摘要」第一三六項と第一六三項。

(43) 同右、第一三五項、国連緊急軍地位協定第六項、地位協定雛形第六項。

(44) 「研究摘要」第一三六項。

(45) 国連緊急軍参加協定第五項、参加協定雛形第二五項。

(46) 参加協定雛形第二五項。

(47) 地位協定雛形第四五項。

(48) ST/SGB/1999/13, section 4.

(49) 「研究摘要」第一三七項。

(50) 「通常裁判所」ordinary courts の用語は、日高巳雄「軍法会議法」（末弘嚴太郎編『新法学全集』第二十巻所収、日本評論社、一九三八年）二頁による。

(51) 地位協定雛形第四〇項。

(52)(53) 同右、第四一項。

(54) 地位協定雛形第四二項。

(55) 同右、第四三項。

(56) 同右、第四二項。

(57) 同右、第四四項。

(58) 同右、第四一項、四三項、四四項。

(59)(60) 「研究摘要」第一三九項。

(61) A/60/862 of 24 May 2006.

(62) ST/SGB/2003/13, entry into force on 15 October 2003.

(63) A/59/19/Rev. 1, Chapter II, para. 8.

(64) A/RES/59/300 of 30 June 2005.

(65) A/60/862, para. 14.

(66) 自衛隊法第七八条、第八九条参照。
(67) 自衛隊法第八一条の二、第九一条の二参照。
(68) 刑法第一九四条から一九六条。
(69) *Le Figaro*, 12 Mars 1993, p. 5 par Remi Favret.
(70) Army Act 1955.
(71) Air Force Act 1955.
(72) Naval Discipline Act 1957.
(73) Standing Civilian Courts. Armed Forces Act 1976により創設。
(74) Courts-Martial（Appeals）Act 1951.
(75) イングランド（ウェールズ）または北アイルランドのbarrister-at-lawまたはスコットランドのadvocateで一定の実務経験のある者。
(76) Judge advocate.
(77) Commanding Officer.
(78) Army Prosecuting Authority.
(79) District Courts-Martial.
(80) General Courts-Martial.
(81) フランスの通常刑事裁判所のjuryは、英語を借用しているが、裁判官と合議するので陪審ではなく参審。
(82) Field General Courts-Martial.
(83) Adjutant-General（軍務局長と訳され陸軍内の警察、法務、教育、人事各部を代表）F. R. Viggers（中将）, *The Military Criminal Justice: Supporting Operational Effectiveness in the Military Environment*（Ministry of Defence, 2006）, p. 4.
(84) International Criminal Court Act 2001.
(85) Judicial Communications Office, News Release 05/06 of 15 March 2006; High Court Judge.
(86) *Guardian*, 20 September 2006 by Steven Morris.
(87) Julian Bevan QC.
(88) R v Payne, Crowcroft, Fallon, Stacey, Peebles, Davies, Mendonca 事件起訴状。
(89) Viggers, *The Military Criminal Justice System*, p. 5.
(90) Mutiny Act 1689が軍法会議に関する最初の議会制定法。抗命法。傭兵セポイの反乱をThe Mutinyという。
(91) 実は、通常刑事訴訟も、特に一八三六年以後、民事訴訟を範としながら公正化が進められてきた。幡新大実「イングランド・ウェールズにおける総合法律支援制度の構造改革」（『季刊刑事弁護』第四八号、二〇〇六年十月）一二九—一三五頁。
(92) extraordinary courts.
(93) 日高『軍法会議法』二頁。
(94) Ausnahmegerichte sind unzulässig.
(95) Truppendienstgerichte.

追記 本稿で扱った軍法会議は、連続九十三日間に亘る公判の末、本年三月十三日に結審、法務官は事件を訴外旅団司令部が許可した国際武力紛争法違反、と断定し組織的証拠隠滅による証拠不足を批判、これを受けて判士は先に文民の非人道的処遇の罪について有罪を認めた伍長のその他の訴因と、残る六人の訴因全てにつき無罪を言渡した。弁護人は記者会見で陸軍警察特捜部の人手・道具不足と、法務総裁（軍法総裁の上官）による被告選別の誤りを批判した。量刑は未定。

（英国インナー・テンプル法曹組合法廷弁護士）

ＰＫＯの任務拡大と正統性確保

——領域管理を題材とした問題提起——

山　田　哲　也

一　問題の所在

冷戦後に多発した国内紛争への国際的対応の一つとして、和平合意成立後の国家再建期に、国連の平和維持活動（ＰＫＯ）を通じて、あるいは、ボスニア＝ヘルツェゴヴィナのように和平合意に根拠付けられた特別の国際的組織体を通じて、紛争発生国（地域）を直接に統治するという事例が見られた。筆者はこれまで、ＰＫＯを通じた事例について、主として手続的・制度的側面からの検討を行ってきたが[1]、本稿はそれらを踏まえ、国際法・国際組織法のより一般的な文脈の中にそのような活動を位置付けて検討するための予備的な考察を加えることを目的としている。ここでいう一般的文脈とは、これらのＰＫＯの検討にあたっては、「どのように」活動が行われているか、という視点だけでは十分ではなく、むしろ、「なぜ」それらが行われ、「なぜ」そのような活動が許されるのか、という視点に立ち、それを法的な枠組みの中で検討するということである。

いうまでもないことであるが、ＰＫＯが、冷戦に伴う国連の集団的安全保障機能の麻痺の産物であったことは明らかである。しかし、後に、ＰＫＯの産みの親の一人である、第二代国連事務総長ダグ・ハマーショルド（Dag Hammarskjöld）が指摘したように、ＰＫＯとは「対立する東西陣営の外にある地域に生じた紛争や危険な情勢に対して、国連がいち早く介入し、それによって大国間の力の真空を埋め、いずれの側からも手出しのできないようにし、国際緊張を緩和する政策[2]」として構想されたのであって、ＰＫＯは集団的安全保障を代替するものではなく、むしろ、現実の国際政治情勢を反映させた形で集団的安全保障機能を修正したものである。そのためＰＫＯは、本来の集団的安全保障機能に比して、より限定的なものであり、国連にとって実施可能であり、受入国にも受入れ可能であることが求められた以上に、米ソにとって受入れ可能であることが絶対の条件とされた。ＰＫＯの展開にあたっては受入国および要員派遣国の同意を必要とする「同意原則」がＰＫＯの基本原則となったのも、ＰＫＯからの「強制性」の排除を目指したからであり、その結果として、ＰＫＯの役割は「ほとんど存在することだけ」のものに留まることになったが、それが冷戦期における「国際政治に作用する主権志向のダイナミズム」[3]の反映であり、ＰＫＯが直面する現実だったのである。

　このように性格付けて初期のＰＫＯを理解すると、ＰＫＯが「国際の平和と安全を維持すること」という国連の目的を達成する中心的役割を担う活動であったとは考えにくい。まして、国際社会に共通する利益の確保の手段としてＰＫＯを把握することは、なおのこと困難であろう。

　ところで、冷戦後に派遣されたＰＫＯの多くが、停戦監視や武装解除の監視だけではなく、何らかの形で「国家機能の再建」を担うようになったことは、周知の事実である。カンボジアにおける選挙の実施や人権状況の監視が、国連カンボジア暫定統治機構（ＵＮＴＡＣ）によって行われたことは、その初期の例である。そのような任務を帯びたＰＫＯを「第二世代のＰＫＯ」と呼んだり、「ＰＫＯの多様化、多機能化」と表現したりすることがある。しかし、これらは、ＰＫＯの本質的な変化を示すものではなく、偶々、冷戦後の一時期に多発した内戦において、それらの事後的処理にあたって国家再建のための諸方策を併せて必要とした、という事情があったに過ぎない。その文脈において香西茂が、「ＰＫＯの任務そのものが拡大・多様化したというよりは、ＰＫＯが平和創出（peacemaking）や紛争後の平和構築（post conflict peace-building）」といった別の機能と結び付いた結果、その任務が拡大したと見るべきである」[4]と指摘したことは正しい。このような状況で「ＰＫＯとは何か」について、統一的な定義を行うことは極めて難しい。かつてのような限定的な軍事的な任務と、今日のＰＫＯで多く行われている文民要員による活動は根本的に異なっているのであり、敢えて定義しようとしても、「国連を通じた国際の平和と安全の維持のため、国連事務局の平和維持活動局（ＤＰＫＯ）が所掌する諸活動」とでも表現するしかないような、茫漠としたものになるのが現状なのである。その一方で、そのような軍事的側面以外の任務についても、ＰＫＯという「安保理の補助機関」が担っている以上、そのようなＰＫＯの活動の正統性について、改めて「国連の正統性」の問題として問われる必要がある。

　そこで本稿は、紛争を経験した国家（の一部）についての平和構築を目的とし、一定領域に直接権限を及ぼす権限を与えられたＰＫＯを題材に、国際行政やグローバル・ガバナンスを巡る議論をも視野に入れつつ、冒頭に記した問題意識に何らかの解答を与え、問題提起を行うことを試みたい。

二　多様化したＰＫＯの一類型としての「領域管理」

冷戦後に発生した紛争に対する事後処理（平和構築）に際して、ＰＫＯによる領域管理が実施された事例が三件――東スラヴォニア（クロアチア）、コソヴォ（セルビア）、東ティモール――存在する。また、紛争自体は冷戦期間中のものであるが、冷戦終結が和平合意締結の契機となったカンボジアでも領域管理が実施された。これらの四つの事例について、ＰＫＯ設置の根拠となった和平合意および安保理決議、国連憲章第七章との関係、各ＰＫＯに付与された権限などをまとめたのが、表1である。この表を見ると、東スラヴォニア以降の三事例については、それぞれの事態が国連憲章第三九条に基づいて「平和に対する脅威」と認定された上で、各ＰＫＯが設置・派遣されていることが分かる。と同時に、各ＰＫＯが全面的に「憲章第七章下の措置」とまではいえないことも見てとれる。東スラヴォニアとコソヴォについては、「要員の安全確保」という文脈でのみ第七章が言及されているからである。他方、東ティモールについてはそのような限定はないが、東ティモールも含めた三事例とも安保理決議よりも時間的に先行する形で和平合意が結ばれており、その中でＰＫＯの派遣とそれぞれのＰＫＯが領域管理を行うことについての合意が成立している。それを考えると、あくまでも設置手続き上は、いずれの事例においても「受入国の同意」を基礎としているという点において、伝統的なＰＫＯと変わるものではなく、これら三事例とカンボジアとをことさらに区別する必要性は乏しい。ただし東ティモールについては、「第七章に基づき設置されたＩＮＴＥＲＦＥＴ〔山田註　東ティモール多国籍軍〕からの移行という形式性が考慮に入れられたと同時に、他方でその授権範囲も引き継ぐために自衛を超えた武力行使が認められるための法的手当てが必要とされた(5)」という意味で、東スラヴォニアとコソヴォとは、武力行使の範囲という点において性格を異にする部分があるという指摘があることには注意する必要があろう。

そもそも国連（安保理）に領域管理を目的としたＰＫＯを設置する権限があるのか、を問うことは不可能ではない。ＰＫＯ自身、もともと国連憲章には明文の根拠規定がなく、いわゆる「黙示的権限の法理」と呼ばれる、国際組織がその目的の達成のために必要な権限を明文の根拠規定か

表１　冷戦後に実施された「領域管理」

	（参考）国連カンボジア暫定統治機構（UNTAC）	国連東スラヴォニア暫定統治機構（UNTAES）(*)	国連コソヴォ・ミッション（UNMIK）	国連東ティモール暫定統治機構（UNTAET）
設置根拠和平合意	パリ和平協定（1991年10月23日）	東スラヴォニアに関する基本合意（1995年11月12日）	ランブイエ合意G8外相会合結論文書（1999年２～５月）	インドネシア・ポルトガル間合意・国連を交えた三者合意（1999年５月）
設置根拠安保理決議	決議745（1992）（1992年２月28日）	決議1037（1996）（1996年１月15日）	決議1244（1999）（1999年６月10日）	決議1272（1999）（1999年10月25日）
憲章第７章への言及	無し	「要員の安全及び移動の自由を確保する」目的のため	「国際的要員の安全及び決議に基づく責任の実行を確保する」目的のため	「国連憲章第七章に基づき」
憲章第39条に基づく「脅威」認定の有無	無し	有り	有り	有り
対象領域の法的地位	主権国家	主権国家の一部	主権国家の一部（自治州）	非自治地域
主たる目的（文民行政における権限の範囲）	最高国民評議会（ＳＮＣ）に対する直接的管理・監督	移行期に必要とされる立法権限を含む	実質的自治確立に向けた、全ての権限	独立へ向けた全ての権限
軍事部門との関係	UNTAC内部に軍事部門を持つ	UNTAES内部に軍事部門を持つ	同一決議が、治安部隊（KFOR）に授権	別決議で授権された多国籍軍（INTERFET）の権限を後に引き継ぐ

（＊）：正式名称は「国連東スラヴォニア、バラニャ及び西スレム暫定統治機構」

らの目的論的解釈によって正当化する解釈技術の産物である。(6) そのようなＰＫＯが、さらに領域管理のような活動を実施できるのか、という問題である。学説上、領域管理を憲章第三九条に基づいて「平和に対する脅威」と認定した上で、憲章第四一条に基づいて領域管理を実施する、という見解も見られる。(7) しかし、既に見たように、東スラヴォニア以降の三事例における憲章第七章への言及が限定的であり、「非軍事的措置」（あるいは経済制裁）を規定した条文を「国家再建（平和構築）」の根拠とすることには論理的一貫性に欠ける、といった問題点があると思われる。また、カンボジアのように、憲章第七章に一切依拠しない活動も実施されていることを考えれば、憲章第四一条を根拠条文に挙げるのはいささか無理があろう。

この点を考えるには、歴史的な先

例をも検討する必要があろう。例えば、国際連盟については委任統治やダンチッヒ自由市、ザール地域に対する監督権の行使といった実例がある。また、国連については委任統治制度を引き継いだ国際信託統治制度があるし、実現には至らなかったもののトリエステ自由市設置構想がある。さらに国連の場合、西イリアンがオランダ領からインドネシア領に移転する際、PKOを通じた領域管理が既に実施されている（国連西イリアン保安隊（UNSF）の下での国連暫定行政機関（UNTEA））。すなわち、国際組織が一定の領域に何らかの権限を行使するという事例は、国際連盟期から既に行われていることであり、また、PKOを通じた領域管理にも先例がある。

これらの先例からも明らかなように、国際組織が領域管理を実施できない（あるいは、国際法上禁止されている）ということではない。[8]では、どこにこれら領域管理を実際に実施する機関を設置する根拠を求めるか。究極的な根拠としては、領域管理が実施される国自身あるいは地域の属する国（領域国）の同意に基づく「主権的権能の国際組織への移転」を挙げることになろう。カンボジアにおける国連の領域管理の根拠については、既に「国家が自らの主権行使の結果として主権的権能の一部を国際機関に委譲できることとの応用であるというに尽き、かつ、国連がこのように広範な権限を委譲され得る点は、憲章にいう機構の目的の包括性から支持されるところ[9]」との見解が示されている。表2は、歴史的前例も含めて、領域管理を実施するにあたっての手続きをまとめたものである。なお、ここで注意を要するのはナミビアの事例である。ナミビア（旧、南アフリカ領南西アフリカ）については、一九六六年五月十九日の国連総会決議二一四八（S―V）によって「国連南西アフリカ理事会（後に国連ナミビア理事会に改称）」による領域管理を経て、独立することが予定されていた。この点だけを捉えると、国際組織の決議のみで領域管理が実施されたようにも見えるが、実際には、南アフリカが同理事会のナミビア入国を拒否したため、実効性のある領域管理は行えなかったのである。[10]この例からも明らかなように、領域管理の実施（そのための機関の設置）においては、当該領域において主権を有している国家の合意が決定的に重要なのである。[11]さらに、その後に国際組織内部で採択される「決議」は、国家間の合意を通じて国連に付与された権能を、具体的にいかなる内部機関に付与するか、という機能を果たしていると考えることが適当となる。[12]

国連が領域管理を実施する、あるいは、そのための機関（具体的にはPKO）を設置できる、ということは明らかであるが、問題は、「いかにして」領域管理を実施するか

表2　領域管理の実施の法的根拠

多数国間条約のみによるもの	<u>ダンチッヒ</u>、<u>ザール</u> （トリエステ）
国際機構設立条約と当事者の事後の合意によるもの	委任統治（連盟） 国際信託統治（国連）
関係国の合意（和平合意）と国際機構の決議によるもの	レティシア 西イリアン *カンボジア、東スラヴォニア* *コソボ、東ティモール*
国際機構の決議のみによるもの	*ナミビア*（註）

下線：国際機構が「保証（guarantee）」権限を有したもの
斜体：国際機構が「直接的な統治」を及ぼしたもの
（註）：本文を参照のこと

であり、そこが国際法・国際組織法の一般的な文脈の中で領域管理を問う、という視点と関わってくる。近年の事例のうち、コソヴォにおける領域管理の目的は「実質的な自治の確立」（安保理決議一二四四（一九九九）主文第一項（a））であり、東ティモールの場合では独立に向けての必要な諸措置（安保理決議一二七二（一九九九）主文第二項）である。その際、それぞれの領域管理機関の職員は、世界人権宣言、国際人権A規約（社会権規約）、国際人権B規約（自由権規約）、人種差別撤廃条約（あらゆる形態の人種差別の撤廃に関する国際条約）、女子差別撤廃条約（女子に対するあらゆる形態の差別の撤廃に関する条約）、拷問禁止条約（拷問及び他の残虐な非人道的な又は品位を傷つける取り扱い又は、刑罰に関する条約）および児童の権利に関する条約に盛り込まれた内容を尊重する義務を負うこととされている[13]。「民主的な」コソヴォあるいは東ティモールを作り上げるためには、まず領域管理機関そのものが人権について高い規範意識をもつべきである、との考え方から、このような規則が制定されたことは疑いがない。ただし、法技術的な観点からすれば、これらの規則はあくまでも領域管理機関の職員を名宛人とするものであって、それぞれの領域の住民に直接、権利を賦与するわけではない、ということに注意する必要がある。むしろ、これらの職員には、国連の職員としての特権および免除が認められており、そのことに対する批判は、実際に現地で勤務した者からも出されている[14]。

　紛争後の国家の（再）形成という平和構築の過程で、人権がどのように扱われているかは、領域管理を含む平和構築全体の合法性と正統性の確保という観点からも重要な論点であるが、これについては四で改めて検討する。

三　国際行政、グローバル・ガバナンスと国際法理論

国家間の相互依存の高まりに伴い、一国限りでは解決できない、あるいは、複数国家間での連携・調整・協力を当然に必要とする事項が大幅に増加した。そのことが初めて意識されたのは、一八世紀末から一九世紀にかけてのヨーロッパにおいてであった。二〇世紀に入ると、国際行政（international administration）や国際統治（international governance）という概念を通じて、後にアメリカや日本なども参加することになる、ヨーロッパ諸国間の国家間協力システムについての分析・検討・提言が行われるようになる。本節では、国際行政の概念を整理しつつ、安全保障や平和維持と国際行政の関係について整理したい。

国際社会には集権的な立法・行政（執行）・司法機関が存在せず、主権国家は相互に独立平等であるから、他国との「協力」あるいは「共通の」利益という概念は、本質的には国家が主権的存在であることと相容れない。しかし、国境を越えた人や物の移動・流通の拡大という現実が存在し、それが主権国家にとっても利益をもたらし、そのような利益を拡大することが、主権国家のさらなる利益を生むということが認識されることで、初めて国家間協力の契機が生まれる。[15]

今日、国際法や国際政治学において、極端なリアリズム（現実主義）にでも立たない限り、解決にあたって国家間の協力を必要とする事項が存在することを否定はできないであろう。また、そのような事項の多くは、国家レベルでの抽象的な利益としてだけではなく、人類（あるいは、個人）レベルにおいても利益と見なされ得るものである。国際社会を international society ではなく、international community（国際共同体）として理解し、そのような共同体全体の利益を追求することが重要とされるのである。国際行政は、そのような利益（国際公益）の追求・実現を図るものだと捉えることができる。[16]

国際行政と密接にかかわる近年の議論に、グローバル・ガバナンス論がある。グローバル・ガバナンスが概念として多義的であることについての批判も見られるが、[17] この議論の要諦は、主として経済面でのグローバル化が進行する今日の国際社会において、中央政府を持つことなく国家および種々の非国家主体が地球上の諸問題を解決するための秩序の構築を目指すものである。[18] このグローバル・ガバナンス論と国際行政との関係について、城山英明は次の二点を指摘する。第一に、国際行政は、国家間調整により焦点をあてた議論であり、その限りにおいて、グローバル・ガ

バナンスにおいても国家の役割が重要性を持つということを含意する。また第二に、国際行政は、グローバル・ガバナンスを運営するための具体的な制度的メカニズムの設計方法・資源調達・評価に目を向けるという特徴がある。これらを前提とすれば、国際行政学は、グローバル・ガバナンスの基底を成す視点を提供しているのである。[19]

安全保障の概念を、伝統的な意味、すなわち「国家間の安全保障」として理解した場合、それが、国際社会の共通利益の確保・実現過程としての国際行政といかに関わるか。国際連盟期においても、現在の国連においても、集団的安全保障体制を通じて、戦争の防止と侵略国の集団的制裁を目指す以上、少なくとも定義上、平和の維持は国際社会全体にとっての共通利益であり、その実現を目指す過程を国際行政と呼ぶことは可能であろう。事実、ウルフ（L. Woolf）は、国際連盟の集団的安全保障を「国際統治」の観点から分析し、現実には失敗に終わったにせよ、国際組織を通じた安全保障体制の潜在的意義を認める立場からの書物を公刊している。[20] そのように考えると、少なくとも理論的には、安全保障・平和維持を国際行政の一分野と位置付けることも無理ではなかろう。

なお、かつて横田喜三郎は、国際行政を、国際組織が直接実施する「直接国際行政」と国家を通じて実施される「間接国際行政」とに分かつ理論を提示したことがある。[21] この直接国際行政の具体的事例として念頭に置かれていたのが、「国際河川に関する国際委員会」（国際河川委員会）と「ある地方に対する国際連盟又は国際連合の行政の機関」[22] であった。この直接行政の概念規定は、まさに本稿が検討対象としている領域管理と重なることになるが、横田喜三郎自身は、直接国際行政を「非常に例外的」で「きわめて限られた範囲で行われるだけ」とし、それ以上の検討は行われていない。

近年のグローバル・ガバナンスと呼ばれる現象の広がりに対して、国際法学の側からは、ニューヨーク大学のキングスベリー（Benedict Kingsbury）らによる、global administrative law（グローバル行政法）というプロジェクトを通じた反応が出されている。その要点をまとめると次のようになろう。

すなわち、グローバル行政法は、グローバル・ガバナンスを「行政」として捉え、そのような行政を規律する法は、従来の行政法と同じ性質を有している、とする。その法体系の特徴は、行政的規制的な活動の根拠が、特定国に対する制裁を実施するための国連安保理による拘束力のある決議のようなものから、民間団体による事実上の基準の作成・運用に至るまで、さまざまな形態が存在することである。

グローバル行政法を通じたグローバル・ガバナンスの広がりが国際法理論に及ぼすであろう影響として、キングスベリーらは、国際法と国内法の截然とした区別が曖昧になる、合意規範としての国際法の正統性がゆらぐ、形式的な意味での主権平等原則が意味を失う、国際法に新たな法源と法主体が出現する、という点を指摘する。[23] グローバル行政法を特集した『ヨーロッパ国際法雑誌』に掲載された、各論を構成する論文の多くは、経済・金融・環境を事例として取り上げており、正面から安全保障・平和維持を取り上げたものはない。しかし、グローバル行政法を支える「原則(principle)」として、法の支配、グッド・ガバナンス(良い統治)、人権を取り上げた論稿も見られる。[24] これらの諸「原則」は、平和構築の文脈でも取り上げられているものであり、その含意については、後に改めて検討することにしたい。

四　平和構築・領域管理の正統性を巡る問題

平和構築が、紛争後の国家(社会)に対して紛争の起きにくい社会構造・体制を導入することを目的とした、当事国(者)の合意と国連安保理など国際組織の権限ある内部機関の意思決定に基づくものであるからといって、それらは無条件に歓迎されるべき活動なのだろうか。平和構築における国連を中心とした国際組織の活動について「法の支配」という観点から先駆的な研究を行った篠田英朗『平和構築と法の支配』についての書評の中での遠藤乾の問題提起を引用しておきたい。

> 加盟国に対して比較的中立の立場から、持続的に(帝国の気まぐれとしてでなく)、しかも一定の実効力を持って、主権国家の持つ解釈権に枠をはめることのできる国際組織は、現地社会の必要性の観点からこそ、要請されるのである。このような問題関心に照らすとき、篠田が「正統性」の問題を、紛争後に設立される国家のそれにだけ当てはめて取り上げているのには、すくなからず問題がある。というのも、主権的存在たる国家に右のようなかたちで枠をはめる国際機関は、権力を行使しているのであり、それが持続して力を持つためには、正統的でなければならないからである。つまり、世界規範たる法の支配の実効性を確保する観点から、国際組織の正統性は論点であるべきなのだが、篠田はそれをどこか前提視している節がある。国際連合の公式文書や事務総長の演説は、それをいくら引用しても、それ自体正しさを確保しない。国連の権力行使は、篠田自身が時折認めるように、大国の利益を反映しているかもしれないし、自己組織の権益を増進するものかもしれない。したがって、実

効を確保するという機能的な意味であれ、多くの国や民衆に認められるという民主的な意味であれ、国際機関の正統性、したがって拡充度合いは、紛争（後）社会において人権を守るといった必要性を満たすための、ひとつの重要なメルクマールなのである。(25)

この点に関連してクリシュ（Nico Krisch）は、規範が単独主義（unilateralism）によってではなく多国間主義（multilateralism）を通じて設定される場合、有力国（dominant states）の意向が反映されやすい一方で、一定の形式的正統性も付与されることになる、と指摘する。(26)国際組織が条約を通じて設立され、条約によって定められた手続きに従って活動する以上、そこに一定の正統性があることは疑いがない。ここで敢えて「一定の」と留保を付したのは、手続き的な合法性がその結果としての活動の正統性を必ずしも担保しないと考えられるからである。遠藤の問題提起と共通する、国際法の立場からの見解としては、例えば萬歳寛之の「国際機構の持ち合わせている機構としての正統性・代表制だけでなく、動態的な国際機構の権限拡大の過程をどのように法的に説明し、限界づけていくのか、新しい解釈理論を構築することこそが、現在の国際機構をめぐる国際法理論の大きな課題(27)」であるという問題提起がある。

筆者がことさらに領域管理を題材として取り上げ、検討を加えるのも、前述した遠藤や萬歳の問題意識に近い。既に記したように、領域管理を任務とするＰＫＯの設置については、受入国の主権侵害や国連の権限踰越を疑う余地のない「合法」なものである。その一方で、領域管理機関の職員には一応、人権尊重義務を課しながら、特権および免除との関係で仮に現地住民の人権を侵害するようなことがあっても、現地住民から訴追されることはないといったことに見られるような、現地に人権・民主的統治・法の支配を根付かせるための活動が、必ずしも人権を尊重しながら、民主的に、かつ、法の支配の下で実施されるとは限らないという、いわば「ねじれ」が起きている。そのねじれが改善されない限り、合法に設置された領域管理機関の活動の正統性は確保されないことになるのである。

より具体的には、領域管理には、次のような問題点が潜んでいる。領域管理機関は、当該領域の国家による合意に基づき、安保理決議など国際組織の内部の手続きで設置される。そこには住民の意思表明が入り込む余地はない。また、安保理が設置する以上、それは紛争の事後的な処理を目的とし、「国際の平和と安全に対する脅威」を除去・低減することを目的としている。したがって、領域管理機関の活動は、現地住民よりも、安保理に対して責任を負う形で実施されざるを得ない。チェスタマン（Simon Chesterman）が指摘するように、「慈悲深い独裁政権を押し付けることを通じて、民主的統治と法の支配に基づく統治体制を構築できるよう住民を手助けし」、「領域管理機関自身は、住民に根付かせようとしている諸原則にどこまで拘束されているか分からない」[28]というのが、領域管理の抱える根本的な問題点なのである。この点は、結局のところ、領域管理における「説明責任（accountability）」を誰が誰に対してどのように負うのか、という問題でもある。チェスタマンは、正統性や説明責任を巡る「ねじれ」の原因を、領域管理という手段に対するそもそもの理解の仕方に求める。すなわち、領域管理が実施される国家の合意は（少なくとも形式的・手続き的には）重要であるにせよ、領域管理の正統性の究極的な源泉は軍事占領（military occupation）と同じであり、軍事占領と同様、領域管理の実施過程で徐々に現地（住民）への権力の移管が行われればよいというのである。[29]

もっとも、軍事占領は、交戦（敵対行為）の結果という事実[30]から生じ、国際人道法の適用を受けるという点で、領域管理とは開始の契機を根本的に異にする。しかし、近年、軍事占領の場合でも、国際人道法よりも国際人権法の遵守を求められることが多いというラトナー（Steven R. Ratner）の指摘[31]を考えれば、現地での活動に対する規範レベルでの要請には近似性が生まれつつあるともいえよう。

五　国際法・国際組織法の課題——問題提起として——

本稿では、専らＰＫＯを通じた領域管理に焦点をあてて考察を進めた。平和構築の中でも、もっとも広範な任務と権限を帯びた、この種のＰＫＯは、「国際社会の平和と安定の（再）確保」という意味での共通利益の達成を目指すだけではなく、自由民主主義的政治体制の（再）構築を究極の目標としているという意味で、特定の政治制度およびそれを支える価値や理念をも「共通利益」と見なしていると考えられる。

これらの点を国際組織法の観点から捉えなおす場合、どのような論点・視角があり得るだろうか。まずその点を、そもそも国際組織とは何か、という点に立ち返って考えてみたい。先にも触れたように、解決のためには複数国間での協力が不可避であるような問題群の存在が認識されるようになって以降、主権国家は条約を通じて、国際的な組織体を設立するようになった。国際河川委員会や郵便・電気通信・度量衡をはじめとする分野で設立された国際行政連合などが、その初期の実例である。国際組織も同様に国家間の条約によって設立された組織体である。国際行政連合と国際組織が組織面あるいは機能面においてどのような違いがあるか、という点はここでは措くが、いずれにしても伝統的な主権国家間関係に、共通利益実現のために、主権国家が主権国家とは異なる組織体を創設し、それを通じた国家間協力を始めたのである。と同時に、その組織体の任務を何とするか、またそのための組織体の権限をどのようにするかは、組織体を創設する側——すなわち主権国家——の判断に委ねられることになる。その意味で、これらの組織体の存在と活動は、「国民国家体系の『関数』[32]」なのである。

一方、国際組織を（国際）法学的アプローチから分析するのが、国際組織法である。これまで国際組織法の関心は、国際組織の組織（内部機関）と活動の法的分析に向けられてきた。そのうち、前者の関心の多くは、「国際組織は、法的にいかなる組織体なのか」に寄せられていた。これは、国連設立から間もない一九四八年にイスラエル軍兵士によって国連調停官が殺害された際、国連がイスラエルに国際法上の損害賠償請求権を有するかが問題となった際の中心的な論点でもある。結局、国際司法裁判所（ＩＣＪ）は、国連が国家とは別に独自の法人格を有する旨判示したのであるが、それを契機として、国際組織は「加盟国とは別個の法主体性を持つ国際法上の法人」（法人説）という見方が通説となった。

国際組織を「国際法上の法人」とする整理に一定の意味はあるものの、それを強く前提視しすぎると、国際組織が国家間関係やそれを基盤とした規範構造から受ける影響を軽視、あるいは逆に無批判に受容することになるという欠点があるように思われる。

この点は、国際組織の具体的活動の根拠となる「権限」の由来をどのように理解するか、ということとも深く関わってくる。国際組織の権限は、その国際組織を設立した主権国家からの委任・授権に基礎を置く。しかし、ＰＫＯにせよ、損害賠償請求権にせよ、国際組織が具体的な活動を実施するにあたっては、主権国家からの委任・授権が明白ではないことが往々にして起こる。国際組織が、「加盟諸国の共通目的達成のために設立された一つの組織体としての固有のダイナミズム[33]」を持つということでもある。「黙示的権限の法理」も、このダイナミズムを支える解釈理論であるといえる。

これをＰＫＯによる領域管理や平和構築の文脈で生起する問題と関連付けるなら、領域管理を任務とするＰＫＯの設置や平和構築を目的とする補助機関の設立は「合法」とされることになる。その一方で、法の支配、グッド・ガバナンス、人権といった領域管理や平和構築の文脈の中で「規範」とされるものが、どのようなダイナミズムまたはプロセスによって、領域管理や平和構築を実施する補助機関の行動原理とされるかについて、明快な説明は為されていない。なぜ、世界規模での「民主化」や「法の支配の実現」が「共通利益」と見なされ得るのか。また、それがなぜ、「ねじれ」を抱えつつも領域管理を実施するにあたっての指針ないし基本原則となり得るのか。このような論点を問うことが必要であると思われる。植木俊哉が「国際組織の行使しうる領域管理権能の内容というものを具体的に検証して一定の理論化を試みることは、『国際組織法総論』の中の重要な一部分を占めるものと理解することができよう[34]」と指摘するとき、単に個々の活動を分析するだけではなく、そこから領域管理権能に関する抽象化・理論化を目指していることに疑いはない。その際に、国際組織が領域管理を実施する際に依拠する規範（法の支配、グッド・ガバナンス、人権など）に、なぜ国際組織が依拠するのか、ということを法的な観点から分析する必要があるのである。

このような「堂々巡り」にも見える問題提起をするのは、国際社会の現在を考察の前提とするとき、法の支配、グッド・ガバナンス、人権さらには民主化といった理念や規範は、普遍的な価値を装いながら、実は特定の政治的・政策的意味合いを含んでいるのであり、それらを無批判・無自覚のうちに国際組織の活動原理と見なすことは、遠藤が指摘するように、かえって国際組織の正統性を危うくする可能性があるからである。最後に、それに関連して三点を指摘して本章を閉じることとしたい。

第一に、国連の正統性の淵源として挙げられるのは、国連の加盟国が文字通り「普遍的」であることである。大芝亮が指摘するように、多くの小国にとって、唯一国連だけが世界的な発言の場であることも多い[35]。また、その国連は、「すべての加盟国の主権平等に基礎」（憲章第二条一項）を置く国際組織である。ここでいう主権平等が多分に擬制であり、冷戦後の国際秩序の変化の結果、国家としての最低限の機能さえ果たせない国家が出現するようになったと言われるにせよ[36]、主権平等を前提としない国際秩序への転換についてまでをも受け入れている国家は存在しない。むしろ、国連は主権平等を前提とする国際秩序の「最後の砦」であるべきとも思われる。にもかかわらず、干渉主義的な国連の活動が増加しているのが、冷戦後の国際社会の実情である。平和構築のような紛争の処理過程はもちろんのこと、開発援助の文脈においてもグッド・ガバナンスが重視されるようになっている[37]。このような国際社会・国際秩序の変化をどのように規範レベルの問題として認識するかが問われているのである。

これと関連して、第二に、「グローバル行政法」の議論とも関連するが、グローバル・ガバナンスを「規制(regulation)」の問題として捉え、その文脈で民主化・人権の問題と国際平和の問題を結び付けることが、本当に国際社会における平和と安定をもたらすことになるのか、という点を改めて問い直す作業が必要であろう。

そして最後に、これをどのように国際法・国際組織法の問題として捉えるか、ということが挙げられる。すなわち、いかに遠藤の問題提起を法的な議論として構成し直すか、ということである。そのことは、一定の変容があるとはいえ、基本的には国民国家体系を前提としている国際法全般にも関わる問題であるものの、より直接的には、国際組織の組織構造と活動を中心的課題として扱う国際組織法の問題であろう。すなわち、現在の国際社会で「規範」とされているものが、どのようなプロセスで国際組織の活動原理となっているのかという問題として取り扱うということである。これは、国家間関係における規範の形成過程に国際組織がいかに関わっているかという問題と、その規範が国際組織の活動原理に取り込まれ、主権平等原則との間で一定の緊張を孕みながら、領域管理なり平和構築なりが実施されているのかということを、記述的ではない方法で検討することが求められていると考えられるのである。

（本章の執筆にあたっては、平成十七年度椙山女学園・学園研究費助成金による研究成果が含まれている。）

註

(1) 主要なものとして、山田哲也「国際機構による領域管理の法的側面」(横田洋三・山村恒雄編『現代国際法と国連・人権・裁判（波多野里望先生古稀記念論文集）』国際書院、二〇〇三年）一一一―三〇頁、同「国際機構による領域管理と法」（『国際法外交雑誌』第一〇四巻一号、二〇〇五年五月）四九―七三頁、同「領域管理の意義を巡って」（『国際政治』第一四三号、二〇〇五年十一月）六一―七五頁。

(2) 香西茂『国連の平和維持活動』（有斐閣、一九九一年）六七頁。

(3) 納家政嗣『国際紛争と予防外交』（有斐閣、二〇〇三年）四二頁。

(4) 香西茂「国連の平和維持活動（ＰＫＯ）の意義と問題点」（日本国際連合学会編『国連システムの役割と展望（国連研究第1号）』国際書院、二〇〇〇年）一二頁。

(5) 酒井啓亘「国連憲章第七章に基づく暫定統治機構の展開――ＵＮＴＡＥＳ・ＵＮＭＩＫ・ＵＮＴＡＥＴ――」（『神戸法学雑誌』第五〇巻二号、二〇〇〇年九月）九七―九八頁。

(6) 「黙示的権限の法理」の詳細については、たとえば佐藤哲夫『国際組織法』（有斐閣、二〇〇五年）九三―九五頁参照。

(7) たとえば、Michael J. Matheson, United Nations Governance of Postconflict Societies, *American Journal*

of *International Law*, vol. 95 (2001), pp.83-84, Carsten Stahn, International Territorial Administration in the former Yugoslavia: Origins, Developments and Challenges ahead, *Zeitschrift für ausländisches öffentliches Recht und Völkerrecht*, vol.61 (2001), pp.130-31.

（8） 植木俊哉「『国際組織法』の体系に関する一考察（五・完）――『国際組織法総論』構築への予備的考察――」（『法学』第六三巻二号、一九九九年）二五―二七頁。

（9） 山本条太「国際の平和及び安全の維持と国家管轄権」（村瀬信也・奥脇直也編『国家管轄権――国際法と国内法（山本草二先生古稀記念論文集）――』勁草書房、一九八八年）六七九頁。

（10） 山田「国際機構による領域管理の法的側面」一一六頁および（註14）。

（11） したがってこの合意は、単に「PKOを受け入れる」ことへの合意だけではなく、そのPKOが「領域国に代わって主権的権能を行使する」という合意という側面も持つ。なお、この点について、酒井啓亘「国連平和維持活動における同意原則の機能――ポスト冷戦期の事例を中心に――」（安藤仁介・中村道・位田隆一『二一世紀の国際機構――課題と展望――』東信堂、二〇〇四年）二五九頁。

（12） 総会や安保理がその任務遂行にあたって補助機関を設置する権限を有することは、憲章上、明らかである（憲章第七条二項、第二二条、第二九条参照）。

（13） これは、現地で領域管理機関が一方的に施行する「規則（regulation）」に根拠を持つものである。東ティモールについては *Regulation No. 1999/1 on the Authority of the Transitional Administration in East Timor*, U.N. Doc. UNTAET/REG/1999/1 (27 November, 1999)、コソヴォについては *Regulation No. 1999/1 on the Authority of the Interim Administration in Kosovo,* U.N. Doc. UNMIK/REG/1999/1 (25 July 1999) を参照。

（14） 例えば、東佳史「東チモールにおける国際連合の平和維持活動」（広島市立大学広島平和研究所編『人道危機と国際介入――平和回復の処方箋――』有信堂高文社、二〇〇三年）二〇一―二五頁、Jarat Chopra, The UN's Kingdom of East Timor, *Survival*, vol.42, no. 3 (Autumn 2000), pp.27-39.

（15） 中西寛は、そこに「国際政治」概念の誕生の一つの契機を見出す〔中西寛『国際政治とは何か――地球社会における人間と秩序――』（〈中公新書〉中央公論新社、二〇〇三年）〕五〇―五九頁。

（16） 福田耕治『国際行政学――国際公益と国際公共政策――』（有斐閣、二〇〇三年）二―一二頁。

（17） 例えば、横田洋三「グローバル・ガバナンスと今日の国際社会の課題」（総合研究開発機構（NIRA）・横田洋三・久保文明・大芝亮編『グローバル・ガバナンス――「新たな脅威」と国連・アメリカ――』日本経済評論社、二〇〇六年）一頁。

（18） 田中明彦・中西寛編『新・国際政治経済の基礎知識』（有斐閣、二〇〇四年）二四四―四五頁の「ガヴァナンス」［大芝亮執筆］を参考にした。

（19） 城山英明「国際行政」（渡辺昭夫・土山實男編『グローバル・ガヴァナンス』東京大学出版会、二〇〇一年）一四八―四九頁。

(20) L. Woolf, *The War for Peace* (London: Routledge, 1940). なお城山英明『国際行政の構造』（東京大学出版会、一九九七年）一〇―一三頁も参照。

(21) 横田喜三郎『国際法の基礎理論』（有斐閣、一九四九年）七二頁。なお、同書の由来について植木「『国際組織法』の体系に関する一考察（二）」（『法学』第五六巻二号、一九九二年）六九頁および（註19）参照。なお、この横田喜三郎の国際行政に関する理論構成は、従来の国際法を国際組織法として再構成する過程で行われたものである。横田喜三郎の国際組織法理論についての詳細な検討として、植木「『国際組織法』の体系に関する一考察（三）」（『法学』第六一巻四号、一九九七年）一―三三頁。

(22) 横田、同右。

(23) Nico Krisch and Benedict Kingsbury, "Introduction; Global Governance and Global Administrative Law in the International Legal Order," *European Journal of International Law (EJIL)*, vol. 17 No. 1 (2006), pp. 11-12.

(24) Carol Harlow, "Global Administrative Law: The Quest for Principles and Values," *EJIL*, vol. 17 No. 1 (2006), pp. 187-214.

(25) 遠藤乾「主権国家と国際社会の潜在力――篠田英朗著『平和構築と法の支配』を読んで――」（『創文』四六一号、二〇〇四年一・二月）二四頁。

(26) Nico Krisch, "International Law in Times of Hegemony: Unequal Power and the Shaping of the International Legal Order," EJIL, vol.16, No.3 (2005), p.378.

(27) 萬歳寛之「国際機構と国際法」（庄司克宏編『国際機構』岩波書店、二〇〇六年）四七頁。

(28) Simon Cheterman, *You, The People: The United Nations, Transitional Administration, and State-Building* (Oxford: Oxford University Press, 2004), p. 127.

(29) *Ibid.*, pp. 152-53.

(30) Cf. Christopher Greenwood, "The Administration of Occupied Territory in International Law," Emma Playfair (ed.), *International Law and the Administration of Occupied Territories: Two Decades of Israeli Occupation of the West Bank and Gaza Strip* (Oxford : Clarendon Press, 1991), p.250.

(31) Steven R. Ratner, "Foreign Occupation and International Territorial Administration; The Challenges of Convergence," *EJIL*, vol. 16 No. 4 (2005), p. 704.

(32) 最上敏樹『国際機構論（第2版）』（東京大学出版会、二〇〇六年）二頁。

(33) 佐藤『国際組織法』八九頁。

(34) 植木「『国際組織法』の体系に関する一考察（五・完）」二七頁。

(35) 大芝亮「グローバル・ガバナンスと国連」（ＮＩＲＡほか編『グローバル・ガバナンス』日本経済評論社、二〇〇六年）三一九―二〇頁。

(36) （参考）納家政嗣『国際紛争と予防外交』（有斐閣、二〇〇三年）一二五―二六頁。この文脈で「破綻国家（failed state）」という語が頻用されるようになったのも、冷戦後の特徴である。この語自身が持つイデオロギー性について、山田哲也「ポスト冷戦期の内戦と国際社会」（『国際問題』第五四五号、二〇〇五年八月）四五―五七頁において検討した。

(37) 吉川元「黄昏のウェストファリア体制とその行方」(吉川元・加藤普章『国際政治の行方――グローバル化とウェストファリア体制の変容――』ナカニシヤ出版、二〇〇四年)一七―二〇頁。

(椙山女学園大学)

第四篇　現在から未来へ

冷戦後における国連平和維持活動の変容とその改革問題

斎藤直樹

はじめに

国際連合という国際機構は第二次世界大戦中に連合国を組織した米・英・仏・ソ・中の五大国が大戦後も戦時協力体制を持続することで、大戦後に侵略行為を未然に阻止すると共に、発生した侵略を撃退することを念頭に一九四五年十月に創設された。そのための制度として採用されたのが集団的安全保障という制度であった[1]。ところが、国連の中心的立場を担うべき米ソ両国の間で冷戦として知られる厳しい対立が発生したことは、国連の集団的安全保障の構想に深刻な影を落とすことになった。

冷戦は一九九一年十二月のソ連の崩壊まで約半世紀近くに及んだが、その間、国連は地域紛争の停戦監視という形で関与した。そうした活動が後に、平和維持活動[2] (peace-keeping operations) と一般に知られることになった。

この間、国連は冷戦から厳しい制限を受けたものの、平和維持活動を紛争地域で実施することで国際平和と安全に一定の貢献を行ってきた。このことは一九四八年から一九八八年までの約四〇年間に一三件の平和維持活動が実施されたことに示されている。しかし一九八〇年代後半になり、米ソ関係がそれまでの厳しい対立から協力・協調的なものへと次第に転じ、これに伴い世界的な緊張緩和が実現したことは、平和維持活動にも無視できない影響を与えることになった。

その後、一九九〇年代を通じ平和維持活動の数は著しい増加傾向を示し、二〇〇六年までに六〇件を超える活動が設立されている。またこの間、平和維持活動はその設立数の増加だけにとどまらず、大きく変容することになった。いくつかの活動は後述するとおり広範な任務に携わっている。加えて、国内紛争での停戦合意に執拗に違反する武装勢力に対し強制行動を実施する活動も行われた。こうした活動の変容は新たな問題や課題を生み出すことにもなり、そのため改革の必要性が叫ばれてきた。これに応じるように、代表的な改革案が国連内外から提唱されている。

本稿は、一九九〇年代の初めから今日まで、平和維持活動がどのように変容を遂げてきたのかについて言及すると共に、この間に国連内外で公表された代表的な改革案に論及し、その上で平和維持活動の改革問題を検討したいと考える。

一　冷戦の終結と平和維持活動の改革の必要性

冷戦の終結後、平和維持活動の設立を求める動きに呼応するように、平和維持活動の設立が相次いだ。加えて設立数の増加に合わせて平和維持活動の任務が著しく拡大するという傾向が見られた。このことは、第二次国連アンゴラ検証団（UNAVEMⅡ）[3]、国連エル・サルバドル監視団（ONUSAL）[4]、国連カンボジア暫定統治機構（UNTAC）[5]など、一九八〇年代の終わり以降に設立された平和維持活動が国家間紛争というよりはむしろ国内紛争の収拾へ向けられ出したこと、これとの関連で紛争終結後の復興・復旧に取り組み出したことによるところが大きい。これらの活動の対象となった国内紛争では、紛争が少なからず長期にわたったため国家機構の根幹が破壊されている場合がまれでなく、そのために国家の再建に向けて課題を多く抱えているのが実情であった。しかし、紛争当事者だけではそうした課題に対処することができないとの認識の下で、停戦の監視に始まり難民の帰還、地雷の撤去、選挙の監視などを含め、一定期間の間、国家の再建のためのさまざまな業務に平和維持活動が取り組むことになった。平和維持活動の設立が激増しただけでなく、平和維持活動の業務内容が拡大したのは主にこのことによる。

他方、平和維持活動を実施に移す国連の能力は冷戦時代のままであった。財政面や要員の不足を初めとしてさまざまな分野で平和維持活動は多くの制約を抱えていたことに照らし、これらの制約について改善が施されなければ、高まる期待と要請に的確に対応できないことは明らかであった。加えて、平和維持活動が基礎を置く理論的な枠組みの再検討の必要も浮上した。既存の枠組みとは国連の活動が著しく制限されていた冷戦時代のものであり、冷戦後に紛争の解決のために積極的な役割を演じる必要に迫られたことを踏まえると、明らかに不十分であった。このため理論的な枠組みの再検討も迫られた。

二 『平和への課題』（一九九二年一月）

一九九二年一月に安保理サミットが開催され、冷戦後の平和と安全の維持に国連が積極的な役割を担うべきであるとの意思表明が行われたのは、こうした時期であった。同サミットはそうした積極的な役割に呼応すべき報告書を提出するようブトロス・ブトロス＝ガリ（Boutros Boutros-Ghali）事務総長に求めた。そうした求めにしたがい、一九九二年六月に『平和への課題（"An Agenda for Peace"）』という表題の報告書が安保理に提出された。[6]『平和への課題』は、冷戦後における紛争の解決のために国連がどのように向き合うべきかについて数々の革新的な提言を行った改革案であった。

その中でも重要であるのは紛争への対応の仕方として紛争の勃発から終結に至る一連の段階を視野に入れ、各段階に見合う対応策を打ち出したことである。すなわち、第一に紛争の発生前における対応、第二に紛争が発生した際の対応、第三に紛争が終結した際の対応、第四に紛争後における再発防止のための対応という四段階の対応を想定し、その対応策として第一に予防外交（preventive diplomacy）、第二に平和創造活動（peace-making operation）、第三に平和維持活動、第四に平和構築活動（peace-building operation）に取り組むべきであると提唱した。

第一段階の対応として提示されたのが予防外交という活動であった。その後にさまざまな議論の対象となる活動であるが、紛争を終結へと導くことから紛争の発生を未然に予防することに重点を移行する必要があるとブトロス・ガリが示した認識は、冷戦後における紛争への対応を考察する上で極めて重要である。ところで、当事者間で争い（dispute）が発生することや、実際に存在する争いが紛争（conflict）へ発展することを防ぐと共に、紛争が発生した場合にその拡大の防止に努めるべきであるとブトロス＝ガリは強調した。[7]

次に第二段階の対応として平和創造活動が提示された。第一段階での予防外交にかかわらず、紛争が実際に発生することになれば、外交交渉、仲介、調停、仲裁、司法裁判など国連憲章第六章に盛り込まれた、いわゆる紛争の平和的解決手段にしたがい、当事者は紛争の早期解決に努めるようブトロス＝ガリは求めた。[8]

続いて、第三段階の対応として位置づけられたのが平和維持活動であった。当事者が停戦合意に達して初めて開始される活動が平和維持活動であるとの前提に立ち、冷戦後の同活動の急増に的確に対応できるよう要員、財源、補給などの側面での改善が急務であるとブトロス・ガリは力説した。[9]

加えて、第四段階の対応として打ち出されたのが平和構築活動である。紛争が終結したとしても紛争の再発の危険性は残るわけであり、そのためには、紛争の終結後に紛争を生んだ根源的な原因（root causes）の解決に努力する必要があり、そのために広範な平和構築活動を実施すべきであるとブトロス＝ガリは唱えた。[10]

これらの提唱をブトロス＝ガリが行った背景には、平和維持活動への現実的な評価があったと言えよう。すなわち、冷戦時代を通じ平和維持活動が地域紛争の解決に一定の貢献を果たしたとはいえ、冷戦後に激増している紛争、特に国内紛争への対応を視野に入れる際、既存の平和維持活動では到底十分とは言えず、そのために、平和維持活動が実質的に改善されることに加え、平和維持活動が上記の諸活動によって補完される必要があると、ブトロス＝ガリは訴えたのである。

加えて注目すべき活動に平和強制活動（peace-enforcement operation）がある。これは国内紛争の終結後に停戦合意の違反を執拗に繰り返す武装勢力に対し半ば強制的に停戦合意を遵守させることを目的とする活動であり、それを実施する部隊として「平和強制部隊（"peace-enforcement units"）」を創設すべきであるとブトロス＝ガリは進言した。[11]『平和への課題』が公刊された一九九二年六月に先立ち、ソマリアや旧ユーゴスラビアでは後述のとおり、武装勢力による目に余る蛮行への対応が喫緊の課題として浮上していた。ブトロス＝ガリはそうした蛮行を引き起こしている武装勢力への積極的な対応策として平和強制活動を提唱したのである。[12]

三　ブトロス＝ガリ提案の実施と頓挫

『平和への課題』の公刊を受け、ブトロス＝ガリが提唱した改革案が実行に移されることになった。その中で高く評価されたのが紛争の発生が懸念される地域に国連要員を事前に展開するという予防展開であった。旧ユーゴスラビアのマケドニアに派遣された国連保護軍（UNPROFOR）とそれに続く国連予防展開軍（UNPREDEP）が実施した予防展開は、マケドニアへの紛争の飛び火を防ぐ上で貴重な成果を収めることになった。[13]

さらに既述のとおり、国内紛争で武装勢力によって繰り返される蛮行を半ば強制的に止める必要があり、そのための武力の行使を伴う活動とそのための特別の部隊が必要であることが『平和への課題』で指摘されていた。そうした活動が平和強制活動であり、それを担当するのが平和強制部隊であった。ソマリアなどでそうした提唱が実際に実施されることになった。

(一)　ソマリア

ソマリアで一九九一年十二月に起きたシアド・バーレ(Siad Barre)独裁政権の崩壊は、多数の武装勢力の間での衝突を招いた。これに伴い、ソマリアの国土全体が無秩序状態へと陥るという事態に及んだ上に、厳しい干ばつに見舞われ大規模の飢饉が発生したため、餓死者と難民が急増するという事態へと及んだ。これに対し、人道救援機関が救援物資を被害者に配布しようにも、武装勢力による略奪のため被災者に物資が一向に届かないといった状況が生じた。いわゆる典型的な「人道的危機」が発生したのである。

ソマリアでの秩序と安全を回復すると共に、救援物質を被害者へ確実に配布することが喫緊の課題となった。加えて、こうした状況の原因となった武装勢力の武装解除を実施しない限り、治安の回復と維持は困難であるとの認識が広がった。こうした認識の下で一九九二年十二月に急遽ソマリアに展開した米軍主体の多国籍軍である統合任務部隊(UNITAF)が秩序と安全の回復に努めたことで、被害者への物資の配布も可能となった。他方、武装勢力の武装解除は実現されないままであった。一九九三年三月二十六日に安保理が加盟国に対し武装勢力の武装解除を実施する権限を授権した安保理決議八一四が採択され、第二次国連ソマリア活動(UNOSOM II)が設立されたのは、こうした経緯に基づく[14]。言葉を換えれば、UNOSOMIIが平和強制行動を実施する最初の平和強制部隊となったのである。

平和強制行動を掲げたUNOSOM IIは紛争当事者に対し強制力を行使すべきではないとする平和維持活動が立脚してきた行動規範からはみ出すような行動に踏み切った。武装解除を拒否するアイディド(Farah Aidid)派に対し武装解除に応じるようUNOSOM IIが指令したところ、同派との激しい武力衝突に巻き込まれ、多数の死傷者を生んだのである。こうして平和強制活動を掲げた試みは事実上、破綻した。

(二)　旧ユーゴスラビア

旧ユーゴスラビアのクロアチアとボスニア・ヘルツェゴビナ(以下、ボスニア)へ派遣された平和維持活動も深刻な問題に直面した。これらの平和維持活動が派遣された旧ユーゴスラビアは元々複雑な民族構成を抱えた連邦国家であり、一九八九年に起きた東欧共産圏の崩壊の煽りを受け、連邦からの分離独立をめぐり旧ユーゴスラビアは解体へと向かった。その過程で勃発した一連の紛争を総称して旧ユーゴスラビア紛争と呼ばれる。連邦を構成したスロベニア、クロアチア、ボスニア、マケドニアなどの共和国が連邦から独立を主張したのに対し、これに真っ向から反対したセルビア共和国との間で一連の危機が発生した。しかもクロアチアやボスニアの内部では、独立支持の民族集団と反対の民族集団の対立が一挙に噴出することになった。

一九九一年六月に連邦から独立を宣言したスロベニアが間もなく独立を達成した一方、クロアチアとボスニアでは数年に及ぶ内戦が繰り広げられることになった。スロベニアと同時に独立を宣言したクロアチアでは、連邦からの独立を主張した多数派のクロアチア人勢力と連邦への残留を主張する少数派のセルビア人勢力の間で衝突が起きた。一九九二年一月の停戦を受け、三月にクロアチアへ派遣された国連保護軍（UNPROFOR）は「国連保護区」を設立して当事者間の停戦の維持に腐心したものの、その後両当事者は再び衝突することになった。その結果、一九九五年八月にクロアチア政府軍がセルビア人居住区を軍事制圧する形で、紛争は収束した。この間、クロアチア派遣のUNPROFORはこうした事態に全く対応できないとの印象を残すことになった[15]。

他方、一九九二年三月に独立を宣言したボスニアでは、独立を主張したイスラム教徒勢力とクロアチア人勢力の連合（イスラム教徒・クロアチア人勢力連合）と、連邦への残留を願ったセルビア人勢力の間で武力衝突が発生した。しかも、連邦軍がセルビア人勢力を背後から支援した。特に焦点となったのはイスラム教徒が多数居住するサラエボであった。サラエボがセルビア人勢力の攻勢を受け孤立すると、サラエボへ人道救援機関が行う救援物資の配布を確保する必要に迫られた。そうした判断の下で、安保理は一九九二年六月八日に決議七五八を採択し、ボスニアへのUNPROFORの派遣を行った[16]。

しかし事態が一向に改善へと向かわなかったため、安保理はUNPROFORに強制行動を実施する権限を授権する決議をしばしば採択した。その間、国連とEUは一九九三年一月に三者勢力にボスニアを一〇分割する内容の「一〇州案」と呼ばれる調停案を提示したものの、セルビア人勢力から拒否にあった。

その後、一九九三年の中ごろになると、イスラム教徒とクロアチア勢力の連合が崩れ、三者勢力がそれぞれ対峙するという構図へと変貌し、そうした状況の下で特に劣勢に立たされたのがイスラム教徒勢力であった。しかも三者勢力間で「民族浄化」としばしば呼ばれる凄惨な人権侵害が頻発する中で、国際社会は焦燥感を強めた。そうした中で、国連とEUは三者勢力にボスニアを三分割する内容の「三分割案」を提示したものの、今度はイスラム教徒に拒絶された。その後、国連・EUの調停活動は行き詰まりをみせた。

こうした状況の下で関与を始めた米国はイスラム教徒とクロアチア人勢力に対し改めて連合を呼びかけ、その上で、同連合とセルビア人勢力の間でボスニアを二分割するという内容の「二分割案」を示した。しかし、同案はセルビア人勢力に拒否されている。その後、国連要員がセルビア人勢力に拘禁されたり、攻撃にさらされるという事件が発生する中で、同勢力は孤立を深めた。

その後コンタクト・グループは「二分割案」を三者勢力に提示したものの、またしてもセルビア人勢力に拒絶された。これに対し、セルビア人勢力に一九九五年八月から九月にかけてNATOによる大規模な空爆が行われ、これを受けセルビア人勢力も調停案を受諾する形で、ボスニア紛争は終結へと向かった。

この間、紛争の解決に向けて国連平和維持活動、調停活動、経済制裁、強制活動などさまざまな措置が講じられた。NATOによる空爆が紛争終結に向けて重要な役割を果たしたとの印象を残したのに対し、三者勢力から十分な協力を得ることができない中で、平和維持活動が付託任務を的確に達成できなかったこともあり、同活動の果たした役割に対する印象は極めて薄かった。

さらに派遣要員の人数や予算の規模などで、これらの活動は平和維持活動の中でも最大級の活動となった。特に、予算面での激増は慢性危機ともいえる国連財政を一層圧迫させることにつながった。一九九〇年代半ばごろまでにこれらの平和維持活動が期待を大きく損ねたことで、同活動への支持が次第に低下すると共に、その再検討が求められるようになったのである。

(三) ルワンダでの大虐殺と予防措置の必要性

さらに憂慮すべき事態が多数派部族のフツ族と少数派部族のツチ族が厳しく対立するルワンダで発生した。一九九四年四月にフツ族系大統領の搭乗する航空機が墜落するという事件が首都キガリで起きた。同事件の原因には未だに不明の部分があるが、敵対するツチ族による犯行であると疑われた。両部族間で大規模の衝突が発生する事態を案じた国連は、緊急に予防措置を講じるよう加盟国に向け警鐘を鳴らしたものの、これといった予防措置が講じられることはなかった。事件に憤激したフツ族の強硬派のインテラハムウエイ（Interahamwe）が大量のツチ族住民を殺害するという虐殺事件を引き起こしたと言われる。これに対し、国連ウガンダ・ルワンダ監視団（UNOMUR）や国連ルワンダ支援団（UNAMIR）などルワンダで活動していた平和維持活動は虐殺事件の発生を食い止めるために何ら効果的な対応をとることができなかった[17]。平和維持活動への支持と信頼は大きく揺らいだばかりでなく、紛争の発生を予防することの重要性が認識されるようになったのは、このことによるところが大である。

四　『平和への課題――追補』(一九九五年一月)

一九九五年一月に『平和への課題』の追補版というべき『平和への課題――追補 (*"Supplement of an Agenda for Peace"*)』が安保理にブトロス＝ガリによって提出されたのは、こうした時期であった。『平和への課題』で行われた提案の実施の結果を踏まえたこの報告書の中で、ブトロス＝ガリは『平和への課題』で行った提唱に軌道修正を加えると共に、国連が今後実施すべき新たな提唱を行った[18]。

『平和への課題――追補』でブトロス＝ガリがまず論じたことは、冷戦後の平和維持活動の主な対象となっている国内紛争への対応がいかに困難であるかということであり、その困難性に理解を求めている。その上で、平和維持活動を成功に導くには、冷戦時代を通じ確立された平和維持活動の基本原則 (basic principles) と呼べるものを遵守することが不可欠であると強調している。この背景には、平和強制活動を強行したことで武装勢力との大規模な武力衝突に巻き込まれたソマリア派遣のＵＮＯＳＯＭⅡに対する反省があるといえよう。そうした反省に立ち、強制行動を実施に移すことを企図した平和強制活動と平和維持活動は本来異なるものであり、したがって強制行動のマンデートを平和維持活動に対し与えるべきではないと断言した。このことは平和強制活動を実施する平和強制部隊を提唱した『平和への課題』に対する軌道修正であったといえよう[19]。

五　平和維持活動の再検討と紛争への新たな取り組み

『平和への課題――追補』の公刊後、冷戦後の平和維持活動の直面する問題が重大視される中で、『平和への課題――追補』での指摘を念頭に、そうした事態へ的確に対応できるか否かが重要な課題となった。その中でも平和維持活動への的確な対応を確保するために改革が急務とされたのは同活動の担当部局である国連平和維持活動局 (Department of Peace-keeping Operations：ＤＰＫＯ) である。一九九〇年代前半の平和維持活動が直面した問題を踏まえ、今後の活動に役立てるために、同活動の成果や問題点などについて詳細な研究が開始されたのは、こうした経緯に基づく[20]。

加えて、これまで平和維持活動に集中するきらいのあった紛争への対応の仕方を再検討する必要が出てきた。既述のとおり、もともと『平和への課題』の中で、平和維持活動に加え、予防外交、平和創造活動、平和構築活動など関連する諸活動に取り組むべきであるとブトロス＝ガリは言及していた。その中でも、ルワンダでのツチ族大虐殺事件が武力衝突の発生を予防することの重要性を例証したことに照らし、紛争の発生を予防することを目的とした予防外交がひときわ注目を集めた。[21] とはいえ、予防外交がどのような活動であるかについて識者の解釈は相当異なっていた。そのため紛争の発生を予防することの意義について合意があるとしても、それを別にすれば、誰が、どこで、何を、いつ、どのようにして実施するのが予防外交なのかについてさまざまな見解が表明された。[22] 予防外交という概念の再検討が叫ばれるようになったのは、こうした経緯を踏まえてのことであった。

こうして一九九七年一月に国連事務総長に就任したコフィー・アナン（Kofi A. Annan）の下で、国連は予防行動（preventive action）の下で関連する諸活動を再編成することを明らかにした。[23] この予防行動は、予防外交、予防展開（preventive deployment）、予防軍縮（preventive disarmament）、予防的人道行動（preventive humanitarian action）、予防的平和構築（preventive peace construction）などから構成されるとされた。この定義づけの中で、予防外交は外交手段を通じ紛争の発生を予防する活動として再定義されているといえよう。

この間、国連政務局（Department of Political Affairs: ＤＰＡ）[24]、平和維持活動局、人道援助調整室（Office for Coordination of Humanitarian Affairs: ＯＣＨＡ）などの国連事務局内の部局は紛争への本格的な取り組みを開始している。[25] 加えて、国連難民高等弁務官事務所（ＵＮＨＣＲ）、国連開発計画（ＵＮＤＰ）、世界銀行などを始めとする多数の国連諸機関も紛争に取り組んでいる。[26] 欧州安全協力機構（ＯＳＣＥ）、アフリカ統一機構（ＯＡＵ）（現、アフリカ連合（ＡＵ））、米州機構（ＯＡＳ）など国連の地域機関も各地域の抱える紛争への取り組みを始めた。[27]

これに関連して、地域の紛争へ積極的な対応を行っている地域機関と世界的機構としての国連の間の連携をどのように確保するかも課題となっている。紛争への的確な対応を確保するためには国連事務局や国連諸機関だけでは十分と言えない点を考慮すれば、なおさらである。[28] この背景には、一九九〇年代前半に平和維持活動のいくつかが頓挫してから、紛争への関与に国連が前ほど積極的でなくなりだしたこと、また地域の紛争には地域機関が主体的に関与し、これに対し国連は側面から地域機関の活動への支援に回りたいとの姿勢に変更し出したという事情も挙げられよう。[29]

六　平和維持活動の再活性化

ところで、一九九〇年代の後半になり緊急な対応を迫られる地域紛争がいくつも発生したことにより、こうした状況に的確に対応すべく国連平和維持活動の派遣が喫緊の課題となった。一九九九年以降、国連平和維持活動の設置が再び活性化したのはこのことによる。それらには、一九九九年三月に新ユーゴスラビアのコソボ自治州で起きたコソボ紛争の収拾のため実施されたNATOの空爆後に派遣された国連コソボ暫定行政ミッション（UNMIK）[30]、一九九九年八月に東ティモールの独立を決める住民投票後に起きた騒乱の収拾のため派遣された多国籍軍に続いて派遣された国連東ティモール暫定行政機構（UNTAET）[31]、コンゴ民主共和国でのカビラ（Laurent-Desire Kabila）政権と反カビラ勢力の間の武力衝突の収拾に向けて派遣された国連コンゴ・ミッション（MONUC）[32]、シエラレオネでの政府軍と反政府勢力間の戦闘の収拾に向けて派遣された国連シエラレオネ・ミッション（UNAMSIL）などが含まれる[33]。

特に、シエラレオネでのUNAMSILは武装勢力への対応として強制活動のあり方を再検討する問題を提起することになった。シエラレオネでは一九九〇年代前半から政府と革命統一戦線（RUF）の間の武力衝突が続いていた。これに対し、国連シエラレオネ監視ミッション（UNOMSIL）に続き、UNAMSILが派遣された。ところが、二〇〇〇年五月に五〇〇人ものUNAMSIL要員がRUFによって拘束されるという事件が起きたため、UNAMSILは国連要員を解放すべく強制行動の実施に踏み切った。

一九九〇年代後半における地域紛争への平和維持活動の対応のあり方をめぐり、同活動についての再検討の必要性が再び叫ばれることになったのは、こうした経緯に基づく。その中でも、シエラレオネで起きた武装勢力による国連要員の拘束事件とそうした武装勢力への対応は平和維持活動にとって喫緊の課題として浮上したといえよう。

七　『国連平和活動パネル報告』（二〇〇〇年八月）

二〇〇〇年三月にアナン国連事務総長が国際平和活動検討パネル（Panel on the United Nations Peace Operations）を設置し、予防行動、平和創造活動、平和維持活動、平和構築活動からなる国連平和活動（peace operations）のあり方を再検討するために改革案を同パネルに提出するよう要請したのは、こうした時期であった。こうした要請に応じ、『国連平和活動パネル報告』（"*Report of the Panel on the United Nations*

Peace Operations")』という報告書が二〇〇〇年八月に事務総長に提出された。[34] 同報告書はブラヒミ（Lakhdar Brahimi）元アルジェリア外相が座長を務めたことから、「ブラヒミ・レポート（"*Brahimi Report*"）」と一般的に呼ばれることが多い。

同報告書は平和活動についての包括的な分析を行った上で、多数の改革案を提唱している。国民への武装勢力の暴力を停止させる権限が国連要員に付与されるべきであるとパネルは見る。このことは、国民を防護するために紛争当事者に対する武力の行使を行う権限を平和維持活動のマンデートに盛り込むべきであることを示している。また国民の防護というマンデートが付託された活動は、そのマンデートを実行するために特別の手段が付与される必要があるとパネルは理解を求めた。

こうした提唱は、既述のとおりソマリアでのＵＮＯＳＯＭ Ⅱの経験を踏まえ、一九九五年一月の『平和への課題――追補』の中で、ブトロス＝ガリが平和維持活動に強制行動のマンデートを付与すべきではないと論じたのとは反対に、状況に応じ改めて強制行動の必要性を訴えたものである。その意味で、平和強制行動の実施を進言した一九九二年六月の『平和への課題』での提唱を想起させるものである。このことは、既述のとおり、シエラレオネで武装勢力によって拘束された多数の国連要員を解放するためにＵＮＡＭＳＩＬが強制行動に訴えざるをえなかった経験に由来するであろうが、そうしたマンデートの付与には注意深い検討が必要であると考えられる。

続いて、平和維持活動が直面する状況に的確に対応できるためには、国連事務局本部の能力面での改善と、現地での対応能力の改善が不可欠であるとの観点から、「国連待機制度（United Nations standby arrangements system: ＵＮＳＡＳ）」の新設をはじめとする多数の提言が行われている。[35]

八　『より安全な世界――分かち合う責任』（二〇〇四年十二月）

その後、平和維持活動を含めた国連の改革問題は思わぬ展開から影響を受けることになった。二〇〇一年九月に起きた「同時多発テロ事件」を契機としてブッシュ政権が開始した対テロ戦争はイラク危機を招いた。[36] 対イラク武力行使の是非をめぐり、安保理で喧々諤々の議論が繰り広げられたが、米英などへの武力行使の権限についての授権を安保理は行わなかった。これに対し、危機に的確に対処できなかったとしてブッシュ大統領が安保理を激しく批判したことは改めて安保理の改革問題を提起することにつながった。[37]

結局二〇〇三年三月に勃発したイラク戦争は国連に重大

な影響をもたらすことになった。その後の先制攻撃を正当化した「ブッシュ・ドクトリン」へのアナン事務総長による批判を契機として、安保理の改革問題だけでなく先制攻撃への歯止めという問題も表出することになった[38]。国連事務総長からの諮問を受け設置されたハイレベル・パネルが二〇〇四年十二月に『より安全な世界――分かち合う責任("*A More Secure World: Our Shared Responsibility*")』という改革案を公刊したのは、こうした経緯に基づく。同改革案は国際社会の直面する主要な脅威への対応、主権国家による武力行使についてのガイドライン、安保理を含めた国連の全面的な機構改革を包摂している[39]。この中で、平和維持活動や関連する平和構築などについての改革案も提唱されている[40]。

アナン事務総長がこの報告書を元に二〇〇五年三月に、創設から六〇年目を迎えた国連の抜本的改革案として事務総長報告『より大きな自由を求めて――全ての人々のための安全、開発及び人権に向けて("*In Larger Freedom: Towards Development, Security and Human rights for All*")』を公表した[41]。この改革案は『より安全な世界』の延長にあると位置づけることが可能であろう。

結論

米ソが厳しく対峙した冷戦時代、国連は国際平和と安全の分野においてはさしたる役割を果たすことはできなかった。そうした国連は、冷戦の終結に伴い冷戦後の国際平和の担い手として一気に期待を集めることになった。とはいえ、期待を実現するための実際の国連の能力は冷戦時代のままであったため、国連への期待の大きさと実際の対応能力の限界の中で国連は深刻な板ばさみに置かれた。またその間、『平和への課題』、『平和への課題――追補』、『ブラヒミ・レポート』など主要な国連改革案が提示され、それに従い、改革案は実行に移される形で平和維持活動が実施されている。とはいえ、平和維持活動が期待に適うほどの成果を挙げるところまでは至っていないのが現状であり、さらなる改革が求められるところである。

註

(1) 国連の集団的安全保障について、斎藤直樹『(新版)国際機構論』(北樹出版、二〇〇一年)四九―一一〇頁。
(2) 国連平和維持活動について、同右、一一二―二四一頁。
(3) UNAVEMⅡについて、同右、一六七―一六八頁。
(4) ONUSALについて、同右、一六八―一七〇頁。
(5) UNTACについて、同右、一八七―一九〇頁。
(6) Boutros Boutros-Ghali, "*An Agenda for Peace: Preventive Diplomacy, Peacemaking and Peace-keeping, Report of the Secretary-General pursuant to the statement adopted by the Summit Meeting of the Security Council on 31 January 1992*"

(Department of Public Information, United Nations, New York, 1992).

（7） ブトロス＝ガリによれば、予防外交は信頼醸成措置（confidence-building measures）、事実調査（fact-finding）、早期警報（early-warning）、予防展開（preventive deployment）、非武装地帯（demilitarized zones）などの活動からなる。これらの活動は国連の諸機関によって実施されるが、この中でも、紛争の発生前に係争地域へ国連要員を派遣し、これによって紛争の発生を予防することを目的とした予防展開は特に重要である。実際に予防展開はマケドニアで実施されることになった。*Ibid.*

（8） *Ibid.*

（9） *Ibid.*

（10） 平和構築の具体的活動として、武装勢力の武装解除、秩序の回復、兵器の管理と廃棄、難民の帰還、治安維持要員の訓練、選挙監視、人権擁護努力、政府機関の改革などに言及されている。*Ibid.*

（11） *Ibid.*

（12） これに加え、『平和への課題』ではいくつもの重要な提言が行われている。例えば、国連憲章が本来予定した「国連軍」の創設が真剣に模索されるべきであると論じられている。

また慢性的な国連財政の危機を打開するための包括的な財政改革案が提示されている。

さらに、国連と地域機関の連携にも論及されている。冷戦後、国連の活動が急増したことを踏まえ、地域の抱える問題に的確に対応するためには国連の地域機関（regional organizations）と国連の間の連携が一層重要になるとの指摘がある。*Ibid.*

（13） マケドニアに展開したＵＮＰＲＯＦＯＲについて、斎藤『（新版）国際機構論』一八五―八七頁。同じくＵＮＰＲＥＤＥＰについては同書、二一三頁。

（14） ソマリア紛争とＵＮＯＳＯＭ IIについて、同右、一九五―九八頁。

（15） クロアチア紛争とクロアチア派遣のＵＮＰＲＯＦＯＲについて、同右、一七三―七七頁。

（16） ボスニア紛争とボスニア派遣のＵＮＰＲＯＦＯＲについて、同右、一七七―八五頁。

（17） ルワンダ紛争とＵＮＡＭＩＲについて、同右、二〇七―八頁。

（18） Boutros Boutros-Ghali, "*Agenda for Peace 1995: Second edition with the new supplement and related UN documents*" (Department of Public Information, United Nations, New York, 1995).

（19） 『平和への課題――追補』にはこの他にも多くの改革案が盛り込まれている。同書は経済制裁の効果について疑義を挟んでいる。これまで安保理事会で多くの制裁決議が採択され、実施に移されたものの、効果が疑わしいだけでなく当初想定されなかったさまざまな問題が起きていることから、再検討の必要があるとブトロス＝ガリは言及した。またブトロス＝ガリは、現状では「国連軍」の創設は困難である一方、安保理決議にしたがい加盟国の派遣部隊に武力行使を授権する方式にも検討すべき問題があるとして、改善を求めた。さらに『追補』は、軽火器と対人地雷に関する軍縮が必要であると強調している。加えて、国連の地域機関と国連の間の調整作業の重要性が指摘されている。*Ibid.*

（20）一九九五年に設置された「教訓学習ユニット（Lesson Learned Unit）」はそうした研究を行っている。斎藤直樹『紛争予防論』（芦書房、二〇〇二年）一四五頁。

（21）同右、三三頁。

（22）この点について、同右、五三―五四頁。

（23）この点について、http://www.un.org/Depts/dpa/docs/peacemak.htm 参照。

（24）斎藤『紛争予防論』一四八―四九頁。

（25）同右、一四四―四六頁。

（26）同右、一四六―四七頁。

（27）地域機関の紛争への取り組みについて、同右、一三六―二〇三頁。

（28）この点について、例えば“Cooperation Between the United Nations and Regional Organization/Arrangements In a Peacekeeping Environment-Suggested Principles And Mechanisms” (Department of Peace-keeping Operations, United Nations, March 1999).

（29）この点について、斎藤『紛争予防論』一八八―八九頁。

（30）コソボ紛争とＵＮＭＩＫについて、斎藤『（新版）国際機構論』二二八―三一頁。

（31）東ティモール情勢とＵＮＴＡＥＴについて、同右、二三二―三六頁。

（32）コンゴ紛争とＭＯＮＵＣについて、同右、二三六―三九頁。

（33）シエラレオネ情勢とＵＮＡＭＳＩＬについて、同右、二三一―三二頁。

（34）*“Report of the Panel on the United Nations Peace Operations”* (A/55/305-S/2000/809).

（35）ここで、同報告書に盛り込まれたいくつかの代表的な提言に言及する。

平和維持活動の設立を盛り込んだ安保理決議の採択から紛争地域への緊急な展開を行う、「立ち上がり」を迅速に確保することが重要であり、そのために「国連待機制度」の創設の提言が行われている。このために、一〇〇名規模の軍事要員、文民警察、国際法専門家、人権問題専門家などについての「呼び出しリスト（“on-call list”）」を作成する必要がある。

また紛争地域への平和維持活動の迅速な展開を確保するために同活動についての既存の制度と手続きについて改善が必要となる。例えば、平和維持活動を担当する事務総長特別代表、部隊指揮官、文民警察コミッショナーなどについての候補者リストを事務総長が作成すべきである。早い段階で平和維持活動についてのリーダーシップを国連本部が確立するためには、同活動の作戦概念、支援計画、予算、人員配属、本部活動ガイダンス（Headquarters mission guidance）などを企画する必要があり、そのために候補者リストの作成が望ましい。

「統合任務タスク・フォース（Integrated Mission Task Forces: ＩＭＴＦｓ）」を新設する必要がある。これは、平和維持活動についての政治分析、軍事作戦、文民警察、選挙支援、人権、開発、人道支援、難民・避難民、広報、補給、財政、雇用問題などについての任務を統合する組織が国連事務局にはないことを踏まえ、そうした任務を統合することを目的とする。加えて、平和維持活動の担当部局である平和維持活動局の各課についても再編成が必要である。

　さらに情報技術時代に相応するため、国連の平和活動も最新の情報技術（information technology: IT）を取り入れるべきである。*Ibid.*

（36）　イラク危機からイラク戦争への推移について、斎藤直樹『イラク戦争と世界——二一世紀の世紀像を占う——』（現代図書、二〇〇四年）七一—一〇六頁。また斎藤直樹『検証イラク戦争——アメリカの単独行動主義と混沌とする戦後復興——』（三一書房、二〇〇五年）五八—八九頁。

（37）　ブッシュ大統領による安保理批判について、George W. Bush, "President Says Saddam Hussein Must Leave Iraq Within 48 Hours" (The White House, Washington, D.C.: The White House Office of the Press Secretary (March 17, 2003)).

（38）　ブッシュ政権の先制攻撃論を批判したアナン事務総長の国連総会演説について、Kofi A. Annan, "Adoption of Policy of Pre-emption Could Result in Proliferation of Unilateral, Lawless Use of Force, Secretary-General Tells General Assembly" (Press Release SG/SM/8891, GA/10157, The United Nations, New York (September 23, 2003).

（39）　"A More Secure World: Our Shared Responsibility," *Report of the High-level Panel on Threats, Challenges and Change* (United Nations, 2004).

（40）　例えば、報告書の「第三章　集団的安全保障と武力行使」の「平和強制と平和維持能力」の項目において、平和維持活動関連の改革について詳細に論じられている。その中で、欧州連合が行った国連平和維持活動を補完する大隊レベルの待機制度の新設の決定についてパネルは歓迎の意を表明している。また平和維持活動のために旅団レベルの待機制度を創設することをパネルは提唱している。さらに平和維持活動の評価や平和維持活動の警察部門の立ち上げを行う目的で、五〇から一〇〇人規模の警察部隊の創設が提唱されている。続いて、「紛争後の平和構築」において、平和維持活動分担金から支弁される予算の許す範囲で、武装解除・動員解除プログラムを総会は実施すべきであるとパネルは提唱している。さらに二億五〇〇万ドルの常設の平和構築基金を設立すべきであるとの提言も見られる。*Ibid.*

（41）　"In Larger Freedom: Towards Development, Security and Human rights for All," *Report of the Secretary-General of the United Nations for decision by Heads of State and Government in September 2005.*

（東京女学館大学）

〈ＰＫＯ経験者の証言⑥〉

ゴラン高原からイラクへ――自衛隊指揮官の中東経験――

佐藤正久

はじめに

筆者が直接国際貢献の現場に参加したのは、一九九六年一月（ゴラン高原派遣輸送隊の第一次隊長）と二〇〇四年一月（イラク人道復興支援の先遣隊長及び復興業務支援隊長）の二回である。二回とも初代で、役職も指揮官、派遣地域も同じ中東地域、派遣期間も約七カ月と同じであったが、派遣の目的や形態、活動内容等は異なっていた。イラクにおける活動を終えて振り返ってみると、ゴラン高原で得た知識・経験がイラク人道復興支援で参考になった部分も大いにあったと思う。

本稿では二つの国際貢献活動の現場に指揮官として参加した立場から、ゴラン高原ＰＫＯとイラク・サマーワの人道復興支援活動を説明し、その二つの国際貢献活動の違い、そしてゴラン高原ＰＫＯでの経験がどのようにイラク復興支援に役立ったのかを考えたい。

一　ゴラン高原ＰＫＯとは？

イスラエルとシリアの国境地帯に広がるゴラン高原に展開している国連ＰＫＯは、国連兵力引き離し監視隊（ＵＮＤＯＦ：United Nations Disengagement Observer Force）という。一九七四年の第四次中東戦争（ヨム・キプール戦争）後、シリアとイスラエル間の停戦合意に基づき設定された兵力引き離し地域（ＡＯＳ：Area of Separation）に展開して平和維持活動を行う国連の部隊である。

その任務は、①イスラエル軍とシリア軍の停戦監視、②

兵力引き離しに関する取り決め事項の履行状況の監視であり、現在約一〇七〇名の要員が参加している。一九七四年の設立以来三二年も継続している国連ＰＫＯであり、最も成功しているＰＫＯ活動の一つとも言われる。日本の自衛隊が初めて参加した、カンボジアのような一国の内戦が終結し新たな国造りを支援する平和構築型のＰＫＯとは異なり、二国間の停戦を維持するＰＫＯである。第一世代のＰＫＯとか、伝統的なＰＫＯとも呼ばれる。

ＵＮＤＯＦは、停戦を監視する二個の歩兵大隊とその活動を支援する一個の後方支援大隊からなっており、日本隊は後方支援大隊に属している。日本隊は、一九九六年一月から部隊・要員（四五名）を派遣し、イスラエル側とシリア側に分かれて駐屯し、その任務は、ＵＮＤＯＦの活動に必要な日常生活物資の輸送、道路等の補修、除雪等である。人体の機能に例えれば「動脈を整備し、血液を運ぶ」活動と言えよう。日本隊は、半年ローテーションで部隊交代をしており、二〇〇六年一月末で、最初の派遣から一〇年を迎え、二〇〇六年六月現在、第二十一次隊が活動中である。

二　イラク人道復興支援活動とは？

陸上自衛隊は、二〇〇四年一月からイラク・サマーワに派遣されているが、国際平和協力法を根拠とするＰＫＯとは異なり、イラク人道復興支援特別措置法（イラク特措法）を法的根拠としている。日本隊は、派遣当初は日本政府の直接指揮下にあったが、統治権限の連合国暫定当局（ＣＰＡ：Coalition Provisional Authority）からイラク暫定政府への移譲に伴い、多国籍軍の一員となった。日本隊は、当初はムサンナ県の治安の維持を担当するオランダ軍と、二〇〇五年三月からは英国軍と、同年五月からは英国軍及びオーストラリア軍と連携して活動を実施している。

日本隊の規模は約六〇〇名（約五〇〇名の復興支援群と約一〇〇名の復興業務支援隊）で、イラク・ムサンナ県の復興のために、医療、給水、公共施設の復旧・整備、人道関連物資の輸送を行ってきた。これらの支援活動は、外務省サマーワ事務所が所管する政府開発援助（ＯＤＡ：Official Development Assistance）による支援と相俟って「車の両輪」と言われ相互に連携しつつ進められた。日本隊は、復興支援群が三カ月、復興業務支援隊が六カ月のローテーションで交代し、二〇〇六年六月末現在、第十次イラク復興支援群がサマーワにおいて活動中である。

三　ゴラン高原ＰＫＯとイラク人道復興支援との違い

次にゴラン高原とイラクでの活動の違いを、現場で参加した指揮官の立場から回想してみたい。切り口は種々あると思うが、現場での活動の視点から筆者個人の独断でいくつか代表的なものを挙げる。

（二）　派遣の枠組み・形態

（ア）　国連の傘下か否か

（ⅰ）　派遣部隊の編成に差

ＵＮＤＯＦの日本隊は、日本政府の指揮（National Command）は保有しているが、現地での活動の多くは、現地の国連司令部の指図（UN Command）により統制される。すなわち司令部からの指図に基づく業務実施が原則であり、派遣部隊自らイスラエルやシリアの両受け入れ国や他派遣部隊と調整して活動内容や業務を決定するということは原則上ありえない。このため、日本政府との連絡・調整にあたる隊本部（NSE：National Support Element）要員として十二名が派遣されている一方、司令部には連絡・調整の自衛官二名を派遣しているにすぎない。極端に言えば、法や実施計画・実施要項からはみ出なければ、司令部の指図に従い、業務を行えばそれはそれで良いことになる。

他方、イラク・サマーワにおける人道復興支援は国連の傘下にはなく、日本政府の直接指揮であったため、派遣部隊自らＣＰＡや多国籍軍の復興支援部署（特にオランダ軍や英国軍）、受け入れ県（ムサンナ県）の行政機関、ＮＧＯ等と調整をして活動内容の細部を決めなければならない。すなわちアウトプットとしては、ムサンナ県十一市町のどこから、どんな支援を、何時に、どのように実施するかを、自ら調整して決定しなければならない。

このためイラク国内での復興支援事業の企画立案を含む各種連絡・調整及び中継地のクウェートでの支援並びに日本政府との連絡・調整を行う部隊として、イラク復興業務支援隊約一〇〇名を、復興支援の実行部隊であるイラク復興支援群とは別に編成した。イラク復興業務支援隊は、通常の部隊というよりも各種調整機能の集合体のような性格を有する部隊となり、その専門的能力やイラク側との人間関係も業務に直接影響することから、交代ローテーションも約六カ月と復興支援群（約三カ月）の倍となっている。

（ⅱ）　受け入れ国駐留に関する法的根拠の差

ＵＮＤＯＦの場合は、他の国連ＰＫＯと同様に、国連がイスラエルやシリアの受け入れ国との間に地位協定を結んでいる。ＵＮＤＯＦ参加隊員はその地位協定によって保護されており、仮に現地で刑事犯罪を起こした場合でも日本が専属的に裁判権を有している。

一方、イラク人道復興支援活動においては、日本隊の派遣当時イラク政府がまだ設立されておらず、統治権限はＣＰＡが保有しており地位協定を結ぶことは不可能であった。

さらに日本隊には、当時は多国籍軍の傘下ではなかったため、多国籍軍が有する身分保障に関する特権は適用されない。このため、日本隊はCPAと調整してCPA命令第一七号を裁判権免除等の身分保障の根拠として活動を開始した。すなわち日本隊は、多国籍軍とは一線を画する立場で身分保障を得ていたものの、その活動自体は多国籍軍と緊密に連携を保っていたため、CPAや多国籍軍の要員からはわかりにくいとの指摘もあった。

二〇〇四年六月二十八日、CPAからイラク暫定政府への統治権限移譲に伴い、日本隊の身分保障はCPA命令第一七号では担保されなくなった。それに代わり、日本政府と連合国の間で日本隊は多国籍軍の一員となることが合意され、多国籍軍の一員としての身分保障が担保された。日本隊は、六月二十八日をもって多国籍軍参加（ただし指揮下には入らない）の形をとりながら、日本政府の指揮の下、人道復興支援を継続することになった。

この日本隊の多国籍軍参加は、現地サマーワ市民の多くも知るところとなり、私も知事等有力者に説明したが、復興支援活動自体が変わったわけではないので、他の多国籍軍との同一視や批判を含め、あまり反響はなかった。

（イ）派遣の法的根拠等の差

日本隊のUNDOF参加の法的根拠は、いわゆる国際平和協力法であり、イラク人道復興支援は、イラク特措法という今回のイラクでの活動のためだけの時限立法であった。

（i）武器の使用

現在は、両方の法律とも「武器の使用」については同じ規定・権限であるが、筆者のUNDOFへの派遣当時の国際平和協力法は、武器の使用が今以上に制限されていた。改正後は、上官が現場に所在する場合は上官の命令で武器を使用することとなったが、筆者のゴラン高原派遣当時の武器の使用は、隊員個人の判断で行われ、正当防衛、緊急避難以外は危害を与えてはならないとされていた。すなわち上官が現場にいても、上官は射撃命令を達することができない状態であった。これは、部隊行動を常態として訓練し行動してきた自衛官にとっては、隊員個人の心理的負担が大きく、統制を欠いた武器の使用によってかえって危険または事態の混乱を招く恐れさえあったのである。筆者には派遣部隊長として隊員の安全確保を図る責務があるので、武器を使用しなければならない状況になれば、射撃命令や号令の代わりに、先ず自ら最初に射撃を行う覚悟で臨んだ。他の幹部や上級陸曹も同じ覚悟であったと思う。

また、現在は自己の管理下に入った者を守るための武器の使用が認められているが、ゴラン高原派遣当時の武器使用の対象は、自己または自己と共に現場に所在する我が国要員に限定されており、他国の要員や現地住民は管理下に入っていても対象外となっていた。これは、UNDOFの基準とも異なり、仲間を守れない精神的負い目と相俟って、他国の要員（文民を含む）との関係ではつらいものがあった。さらに、武器等を敵から守るために武器を使用することもできなかった。

因みに、現在、UNDOF及びイラク人道復興支援活動参加中の日本隊の武器使用権限は同じであるが、携行している装備品の種類は次の通り大きな差がある。

ゴラン高原	拳銃、小銃、機関銃
イラク	拳銃、小銃、機関銃、機関拳銃、個人携帯対戦車弾、無反動砲、装輪装甲車、軽装甲機動車

(ii)　対象国等への物資協力・物品提供

国際平和協力法においては、国連の平和維持活動の実施に適当と認められる場合は、閣議決定を経て物資協力が可能なのに対し、イラク特措法における物品の提供は、復興支援業務に係わる自衛隊の役務を通じたものに限定される。筆者のゴラン高原派遣間には、国際平和協力法の物資協力の枠組みを利用し、派遣隊員が業務を行う建物をUNDOFに提供したことがあった。他方、イラクにおいて日本隊は多くの学校を補修したが、補修に係わる部材は提供できるものの、イラク特措法の規定により、机や椅子、教科書等補修役務に係わらない物品は提供することができなかった。イラク側からは補修に併せて机や椅子等の提供要望も強かったが、法の規定により断らざるをえない状況であった。また、同じ理由で、診療所の補修後も医療器材が不足し、十分な診療所の運営ができない状況であっても診療器具や機材は提供できなかった。

日本隊にとっては、医療技術を指導する上で必要であるとの理由で、自衛隊の医療器材等を病院に貸与することが限界であった。これは、イラク人道復興支援における物品・物資の提供は、派遣された自衛隊や人道復興支援職員によるのではなく、主に外務省主管のODAにより実施されることを想定していたために、イラク特措法による物資協力・物品提供は限定的なものになり、国際平和協力法とは異なる規定になったと聞き及んでいる。実際、イラク・サマーワにおいてはODAにより診療所への医療器材や医薬品等が提供されているが、自衛隊による診療所の補修のスピードとODAによる物品提供のタイミングが合わない。外務省サマーワ事務所も、外務省本省と連携し最大限のスピードアップを図っているが、その手続き等の違いからどうしてもＯＤＡによる提供が遅くなるのが実情であった。

(iii)　日米物品役務相互提供協定（ＡＣＳＡ）の運用

国際平和協力法に基づき国連平和維持活動に自衛隊が参加した場合、米軍との間で水、食料などの「物品」、輸送や修理などの「役務」を相互に提供しあえるが、イラクにおける物品・役務の相互提供は異なる枠組みであった。筆者がイラクに派遣された当時、ＡＣＳＡが適用できる活動は、①日米共同訓練、②周辺事態、③国連平和維持活動、④人道的な国際救援活動の四つに限定されており（註：平成十六年七月の改正以降は①〜④に加え、⑤武力攻撃事態及び同予測事態、⑥その他の活動が追加されている）、日本政府は、イラクでの人道復興支援活動を「人道的な国際救援活動」にあたるとの立場で、米軍から自衛隊への物品・役務の提供はＡＣＳＡで可能と考えていた。

他方、自衛隊から米軍への提供は「国際平和協力法に従う」との規定があり、筆者が派遣された当時、イラクでの支援は、国連の枠外であることから、ＡＣＳＡの適用はできなかった。このため、自衛隊から米軍への物品・役務の提供が必要な場合は、ＡＣＳＡに代わり、イラク特措法による「物品の譲渡、無償貸付け」の規定を適用することになっていた（註：平成十六年七月の改正以降、日本から米国への支援は、改正ＡＣＳＡによる「その他の活動」を適用できるようになっている。ただし米軍への輸送支援は引き続きイラク特措法の枠組みで実施している）。

このように、国連平和維持活動と異なり、イラク人道復興支援活動の初期段階においては、自衛隊と米軍が異なる法的根拠に基づき、物品・役務の相互提供を図ることになっていた。このような中、日本隊はＡＣＳＡにより、イラク、クェート等において米軍から物品等の提供を受けつつ活動している。

(二)　活動の性格・要領

ゴラン高原ＰＫＯもイラク人道復興支援活動も、任務が歩兵部隊による停戦の維持或いは治安の維持というものではなく、双方ともいわゆる後方分野が主たるものであったが、その活動の性格や要領は大きく異なっていた。

(ア)　活動の性格

ゴラン高原ＰＫＯにおける日本隊の役割は、停戦を維持・監視する歩兵大隊等を輸送や道路整備等を通じて後方支援することであった。その道路整備は、歩兵大隊等の活動を容易ならしめるための道路整備・補修であり、結果としてシリア住民の生活を容易にする面はあったものの、受け入れ国の民生支援をその狙いとするところではなかった。

他方、イラク人道復興支援における日本隊の役割は、医療、給水、学校や道路等の公共施設の復旧・整備、人道支援物資等の輸送を通じて、イラク国民の民生（復興）を支援することであった。ただし自衛隊の復興支援活動が進捗すれば民心の安定に繋がり、結果としてムサンナ県行政や多国籍軍の治安維持活動を後押しするといった効果もあった。

ここでゴラン高原とイラク共通の具体的活動である道路整備について、さらに細部を比較してみたい。ゴラン高原は、他歩兵大隊の監視活動を容易にするための道路整備であるから、極端な言い方をすれば、歩兵大隊が通れればよく、かつＵＮＤＯＦも予算が潤沢ではないので、その補修レベルは砂利舗装や一部穴を埋める程度でも差し支えなく、どちらかというとスピード・コストを重視するものであった。

他方、イラクでは住民の生活や経済活動に資するための道路整備であるから、一、二年で痛んでしまう砂利舗装ではなく、アスファルト舗装を強く要望された。その上、道路局が計画する県全体のマスタープランに合致しないと意味がなく、総じて言えばスピードよりも質や計画性と地域バランスを重視するものであった。

	道路整備目的	種類	重視事項
ゴラン	歩兵大隊の活動を容易	砂利舗装	スピード・コスト
イラク	住民生活・経済活動向上	アスファルト	質・計画性・地域バランス

（イ）活動の要領

（i）活動の方針

ＵＮＤＯＦに一次隊長として参加した筆者の活動方針は、「継続性を重視しつつ柔軟に」というものであった。ＵＮＤＯＦでの日本隊の活動は、イラクのように新規に立ち上げるものではなく、それまでカナダ部隊が実施していた業務を引き継ぐというものであったことから、先ず、継続性が一番強く求められたのである。ＵＮＤＯＦの司令部や歩兵大隊は今までと変わりなく任務を続行中のため、「日本隊が担当したら業務が滞った、物が届かない」ということは、許されない状況であった。また輸送業務は「計画輸送」と「計画外輸送」に区分されるが、計画輸送は行って当たり前であり、計画外輸送にいかに対応するかが評価の分かれ目になる。すなわち、安全に十分留意をしながら、努めて受けることを前提に、柔軟に計画外輸送に対応しようというものであった。

一方、イラク人道復興支援における支援方針は「イラク人が主役、自衛隊は黒衣」というものであった。これは、復興は二年や三年で終わるものではなく、一般的に長い年月がかかる。比較的速いと言われた日本の戦後復興をとってもそうである。取りあえずイラク特措法は四年の時限立法であり、日本隊もいずれ撤収することから、支援当初からイラク人の自立支援型の復興支援ができないものかと考えていた。俗に言う「魚を与えるより、魚の釣り方を教える」要領である。筆者はその可能性を探るため、サマーワを中心としムサンナ県の全ての町村を回り、まさに「虫の目」で現場を見て、多くの人々の意見を聞いた結果、自衛隊が自ら業務を行った「自衛隊が主役型」のカンボジアやゴラン高原とは違う、「イラク人が主役、自衛隊が黒衣型」の遂行に自信を深めた。

(ii) 自衛隊の活動

ゴラン高原での活動は、日本隊が持ち込んだ車両やUNDOFの車両を用い、UNDOFの司令部やカナダ部隊等と調整しながら、自ら輸送等の活動を実施するといった典型的なものであった。それに比べイラクでは「イラク人が主役型」の支援方針を打ち出したため、先ずは県や市町の行政・議会の自主性を重んじながら、CPA、多国籍軍及びNGO等と調整をし、活動を実施するといったものになった。

しかしながら、これまでサダム・フセイン政権下では、バース党一党独裁政権、中央集権であったために地方自治があまり育っていなかった。CPAは地方自治を強力に推進しようとしていたが、復興という側面に限って言えば、ムサンナ県側のリーダーシップ、計画性といった面は十分とは言えない状況であった。このため、ムサンナ県の各部局、各市町の議会との連携を重視しながら、忍耐強く、局長や議長等リーダーの能力向上や調整の枠組み作り（例えば、県・市町の合同で実施する水道の会議は毎週水曜日十時、道路整備の会議は木曜日十四時等）から一歩一歩始めた。

医療支援については、自衛官がイラク人の患者を直接診察するような直接診療は止め、イラク人の医師・看護師・薬剤師等の能力向上を主眼とした教育に重点を置いた。これは、目の前で多くの住民が怪我や病気で苦しんでいる状況ではなく、またイラクの医療関係者も多く存在したため、復興という視点からは、教育支援が適当と判断したからである。日本隊はイラクの医療関係者に対する教育・指導を行い、教育・指導を受けたイラクの医療関係者が住民の診察を行う形を基本とした。すなわち日本隊は症例検討会に参加したり、部隊が携行した医療機材等やODAで提供した医療機材や医薬品を用いての教育・技術指導を総合病院や宿営地で行い、医療関係者のレベルアップに力を注いだのである。

給水支援については、国内の災害派遣のように日本隊が水を浄化し給水車で配るといった活動ではなく、浄水装置をイラクに供与し、現地住民が自ら水を浄化しそして配水、日本隊がそれを監督指導する形を理想とした。これもムサンナ県水道局の能力向上を図り、自立を促した方が復興という観点から望ましいと考えたからである。

しかし、水道局が浄水できる能力は限られていたので当初は部隊が携行した機材で水の浄化を行い、その水をODAでイラクに提供した給水車で現地住民に配水してもらう要領を採用した。具体的な配水の要領については、周辺住民の要望を踏まえ水道局と連携しながら給水車の運用要領を決定した。その次はイラク側の浄水能力向上である。ODAで浄水装置を五カ所に提供し、その使用法や整備の仕方を自衛隊が教えているほか、浄水場の補修やポンプステーションの整備等により、イラク人による浄水能力向上支援に努めた。

公共施設の復旧・整備については、日本隊が直接施工することは止め、日本隊はムサンナ県関係部局と調整をしながら設計を、施工は現地業者が主に行いそれを隊員が指導・監督するやり方を採用した。これは、カンボジアやゴラン高原のように日本隊が直接施工を行えば、雇用の創出は図られず、事業件数も月に二、三カ所が限度であるからである。ムサンナ県には十一の市町があるので、仮に事業件数が同時に二、三カ所であれば、事業がなされない（雇用が生まれない）他の市町からは不満が生まれ、その市町が反自衛隊の温床になる可能性も否定できなかった。また、ムサンナ県各部局からも彼らの弱点である事業の設計段階を支援して欲しいとの要望が強く、現地の業者もそれなりのレベルを保持していたことから、前述の要領での活動を開始した。これまでの自衛隊の国際貢献では実施してこなかった要領である。この要領は設計を担当する隊員が多く必要なこと、及び施工費用がかかる側面はあったが、イラク行政当局の能力向上、雇用の創出、ムサンナ県十一の市町で同時並行的に複数事業が実施可能といったメリットもあった。

	自衛隊	イラク側
医療	医療関係者の技術指導	住民診療
給水	浄水、監督指導	配水
公共施設整備	設計、監督指導	施工

(iii) ODAとの連携

ゴラン高原PKOにおいては、ODAと連携して平和維持活動を行うことはなかったが、ODAが活動を側面支援してくれた事実はあった。シリアにとって日本は、経済支援を行ってくれる友好国の一つであり、我々のUNDOF

への参加も歓迎してくれた。また我々の派遣間、日本政府はパレスチナ自治政府に対し初めてＯＤＡを供与した。パレスチナ自治政府に対する経済支援は、シリアやレバノン国民そしてパレスチナ難民は大歓迎で、私に直接お礼を述べに来る人もいた。この点でＯＤＡは、我々の活動環境を更に良好な状態にしてくれたと言える。

また、平成十四年十二月に、国際平和協力懇談会が行った小泉総理（当時）への報告の中で、紛争予防、平和構築、復興開発支援等の各段階において国際平和協力活動を促進するためにＯＤＡを積極的に活用することが提言されている。この提言以降、実際に東ティモールにおいて「国づくり」のために国連平和維持活動と連携しつつＯＤＡが運用されたと承知しているが、自衛隊の活動及びＯＤＡの運用に関し、実際に派遣された自衛隊と外務省職員が一つのチームとなって連携し相互支援を行った例は、イラク・ムサンナ県での活動が初めてだと思われる。

イラクへ派遣されたイラク復興業務支援隊の中には、対外調整チームといい、医療、給水、公共施設の復旧・整備等の人道復興事業を、実際にムサンナ県の部局等と調整して設計（企画・立案）する部署がある。また、外務省からはサマーワ事務所に所長以下五名の外交官が派遣され、ムサンナ県に対するＯＤＡの案件形成を担当している。陸上自衛隊の対外調整チームとサマーワ事務所は、相互の弱点を補完し合いながら、まさに一つのチームとしてムサンナ県の復興のために活動していた。

イラク側から見たら、自衛隊員も外務省員も、ムサンナ県の復興支援に来た同じ日本人でしかなく、区別することが無意味であり、イラク人との関係で無用に仕切り分けをしたら、それこそ不信感を抱かれる。外務省サマーワ事務所には、ＯＤＡの事務手続きに習熟した職員がいても、国際協力機構（ＪＩＣＡ）や民間コンサンタントのように事業・案件を設計できる専門家がいない。しかし、現地の治安状況からそのような専門家にイラク・サマーワに来てもらうこともできなかった。現地に所在し現地に詳しい専門家は自衛官だけであることから、自衛官は専門的見地からサマーワ事務所のＯＤＡ案件作成の支援を行い、またその持ち前の機動力をもって、イラク側と外務省サマーワ事務所との情報の架け橋の役も担ったのである。他方、外務省サマーワ事務所は、医療器材や給水車等の供与、アスファルト舗装等をＯＤＡで実施することにより自衛隊の復興支援活動のパワーアップを図ってくれたほか、自衛隊の支援分野以外で地元の要望が強い、電力・ゴミ等のＯＤＡ案件を作成して、自衛隊の活動を側面支援してくれた。その調整、事業設計・案件作成の基本的な流れは以下の通りである。

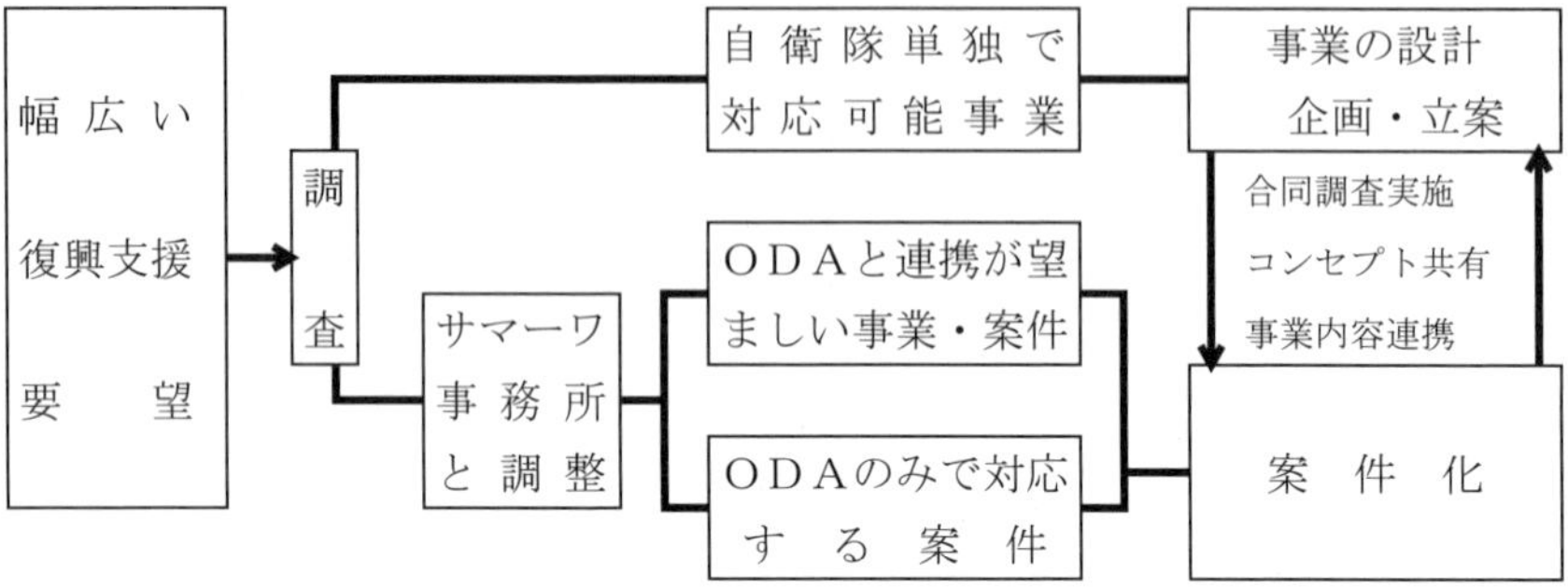
幅広い
復興支援
要望
調査
自衛隊単独で
対応可能事業
サマーワ
事務所
と調整
ODAと連携が望
ましい事業・案件
ODAのみで対応
する案件
事業の設計
企画・立案
合同調査実施
コンセプト共有
事業内容連携
案件化

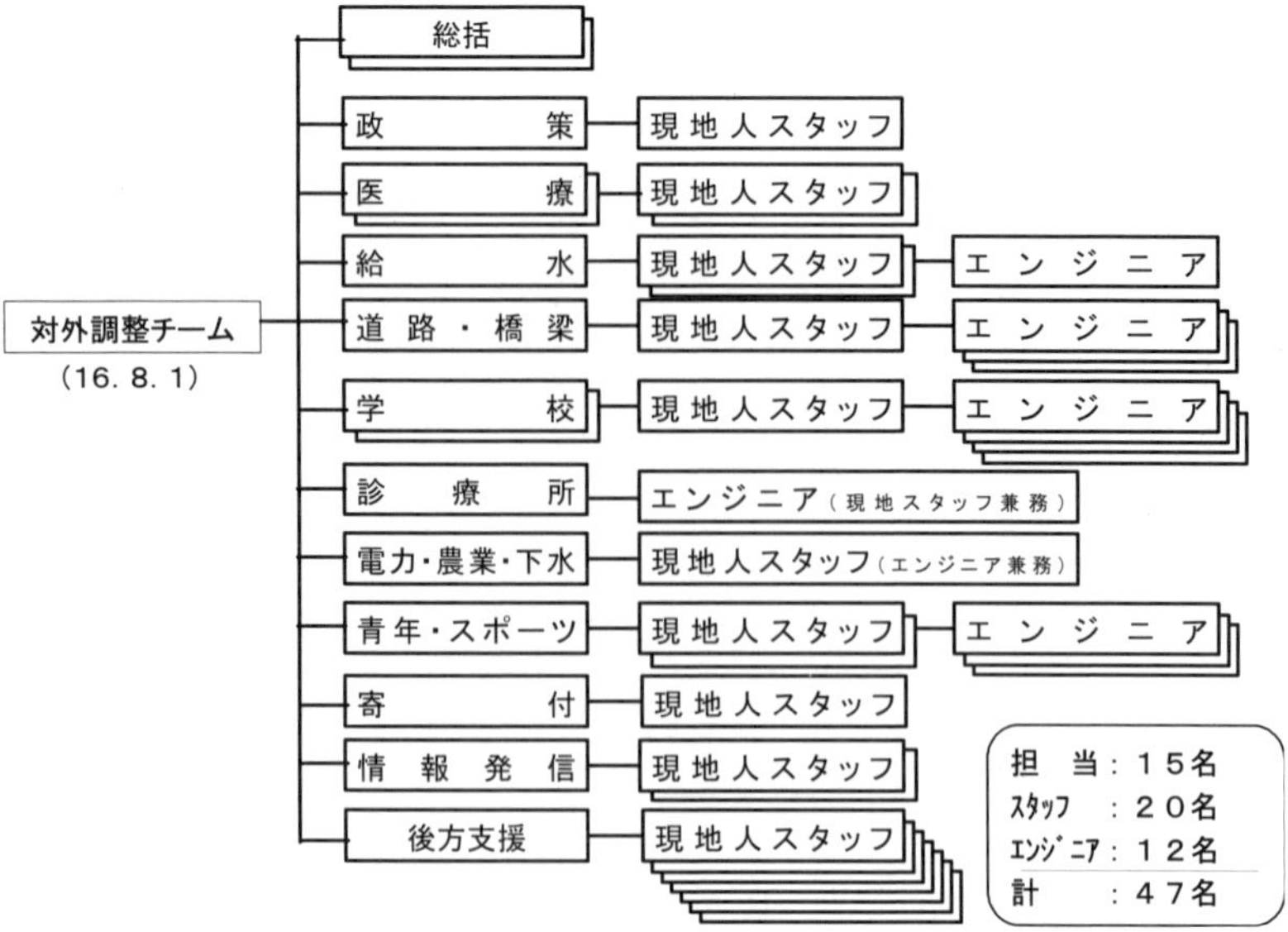
対外調整チーム
(16. 8. 1)
総括
政策
医療
給水
道路・橋梁
学校
診療所
電力・農業・下水
青年・スポーツ
寄付
情報発信
後方支援
現地人スタッフ
エンジニア
エンジニア(現地スタッフ兼務)
現地人スタッフ(エンジニア兼務)
担当:15名
ｽﾀｯﾌ:20名
ｴﾝｼﾞﾆｱ:12名
計:47名

ＯＤＡとの連携が望ましい事業・案件の一例としては、浄水装置をイラク・ムサンナ県に提供する場合、設置場所までの給水車の進入道路や設置施設を自衛隊が補修し、ＯＤＡで浄水装置や貯水タンクを供与する、或いはサッカースタジアム整備では、グランドを自衛隊が、観客席等の施設をＯＤＡで整備するといったものが挙げられた。また、ＯＤＡのみで対応する案件としては、治安（警察チェックポイントへの機材供与）や電力（大型・小型発電機の供与）等があるが、これらの案件化の際も自衛隊の担当、知事や評議会、県警本部長や電力局長からニーズや可能性を確認し外務省サマーワ事務所に伝達・協議する等専門的見地やその機動力をいかして、ムサンナ県と外務省サマーワ事務所の架け橋となることもあった。

(ⅳ) 国際機関との連携

ゴラン高原ＰＫＯで活動上連携している国際機関としては赤十字国際委員会がある。現在、イスラエルがゴラン高原を占領しているために、従来シリアに住んでいたドルーズ族はＵＮＤＯＦが設定している兵力引き離し地域を挟んでイスラエル側とシリア側に分かれて住んでいる。すなわち、親戚や一部家族が離れ離れに生活しており、そのコミュニケーションは、通常「叫びの谷」と呼ばれる兵力引き離し地帯の「谷」を挟んでメガホンで行っている。イスラエル、シリア両国政府は、ドルーズ族の民生支援のため、通常は国連の要員以外通過が認められていない兵力引き離し地帯の通過を、イスラエル側在住のドルーズ族のシリアへの留学、そして結婚に限った特例として認めており、その仲立ちを赤十字国際委員会が実施している。ただし、結婚の場合は一度通過したら二度とはもとに戻れないという厳しい制約がある。日本隊は赤十字国際委員会と連携し、学生や結婚のために兵力引き離し地帯を通過する際の輸送支援を行っている。

他方、イラクでの人道復興支援活動においてはゴラン高原ＰＫＯ以上に国際機関との連携が必要であった。筆者の派遣間、イラク・ムサンナ県においても、日本の資金協力を得てＵＮ－ＨＡＢＩＴＡＴ（国連人間居住計画）が学校の補修を、ＵＮＤＰ（国連開発計画）が道路・病院等の清掃事業や水道管補修事業を行っていた。原則的には国際機関に資金協力した上は、供与国のカラーは表に出ないことになっているが、現状はムサンナ県側も日本政府の援助でＵＮ－ＨＡＢＩＴＡＴやＵＮＤＰが事業を行っていることを承知していたので、事業を行う上での県や市町との調整や事業の成果の良し悪し（評判）の矛先は、日本隊や外務省サマーワ事務所にもたらされた。

この場合、国際機関の活動が良ければ問題はないが、悪ければ我々の活動環境を悪化させることに繋がる。実際、国際機関の調整の仕方が一方的で、かつ地域バランスや地域説明の面で問題もあったので、筆者自身、何回も国際機関の活動に関し、ムサンナ県や市町側からクレームを受けたことがあった。このため、陸自の対外調整チームは、地元の要望を国際機関の事業にうまく反映させるべく外務省サマーワ事務所と連携し、国際機関の事業予定・内容をイラク側に説明したり、逆にイラク側の要望を国際機関の事務所やサマーワ事務所に伝達したほか、国際機関による学校の補修現場や清掃事業等の現場視察も行った。さらにUNDPとサマーワ事務所との定例会合にも参加し、意見交換や情報収集を行った。

筆者の派遣期間中、ムサンナ県で日本の拠金により活動していた国際機関は、UN-HABITATとUNDPだけであったがUNICEFやUNESCO等の国際機関の活動開始も予定されていたので、国際機関との連携は益々重要になると認識していた。以上のことから、日本隊独自の事業の設計、外務省サマーワ事務所や国際機関等との連携の必要性から対外調整チームを増員し、筆者の派遣終了間際（平成十六年八月一日当時）には、陸自十五名、イラク人三十二名計四十七名の組織となった。

（v）　他国軍との連携

自衛隊が参加したこれまでの国連平和維持活動では、派遣部隊は一つの部隊単位であったため、平和維持活動を行うにあたり独自にかつ直接司令部と調整する場合が多く、またモザンビークでのPKOを除き宿営地も自衛隊単独で構成することが可能であった。つまり自分たちのルールで「日本人村」を作ることができ、司令部や他歩兵大隊等との調整もシングルチャンネルで行い得た。それに比べゴラン高原PKOでは、日本隊はカナダ軍の宿営地に入り、カナダ軍を主体とする後方支援大隊に属したため、生活のルールはもちろん、平和維持活動を行うにあたっての調整も、先ずは後方支援大隊であり、司令部や他部隊との調整も直接・単独でない場合も多かった。後方支援大隊として効果的・効率的にUNDOF司令部や歩兵大隊の活動を支援するために、定期的・臨時に会議を開き、情報交換や活動の調整を行った。その意味で、非常に「勉強」になるPKOであり、陸上自衛隊においては「PKOの学校」とも言われている。

イラク人道復興支援活動においては、日本隊がムサンナ県で復興支援を開始する以前から、CPAやオランダ軍が復興支援活動を行っていたため、復興支援の計画段階からCPAやオランダ軍と連携しないと、効果的な復興支援はできなかった。CPAも復興予算を保持しており、ムサンナ県においてはオランダ軍のCIMIC（Civil Military Cooperation）という復興支援部署にその実施のほとんどを委任しており、オランダ軍CIMICは、CPA予算及び上級司令部MND－SE（Multinational National Division South East）から割り当てられる復興予算を使用して復興支援を行っていた。

このため、同じムサンナ県で復興支援にあたる自衛隊は、対外調整チームの事務所をサマーワ市内のCPA及びオランダ軍CIMICが所在する建物内に設置し、ほぼ毎日CPAやオランダ軍CIMICと調整しながら復興支援にあたった。CPA撤退以降、オランダ軍CIMICはCPAの復興予算が使用できなくなったため、活動規模を縮小したが、自衛隊との復興支援調整は継続的に行っていた。

オランダ軍CIMICの復興支援は、その段階より狙いは少しずつ変化していった。それは、オランダ軍の主任務がムサンナ県の治安維持及びムサンナ県治安機関の育成であったことに起因しており、オランダ軍CIMIC事業は、ムサンナ県民の民生支援というよりも、治安維持及び治安機関の育成を促進するために復興支援を行うという性格を有していた。そのため当初は治安維持の促進に資するため、小規模かつ速効性のある事業を多くの地域にばらまく性格のものが多く、次の段階ではインフラ整備の分野にも踏み込んだ中規模の事業も盛り込むようになり、CPA撤退以降は治安機関の育成に資する復興支援事業が増加していった。日本隊にとって、復興支援任務は初めてということもあり、派遣先国の行政との調整をしながら事業を企画立案する際、オランダ軍CIMICは調整相手という性格だけではなく、復興支援に関し教示してくれる良き先輩という性格も有していた。

（vi）　NGOとの連携

ゴラン高原PKOでの日本隊の主任務は、歩兵大隊等の後方支援で、かつ受け入れ国の住民との交流も制限されていたため、NGOとの連携はなかった。他方、イラクにおいては、日本隊の活動そのものが、NGOが行う人道復興支援に近かったため、NGOとの連携なしには効果的な活動ができなかったと言える。イラク・ムサンナ県には、復興や行政の枠組みづくりを支援するRTI（Research & Triangular Institute）、学校や水道管等の補修を行っていたSave the Children, 給水活動を行っていたACTED等のNGOがあった。筆者の派遣当時、ムサンナ県の復興に携わるドナー（支援組織）には、自衛隊・外務省のほか、CPA、オランダ軍、NGO、国際機関があったが、各々が横の連携なく復興支援を行ったのでは、地域的にも内容的にもバランスを欠き、効果的な復興支援が不可能である。同じ事業をドナー間で争ったり、イラク側もいくつかのドナーを量りにかけたりしてしまい、ドナー間に早い者勝ちという意識やドナーとイラク側との間に不信感が生まれないとも限らなかった。そのため、ドナー会合を定期的に開催し、それぞれのドナーの進行中及び計画中の事業等の情報交換、必要に応じ摺り合わせを行い、ドナー全体としてムサンナ県に対する効果的な復興支援を行うことを心がけた。これまでの自衛隊が参加した国際貢献活動において、先ずこのようなドナー会合に隊員が参加して情報を交換や活動調整を行い、そして対象国（イラク人道復興支援においてはムサンナ県側）に対する支援活動を実施した例はないと思う。筆者は、その意味でイラク人道復興支援活動は、これまで自衛隊が参加した国際貢献活動に比較してレベルアップした認識を持っており、また、日本隊がイラク人道復興支援活動で創った復興支援に関わる調整メカニズム（ドナー会議を含む）は、今後、国際平和協力の一環で人道復興支援分野に自衛隊が参加する場合における調整メカニズムの一つの典型的な形ではなかったかと考える。

（ウ）　情報発信

ＵＮＤＯＦへの自衛隊の参加は、モザンビークＰＫＯ、ルワンダ国際緊急援助活動が終了し、自衛隊による国際貢献活動の間が空いた時分でもあり、日本のマスコミの間でも比較的多く取り上げられた。ゴラン高原到着直後は、多くの日本のマスコミがシリアとイスラエル両国から派遣自衛隊の活動を取材し、筆者も隊長として記者会見等も行った。さらには日本が初めて中東の地に、そして中東和平の一翼を担う国連ＰＫＯに部隊を派遣したこともあって、地元マスコミも関心をもって取材してくれた。

しかしながら、日本隊の役割がＵＮＤＯＦ要員への後方支援であり、かつ地域住民との公的接触も限定されていたこと、及び我々の活動に関する受け入れ国政府等に対する説明は日本大使館が行っていたことから、日本隊の活動を日本隊自らその活動地域のイスラエル、シリア及びレバノン国民に積極的に広報し理解を得るといった発想はなかった。日本隊の広報は、受動的にマスコミの取材を受ける或いはＵＮＤＯＦが発行する月刊広報誌『*Golan Journal*』に司令部勤務の陸自広報幹部を通じて記事を載せるといった、あくまでも広報の訴求対象は日本及びＵＮＤＯＦ内部であり、受け入れ国を対象とするものではなかったのである。

他方、イラク人道復興支援は、今まで以上に危険な地域で活動するといった観点からか日本や中東地域のマスコミの関心も高く、筆者の派遣当時は記者会見や多くの取材受けも積極的に行った。ただ、ＵＮＤＯＦと違い、日本への広報だけでなくイラク国内特に自衛隊の活動地域たるムサンナ県への広報は極めて重要であった。それは、活動の目的がムサンナ県民への人道復興支援であり、活動の場所もまさに住民の中、住民の要望に合致しない支援は評価もされない、住民から理解・信頼を得られなければ安全確保上も問題といった特性に起因していた。

英軍・オランダ軍は広報（ＰＡ：Public Affairs）のほかに、作戦支援部の中に情報作戦（ＩＯ：Information Operation）という部署を保持し、ＩＯがＰＡを統制していた。これは主任務たる治安維持をサポートするために、広報を含め組織的に情報を発信しようという考えからである。広く言えば、住民に接する全ての隊員が広報マンという見方もできよう。

日本隊で言えば、地元の有力者に会う機会の多い隊長たる筆者や事業の企画・設計を実施する対外調整チームの面々は、有力な情報発信源、広報マンである。このため、復興業務支援隊の中に情報発信幹部を指名し、努めて組織的に情報を発信するよう努めた。先遣隊や第一次派遣部隊は、活動基盤設定の役割もあったので、日本隊の活動意義や活動内容に関し住民の理解・信頼を得るために特に情報発信には力を入れた。広報をしてほぼ毎日取材を受け、新聞の発行やチラシの配布、掲示板の設置、テレビコマーシャルの作成・放映、帽子やステッカー等の広報グッズも作成した。これまでの国際貢献活動でこれほど積極的に地元広報に力を入れたことはなかったと思う。

しかし、情報発信の中で一番力を入れたのは、地元有力者を通じた情報発信であった。先遣隊や第一次派遣部隊は、ムサンナ県側から見ると新参者なので我々が直接或いはメディアを通じて情報発信するよりも、地元有力者を通じて組織的計画的に情報を発信した方が、住民にとっては受け入れられ易いと考えた。このため、筆者は情報幹部と連携しながら、地元の有力者を頻繁に訪ね、自衛隊・外務省サマーワ事務所の活動を説明し、彼らの協力を得ることに努めた。その結果、知事や評議会議長を通じて県民・市民に、政党指導者を通じて党員に、宗教指導者を通じて信者に、部族長を通じて部族員に情報発信することができ、派遣当初の情報発信の目的は達成できたと思う。また、有力者を通じた情報発信は、ムサンナ県だけではなく、地元宗教指導者を通じてナジャフやカルバラ等のシーア派聖地に在る有力宗教家に、また政党指導者を通じて首都バグダットの政党代表者（大統領や首相含む）に対してもなされ、我々の活動環境を彼らが後押ししてくれるという効果も生まれた。指揮官や情報発信幹部の計画に基づき、努めて組織的に情報を発信する考え方・要領は、住民の中で支援を行うという復興支援活動上の特性及び先遣・基盤設定という時期的特性から、極めて有効であったと思う。

四　ゴラン高原ＰＫＯからイラクへ

ゴラン高原ＰＫＯとイラク人道復興支援は、その活動目的は異なるものの、前述のように活動要領等については、共通する故に参考になったり、異なるが故にその理由を明確にすることにより、逆に参考になった部分も多かった。しかし、筆者自身にとり一番ゴラン高原ＰＫＯの経験で参考になったことは、「信頼と安全は自ら創るもの」、すなわち信頼と安全を担保する環境は自ら創る「Shaping the environment」の重要性を学んだことである。

日本隊はカナダ輸送小隊から任務を引き継いで「カナダ村」に入り、法的権限の違い、語学力、習慣文化の差を感じながらも、輸送任務（活動）の継続と、一次隊としてソフト・ハード両面にわたる活動基盤の構築に忙殺されながら、いかに評価を得るかに腐心した。その鍵は、受け入れ国に対しては「いかに中立性を保持するか」であり、ＵＮＤＯＦに対しては「活動成果」と「溶け込む努力」だと考えた。そのため、頭を使い結果を残すとともに、心を砕いてできるだけ早く心からＵＮＤＯＦファミリーとして迎えてもらうためのさまざまな努力を行った。

しかし、信頼・評価を得るための無理・無謀な行動は、輸送経路上で爆弾テロが頻発し、イスラエル軍がレバノンに侵攻する環境下においては命取りで、逆に信頼を失うことになりかねない。信頼・評価と安全、その両方の目標を担保する環境をいかに創るか、これが初代隊長として一番大事な役割だったと考えている。

イラク人道復興支援も、先遣隊長及び初代復興業務支援隊長としての筆者の任務は、ゴラン高原ＰＫＯとほぼ同じで「ゼロから円滑にスタートし、復興支援と安全確保の両立を担保する環境を如何に創るか」と認識していた。イラクの場合はＵＮＤＯＦと異なり、基盤づくりが全てゼロから開始しなければならない部分があったが、活動環境をいかに構築するかはゴラン高原と全く同じであった。筆者は、活動の基礎は住民の要望であり、かつその活動の場が住民の中、そして住民は容易に銃の入手が可能といった治安上の特性から、「撃たれた後の対処」も大事であるが「撃たれない、撃たない環境の構築」が危機管理上さらに望ましいと考えた。冷静に考えると、ある意味多勢に無勢である。自衛官約六〇〇名に対しムサンナ県民約六〇万、敵意と武器を持った住民に囲まれたら防ぎようがない。

それでは「撃たれない、撃たない環境の構築」のためには、どうすれば良いのであろうか。「隙を見せない、偉容を示す」

ことも重要であるが、やはり「住民からの信頼」に優るものはなく、いかに住民の信頼を獲得するかが、良い支援と安全確保の両立を担保する環境構築の基礎と考えた。派遣された当初、隊員の多くは、サマーワのイラク人全員が、テロリストや反政府勢力に見えたと述べていた。日本人の我々には、当初、誰が日本・自衛隊を支援し、誰がそうでないのか、誰が地元の人間で、誰がバグダットやシリア・ヨルダンといったよそから来た人間なのか判別できなかった。地元サマーワの人々は訛りや容貌等から判別できるが我々にはわからない。我々にそれを教えてくれるのは地元サマーワの日本・自衛隊に好意を持ち信頼感を持っている人々だけである。好意・信頼感を持ってくれる人々を中心に、宿営地や活動の現場で「信頼の海」を創りそれを拡大していく、「信頼の海」の中であれば、隊員は安全を確保しながら良い支援活動ができる、まさに住民の信頼が鍵なのである。その「信頼の海」を創造・拡大する方策はその時々の特性により異なると思うが、我々は①住民のニーズを真に踏まえた支援を愛情を持って実施すること、②目線を同じくし「郷に入ったら郷に従え」の精神で住民に接すること、③常に最善を追求して状況の変化に柔軟に対応することを重視した。これは他でも通用する事項のような気がする。

おわりに

ＵＮＤＯＦは第一世代の典型的な停戦維持型のＰＫＯであるが、実際のオペレーションを経験できるだけでなく、ある意味「ＰＫＯの学校」としての役割も担い、自衛隊にとって有意義なＰＫＯであると言われている。実際にＵＮＤＯＦ派遣経験者が、その活動を通じて修得した知識・経験を駆使して、東ティモールＰＫＯやイラク人道復興支援等の各種ミッションの中核として活躍している。

イラク人道復興支援は、ほとんどがゼロからのスタートであったが、ＵＮＤＯＦを含めこれまでの国際平和協力の教訓を生かした部分や新たに現場で切り開いた部分もあった。特に復興支援に携わるドナーとして、ムサンナ県行政組織との直接調整、ドナー会議への参加、自衛隊の活動とＯＤＡとの本格的連携、ＣＩＭＩＣにも似た対外調整チームの編成、情報発信等が今後の国際貢献活動研究の参考となれば幸いである。

（元ゴラン高原派遣輸送隊第一次隊長・元イラク人道復興支援先遣隊長及び復興業務支援隊長）

東ティモールにおける自衛隊の活動

川又弘道

シャルマ（Kamalesh Sharma）国連東ティモール支援団事務総長特別代表の国連安保理における報告（二〇〇三年十月十五日）

私は、安全保障理事会に対し国連東ティモール支援団（UNMISET：United Nations Mission of Support in East Timor）軍事部門の工兵諸部隊が、東ティモールで実施している主要な道路網の維持に係わる大変有意義かつ必要な作業に着目していただけるよう求める。もし各国によるこの分野への継続的な支援がなければ、UNMISET撤収後の治安を脅かす事案への政府の即応能力が、全土で急速に悪化するであろう。また航空、鉄道、沿岸航路が未整備な中、信頼できる道路網の欠落は国土を物理的に分断し、社会・経済・治安上の影響をもたらすであろう。この分野における継続的支援及び能力構築は、日本国自衛隊施設群が開始した卓越した支援の上に築き上げることが緊要である。

はじめに

イラクにおける自衛隊による復興支援が始まって間もない二〇〇四年六月、UNMISETへの最後の派遣部隊となった第四次東ティモール派遣施設群が全ての施設器材、宿営施設等とそれらを管理運営する技術を東ティモール政府に譲渡して帰国した。カンボディアPKOから一〇年目にあたる二〇〇二年二月に始まった東ティモールにおける自衛隊による国際貢献活動は、①部隊の規模がこれまでで最大となったこと、②部隊を中隊単位で駐屯させたこと、③国連のマンデートに基づき段階的に部隊の規模を縮小させたこと、④初めて女性自衛官が参加し、⑤陸曹が司令部要員として配置されたこと、⑥撤収後の東ティモール復興を見据えて民生器材を多用したこと、さらには⑦イラクへの自衛隊派遣開始に伴い途中から国際貢献における地位・役割が支作戦的なものになったことなどいくつかの特性があげられよう。本稿では、東ティモールの平和構築プロセスに大きく寄与し異例にも安保理の場で賞賛された陸上自衛隊施設群の活動を中心に紹介する。

一　東ティモールの概観

（一）　東ティモール地誌

日本からほぼ真南に約六五〇〇キロメートル、小スンダ列島の東部に位置するティモール島東半分と西半分の中にある飛び地オクシからなる面積約一・四万平方キロメートルの国が東ティモールである。

国土の大半が山地であり東西に走る山脈の最高峰は標高二九六三メートルである。熱帯サバナ気候に属し年間平均気温は二六・四度、平均湿度は七一％で六月から十一月の乾季には焼け付くような厳しい暑さが、雨季はモンスーンの影響で高温多湿の日々が続く。マラリアなどの熱帯病の流行地域でもある。

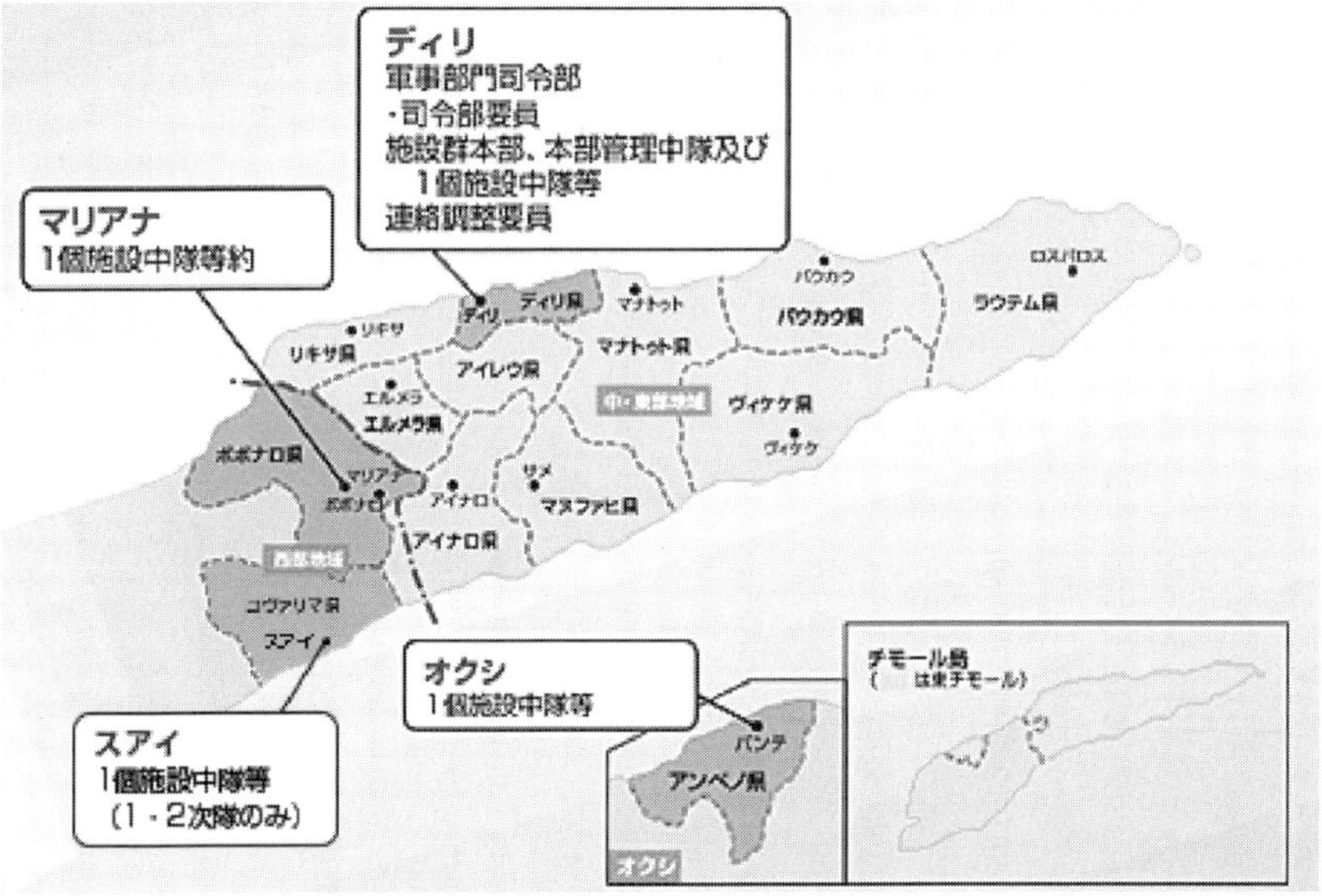

国際平和協力本部ホームページより抜粋
http://www.pko.go.jp/PKO_J/e_timor2002_10.html

人口約九〇万人の大半をインドネシア人と同じメラネシア系種族が占め、言語はテトゥン語、宗教は九九％がカトリックである。

世界で最も貧しい国の一つで、失業率は七〇～八〇％と極めて高く一人当たりのGDPは四〇〇ドルにも満たない。二〇〇四年度の国家予算も二億三〇〇〇万ドルのうち僅か六二〇〇万ドルの歳入見込みしかなく外国の援助に頼らざるを得ない。唯一の経済状況改善への望みは二〇〇八年頃に見込まれるティモール海での天然ガス・油田開発が軌道に乗ることである。

（二）　独立を巡る混乱と国連の関与

東ティモールは、一六世紀にポルトガルの植民地となるが、太平洋戦争中の一九四二年から約三年間は日本の占領下にあった。ポルトガルが植民地政策を転換した一九七四年に独立の機会が訪れたが、急進独立派、自治権を拡大した後に独立を目指す穏健独立派、及びインドネシアへの併合派との間で混乱となりインドネシアの軍事介入を招いた。冷戦の最中、共産主義の東南アジアへの浸透を恐れインドネシアの協力を必要とした西側諸国に黙視された東ティモールは、一九七六年にインドネシアへ併合された。

冷戦が終結し、一九九一年のサンタクルス墓地虐殺事件などインドネシア軍による人権侵害が世界の注目を集めるようになった。一九九八年、ハビビ（Bacharuddin Jusuf Habibie）インドネシア大統領の発言から独立機運が一気に高まり、一九九九年八月東ティモール派遣団（ＵＮＡＭＥＴ：United Nations Mission in East Timor）（日本から文民警察官三名が参加）の下で住民投票が実施されて独立派が圧勝したが、その直後から併合派民兵等による破壊活動や住民襲撃が各地で発生し、約三五万人が西ティモールなどに逃れた。

迅速な治安回復のため国連安保理の承認の下にオーストラリア軍を基幹とする多国籍軍、東ティモール国際軍（ＩＮＴＥＲＦＥＴ：International Force in East Timor）が急派された。情勢が落ち着きを取り戻した二〇〇〇年二月、ＩＮＴＥＲＦＥＴに代わる東ティモール暫定行政機構（ＵＮＴＡＥＴ：UN Transitional Administration in East Timor）が設立され、その下で実施された二〇〇一年八月の制憲議会選挙で長い間独立闘争の先頭に立ってきた東ティモール独立革命戦線（ＦＲＥＴＩＬＩＮ：Frente Revolucionaria de Timor Leste Independente）が過半数を獲得し、同事務総長アルカティリ（Mari Alkatili）を主席とする暫定内閣が発足した。

その後、独立派ゲリラを率いた国民的英雄グスマン（Kay Rala Xanana Gusmao）が二〇〇二年四月の大統領選挙で初代大統領に選出され、同年五月二十日に東ティモール民主共和国として独立したが、国家統治機構が未だ脆弱であったことから国連はUNTAETに代わって同国の安全確保と自立を支援するUNMISETを設立した。

（三）　派遣間の治安情勢

デモに対する警察の発砲から事態が拡大し、政府及び警察による事態収拾が不能となった二〇〇二年十二月四日のディリ暴動や、西部の暫定国境（TCL：Tactical Coordination Line）付近での元民兵によるものと見られる事件が散発したものの、自衛隊派遣間の東ティモール情勢は総じて平穏で安定した状況が継続した。これはPKFが貧困を起因とする犯罪、反政府組織や元併合派民兵の活動等の混乱の火種を抑止しているからにほかならなかった。二〇〇四年五月のUNMISETマンデート終了に向けて、UNMISETの支援下に、治安維持についても自立を目指し国家警察や国軍の建設が急がれていた。

残念なことにUNMISET撤収後の二〇〇六年五月に発生した暴動では、国軍のみならず警察組織も崩壊し、かろうじてオーストラリア軍の介入によって治安が維持される結果となり、統治機構の脆弱さを露呈してしまった。

二　陸上自衛隊の派遣準備

（一）　派遣に至る経緯

日本政府は早くから東ティモールの独立に向けた動きに関心を持ちさまざまな支援策を検討していたが、「国際連合平和維持活動等に対する協力に関する法律（PKO法）」の下では平和執行型の多国籍軍であるINTERFETへ自衛隊を参加させることはできなかった。そこで日本政府は、国連難民高等弁務官事務所（UNHCR：United Nations High Commissioner for Refugees）の要請に応え避難民支援のための物資輸送を、一九九九年十一月から航空自衛隊の輸送機三機をもって西ティモールのクパンとジャワ島スラバヤの間で実施した。

その後、INTERFETからUNTAETへ、さらにUNMISETへ移行していく中、我が国の貢献のあり方が政府部内で模索されていたところ、二〇〇一年十一月、UNTAETとその後継であるUNMISETへの派遣について国連から打診があり司令部要員並びに施設部隊の派遣準備に着手した。その直前の九月十一日には米国で同時多発テロが発生し、米国等によるテロとの戦いがアフガニスタンで開始されるなど、世界的にテロの脅威が高まっている中での派遣となった。

（二）　ＵＮＭＩＳＥＴと自衛隊の任務

ＵＮＭＩＳＥＴの特性は、東ティモールにおける司法、立法、行政各機能の計画的・段階的整備を支援する一方で、これらの機能発揮及び治安改善に関する見積もりに基づいて、ＵＮＭＩＳＥＴ自体の段階的縮小が計画されていたことである。その組織は事務総長特別代表の下に総務部（文民）、文民警察、及び停戦監視団を含む平和維持軍（ＰＫＦ：Peace-keeping Force）から成り、ＰＫＦには司令官の下に複数の歩兵大隊が配置され、それぞれは担任地域の治安維持の任務に就いていた。

施設群の任務は、司令官の直轄部隊として①主要補給幹線（ＭＳＲ：Main Supply Route）の維持補修、②給水施設の維持管理、③国連施設の維持整備及び④民生支援（ＣＭＡ：Civil Military Affairs）であり、これらの任務を遂行するためディリに主力を、オクシ、マリアナ及びスアイに各一個中隊を駐屯させることとした（三次隊以降は国連との調整によりスアイを、四次隊以降はさらにオクシを廃止）。またカンボディアの教訓を踏まえ、土木工事等に使用する器材は東ティモールへ譲渡することを前提に努めて民生品とし、かつ現地の道路事情に合った規格のものとした。さらに地域住民との良好な関係を築くことが部隊の安全確保につながることから、編成に文化交流のための要員を含めるなどいろいろと着意した。

第一次東ティモール派遣施設群（北部方面隊：六八〇名）の派遣は二〇〇二年三月に始まったが、各中隊を道路事情が劣悪な地域に離隔して分駐させること、五月までにパキスタン及びバングラディシュ工兵大隊から任務を引き継ぐ態勢を整えることが急がれたことなどからスアイ、オクシへの部隊展開は、統合幕僚会議事務局の調整の下に海上自衛隊輸送艦「おおすみ」とホバークラフト型上陸用舟艇（ＬＣＡＣ：Landing Craft, Air Cushoned）の支援を受けて主に海から実施された。

一方、司令部要員は施設群に先立つ二月に出国し、派遣施設群の任務と関係の深い道路・橋等の維持補修等に関する企画及び調整を担当する工兵課に工兵課長以下九名（第二次：七名）が、またＵＮＭＩＳＥＴ全体に係わる補給、不動産、廃棄物処理、輸送調整等の後方支援全般にわたる調整を担当する統合支援センターに一名が配置されることとなった。

三　派遣施設群の活動

(一)　MSRの維持補修

この任務は人と物の移動を安定的に確保して民生安定に資するという観点からも特に重要なものであった。道路・橋等の維持補修の担任は、PKF作戦用道路のうちMSRが施設群、その他が各地域担任歩兵大隊の直轄工兵部隊、右以外の一般道路は東ティモール政府通信輸送・公共事業省（インフラ省）の担当とされていたが、施設群以外の工事能力が限られていたため、機械力を必要とする比較的規模の大きい工事は施設群が担当せざるを得なかった。

このため施設群は、司令部工兵課との緊密な連携の下に、計画的な道路調査、PKF各部隊及び文民警察等の要請を踏まえて補修所要を把握し、乾季には大規模な工事及び雨季に備える予防的な工事を優先的に実施するよう心掛けた。一方、雨季には即応態勢を整えて道路等の阻絶を局限した。大規模な工事では他国の部隊と共同したり、宿営地から離れた地域での工事では他国の部隊から宿泊や給食の支援を受けたり、或いは工事現場の近くに露営することもあった。

東ティモールの道路は東西に走る海岸沿いの道路と島を南北に横断する一部の道路が舗装されているだけである。脆い土質と森林伐採の影響もあって雨季には一寸したスコールでも地滑りや鉄砲水が発生して道路があちらこちらで壊れたり、土石流で橋が流されるという状況が続いた。さらに木製の橋板（橋の路面にあたるもの）が盗まれ通行出来なくなることもあった。UNMISETが補給する低品質かつ不足がちな工事資材にも悩まされた。特に道路補修に必要な鋼矢板や土壌硬化剤等の比較的高価な資材は補給までに半年以上かかるのが常であり、このため施設群はより適切な施工能力を有していながら、応急的な作業を強いられた。

このような状況では、補修工事を実施しても地質の不安定な地域では再び損傷したり崩壊することが明白であったことから、工事に際しては地方行政官を通じて現地住民を積極的に雇用し、隊員と一緒に作業をさせる中で蛇篭やコンクリート打設の方法など軽易な土木技術を彼らに修得させるよう着意した。これらの積み重ねにより、地方行政府等が簡単な補修については自ら実施するようになり、施設群の作業負担が軽減されることとなった。

(二)　給水施設の維持管理

ディリ市内コモロ地区と東ティモール南西部の町スアイにある給水所を無休で管理・運営し、それぞれ日量約三〇〇〇トン、約一二〇トンをＰＫＦと地域住民に供給し生活基盤の安定に寄与した。特に第三次隊以降のスアイ給水所担当の隊員は、スアイ配置の施設中隊が廃止となったためタイ歩兵大隊の管理支援（宿泊、給食等）を受けることになった。また第四次隊では撤収までに給水所を政府へ移管するため、政府職員に対する教育も実施した。以前からさまざまな場において公務員全般に奉仕の精神が欠けていると感じられたところであったが、偶然にも移管する日が独立回復記念日（五月二十日で休日）と重なったコモロ給水所では、職員が引き継ぎ直後に給水所を閉めてしまうという問題が生じた。

（三）　国連施設の整備

この任務は、ＵＮＭＩＳＥＴの活動に必要なさまざまな施設を整えるもので、ヘリポート構築、飛行場整備、船舶係留設備及び産廃施設構築などの他、国連要員の勤務・居住環境の整備等も実施した。この他、ディリ暴動に際しては一時的な逮捕者の拘留施設等も構築した。

二〇〇二年十月のバリ島ディスコ爆破事件は、米国と歩調を一にするオーストラリアがＵＮＭＩＳＥＴの主力であること、東南アジアの原理主義組織ジェマ・イスラミア（Jemmah Islamiah）がテロ活動を支援していたことなどから、ＵＮＭＩＳＥＴに対するテロの脅威を一気に高めた。このため国連施設を自動車爆弾等から守るため一トン土嚢（のう）二〇〇〇袋以上を使って防護壁を構築したり、コンクリートブロックで道路の閉鎖などを実施した。この種の作業は二〇〇三年八月のバクダットにおける国連施設爆破事件、テロ情報や支援国会議などがある度に強化された。一方で第四次隊はＵＮＭＩＳＥＴの大幅縮小に伴い不用となった数多くの膨大な国連施設の撤去（非武装化）作業を自らの撤収準備と併せて実施することとなった。

（四）　民生支援（ＣＭＡ）

ＰＫＦにとっては付随的な任務であるものの、ＣＭＡは民生の安定や信頼の獲得のみならず治安情報の入手という観点からも重要な意義を有していた。国連もこの分野における軍隊の果たすべき役割について模索しており、その有効性を次第に認識しつつあったが、予算上の制約から、各国部隊の自助努力に依存しているのが実状であった。

中でもポルトガル及びオーストラリア両歩兵大隊はＣＭＡ専任の組織をもってニーズの発掘に努め、ＣＭＡのための運用経費や大使館経由の経費を使い学校・教会等の公共施設の修復を積極的に実施していた。韓国大隊は企業並びにＮＧＯと協力して現地住民の保有している戦闘服を私服と物々交換し、住民と戦闘員の区別を容易にするブルージーンズ作戦を実施していた。タイ大隊も研修農場や工房を設け農業技術や工芸品製作技術の指導をしていた。

施設群にも東ティモール政府機関、国連機関及びＮＧＯ等から直接或いはＰＫＦ司令部を通じてさまざまな要望が寄せられた。民生支援の意義に鑑みて、施設群としても隊力と資材に制約を受けながらも各種公共施設の敷地造成・整備、生活道路・橋の補修、政府や地方自治体が実施する行事の支援等を実施した。代表的な工事として独立記念式典会場構築（第一次隊）、東部ロスパロス地区での橋梁架設（第二次隊）、オクシ地区及びビケケ地区での橋梁架設（第三次隊）がある。部隊規模が大幅に縮小された第四次隊は、国連開発計画（ＵＮＤＰ：United Nations Development Program）の「東ティモールにおける元民兵及び地域社会のための復興・雇用・安定化計画」事業に基づくＴＣＬ上の河川からメモ村に水を引く灌漑用水路工事における政府の現場監督に対する技術指導を実施した。

（五）　土木施工能力移譲のための職業訓練

施設群が実施した民生支援の中で特筆すべきものは東ティモール政府職員に対する土木施工能力の移譲に関する職業訓練である。東ティモールでは建設工事器材とその操作手が極めて少ない状況であったことから、譲与施設器材の有効活用及びＵＮＭＩＳＥＴ撤退後の自立した国造りに寄与するため、第一次隊は当初から人材育成事業としての施設器材操作教育を計画していた。

二〇〇二年八月、東ティモール政府及びＵＮＭＩＳＥＴとの調整を経てカメア川河川改修工事の場を活用した政府職員六名に対する教育が開始された。さらに第二次隊はインフラ省に対し東ティモール各地に五カ所の道路維持管理事務所を設置し、そこへ教育修了者を配置して業務に当たらせるとの構想を提案し操作教育の枠を拡大した。援助器材の整備が出来ないために故障したまま放置されるという他国の例に鑑みて、第三次隊はこれまでの操作教育に加え器材の整備教育、並びに工事計画管理教育を実施し、第四次隊に引き継いだ。また第三次隊は中長期的な道路建設整備計画の立案には資料の整備が不可欠と考え、政府職員に対する道路・橋梁調査要領の教育も兼ねた東ティモール全土の主要な道路・橋梁の調査を実施し、その成果をインフラ省へ提供した。

教育に際しては言葉や文化の壁を克服するためＪＩＣＡの研修制度を通じてかつて日本で機械整備を学んだ現地人を通訳として雇用したが、高等教育を受けている者が少ないこともあり教育には日本の場合と比較して約三倍ほどの時間を要した。卒業者には東ティモール政府が認定する修了書が交付され東ティモールの復興を担う人材として活躍するに至っている。こうして第四次隊撤収までに一環した土木工事施工管理能力を東ティモール政府に移譲し、技術的にはまだ未熟ではあるものの独自に中南部ナタボラ地区における橋梁取付道路工事を完成させることが出来るまでになった。

一方で、かねてから修了生より自衛隊が去ることへの不安感が漏らされていたところ、施設群撤収後のフォローアップの必要性を理解した自衛官ＯＢによるＮＰＯ「日本地雷処理・復興支援センター」が、二〇〇四年七月、ディリ宿営地跡に「建設技能訓練センター」を開設し、東ティモール政府の要請に応えることとなった。

将来的に民生支援の重要性が高まる傾向にあることを考えれば、包括的かつ被支援国に喜ばれる復興支援を実施するため、自衛隊の派遣前から撤収後を見据えた支援策を企画し、現地ではニーズを発掘して迅速に実行に移すとともにその効果を評価する仕組みが必要である。イラク派遣では一部改善されたものの、政府開発援助（ＯＤＡ）による事業、自衛隊による活動、ＮＧＯ等の民間援助団体による活動等は、個々に実施されていたのが東ティモールでの実態である。開発プロジェクトであるＯＤＡは、住民生活改善に迅速な効果をもたらすものではない。例えば校舎の屋根をトタンで葺き替える程度のものはＯＤＡに馴染まないし、仮にＯＤＡ事業とすると数年先のしかも学校建て直しのような大がかりな工事になってしまう。現地レベルでは自衛隊とＮＧＯとの間で、或いは大使館との間で問題意識を共有し連携を図る動きがあったが、残念ながら東京の理解を迅速に得ることが難しくほとんど実行出来なかった。ＰＫＯにおいても軽易に使える経費があれば大きく改善されるであろう。

(六) その他の活動

(ア) 邦人保護及び人道的支援活動

ディリ暴動に際して、第二次隊は市内に施設群隊員数名が所在していたこと、さらには日本政府関係者の他、ＮＧＯ、企業などの多くの邦人が滞在していたこともあり、隊員の安全確保と邦人保護の観点から状況を掌握するためのチームを派遣し、保護を求めてきた邦人五名及び人道的な観点から外国人四名を掌握し宿営地に収容した。また事態の更なる拡大から逃れて宿営地に保護を求めてきた邦人及び外国人約四〇名に対しても宿泊や給食等の便宜を供与した。この暴動はＰＫＦの出動により沈静化したが、もし状況が悪化した中で孤立した邦人から助けを求められた場合には難しい判断を求められたことであろう。

このほか、デング熱で倒れた邦人旅行者及び国連職員の治療、宿営地周辺での交通事故負傷者の救護等々を、また地域住民との融和という観点からも近隣住民に対する軽易な診療・治療を実施した。特に女性に対する診療では衛生科女性自衛官の存在が多いに役立った。さらには豪雨で収穫前の農地を流されて困窮していた部落への食料援助等を東ティモール政府を通じて実施した。

(イ) 国際交流及びボランティア活動

政府主催の東ティモール独立回復記念行事、UNMISET主催のルワンダ虐殺メモリアル行事などの各種記念行事やスポーツ大会、各国軍の国連メダル授与式や部隊交代式等へ参加或いは参列した。各国部隊はともに交流行事を積極的に進めており、自国の独立記念日などの催事、部隊交代式典等では民族芸能、舞踊、音楽等を披露していた。施設群の各次隊もそれぞれ創意工夫して交流を進めた。第四次隊では二月十一日の建国記念日に合わせてジャパン・デイを開催しグスマン大統領等の政府高官、PKF司令官や各国の軍人・外交官及び国連職員を招待し沖縄のエイサーや演武、野点を披露し日本文化の紹介と交流・親睦を深めた。

また住民との交流も積極的に実施された。東ティモールの文化や習慣を理解し友好・信頼関係を築くことを目的に、余暇を活用した隊員の自主的活動として孤児院への慰問、街頭清掃活動、幼稚園・小学校等での音楽演奏や音楽教室の開催、或いは邦人NGO主催のマングローブ植樹活動への参加、口腔衛生の向上のための小学校における歯磨き指導などを実施した。これらの活動を通じて築かれた友好・信頼関係は、治安情報の交換や各種工事における協力の獲得等に大いに役立った。これらの慰問には各次隊の出国前に各種協力団体及び近隣の学校などから寄贈された文房具や玩具等が使用された。

四 最終撤収の姿を模索

出口戦略、即ち撤収のあり方は派遣準備段階から検討されていたものの実際は、第一次隊から第四次隊へ引き継ぐ中で修正・確立されていった。特にイラク派遣と時期的に重なったために海・空自衛隊からの支援を得ることが難しく、撤収所要を最小限に抑えるために殆どの物品・施設を現状のまま譲与することが必要となった。ところが第四次隊出国(撤収まであと半年強)が迫っても、「最終撤収の際に全ての民生品器材と宿営地施設を譲与する」という自衛隊の計画について、譲与規模、要領とそのフォローアップのあり方を巡り関係者（総理府、外務省、ＪＩＣＡ及び国連等）間の合意は得られていなかった。この問題を解決すべく政府は、防衛庁、外務省及び内閣府の実務者から成る調査団を第四次隊派遣直後の二〇〇三年十月下旬に派遣した。

このため第四次隊は当初から撤収計画の早期具体化と調査団受入のため東ティモール政府及び国連関係者、特に「東ティモールの復興及び治安の維持は道路インフラの整備にかかっている」との認識を持つシャルマ代表及び長谷川祐弘副代表（兼ＵＮＤＰ現地代表）等に働きかけを実施した。その結果、ディリ宿営地にアルカティリ首相を招き譲与予定の器材及び宿営地施設の説明、跡地利用に関する提案を行うとともに右調査団との懇談の機会を設けることが出来た。また調査団を前述したナタボラ地区へ案内し第二次隊から第三次隊へ引き継ぐ際に縮小された一個中隊分の既譲与器材の活用状況を確認させた。これを契機にＵＮＭＩＳＥＴ、ＵＮＤＰ、政府関係機関等によるディリ宿営地を含むタシトロ地区再開発検討会議が発足し、その中で譲与施設を含む宿営地跡地の有効利用についても検討されることとなった。また第四次隊は譲与施設の安定利用のため政府の施設管理職員に対して維持管理に必要な教育を実施した。

貧困が故か地元の人々は管理が曖昧なものに対し自己の所有権を主張する傾向が多く見られトラブルが頻発した。タイ歩兵大隊撤収に際しては近隣の二つの部落が残置物品を巡って争い、これに巻き込まれて車両が壊された。スアイ空港施設でも残置物品目当てに集まった群衆が略奪行為を始めたことから警備にあたっていたフィジー部隊が発砲してこれを解散させた。このため自衛隊宿営地でも撤収を前に徐々に増えてきた周囲を徘徊する者に対する監視を東ティモール国家警察の協力を得て強化した。また自衛隊撤収時には宿営地管理の空白を避けるため政府の施設管理職員及び警察部隊が自衛隊と入れ替わりで宿営地に入った。

まとめ

東ティモールへの自衛隊派遣の成功の背景には、カンボディア以降積み上げてきた経験と日本的ノウハウの構築があったことは言うまでもない。特に施設群が実施した職業訓練は自衛隊のみならず日本政府としての復興途上にある国への民生支援のあり方に一石を投じたものとなった。初参加となった女性自衛官も、司令部要員として初めて派遣された陸曹もその能力を十二分に発揮し他国軍人から尊敬された。

他方でＰＫＯの現場においても縦割り行政の弊害が浮き彫りとなり、我が国の復興支援策をより迅速かつ効果的に人々の目に見える形で実施していくための課題が明らかになった。また、自衛隊による邦人保護の問題についてはまだ手付かずである。国際貢献に関する一般法を制定するとともに、国際貢献を自衛隊法上の主要な任務とするという議論が政治の場でなされているが、自衛隊を効果的に運用するため東ティモールでも積み残された様々な課題を解決することと、さらには時代の要請に応じて日々進化しているＰＫＯについてもよく理解する必要があろう。

（元国連東ティモール支援団軍事部工兵部隊・陸上自衛隊第二施設団長）

ソマリア紛争における国連の紛争対応の「教訓」

井上実佳

はじめに

本稿の目的は、ソマリアの事例が及ぼした影響を通して、国連の紛争対応を再検討することである。一九九〇年代の教訓を踏まえた「国連平和活動検討パネル報告書」（以下、「ブラヒミ・レポート[1]」）で、国連の紛争対応が活動の相互関連性を深めた「国連平和活動」となる必要性が指摘されるなど、国連の紛争対応についてはさまざまな評価、検討がなされている。しかし同時に、国連の紛争対応においては依然としてさまざまな課題が明らかになっている。このような現実に鑑みた場合、国連の紛争対応をソマリアの「教訓」をもとに検討することは、一定の時間が経過した現段階でこそ可能であり、少なからぬ意義を持つといえる。なぜならば、筆者は、国連の平和維持活動（以下、ＰＫＯ）、平和創成（Peacemaking）、平和構築（Peace-building）、紛争予防などの各活動が相互関連性を深める必要があると認識されるに至った背景となるなど、ソマリアの事例は国連の紛争対応にとって重要な転換点だったと考えるからである。

そこで本稿では、まず、いわゆる「破綻国家」（Failed States）における紛争や、国連の紛争対応における転換点になったソマリア紛争の事例から得られた「教訓」を検討する。次に、ソマリアをはじめとする一九九〇年代の国連による諸活動を経て公表された報告書を検討する。具体的には、一九九七年にマラック・グールディング（Sir Marrack Goulding）国連政務担当事務次長（当時）がまとめた報告書 ***"Practical Measures to Enhance the United Nations Effectiveness in the Field of Peace and Security"***（非公表）（以下、「グールディング・レポート[2]」）と、上記の「ブラヒミ・レポート」を取り上げる。国連の紛争対応の現在、過去、将来をつなぐ両レポートには、国連による紛争対応の歴史が凝縮されている。それらにソマリアの「教訓」がどのように活かされたのか考察する。最後に、ソマリアの「教訓」がその後の国連による紛争対応に与える示唆について、アフガニスタン紛争を取り上げ検討する。

一　ソマリア紛争における国連の活動

ソマリアの事例は、国内紛争、特にいわゆる「破綻国家」において国連に何ができ、何ができないのかを示したという点で、国連の紛争対応における重要な転換点である[3]。

(一)　「破綻国家」ソマリア

そもそも、国家の「破綻」とは、ザートマン（I. William Zartman）によると、国の構造や権威（正統性を備えた権力）、法、政治秩序が崩壊し、何らかの形で再構築されなければならない状況をいう[4]。このような「破綻国家」における紛争は、しばしば紛争当事者が紛争を利益獲得・維持の手段と見なして終結を望まないため長期化する。資源や権力に対するアクセスやその分配を握る「ウォーロード」(Warlord)の存在、紛争継続を可能にさせる武器の密輸出入やダイヤモンドなどの資源取引はこの特徴と関連している[5]。また、デング（Francis Marding Deng）が指摘するとおり、多くの場合、国家の「破綻」は紛争や対立住民間の暴力、難民問題を最たるものとする大規模な人権侵害などに起因する「人道的悲劇」と関連している[6]。この非人道性は、国家の対外的・対内的責務を問う「責任ある主権」、また「人道的干渉」の是非をめぐる議論を呼んだ。さらに、国家のさまざまな機能が「破綻」しているとすれば、紛争対応では暴力行為の停止だけでなく、政治・経済・社会・文化といった多様な側面を踏まえた和解や国家再建を実施する必要性が生じる。

このような特徴を持つ「破綻国家」に、ソマリアはどの程度合致していたのだろうか。東アフリカの「アフリカの角」に位置するソマリア民主共和国は、ソマリ族が八割以上を占め、多くがイスラム教（スンニ派）を信仰する。ソマリ族はクラン（Clan）や下位のサブクラン（Sub-clan）という血族に基づく氏族制を政治的基盤としてきた[7]。ソマリアでは、独裁政治を行っていたバーレ（Mohamed Siad Barre）政権が一九八〇年代から衰退し、政治的混乱が生じていた。また、干ばつによる飢餓状態が進行していた。バーレ政権最後の数年間、ソマリアでは近代国民国家に不可欠な基本的制度が消滅し、政府職員がほとんど存在せず、行政や最低限必要なサービスが停止した[8]。自らのクランを優遇する政治や著しい人権侵害を行うバーレ大統領に反発が高まり、各地で反政府運動が生じた。一九九一年一月にバーレ政権が崩壊した後は無政府状態に陥った。

バーレ政権崩壊後は、ソマリア統一会議（ＵＳＣ）が統治を試みた。その過程で、元実業家のアリ・マハディ（Ali Mahdi Mohamed）を擁する派が同氏の暫定大統領就任を発表した。このことに、バーレ大統領追放に貢献しＵＳＣ議長も務めていたアイディード（Mohamed Farah Aidid）を擁する派が反発した。[9] 一九九一年九月には、アリ・マハディ派とアイディード派とが首都モガディシュで戦闘を行った。地方では、クラン、サブクランを基盤とした諸勢力が武力衝突を繰り返した。このような状態が、干ばつと事実上の経済崩壊によって一九八〇年代から続いていた飢餓をさらに悪化させた。一九九二年から一九九三年にかけての紛争激化が原因となった飢餓によって、最悪時には一日に三、〇〇〇人が死亡し、一五〇万人が死に瀕した。また、ソマリアの総人口六〇〇～八〇〇万人のうち、一七〇万人が難民・国内避難民となった。[10] ソマリアの紛争当事者は、活動資源調達と勢力拡大のために国際機関やＮＧＯの支援物資略奪を重要な戦略としたため、飢餓が全国に拡大し深刻化した。国際機関やＮＧＯにとっても、職員の安全確保が困難となった。ソマリアは「政府も中央治安軍も存在しない国家」となり、「武装した民兵が戦利品をめぐって戦い、土地を荒廃させ、組織的に殺人を行い、市民を強制移住させていた」。[11] 当時のソマリアは、まさに国家が「破綻」した状況にあったと言わざるを得ない。

（二）　国連の活動

ソマリアにおける国連の紛争対応においては、主に以下の四つが中心となった。まず挙げられるのはＰＫＯである。このうち、第一次国連ソマリア活動（ＵＮＯＳＯＭ Ｉ）は、一九九二年四月二十四日に国連安全保障理事会（以下、安保理）が決議七五一で派遣を決定した。ＵＮＯＳＯＭ Ｉには、人道活動の保護というそれまでのＰＫＯに見られなかった任務が課せられた。それでも、ＵＮＯＳＯＭ Ｉの基本的性格は、冷戦期に発展した、紛争当事者からの同意、活動の公正性、自衛以外の武力不行使を原則とし、停戦監視や兵力引き離しなどを任務とする、いわゆる「伝統的ＰＫＯ」であった。[12] これに対し、一九九三年三月二十六日に、安保理が決議八一四でＵＮＯＳＯＭ Ｉの規模と権限を拡大し新たに名付けたのが第二次国連ソマリア活動（ＵＮＯＳＯＭ Ⅱ）である。[13] ＵＮＯＳＯＭ Ⅱの任務は、停戦監視、人道活動の保護、武装解除、警察再建までの国際機関・ＮＧＯの安全確保、難民の帰還支援、インフラ・司法制度の再建など広範であった。また、ＵＮＯＳＯＭ Ⅱには、ＵＮＯＳＯＭ Ⅱの任務に関する事務総長の勧告[14]を安保理が承認する形で、国連憲章第七章下の武力行使が許可された[15]。UNOSOM Ⅱには三〇カ国以上が参加し、PKO史上初めて、米国が二、八〇〇人を後方支援部隊に提供した。また、米国は、UNOSOM Ⅱ支援を目的とした国連の指揮下に入らない「即応部隊」(Quick Response Force) 一、三〇〇人や、合同タスクフォース (Joint Task Force) をはじめとする特殊部隊派遣を決定した。

第二に、UNOSOM ⅠとUNOSOM Ⅱの間に展開した統一タスクフォース (UNITAF) が挙げられる。これは、一九九二年十二月三日、安保理が決議七九四で国連憲章第七章下での活動を認めた多国籍軍である[16]。UNITAFは、UNOSOM Ⅰではソマリアの状況に対応できないというガリ (Boutros Boutros-Ghali) 事務総長 (当時) の報告に基づき、安保理による授権を伴って設立された[17]。UNITAFがソマリアで展開した意義として、人道支援物資の配布が円滑化し飢餓が劇的に改善したことが挙げられる[18]。国際機関やNGOなどによる人道活動は、UNITAFの展開によって治安が一定程度回復したこともあり、比較的円滑に進んだ分野もあった[19]。また、UNITAF展開に並行した会議の結果、一九九三年三月二十七日にソマリアの紛争当事者一五派がアディスアベバ合意に調印した。紛争当事者は、この合意の中で、停戦遵守、武装解除、UNITAF後の新UNOSOM派遣に同意した[20]。

第三に、ソマリア紛争の政治的解決を目指す平和創成がある。実際、UNOSOM Ⅰはアリ・マハディとアイディードの間で、UNOSOM Ⅱは紛争当事者一五派の間で成立した合意をもとに、それぞれ安保理決議七五一、八一四で設立された。また、UNOSOM Ⅰ、Ⅱは、いずれも平和創成の成果である合意の内容を実現させるための環境維持・創出という役割を担っていた。

そして第四に、深刻な人道的危機に直面していたソマリアでは、国連の諸機関が各加盟国や地域機関、さまざまなNGOとの協力に基づいて人道活動を行った。先に指摘したとおり、ソマリアでは、紛争当事者が活動資金獲得などを目的として人道支援物資の略奪や配布妨害を行っていた。そのため、人道活動やその保護を行うことは紛争当事者との対立につながる可能性をはらんでいたことに留意しなければならない。

(三) ソマリアの「教訓」

それでは、ソマリアの事例から、国連の紛争対応に関していかなる「教訓」を導き出すことができるだろうか。まず、国連の紛争認識が現実と「ずれ」を生じていたことを指摘する必要がある。ソマリアは、国連が本格的関与を開始した一九九一年末の時点で、すでに「破綻国家」にあてはまる状況下にあった。しかし、国連がソマリアへの本格的関与を開始した根拠の一つは、ソマリアの人道的危機が「国際の平和と安全に対する脅威」を構成するという論拠であった。例えば、安保理決議七三三の前文では、「国内の紛争により生じたソマリアにおける急速な状況の悪化、重大な人命の損失と広範な物的損害を深く憂慮し、および、それが地域の安定と平和に与える影響について認識し」、「こうした状況の継続が（中略）国際の平和と安全への脅威を構成することを懸念」するとともに、ソマリアにおける人道活動従事者にも犠牲が出ていることへの懸念が明記されている。[21] むろん、ここからは、各加盟国がソマリアにおける国内紛争の深刻さを認識していたことを読み取ることができる。しかし、当時の安保理が国内紛争へ本格的に関与するためには、紛争による人道的危機にも依拠した根拠づけが必要だったといえる。また、一九九二年、国連がソマリア紛争に関して本格的な平和創成を開始した際、国連は、複数存在した紛争当事者の中から、アリ・マハディとアイディードをニューヨークに招いて停戦交渉を行ったことについては、彼らのみを紛争当事者、ソマリアの代表者として認める結果につながることを懸念する声もあった。[22] さらに、UNITAFの設立・展開においては、安保理からUNITAFの指揮権を共に授権されていたアメリカ政府と事務総長との間で、UNITAFの任務に紛争当事者の武装解除を含めるか、それともあくまで人道活動の保護に限定するのかが最後まで議論になった。ソマリアの人道的危機は紛争当事者による略奪や戦闘が主な原因であるため、武装解除は人道的危機の克服にとってもソマリア紛争の解決にとっても不可欠だというガリ事務総長と、UNITAFはあくまで人道活動のための環境創出が目的であるから、武装解除は任務外だという米国との間で方針が一致しなかった。これらは、いずれも、国内紛争が長く国内問題として国連の主な活動対象となってこなかったという経緯を経てソマリア紛争に関わる上で、国連が十分な正統性と具体的方策を備えていなかったことに起因する。

第二のソマリアの「教訓」は、「破綻国家」での紛争対応における平和創成の重要性である。本来、平和創成の成果である停戦合意・和平合意はさまざまな活動の基礎となる。その意味で、平和創成は国連の紛争対応の根幹を成すと言っても過言ではない。ところが、ソマリアの紛争当事者は、停戦やPKO派遣に関する同意をしばしば翻した。また、UNOSOM Ⅱの設立根拠となったアディスアベバ合意はUNITAFの圧倒的な軍事力を前提としており、会議の参加者達自身が、合意の実効性、正統性について疑念を抱き抵抗していたという指摘もある。[23] UNOSOM Ⅱは、このような脆い平和創成の成果を基礎として設立された。UNOSOM Ⅱが（紛争後の）平和構築・国家再建の任務までをも担うことは、紛争の政治的解決という根本的課題が紛争当事者に十分認識されていない中では、一段階上滑りしていると言わざるを得ない。実際、一九九三年六月五日にパキスタン兵が襲撃された事件[24]以降、UNOSOM Ⅱはアイディード派と対立し、平和強制（Peace enforcement）[25]を実施した。その結果、UNOSOM Ⅱが一紛争当事者と見なされる事態に陥り、国連は平和創成に携わること自体が困難になった。一九九五年三月のUNOSOM Ⅱ撤退後、国連政務局は国連ソマリア政治事務所（UNPOS）をケニアのナイロビに設置するとともに、ソマリア担当特別代表を任命している。また、安保理は、ソマリアに対して国連憲章第七章下で武器禁輸措置を課し、同制裁を監視するグループも設置している。さらに、国連はUNPOSを中心として二〇〇四年の暫定連邦政府発足に携わるなど平和創成を継続しているが、ソマリア情勢は依然として不安定である（後述）。ソマリアの事例は、国連が「破綻国家」における紛争に対応する上でさまざまな活動の基礎となる平和創成の重要性と困難さを示したと言える。

また、国家間紛争の場合、平和創成に参加する主体は主に紛争当事国政府であり、国連にとっては比較的明確に存在を認識し、さまざまな原則に基づいて交渉することが可能だった。国内紛争の中でも、政府と反政府勢力との紛争の場合、少なくとも当事者のひとつは当該政府である。それに対し、ソマリアでは、国家が「破綻」した状況下で十数もの「紛争当事者」が存在した。ウォーロードと呼ばれるような特徴を備えた者も少なくない。国連は、ソマリアの事例を通して、「平和」の中身を共有することが決して容易ではない諸主体との平和創成に携わる難しさを再確認したと言える。

第三のソマリアの「教訓」は、PKOと平和強制との関係である。UNOSOM Ⅱの任務のうち、人道活動の保護や武装解除は、紛争当事者からの反発を招く危険性があった。また、ガリ事務総長は、国家再建を目指すソマリアの事例ほど広範な計画を国連が実施したことはなく、特に国内の諸制度をその立ち上げから支援するのは初めての試みだったと指摘している。[26] そのような活動が平和強制をも実施し得るUNOSOM Ⅱを中心に進められたことは、さまざまな困難を伴った。UNOSOM Ⅱが平和強制を実施したのは、既述のパキスタン兵襲撃事件を契機としている。それ以降、UNOSOM Ⅱとアイディード派との戦闘が断続的に続いた。さらに一九九三年十月三日、米国のレンジャー部隊がアイディードの逮捕に失敗し、一八人の米兵が死亡した。[27] これを受け、米国は自国軍の撤退を発表し、国連は一連の強制的方針を転換せざるを得なくなった。まず、一九九四年二月四日、安保理はUNOSOMⅡの任務を人道活動関連に限定した。[28] それでも、紛争当事者間の戦闘によって人道活動が中断することが多くなった。和平に向けた進展も見られない中、途上国が要員の主な提供国になっていたUNOSOMⅡが攻撃に遭う事件が頻発した。結局、同年十一月四日、安保理はUNOSOMⅡを一九九五年三月末までに撤退させることを決定したのだった。[29] ソマリアの事例は、「破綻国家」における紛争当事者が国連のPKO、平和創成、(紛争後の)平和構築といった活動と平和強制とを混同した場合、国連自身が紛争の一当事者と化す危険性を示したと言える。

以上、国連のソマリア紛争への対応から「教訓」を抽出した。次に、「教訓」がその後の国連の紛争対応にいかなる影響を与えたのかを検討する。

二　ソマリアの事例に対する国連の評価――二つのレポートをもとに――

ソマリアの事例は、一九九〇年代の他の事例とともに、国連の紛争対応のあり方にさまざまな示唆を与えた。国連は、それらをどのように評価してきたのだろうか。本節では、二つのレポートと本稿で挙げたソマリアの「教訓」との関連性を考察する。[30]

(一)「グールディング・レポート」

「グールディング・レポート」とは、一九九七年、グールディング国連政務担当事務次長(当時)が、自らの経験をもとに国連の平和と安全に関する諸活動についてまとめた報告書である。この報告書の意義は、次に検討する「ブラヒミ・レポート」につながる内容が少なくないこと、[31] PKOをはじめとする国連の諸活動が質・量ともにピークを迎えた一九九六年を経てまとめられていること、さらに、この報告書は非公表であり、「グールディング・レポート」そのものを研究の検討対象として扱った例は本稿以外にほぼないこと、[32] である。

第一のソマリアの「教訓」である国連の紛争認識の「ずれ」について、レポートは、前書きで以下のように述べている。「このレポートは、一般的に受け入れられていると筆者が信じる三つのアイデアに基礎をおいている。第一に、国連が紛争の根本原因に対処しないかぎり、国連による紛争の予防、処理、解決は成功しない。第二に、紛争原因は、時として単に個人の権力欲によることもあるが、大抵はより根深いものであり、特に国内紛争の場合、経済・社会的要因が絡んでいる。それらは、社会・経済的活動によってのみ正すことができる。従って、第三に、国連はシステム全体で長期的かつ総合的な取り組みをする必要がある。それは、紛争の政治的・軍事的側面だけでなく人道・人権・経済・社会的側面をも扱うものである」(Para.3)。また、人道活動を扱う第七章において、レポートは、「今日の紛争の性質は、人道性、公正性、中立性といった長い時間をかけて構築された基本原則を守ることを困難にしている。今日の戦争は国内紛争であることが多く、しばしば市民が標的となり、政府がもはや機能していないような国家で発生する。他方、テレビは遠く離れた一般市民に戦争下で危機に瀕する人々の様子を伝え、それが政府に対して『何かしなければ』という圧力を形成する」と指摘している(Para.7.4)。これはまさにソマリアが直面した状況であり、実際、ソマリアの事例は国連の紛争対応において最も困難な事象としてレポートの各所で挙げられている。

「グールディング・レポート」がソマリアの第二の「教訓」である平和創成を扱っているのは第五章である。[33] レポートは、「外交行動」(Diplomatic Action)という枠組みで国連がなし得る行動を、①国連による関与の開始(紛争当事者の同意を得ること)、②予防外交、③和平合意に関する交渉、④PKOの四つに分類し検討している。国連による「外交行動」の主体としては、主に事務総長が想定されているが、事務総長が派遣するミッションや、事務総長によって任命される特別代表・特使も含まれる。レポートは、③の和平合意に関する交渉を平和創成と位置づけ、国連がより経験豊富でさまざまな形式が利用可能な外交行動であるとしている。具体的内容として、レポートでは仲介(Mediation)が成功する要件として七点が挙げられているが、このうち第一点の、「拙速な合意形成は避けなければならない。和平合意は紛争当事者から十分に理解されたほうが紛争の終結に資する(加盟国からは早急な成果を求める圧力があるかもしれないが)」という箇所は、ソマリアのアディスアベバ合意を想起した場合示唆に富んでいる。また、レポートは、平和創成とPKOとの関係について、PKOが紛争当事者の同意に基づいている一方、紛争当事者がすべての点に同意することはまれであるとして、PKOの責任者は継続的な「外交行動」を行うことが求められるし、国連事務局のスタッフは(特にPKOの責任者が国連外の出身の場合)それを支援しなければならないとしている。

続く第六章で、レポートは、ソマリアの第三の「教訓」であるPKOと平和強制との関係を扱った。[34] この章では、国連の軍事に関わる活動として、平和強制、ＰＫＯ、人道活動・紛争下で危機に瀕する市民の保護を挙げている。ただし、レポートでは、“Peace enforcement”という言葉が多国籍軍などによる強制行動（Enforcement action）を意味し、必ずしもＵＮＯＳＯＭ IIのようにＰＫＯ自身が実施することを指しているわけではない点に留意する必要がある。また、ソマリアの事例への言及がこの章に最も顕著である。

さて、レポートは、加盟国が待機軍制度にすら十分に応じない現状を鑑みれば、平和強制は多国籍軍によって実施されると考えられるものの、多国籍軍の活用には限界があると指摘している。まず、ルワンダの事例のように、加盟国が要員派遣に応じないことや、ソマリアをはじめとするさまざまな事例で見られたように、加盟国が自国の要員・装備などを容易には国連に委ねないことである。また、レポートは、ＰＫＯにおいてさえ、ひとたび犠牲者が出れば、加盟国は自国の要員が国連の指揮官の命令に従うことを拒んだり撤退したりした経験を挙げ、そのような事態になれば、五指に余る政治当局からの命令を受けているような軍隊が戦いで勝利することはできないと述べている。続いて、レポートは、国連の平和と安全の維持に関する役割が悪影響を受ける事態を防ぐために、安保理による多国籍軍への授権が重要であるとしている。また、レポートはＵＮＯＳＯＭ IIを例に挙げつつ、多国籍軍の指揮官たちは状況が熟していない段階での多国籍軍からＰＫＯへの移譲を望むと指摘し、事務総長の方針はそれを拒むものでなければならないとしている。さらに、レポートは、ＰＫＯにおけるミッション・クリープ（Mission creep：追加の任務が少しずつ加えられた結果、ＰＫＯの活動の性質が変化し、ＰＫＯの資源・能力を超えてしまうこと）の問題について、ソマリアとボスニアの事例を挙げて分析している。レポートは、国連が非効果的だと思われるのを防ぐために、事務総長にはミッション・クリープを招かんとする圧力に抵抗する能力が必要だとしている。最後に、レポートは、事務総長が国連の紛争対応においてＰＫＯと多国籍軍のいずれを勧告すべきか判断する上での基準を示している。それによれば、多国籍軍の設立・展開が勧告されるのは、①強制行動が求められているとき、②加盟国がＰＫＯの設立を望んでいるが、ＰＫＯの活動が成功する政治情勢が未だ存在しないと事務総長が判断したとき、③国連によるＰＫＯが展開するに足る政治的状況が存在するが、国連がＰＫＯを計画し展開するにはさらなる時間が必要な場合の暫定的措置として、④人道活動のための安全を確保するために（必要な場合は強制行動を行う能力を備えた）軍隊が必要なとき、である。

このうち、④については、人道活動と国連の紛争対応との関係を扱う第七章で論じられている。[35] それによると、一九八〇年代末のPKOの成功以降、国連の部隊は紛争下の人道活動の保護にも適用可能だと考える傾向が見られ、実際ボスニアとソマリアにおいて国連はそのようなマンデートを実施したが、国連は、それらが予想以上に難しいことを悟った。人道活動の保護に携わる部隊は、すぐに紛争当事者のいずれかと対峙する立場に置かれるからである。結果として、人道活動の保護が国連に課せられる任務だという議論は少なくなった。しかし、ソマリアのような状況はいずれ再び生じるという指摘もある。ソマリアの場合、UNITAFは実際に何万人ものソマリア人の命を救ったにもかかわらず、その後のUNITAF及びUNOSOM IIの悲劇によって過小評価されてしまった。このことから、UNITAFの成功を再現するためには、それがソマリアで当初していたように、いくつかの条件を満たす必要がある。

（a） 部隊が、困難な軍事的任務を扱う、また、人道活動に脅威を与えるいかなる紛争当事者に対しても自らの意志を課すに十分強力であること。

（b） 部隊提供国が、たとえ犠牲者が出たとしても活動を続行するという政治的意思をもっていることが明確であること。

（c） 部隊が、必要な場合には武力を行使してでも、人道活動に脅威を与えるいかなる紛争当事者に対しても完全なる公正性とともに活動すること。

（d） 部隊が、当該紛争に関して人道活動の保護以外の任務を負わないこと。

また、レポートは、ソマリアの経験は、このような厳しい条件が当初は充たされていたとしても、それらがいともに簡単に失われてしまう可能性があること、従って、人道活動の保護の任務にあたる部隊の展開は短期間と想定される必要があることを指摘している。最後に、レポートは、「筆者の考えでは、紛争下の人道活動の保護はPKOに課せられる任務ではない」と述べている。なぜならば、そのような保護が必要となることは、当該紛争が、自らの人道的義務を認識した政治的指導者のもとで組織化され訓練された軍隊によって戦われている紛争ではないことを意味するからである。そのような状況で必要なのは、PKOではなく強制行動である、としている。[36]

以上の「グールディング・レポート」の内容からは、このレポートにソマリアの「教訓」が反映されており、中でもPKOと平和強制の関係について活かされていることが分かる。

（二）「ブラヒミ・レポート」

「ブラヒミ・レポート」は、ブラヒミ（Lakhdar Brahimi）を委員長とする国連平和活動検討パネルが作成した。二〇〇〇年三月にアナン（Kofi Annan）事務総長（当時）が委員会を創設し、二〇〇〇年八月二十一日にレポートが公表された。パネルの目的は、国連の紛争対応に関する「現在のシステムの欠点を検討し、変化のために必要な率直で具体的かつ実行可能な提言を行うこと」とされ（Para.2）、ＰＫＯ又はその関連分野に長く携わった一〇名の専門家が委員に任命された。レポートは、国連の紛争対応に関わる活動を“Peace Operations”（以下、「平和活動」）と表し、一九九〇年代の国連の経験をもとに、活動の再検討と「将来像」の提言を行った。「平和活動」には、ＰＫＯ、平和構築、平和創成、予防行動（Preventive action）が含まれる。レポートは、これらが相互関連性を深めつつ実施される必要性を指摘している。また、レポートでは、特にＰＫＯと平和構築との相互関連性を強化する必要性を指摘しているが、実際の内容はＰＫＯに多くを割いている。「グールディング・レポート」が非公表だった一方、「ブラヒミ・レポート」は加盟国の各国首脳に送付されただけでなく、国連ホームページでも誰もが閲覧できるなど、むしろ国連事務局外で広く読まれることを想定している。[37]

ソマリアの事例の第一の「教訓」である、国連の紛争認識の「ずれ」について、レポートは、近年の「平和活動」が国内紛争、脱国家紛争（Transnational conflicts）を扱っていることを指摘している。その上で、国連は、ＰＫＯの基本原則である紛争当事者の同意が彼らによってさまざまな形で利用されるという挑戦に効果的に対処してこなかったとしている（Paras.48-49）。

ソマリアの第二の「教訓」である平和創成の役割について、「ブラヒミ・レポート」は、「平和活動」のアウトラインが最初に表れるのは交渉者による和平合意の促進段階であるとして（Para.57）、和平合意が「平和活動」の基礎を成すという認識を示した。このような原則を挙げる一方、レポートは、これまでの国連の平和創成に見られた課題を指摘している。まず、「伝統的ＰＫＯ」では、ＰＫＯの活動と並行して行われる平和創成の進展が遅かったと指摘している。レポートは、ＰＫＯが何十年も展開し続けているキプロスや中東、インド・パキスタン紛争の例を挙げ、次のように指摘している。すなわち、より複雑な任務を課せられる（筆者註：一九九〇年代以降の）ＰＫＯと比べれば、紛争の根本原因よりも現状に対処する「伝統的」ＰＫＯは確かにコストも低く、撤退するよりも継続して展開するほうが政治的には容易だった。しかし、停戦合意を強固で永続的な和平合意にするための真剣で持続した平和創成を伴わない限り、このような活動の正当化は難しい（Para.17）。また、レポートは、一九九〇年代以降の紛争対応における特徴として、（筆者註：とくに国内紛争においては）現地勢力が和平合意に署名する理由は多様であるとし、妨害者（Spoilers）による和平推進への挑戦があった例にソマリア紛争を挙げている。その上で、レポートは、国連が国内紛争、多国間紛争において平和維持・平和構築に一貫した成功をおさめたいのであれば、国連はこのような妨害者を適切に扱えるよう準備しなければならないとしている（Para.21）。さらにレポートは、平和創成にかかわる国連側について、平和創成に関わる交渉者（安保理、事務局内でミッション立ち上げに関わる者、ミッション参加者）は、自分たちの関与によって当該紛争の政治・軍事的環境がいかに変化しうるか、実際に変化した場合に現実的に何をすべきかについて、皆が共通の理解をしていなければならないと述べている（Para.26）。

第三のソマリアの「教訓」であるＰＫＯと平和強制について、「ブラヒミ・レポート」は、冷戦終結後、ソマリアの事例で見られたような、ＰＫＯが人道活動や市民の保護、紛争当事者が所有する武器の管理といった任務を負う「複雑でリスクの高い任務」が「例外ではなく支配的になった」と指摘した（Para.19）。その上で、紛争当事者の同意、活動の公正性、自衛以外の武力不行使は、平和維持の根本的な原則として存続しなければならないとしている（Paras.48-55）。しかし同時に、ＰＫＯは自分達や他の要員、任務そのものをも守る能力がなければならないこと、ＰＫＯの行動規範（Rules of engagement：ＲＯＥ）は現場の状況に対応するだけのものに限られるのではなく、要員や「彼らが保護すべき人々」に向けられる攻撃に対応するに十分でなければならないと明言している。その一方で、国連憲章第七章下の強制行動としての軍事活動に関しては、「パネルは国連が戦争を行うのではないと認識している」（Para.53：第一文）としている。そして、「強制行動が必要になったとき、それは一貫して、国連憲章第七章の下で行動することを安保理から授権された、自発的に行動する諸国家の連合に委託されてきた」（同：第二文）と言及するにとどまった。いみじくも「ブラヒミ・レポート」は、「国連の平和維持軍には負うべきでない任務と行くべきでない場所が多く存在する」とも述べている（Para.1）。このように、レポートは、国連が扱う紛争の性質が変化するのに伴い、ＰＫＯがかつて国家間紛争の停戦合意に際して「プレゼンス」として展開した形態とは変容していることを認識しつつも、とくにＰＫＯが任務遂行の過程で紛争当事者に対する武力の行使が必要となった場合、とくに軍事行動については慎重に言及を避けている。

以上のように照らし合わせてみると、各レポートにソマリアの「教訓」が反映されていることが分かる。むろん、各報告書はソマリアの事例のみに基づいてまとめられたわけではなく、さまざまな紛争の「教訓」を国連の紛争対応に生かすことを目的としている。それでもやはり、ソマリアの事例で明らかとなった「教訓」は、その後の国連の活動のありかたをめぐって少なからぬ示唆を与えていると言えるのではなかろうか。

三　ソマリアの「教訓」が与える示唆――アフガニスタン紛争をもとに――

ソマリアの事例は、その後の国連による紛争対応にどのように反映されるのだろうか。本稿では、この点についてアフガニスタン紛争を通して検討する可能性を示したい[38]。ソマリア紛争における国連の紛争対応の「教訓」をアフガニスタンの事例と比較し検討する意義は主に三点である。いずれも、本稿で挙げた「教訓」と関連している。

第一点は、両紛争における「破綻国家」という特徴である。ソマリア紛争、アフガニスタン紛争いずれの事例でも、国家が「破綻」し、紛争当事者はウォーロードの性質を備え、市民がさまざまな危険にさらされた。そのような状況下、国連は「破綻」した国家における紛争に対応し、国家を再建するという国際的取り組みに携わったのだった。もっとも、アフガニスタン紛争の場合、国連だけでなく大国・周辺諸国をはじめとする各加盟国をも巻き込んだ本格的な国際的関与が開始される直接的契機は、二〇〇一年九月十一日の米国同時多発テロ事件であった。そのため、アフガニスタンの紛争終結と国家再建という直接的意図が第一義的にあったわけでは必ずしもない。しかしながら、この点についても、ソマリア紛争への国際的関与が、当初はソマリアの人道的危機に対する国際的世論の高まりから始まったことを想起した場合、共通性を持つと言える。

第二点は、紛争対応における平和創成の位置づけ・役割である。ソマリアでは、ＵＮＯＳＯＭ Ⅰ派遣の根拠となるアリ・マハディ、アイディードの停戦合意や、ＵＮＯＳＯＭ Ⅱ展開の根拠となったアディスアベバ合意の正統性・実効性が十分とは言えなかった。一方、アフガニスタン紛争について、二〇〇一年十二月に成立したボン合意は、一九九〇年代を通して国連を中心に実施された平和創成の成果によるところが少なくない。確かに、国連のアフガニスタンへの対応は、一九八九年のソ連軍撤退以降、

「アフガニスタン問題は解決した」「アフガニスタンの国内情勢は国内問題である」との認識から不十分であった[39]。また、周辺諸国、大国からのさまざまな干渉と協力不足により、国連の平和創成は世界が九・一一事件に遭遇するまで結実しなかった。しかし、それでも、国連が一九九〇年代に行った平和創成を通して得た経験・人脈などが、ボン会議において役立ったという指摘がある[40]。また、安保理による国連アフガニスタン支援団（ＵＮＡＭＡ：二〇〇二年四月）と国際治安支援部隊（ＩＳＡＦ：二〇〇一年十二月）の設立は、それぞれ二〇〇一年十二月に成立したボン合意を根拠としている。無論、国連によるアフガニスタンへの対応で平和創成が中心だったことは、周辺諸国、大国の思惑から平和創成以外の紛争対応が困難だったことや、国連の紛争認識の「ずれ」など副次的要因によるところも大きい。それでも、「破綻国家」における紛争対応で平和創成を継続することの重要性が認識されていたことは、ソマリアをはじめとする一九九〇年代の経験が生かされていると言えるのではなかろうか。このように、ソマリアとアフガニスタンの事例を比較することで、国連の紛争対応における平和創成の役割に関する示唆を得ることができると考えられる。

そして第三点は、ソマリアとアフガニスタン両事例への国連の紛争対応における武力行使の位置づけである。ソマリアでは、「伝統的ＰＫＯ」に人道活動の保護という任務が付与されたＵＮＯＳＯＭ Ⅰ、平和強制機能をも付与されたＵＮＯＳＯＭ Ⅱ、そして両者の間に多国籍軍ＵＮＩＴＡＦが展開した。一方、アフガニスタンでは、一九八八年四月のジュネーヴ合意（ソ連軍のアフガニスタンからの撤退と、その後のアフガニスタン・パキスタン間の相互不干渉など）の履行を監視するために、「伝統的ＰＫＯ」である国連アフガニスタン、パキスタン仲介ミッション（ＵＮＧＯＭＡＰ）が設立された。その後、一九九三年、国連総会がアフガニスタンの平和創成を支援するために国連アフガニスタン特別ミッション（ＵＮＳＡＭＡ）を設立した。そして、ボン合意の履行を支援するＵＮＡＭＡ、ＩＳＡＦが設立・派遣された。このうち、ソマリアのＵＮＯＳＯＭ Ⅱと、ＵＮＡＭＡ＋ＩＳＡＦの枠組みとを比較した場合、ソマリアではＵＮＯＳＯＭ Ⅱがさまざまな任務を負った結果、国連が紛争の一当事者となってしまったのに対し、アフガニスタンでは、政治活動＋人道・復興支援活動をＵＮＡＭＡが、武装解除や治安維持を多国籍軍のＩＳＡＦが担うという役割分担が行われたことに着目することができる[41]。

さらに、ＵＮＯＳＯＭ Ⅱ撤退後のソマリアの状況には、かつてのアフガニスタン紛争との類似点が見られ、ソマリアの「教訓」が現在のソマリアへの対処にも示唆を与えると言える。ソマリアでは、ＵＮＯＳＯＭⅡ撤退後、周辺諸国の和平仲介や和平会議が幾度となく行われたが和平実現に至らなかった。二〇〇〇年五月、隣国ジブチのイニシアティブでアルタ和平会議が開催され、十月にはモガディシュに約一〇年ぶりの暫定政府が発足した。しかし、各派はこの暫定政府を承認せず、中南部を中心として武力衝突が引き続き発生した。二〇〇二年十月にはケニアで政府間開発機構（ＩＧＡＤ）主導のソマリア国民和解会議が開催され、各派代表が停戦合意に署名したが、暫定政府がソマリア全土を治めるには至らなかった。二〇〇四年八月には、ケニアのナイロビで暫定議会が発足し、同議会が十月にアブドゥラヒ・ユスフ大統領を選出した。彼は十一月にアリ・モハメド・ゲディを首相に任命し、二〇〇五年一月にゲディ首相の組閣した内閣が議会によって承認された。二〇〇六年二月にはソマリアの都市バイドアで暫定連邦議会が開催された。しかし、一連の動きがソマリア国外、モガディシュ外で展開したことは、この暫定政権もまた各派との融和を果たしていないことを示していた。そのような中、二〇〇六年六月、一九九〇年代からモガディシュ各地で形成されたイスラム法廷を束ねる形で二〇〇四年末に結成されたイスラム法廷連合（ＵＩＣ）が首都を制圧し、第二の都市キスマヨをはじめとして各地に勢力を拡大した。九月にはアフリカ連合（ＡＵ）が東アフリカ諸国で構成する平和維持部隊八、〇〇〇人派遣を決定すると共に、米英、国連、欧州連合（ＥＵ）、ＡＵ、アラブ連盟（ＬＡＳ）などによる「ソマリア国際交渉団」（ＩＣＧ）が対話促進に努めるも暫定政権とＵＩＣの間で和平実現の見込みはなく、中南部では各氏族が組織した民兵による抗争が繰り返されていた。一時はＵＩＣが国土の七割を制圧したと伝えられたが、二〇〇六年十二月二十五日、ソマリアとの国境地域にソマリア難民を抱え、ソマリアのイスラム化が自国に波及することを懸念するエチオピアがソマリアのモガディシュ空港を爆撃し、ＵＩＣとの戦闘が始まった。その後、暫定政府がエチオピア軍と共にモガディシュを奪還し、二〇〇七年一月一日にはＵＩＣの拠点であるキスマヨを含むソマリア全土を制圧したが、暫定連邦政府が今後ソマリアを統治していくか否かは未だ不透明である。以上の経緯には、諸勢力の間で和平交渉が繰り返されるも結実しないこと、周辺国、利害関係国からの介入が絶えないこと[42]、さらに、ＵＩＣは国際的テロ組織アル・カイーダとつながりがあるという指摘があり、ソマリアがイスラム原理主義とテロの温床になる危険性を危惧されてきたこと[43]など、アフガニスタン紛争と類似した特徴が見られる[44]。

　このように、ソマリアとアフガニスタンの事例を比較することは、ソマリアの「教訓」が「グールディング・レポート」、「ブラヒミ・レポート」といった活動評価における検討を経て、実際の国連による紛争対応においてどのように活かされたのか分析する上で重要な材料となる。そのため、他の事例と共に、今後さらなる検討が必要である。

おわりに

本稿では、ソマリアの「教訓」を抽出した上で、それらが国連の紛争対応に及ぼした影響を、主に二つのレポートをもとに分析した。すなわち、ＰＫＯをはじめとする国連の活動のオペレーショナルなレベルでの変容と、それに対する評価を通して、国連が対応を迫られる紛争がどのように変化し、国連の対応がいかに変化したのか、どのような経験が活かされ、いかなる点が未だ課題として残るのかを探った。その結果、本稿は、ソマリアの事例は、国連が「破綻国家」における紛争に対応する上で三つの課題を提示したことを指摘した。また、レポートという形による評価、提言において、ソマリアの事例が実際に活かされたことが分かった。さらに、ソマリアの「教訓」は、アフガニスタンや、現在のソマリアの状況など、他の事例に対する国連の紛争対応にも示唆を与えると考えられる。

　このような本稿の考察から、国連が各加盟国の意思決定の場、すなわちフォーラムとしてだけでなく、一主体として紛争対応に関わる上での形態と課題が見えてくるのではなかろうか。国連は、国際環境や加盟国の立場といった制約の下で各地の紛争に対応する現実と、自らの理念やさまざまな規範とをすり合わせようと常に模索している。国連という国際機構が、ＰＫＯをはじめとする実践、報告書という形での活動評価や提言を通して、そのような模索をどのように続けていくのか、検討を進める必要がある。

註

（1）A/55/305-S/2000/809(2000), 21 August 2000.

（2）Marrack Goulding, *"Practical Measures to Enhance the United Nations Effectiveness in the Field of Peace and Security"* (Report submitted to the Secretary-General of the United Nations), 30 June 1997.

（3）ソマリアの事例を国連の紛争対応の変容という観点から検討した研究として、大泉敬子「ソマリアにおける国連活動の『人道的干渉性』と国家主権のかかわり――『人間の安全保障型平和活動』への道――」（『国際法外交雑誌』第九九巻五号、二〇〇〇年十二月）一―四〇頁。拙稿「アフリカの紛争と国際連合――ソマリアの事例をもとに――」（『海外事情』第五一巻一一号、二〇〇三年十一月）四七―六五頁。「国連による国内紛争解決とソマリア内戦――『人道的干渉』、ＰＫＯ、国連の対応における各活動の相互関連性――」（『国際関係学研究』二九、二〇〇三年三月）、三七―五四頁。James Mayall, ed., *The New Interventionism, 1991-1994: United Nations Experience in Cambodia, Former Yugoslavia and Somalia* (Cambridge: Cambridge University Press, 1996) などを参照。

（4） I.William Zartman, "Introduction: Posing the Probrem of State Collapse," in I. William Zartman ed., *Collapsed States: The Disintegration and Restoration of Legitimate Authority* (Boulder: Lynne Reienner Publishers, 1995), p.1.

（5） 栗本英世『『エスニック紛争』の理論と現実――アフリカを中心に――』（『国際問題』第四八三号、二〇〇〇年六月）二―一四頁。

（6） Francis Marding Deng, "State Collapse: The Humanitarian Challenge to the United Nations," in Zartman, *Collapsed States*, p.207.

（7） 伝統的に、もめ事は長老と呼ばれるクラン・リーダーが対処し各クランの責任を持っていた。Abdisalam M. Issa-Salwe, *The Collapse of the Somali State: The Impact of the Colonial Legacy* (London: HAAN Publishing, 1996), p.138.

（8） Human Rights Watch Report, *"Somalia Faces the Future: Human Rights in a Fragmented Society,"* vol.7, No.2 (April 1995), p.15.

（9） 柴田は、「ソマリアは貧しく海外援助に依存していたので、為政者にとって国際社会から承認された政府を支配することは、地位を獲得する以上に意味を持った」と指摘している〔柴田久志『ソマリアで何が？』（岩波書店、一九九三年）五三頁〕。

（10） 川端清隆・持田繁『ＰＫＯ新時代』（岩波書店、一九九七年）五〇頁。

（11） Human Rights Watch Report, p.15.

（12） S/RES/751 (1992), 24 April 1992. 要員は五五〇人である。

（13） S/RES/814 (1993), 26 March 1993.

（14） S/25254, 3 March 1993.

（15） The United Nations, *The United Nations and Somalia: 1992-1996* (The United Nations Department of Public Information, 1996) (hereafter cited as "*Somalia*"), pp.44-45, p.95.

（16） S/RES/794 (1992), 3 December 1992. 決議は、前文で、ソマリアの非人道的状況が「国際の平和と安全に対する脅威」を構成すると決定した。そして本文で、多国籍軍の任務を人道活動に必要な環境確立とし、「必要なあらゆる手段」を用いることを授権した。なお、国連が国内紛争で人道目的のために国連指揮下に入らない武力行使を加盟国に授権したのはソマリアが初めてだった。要員は約二万八〇〇〇人を米国が、約九、〇〇〇人を二〇カ国以上が提供した（"*Somalia*,"pp.33-34）。

（17） S/24859, 27 November 1992.

（18） 詳しい改善状況は、"*Somalia*，"p.35.

（19） S/26022, 1 July 1993, Para.33.

（20） "*Somalia*," pp.264-66.

（21） S/RES/733 (1992), 23 January 1992. なお、決議の邦訳に関しては、横田洋三編『国連による平和と安全の維持――解説と資料――』（国際書院、二〇〇〇年）一九二―二三一頁を参照した。

（22） この点について、例えば、メアリー・カルドー『新戦争論――グローバル時代の組織的暴力――』山本武彦・渡部正樹訳（岩波書店、二〇〇三年）六三、一九七頁参照。

(23) 川端・持田『ＰＫＯ新時代』七九頁。

(24) この事件でパキスタン兵二五人が死亡、一〇人が行方不明、五七人が負傷、米兵三人が負傷した。

(25) 本稿では、国際の平和と安全が脅かされる事態において、国連憲章第七章のもと武力の行使を伴う活動とする。

(26) *"Somalia,"* p.45.

(27) 戦闘でソマリア人三〇〇人以上が死亡する一方、米兵の遺体がモガディシュ市内を引き回される様子が報道された。

(28) S/RES/897 (1994), 4 February 1994.

(29) S/RES/954 (1994), 4 November 1994.

(30) 国連が一九九〇年代における紛争対応をどのように評価したのかを検討する材料としては、他に、アナン事務総長が二〇〇〇年にまとめた"We the Peoples: the Role of the United Nations in the Twenty-First Century" (A/54/2000, 3 April 2000) や、アナン事務総長が創設・任命した High-Level Panel on Threats, Challenges and Change が二〇〇四年にまとめたレポート "A more secure world: our shared responsibility" (A/59/565, 2 December 2004) などがある。

(31) 例えば、「ブラヒミ・レポート」の参考文献に「グールディング・レポート」が挙げられている。

(32) 筆者が二〇〇四年七月にグールディング氏にインタビューを行った際、同氏の許可を得てレポートを複写した。筆者は、グールディング氏から、レポートを筆者の研究で使用することについて許可を得ている。筆者は、レポートを参考文献として挙げた研究報告ペーパーを一点把握しているが (Andrew Clapham, "The UN High Commissioner for Human Rights: Achievements and Frustrations" http://www2.law.columbia.edu/hri/symposium/ClaphamPaper.htm)、この中でレポートの内容への具体的言及はない。

(33) 「グールディング・レポート」二五―三一頁。

(34) 同右、三二―四四頁。

(35) 同右、四五―五四頁。

(36) ただし、レポートは、ボスニアの経験を鑑みた場合、ＰＫＯによる人道活動の保護という可能性を全く排除することもできない、と留保している（同右、Para.7.27）。

(37) 「ブラヒミ・レポート」と国連の紛争対応の関連性については、篠田英朗『平和構築と法の支配――国際平和活動の理論的・機能的分析――』（創文社、二〇〇三年）一〇―二〇頁、拙稿「紛争対応における国際連合とアフリカ連合」（日本貿易振興機構アジア経済研究所『アフリカレポート』四〇、二〇〇五年三月）五七―六一頁などを参照。また、レポートの提言内容の達成度については、William J. Durch *et al., The Brahimi Report and the Future of UN Peace Operations* (Washington D.C.: The Henry L. Stimson Center, 2003) を参照。ダーチは、レポートの草案作成に携わった。また、この文献では「グールディング・レポート」への言及があるが（三八頁）、同レポートの内容に関する分析ではなく、「ブラヒミ・レポート」の提言内容に類似した提言がすでに存在していた一例として触れられている。

(38) アフガニスタン紛争については、例えば、Barnett R.

Rubin, *The Fragmentation of Afghanistan: State Formation and Collapse in the International System* (2nd ed., New Heaven: Yale University Press, 2002); Barnett R. Rubin, *The Search for Peace in Afghanistan: From Buffer State to Failed State* (New Heaven: Yale University Press, 1995) などを参照。

(39) 詳しくは、川端清隆『アフガニスタン――国連和平活動と地域紛争――』（みすず書房、二〇〇二年）。

(40) 国連政務局政務官川端清隆氏へのインタビュー（二〇〇六年一月十六日）。

(41) ＩＳＡＦが当初カブール周辺にしか展開できなかった背景としては、米国政権内のタカ派に「ソマリア以降顕在化した、国連の国家再建活動（nation-building）に米兵が直接関与することによる嫌悪感」が存在したことを指摘する声もある（川端『アフガニスタン――国連和平活動と地域紛争――』二二四頁）。

(42) エチオピアが暫定連邦政府を支援するほか、エリトリアやジブチ、イスラム諸国がＵＩＣを支援しているとされる。また、米国はモガディシュでＵＩＣと対立する武装勢力を支援すると共に、エチオピアのソマリア介入に理解を示した。国連はＩＧＡＤ、ＥＵ、ＡＵ、ＬＡＳなどと共に平和創成にあたっている。

(43) 米国はＵＩＣの最高実力者であるアウェイス立法議会議長をアル・カイーダ関係者に指定している。また、二〇〇七年一月八日以降は米軍がソマリア南部を空爆したが、これはソマリア国内のアル・カイーダ関係者掃討が目的だったとされている。ＵＩＣの元司令官はアル・カイーダとの関係を否定しているが、アル・カイーダのザワヒリがエチオピア軍に対する「聖戦」を呼びかけるなど、ＵＩＣとアル・カイーダとの関連が懸念されている。

(44) 以上、"Report of the Secretary-General on the situation in Somalia," (S/2006/418, 20 June 2006)；外務省ＨＰ。(http://www.anzen.mofa.go.jp/info/info4.asp?id=110)；『朝日新聞』夕刊（二〇〇六年十月二十三日）；『同紙』朝刊（二〇〇六年十二月二十八日）、（二〇〇七年一月六日）；"Somali militia claims Somali capital: U.S. concerned Mogadishu could become base for terrorists," June 7 2006, http://edition.cnn.com/2006/WORLD/africa/06/06/somalia.fighting/index.html；"Ethiopia attacks Somalian Airport," December 25, 2006, http://edition.cnn.com/2006/WORLD/africa/12/25/somalia.jets.reut/index.html; "Somalia's prime minister: Major fighting over," January 2, 2007, http://edition.cnn.com/2007/WORLD/africa/01/02/somalia.ap/index.html；"Pentagon official: U.S. attacks al Qaeda suspects in Somalia," January 9, 2007, http://edition.cnn.com/2007/WORLD/africa/01/09/somalia.strike/index.html などを参照。

（津田塾大学大学院）

あとがき

「一世代たって初めて歴史は語られうる」という。このことばにしたがえば、一九四八年に始まった国連の平和維持活動（PKO）はまもなく二世代六〇年、すでに歴史研究の領域に入った。また「十年一昔」という。すると一九九二年のカンボジア暫定統治機構（UNTAC）への陸上自衛隊の派遣で始まった日本のPKO関与も、早や一昔半である。この間、PKOを含む国際平和協力は自衛隊の付随任務から本来任務となり、自衛隊を統轄する防衛庁は防衛省に昇格した。国際平和協力が、わが国の外交と安全保障に占める重要性は今後ますます増大していくであろう。

PKOとは、紛争の平和的解決と秩序回復をめざすものであり、その実現には軍事・警察行動、外交交渉、インフラ復旧、住民の和解促進など多種多様な活動が求められる。近年「人道支援」なる語も使われるようになったが、己の利益のためには非戦闘員をも対象とするテロ行為も辞さない勢力の間に介在して平和を実現することは「言うは易く行うは難し」の最たるものである。

このようなPKOの研究は国際政治学、国際法や国連論の分野で行われてきたが、とかく理論偏重で奇麗ごとに流れる傾向があった。また一九九二―九三年のカンボジア以降、ゴラン高原、東ティモール、ペルシア湾、イラク、と自衛隊はPKO・国際平和協力を重ねてきたが、その経験は部内の実務的知識にとどまり、国民的な知的共有財産とはなっていない憾みがある。この理論と実務の間のギャップを少しでも埋められないか、という問題意識から『PKOの史的検証』は誕生した。

幸いなことに国際政治学や国連研究にたずさわる気鋭の研究者と、豊富なPKO経験を持つ自衛官の方々から多くの論考をいただいた。また、二人の元国連事務次長、わが国のPKO参加が決定された時の元統合幕僚会議議長、幹部自衛官養成の要である防衛大学校の校長からも貴重な文をお寄せいただけた。そしていつものことながら、査読をお引き受けいただいた編集委員と一部の会員の方々、綿密な点検作業をしてくださった校正担当の方々、そして刊行間際まで編集担当者の面倒な要求に根気よくお付き合いくださった錦正社の方々に深甚な感謝を奉げたい。

（編集担当　玉川大学助教授　等松春夫）

執筆者一覧

高橋《たかはし》　久志《ひさし》（軍事史学会会長　上智大学教授）

五百旗頭《いおきべ》　眞《まこと》（防衛大学校校長　神戸大学名誉教授）

明《あか》　石《し》　康《やすし》（元国際連合事務次長・元国連カンボジア及び旧ユーゴスラビア事務総長特別代表・スリランカ平和構築担当日本政府代表）

西元《にしもと》　徹也《てつや》（陸上自衛隊陸将　元統合幕僚会議議長　特定非営利法人「日本地雷処理を支援する会」代表）

サー・マラック・グールディング（元国際連合事務次長・元オックスフォード大学セント・アントニーズ・カレッジ学長）

臼杵《うすき》　英一《えいいち》（大東文化大学教授）

小川《おがわ》　浩之《ひろゆき》（愛知県立大学助教授）

三須《みす》　拓也《たくや》（札幌大学専任講師）

須田《すだ》　道夫《みちお》（陸上自衛隊一佐　元国連本部ＰＫＯ局軍事部軍事計画課員　陸上自衛隊幹部学校）

入江《いりえ》　寿大《としひろ》（京都大学大学院生）

村上《むらかみ》　友章《ともあき》（大坂大学大学院研究員）

渡　邊《わたなべ》　隆《たかし》（陸上自衛隊陸将補　元第一次カンボジア派遣施設大隊長　防衛省陸上幕僚監部）

太田《おおた》　清彦《きよひこ》（陸上自衛隊一佐　元第一次カンボジア派遣施設大隊広報班長　防衛大学校教授）

小嶋《こじま》　信義《のぶよし》（航空自衛隊一佐　元駐イスラエル防衛駐在官　防衛省航空幕僚監部）

青井《あおい》　千由紀《ちゆき》（青山学院大学助教授）

児島《こじま》　健介《けんすけ》（海上自衛隊二佐　元インド洋派遣部隊司令部付　防衛省海上幕僚監部）

幡新《はたしん》　大実《おおみ》（英国インナー・テンプル法曹組合法廷弁護士）

山田《やまだ》　哲也《てつや》（椙山女学園大学助教授）

斎藤《さいとう》　直樹《なおき》（東京女学館大学教授）

佐藤《さとう》　正久《まさひさ》（元陸上自衛隊一佐　元第一次ゴラン高原派遣輸送隊長　元初代イラク復興業務支援隊長）

川又《かわまた》　弘道《ひろみち》（陸上自衛隊一佐　元東ティモール第四次派遣施設群長　第二施設団長）

井上《いのうえ》　実佳《みか》（津田塾大学大学院生）

等松《とうまつ》　春夫《はるお》（玉川大学助教授）

GUNJI SHIGAKU
(Quarterly)

Vol. 42 March 2007 No. 3 & 4

Peacekeeping Operations in Historical Perspective

Contents

総目次（第42巻）

第四十二巻総目次

総目次（第42巻）

『軍事史学』（第42巻第3・4合併号）

PKOの史《し》的《てき》検《けん》証《しょう》

平成十九年三月三十一日　第一刷発行

編　集　軍事史学会
ホームページURL　http://www.mhsj.org/

代表者　高橋久志

発行者　中藤政文

発行所　錦正社
〒162―0041　東京都新宿区早稲田鶴巻町五四四―六
電　話〇三（五二六一）二八九一
FAX〇三（五二六一）二八九二
URL　http://www.kinseisha.jp

印刷所　株式会社　平河工業社

製本所　小野寺三幸製本所

ISBN978-4-7646-0321-9

■内容目次■

錦正社刊　定価 4,200 円〔5%税込〕（本体 4,000 円）

日露戦争㈠――国際的文脈――

軍事史学会編

錦正社

日露戦争(二)——戦いの諸相と遺産——

軍事史学会編

錦正社

■内容目次■

序

黒沢文貴……日本近現代のなかの日露戦争、そして世界のなかの日露戦争

巻頭言

I．ニッシュ（等松春夫訳）……日露戦争——１００年の後に——

第一篇　戦場の諸相

H．P．ウィルモット（小谷賢訳）……歴史的展望の中の日露戦争

篠原昌人……遼陽会戦と松石安治——殲滅戦の挫折——

藤田昌雄……戦場の食——日露戦争における日本陸軍の糧秣体系——

谷村政次郎……戦場に響いた楽の音——日露戦争と陸海軍軍楽隊——

相澤淳……「奇襲断行」か「威力偵察」か？——旅順口奇襲作戦をめぐる対立——

岩橋幹弘……日露戦争における海軍戦時教育

V．L．アガーポフ（堤明夫訳）

……露日戦争におけるウラジオ巡洋艦戦隊の作戦

堤明夫……アガーポフ論文への補論

D．シンメルペンニンク（横山久幸訳）……ロシア陸軍の満州作戦

〈史料紹介〉

白石博司

……「明治三十七年五月一日～三十八年一月三十一日攻城工兵廠陣中日誌」

第二篇　戦争と社会

竹本知行……戦時下の市民生活——京都の場合——

松本郁子……日露戦争と仏教思想——乃木将軍と太田覚眠の邂逅をめぐって——

T．N．ヤスコ（松本郁子訳）

……在日ロシア軍捕虜に対する社会民主主義者たちの宣伝活動

D．A．バレンドーフ（佐伯康子訳）

……アメリカとグアム、そして日露戦争

第三篇　戦争の遺産

S．C．M．ペイン(荒川憲一訳)……明治期日本の国家戦略における日清･日露戦争とその帰結

藤田賀久……南満州の獲得——小村寿太郎とその権益認識——

大木毅……出来すぎた伝説——奉天からタンネンベルクへ——

原剛……歩兵中心の白兵主義の形成

等松春夫……日露戦争と「総力戦」概念

——ブロッホ『未来の戦争』を手がかりに——

第四篇　文献目録

日露戦争研究 日本語文献目録（末吉洋文、北野剛、編集委員会）

錦正社刊　定価 4,200 円〔5%税込〕（本体 4,000 円）